U0632466

国家出版基金项目
NATIONAL PUBLICATION FOUNDATION

分卷主编　陈开科

中华民国时期外交文献汇编

1911—1949

第十卷

上

中华书局

本卷说明

本卷及第九卷所收资料主要涉及 1945 年抗战胜利后至 1949 年新中国成立这段时间内的中外关系史问题。随着世界反法西斯战争的胜利,以美、苏为中心的冷战国际格局已露端倪,美、苏共同影响着远东尤其是中国的政治局势。一方面,美国为了控制中国以对抗苏联,先后派赫尔利、魏德曼等使华,企图按照美国式民主和平组织国共两党合作的民主政府,但又从政治、经济上全面支持、军事上有限支持国民党;另一方面,苏联虽然基于《雅尔塔协定》和《中苏友好同盟条约》,表面上支持美国的对华干涉政策,支持国民政府接受东北,但暗地里仍然支持共产党。美、苏在远东地区的争霸,直接影响到中国的政治局势。美国势力借助与国民党政府签署的一系列商约一度扩展到全中国,国民党则利用美国的援助,挑起内战,企图消灭共产党,实行独裁政治。然而,国民党民心尽失,到 1949 年底,全线败退台湾一隅。随着国民党势力退出大陆,美国失去中国。而早在解放战争后期,共产党就慢慢确立了向苏联一边倒的外交政策,最终在苏联的帮助下,建立了新中国。基于战后美、苏主宰远东政治局势的现实,老牌英、法、德等帝国主义国家与中国关系的重要性退居二线,但仍然内容丰富,他们也不同程度地介入了中国国共两党的冲突;此外,由于战争,导致亚非拉许多国家发生独立解放运动,中国政府从而与周边独立国家发生了广泛的外交关系。因此,这个时段虽然仅仅只四年多,但所涉及的中外关系问题则十分重大,主要包括中美关系、中苏关系、中英关系、中国与其他各国的关系等。

以往中国学者关注比较多的是中苏关系,所以,有关这个问题的资料相对而言要丰富一些,除了已出版的由薛衔天编译的《中苏国家关系史资料汇编》(1945—1949)、秦孝仪主编《中华民国重要史料初编——对日抗战时期》第三编《战时外交》（二）以及《中华民国重要史料初编——对日抗战时期》第七编《战后中国》（一）、台北"外交部"编印《外交部档案丛书——界务类》第三册、第四册，新疆卷（一、二）外，尚有待出版的由李静杰研究员主持编译的《中俄关系史档案资料集1652—1965》等。本卷所涉中苏关系的内容主要是中苏"新疆"与"外蒙"问题交涉，以及国民党在内战中彻底走向失败时期，中共与苏联的秘密外交、苏联与国民党政府断交等问题，与第九卷相关内容互补。至于所涉中美关系、中英关系等问题，除了中国第二历史档案馆编《中华民国史档案资料汇编》第五辑第三编《财政经济》（一）和《外交》、秦孝仪主编《中华民国重要史料初编——对日抗战时期》第七编《战后中国》（一、三）、《中美关系资料汇编》、《美国对华政策文件集》中包含若干文件外，汉语资料相对较少。因此，本资料集所涉中美关系的资料绝大部分由吕迅博士直接译自《美国外交文件》1945 年第七卷、1946 年第九至十卷、1947 年第七卷、1948 年第七至八卷、1949 年第八卷等。有关中英关系的资料由冯琳博士译自《英国外交文件集》(*British Documents on Foreign Affairs*) Part Ⅲ Series E Asia, Vol. 6, Vol. 7; Part Ⅳ Series E Asia, Vol. 1, Vol. 2, Vol. 3, Vol. 5, Vol. 8。其中，紫石英号事件的相关资料由王建朗所长译自《英国外交部档案》（英国国家档案馆藏，FO/371）。这些珍贵资料的翻译，不但为本资料集增色，且必将推动相关问题的深入研究。

　　本卷"中美关系"部分由吕迅博士编译，"中苏关系"部分由栾景河研究员、邱海燕博士编译，"中英关系"部分由冯琳博士、王建朗所长编译，"中国与其他各国的关系"部分由侯中军博士编辑。全卷由陈开科研究员整理、统稿。

　　本卷资料编辑均于每条资料后注明来源出处。但来源出处的详细出版信息仅于各大问题的"主要资料来源"中说明，每条资料后的资料来源说明不再重复版本信息。

　　由于编者水平及掌握资料的局限性，书中未尽妥善之处在所难免，敬请读者批评指正，以便以后修订时使本书更臻完善。

目　录

一、中美关系

说明:这个时期的中美关系总体上是"二战"后期中美关系的延续。一方面,国民政府在经济、军事等方面要依靠美国的援助,但在外交上亦受制于美国;另一方面,美国政府希望在中国建立一个和平的国共联合政府,以起到代表美国领导东亚、平衡苏联的作用,但又对国民政府的腐败深恶痛绝,不愿过分卷入中国内战。因此,中美盟友貌合神离。

日本投降后,中国即陷入了国共冲突不断升级的危机之中。国际上,美国的对苏外交政策渐趋强硬,但并未因此加强对国民政府的援助。国民政府最终在内战中失掉民心,趋于失败。

1945年以后,当杜鲁门政府表示要援助国民政府的时候,中共果断地回到了坚定依靠苏联但又不过分刺激美国的基本立场,并一直坚持到1948年底。华德事件的发生是苏联影响中共外交的直接产物。意识形态的局限使得中共不可能按照司徒雷登大使所设想的那样轻松实现基于现实利益目标的中美和解。国共内战形成了中美长达22年的敌对关系状态。本章以经济贸易、政治军事和社会文化三个方面,选取了中美交往过程中一些重要的文件和档案资料,以期反映历史的真相。

本章主要资料来源:

中国第二历史档案馆编:《中华民国史档案资料汇编》第五辑第三编《财政经济》(一)、《外交》,江苏古籍出版社,2000年

中国国民党中央委员会党史委员会编,秦孝仪主编:《中华民国重要史料初编——对日抗战时期》第七编《战后中国》(一)、(三),台北"中央"文物供应社,1981年

《中美关系资料汇编》第 1 辑,世界知识出版社,1957 年

United States Department of State, *Papers Relating to the Foreign Relations of the United States* (《美国外交文件》,以下简称"FRUS"), 1945, Vol. 7, 1946, Vol. 9-10, 1947, Vol. 7, 1948, Vol. 7-8, 1949, Vol. 8, Washington: United States Government Printing Office, 1969-1978.

英文资料由吕迅翻译,其他资料来源文中说明。

(一)经济贸易

　　说明:早在开罗会议时期,蒋介石的国民政府已经就经济危机向华盛顿求助;及至战后,杜鲁门总统试图继承罗斯福援助中国政府的既定政策,但受制于国共内战,援华力度其实不大。美国主导的联合国善后救济总署向国共双方拨与了大量物资,相互比例大致为 98 : 2①。至 1947 年底,联总共向中国提供了总额为 14.369 亿美元的各种援助,其中工业物资约占三分之一,食品和衣物各占四分之一左右,其余为医疗和教育援助,以及黄河水利工程、农具工厂规划、渔业发展计划、制药厂援建,等等。1946 年夏,中国内战加剧,美国也暂停了各项对华援助。行政院长宋子文向美驻华大使司徒雷登递交正式照会,多次向美国求援,要求迅速提供铁路借款及一亿美元的棉花贷款。1947 年夏,驻美大使顾维钧再晤国务卿马歇尔,要求提供十亿美元在美购买物资的贷款。美国政界进行了对华政策大辩论。基于魏德迈使团的报告,华盛顿重新援华。10 月,中美签订救济援助协定,美国向国民政府提供 2770 万美元的物资援助。随后国会又通过了 1948 年援华法案,向国

----

　　① 《行政院善后救济总署业务总报告》,上海,行政院善后救济总署 1948 年,第 103 页; Ling Chung(林仲),"The Sorrow of China: the Story of the Yellow River and the Betrayal of a Mission," in *The China Weekly Review* (12 July 1947): 164. 参见黄华,《亲历与见闻:黄华回忆录》,世界知识出版社,2007 年,第 68 页。

民政府提供 2.75 亿美元的经济援助。但国民政府仍在内战中败北。

1. 经济援助

蒋介石致宋子文电①

重庆,1945 年 12 月 9 日

　　行政院宋院长勋鉴:据美国陆军工程部工程师肯纳逊上校对中国战后建设之建议,其内容如下:(一)建设强大中国之必要,战后二十五年内中国能赶上英美尤其苏联,始能立足于世界,而美国必须在太平洋对岸有此强大之友人始可获永久之安全。共党问题为世界问题,中国首当其冲,而解决此一问题,必须中国在国际经济合作之下从事建设,俾人民有生计之收入,安心生产,始为根本之计。(二)国家投资之各项工程,在战后初期,中国须定五年或十年计划,以国家资力从事于六项工程:(1)铁路;(2)公路;(3)航空交通所需之机场;(4)总理孙先生所计划之海港;(5)治河浚江所需之水利工程;(6)电气动力。此诸种工程不但为一切生产事业必要之条件,且足以增加人民之职业及社会购买力,调剂经济恐慌,故为经济建设首要之工作。(三)工程人才之使用,中国工程人才不够,必须征集,作最有效、最经济之使用,同时借用美国工程人才统一集中而使用之。(四)各项工程宜有统一事权之组织以使用之,在行政院设建设委员会(或局或部),下分六局:(1)铁路;(2)公路;(3)机场;(4)港口;(5)水利工程;(6)电气动力。其职能在:(1)设计;(2)估计器材及费用;(3)指导工程;(4)移交已完工程于各行政机关。此委员会各局工作,专在建筑,已建者分别移交交通部航委会港务机关等经营及管理使用。故与现存各部会有分工而无抵触。(五)工程人才之培养,中央宜设最高工程学校培养与英美工程学术水准相等之工程人才各等情。此项建议可作为关于经济建设意见之重要

---

① 关于美国陆军工程部工程师肯纳逊对中国战后经济建设之意见。

参考,并可将最高经济委员会之组织,亦可以此作研究之材料,希即遵照。中正。卅四亥佳府军义。

《中华民国史档案资料汇编》第五辑第三编《财政经济》(一),第 10—11 页

资源委员会驻美代表办事处一九四六年度工作报告①

纽约,1947 年 1 月 15 日

驻美代表办事处于本年五月就前驻美技术团改组成立,设总务、技术、训练、器材、贸易五组。兹将本年内工作分:(一)技术合作;(二)聘请顾问考察设计;(三)向联总方面进行事项;(四)采购器材;(五)贸易;(六)训练;(七)财务及(八)其他等项。择要报告如次:

一、技术合作

1. Westinghouse-Electric Corp. 西屋电机制造技术合作合约系于三十四年八月签字。本年内本会驻西屋代表与该公司为技术合作而特设之中国计划部进行设计厂房之初步布置,收集基本工程文件,确定出品种类与其规范,开列工具厂设备及初步计划急需机件清单。分别在四次美贷余额及加贷款内采购。又排定今明两年赴美训练人员一百十六人之岗位及训练程序。截至本年度底计有实习员四十七人。

2. S. Morgan Smith Co. 本年八月间与史密士公司签订水轮机制造技术合作合约,该公司已依约供给一部分我方选定之参考图样及其他工程资料,并依计划产量规划机器设备,现有二人在该公司实习,今明两年共需训练五人。

3. Combustion Engineering Co. 与该公司之锅炉制造技术合作,商谈已久。本年内已商妥合作条件,应付技术协助费美金五十万元,于四年半内付讫,另设银行信用存款美金廿五万元,以备该公司随时为我设计及代购机件。惟因进出口银行拒付长期性之合作费用,故该合同暂难签字。

---

① 由中国资源委员会驻美代表办事处总代表陈良辅发回南京。

4. Radio Corporation of America 与 RCA 技术合作条款业已商妥,该合同范围包括一切无线电及电子管等器材,期限五年至十年。第一期付款五年计美金五十七万五千元,其中合作费五十二万五千元,训练费五万元,此后按出口价值百分之三付酬金,每年至少七万五千元。训练人员第一、二两年卅人,此后每年七人,其中一部分由 RCA 负担生活费用。此合约亦因进出口银行拒付长期性之合作费用,尚未能签字。

5. Machine Tool Industry 工具机制造之技术合作于十月间积极进行,经洽妥 Monarch Machine Tool Co. 制造(Lathes 12 "to 20" Swing) Kearney and Trecher Corp. 制造(Milling Machine, No 2 and 3)及 Kavkavna Machinery Corp. 制造(High Grade Casting)三家,条件大致相同。合作期限十一年。第一次付款均为二万五千美元。合作费 Manarch 及 Kearney and Trecher 两家照出品美市价收百分之三,并由第五年开始,保证最低合作费相当于车床或铣床百部,Kavkavna 则仅按每吨生铁收美金二元。各厂供给所有图样及一切技术及管理资料,我方得派员赴各厂搜集资料并在彼指导下设计厂房布置及决定工作方法等。此项条件已得各厂同意,估计共需合作费用约三十五万美金,已于年底向美进出口银行申请,在四次美贷款余额内支付,尚未得复。

6. Wire and Cadle Industry 电线方面初与通用电缆公司接洽经济合作,拟合组公司,条件已谈妥,以我方缺乏资金作罢。嗣与该公司谈判技术合作,又以该公司条件较苛,我方亦不愿将裸线列入合作范围内,暂时中止。电话电缆方面,拟与加拿大北电公司技术合作,磋商数月,该公司以人力不敷且专利权在我国无保障等理由,表示暂难合作,现另与英国绝缘电缆公司接洽,在原合同外增加电缆合作。

7. Telecommunication Industry 有线电器材制造与电话电缆同时与加拿大北电公司接洽技术合作,谈判数月,该公司以人力不敷及专利权在中国无保障为表面理由,目前无意合作。惟英国通用公司建议与我经济合作,已提出合作拟议,正在研究接洽中。

8. Burgess Battery Co. 与该公司商洽干电池制造技术合作,已由该公司于十一月间提出合同草案,只须付一次酬金五万美元,新厂设计顾问费约三万美元,似可接受,正报会请示中。

9. Gecotex Corporation 与该公司商洽技术合作,利用台湾蔗渣制造各种建筑材料,已有成议。嗣因国内某公司出面与其接洽,美商习惯一向着重商办事业,又以吾国政局不定,故对我方态度突变,现谈判暂告停顿。

10. General Aniline and Film Corp. 与该公司接洽技术合作,本已有成议,后以该公司之 Sales Co 即 General Dyestoff Co. 已与扬子公司签约,致与我谈判暂告停顿。

二、聘请顾问考察设计

1. Pierce Management Inc. 本会聘该公司派 J. H. Pierce, J. W. Woomer, L. Eaton 及 F. G. Kopper 四人于本年上半年赴华考察各煤矿,并提出建议,业已收到报告书,认为华中方面应先举办湘萍及高坑二新矿。又本会在联总方面提出之煤矿设备,亦由该公司派员协助工作。

2. Behre Dolbear Co. 五月间聘该公司派专家 Samuel H. Dolbeay, Arthvy S. Hecht 及 Reginald G. Bowman 三人赴华考察钨、锑、锡事业,彼等于八月间抵南京,在华三个月,遍历赣湘滇各矿,于十一月间返美,业已收到其初步报告,详细报告下年二月可送来。

3. Reo Motors Inc. 聘该公司代我设计建立汽车制造工业,专造二吨半及四吨卡车两种,由国防部派遣来美之我国汽车制造专家陈继善君协同工作,业已完成全部详细设计,寄回南京。现本会已任陈君为专门委员,回国商讨如何进行此事。

4. J. G. White Engineering Corp. 卅四年六月间,与该公司订约,选派电力工程师赴华考察设计,以便进行各地电力整修及扩充计划。于去年底先后派去工程师 William V. Drake, Henry Tayying Jy., Philip B. Rice, Frank Bohner Mchaffic, Philip A. Stone, John B. Snethlage 及 P. L. Adkins 等七人,平均在华约六个月,曾考察台湾及华北各地电力情形。除送有各种临时报告外,返美后已提出台湾及华北之电气总报告两种。

现台湾电力公司拟即根据该公司报告,向加拿大政府进行借款,以便实施。

5. Arthur G. Mckee and Co. 卅四年四月间与该公司订约,派其副总经理 William A. Haven 及专家 E. A. Collester, K. A. Barren 等三人于本年初赴华考察钢铁工业,除未赴东北外,遍历各地,费时六月。返美后已交来全国钢铁工业初步报告书,内容包括我国铁矿之质量分布情形及钢铁厂初步设计,甚为详尽切实。又大冶钢铁厂计划书,亦已于年底交来。

6. Bureau of Reclamation 卅四年十月间,与美国垦务局订约,请其协助进行三峡发电工程之设计并训练我国技术人员,需费约在美金五十万元左右,签约后已付廿五万元,用罄后由会续付(现仅用去不满十万元),本年内正积极进行设计,现在该局参加设计工作,并接受训练之我国工程人员计四十二人。同时并聘 John L. Savage 氏为本会顾问,主持是项设计工作。又聘 William C. Beatty 氏为是项设计之机械部分工作。

7. Morrison-Knudson Co. Inc. 本年四月间,全国水力发电工程总处与该公司在国内订约,勘查三峡坝址之地质,一切工作之接洽均由双方直接联系。应付款项原奉核定在四次美贷余额内支付,但未得进出口银行同意。

8. Montreal Engineering Co. Ltd. ,Canada. 五月间与该公司签约派水力专家赴华,考察设计灌县、瀹江、龙溪河及资水四处水力发电设计。其工程师 J. K. Sexton 君及副总经理 P. Stairs 君先后于七月间及九月间赴华,Stairs 君已于年底返加,已将考察报告在华径送本会。现正与该公司初步商讨如何进行。

9. Gilbert Associates Inc. 本会在美进出口银行贷款案内,有电力部分八百八十万美元,包括五〇〇〇千瓦发电设备十套及输电配电器材,分装六个电厂,由中国物资供应委员会聘 Gilbert Associates 为工程顾问,进行上项设计之设计工作,本处亦派员驻在该公司协助工作,至年底止除零星附属设备外,其余均已由该公司开出规范,交供委会订购。最主要之大冶电厂布置及设计亦已进行大半。其他四电厂为西京、犍为、石家庄及开远。

10. Noranda Mines Ltd., Canada. 与该公司洽谈投资合作开发金铜矿甚为融洽。七月间,该公司自费派专家 Peter Price 及 Frank Forward 两氏赴华,由本会派员会同调查台湾及安徽金铜矿。两氏返加后,所作报告甚为详尽。惜两氏发现台湾铜矿矿质太坏,安徽铜矿则尚待钻探,故该公司暂无意投资。但该公司表示对投资铜线厂尚有意,正另行初步洽谈中。

11. Aluminum Ltd., Canada. 与该公司洽谈合作将及一年,订有草约,该公司曾派专家 L. Reierstad, D. D. Mackay 及 R. W. Herzer 三人于十月初赴华,由我方派员会同调查台湾铝业公司设备,返美后据称印象甚佳,估价亦颇顺利,对方甚愿投资合作,最近可续谈具体合作办法。

12. General American Transportation Corp 卅四年十月间,与该公司订约,派其工程师 A. J. Anderson 于去年底到华赴台湾及东北考察水泥工业。安氏返美后已交来台湾及东北水泥工业报告两种。又台湾水泥公司于十月间在南京与 GATC 经理 W. W. Fowler 氏签订合作合约。本处即根据安氏计划向联总接洽助我整建台湾水泥工业(此点另述)。

13. E. A. Rose Inc. 与该公司订约派其糖业专家 C. V. Handlin 及 W. Cooper 两氏于一月间赴华考察台湾糖业,五月间返美,已交来台湾糖业概况及发展计划报告两种。

14. Peter B. Payne, Inc. 卅四年九月与该公司订约,托其拟具电池制造设计,已收到第一期干电池报告。嗣以其工作不能满意,已与解约。

15. U. S. Machinery Co. 委托该公司拟具三夹板及门窗制造厂之两种设计。三夹板制造厂报告早已完成送会。门窗制造厂设计以美国物价高涨,不易估计,双方同意取消。

16. Griffels and Vallet, Inc. 委托该公司拟具 Roofing Felt 厂、Wall

Board 厂及 Asbestos Cement Board 厂之厂房机件蓝图及全部设计,各项报告已于五月中送会。

17. Universal Oil Products Co. 本会前聘该公司专家 Gvstav Egloff 及 W. B. Shanley 两氏于本年初赴华考察炼油工业,返美后新拟计划经中国石油公司采纳,已由本处代表与该公司订约,由该公司负责设计,扩充整建台湾高雄炼厂,预计一九四八年可达到每日一万五千桶之炼量。

18. Anglo-Iranian Oil Co. 与该英商公司订约,购其原油,供中国石油公司高雄炼厂之需要,现已顺利执行。

19. Chemical Construction Corp. 与该公司订约,派其工程师 James E. Mckee 氏于二月间赴华,考察台湾磷肥厂,五月底返美,已提出报告。

20. United Engineering Corp. 与该公司订约,派地质专家 Glen M. Ruhy 及采油专家 A. Small 两氏于本年初赴华考察,两氏分历台湾、四川各地,返美后已提出报告,其建议之一部分已由中国石油公司采纳施行。

21. American Cyanamid Co. 与该公司订约,派专家 A. E. Goedicke 氏于一月间赴华考察台湾钲肥厂,四月间返美,有报告。本处与联总接洽,助我整建此厂,技术工程及采购各事均拟商由该公司负责(此点另述)。

22. H. K. Ferguson Co. 与该公司订约,派专家 A. E. Goedicke 氏于四月间赴台湾考察制碱工业。拉氏于九月初返美,业已收到其报告。

23. Fairchild Aerial Surveys, Inc. 全国水力发电工程总处与该公司于七月间在国内订约,委托其办理三峡航测,费用美金七万三千元,已由本处经手,按约付讫。

24. Fitchhurg Paper Co. 聘该公司副总经理阮傅哲氏于六月间赴华,考察台湾、天津、锦州等处纸业,返美后已提出报告。本处现正与该公司洽谈技术合作。

三、向联总方面进行事项

1. 肥料工业。向联总方面接洽助我整建台湾肥料工业,计分两部

分。一部分为钲肥厂,共约需美金二百万元,联总可能出资一百三十
元弱。此事系委由 American Cyanamid Co. 承包,将来经过美国务院通
过同意后,即由美财政部与该公司直接订约。又本会并向联总保证,本
会将同时与该公司订约,委购联总不能代购之器材,以期全厂设备可以
齐全。另一部分之磷肥厂,共约需美金三百万元,联总可能出资一百五
十万元左右,技术方面由本处商由 T. V. A. 尽量协助。同时并委托 In-
tercontinent Corp. 负责承包。办法与钲肥厂相仿。惟此两案牵涉太多,
困难重重,前途殊难乐观。

2. 水泥工业。本会整建台湾水泥工业计划,于九月间向联总提出
后,经积极推动,克服美国务院及住屋管理局之阻力已获通过。全部器
材之采购,委由 General American Transportation Corp. 办理,业由美财政
部与该公司直接签订美金一百四十万元购料合约,外加运费及保险费。
总计联总助我整建台湾水泥工业费用约美金一百七十万元。

3. 煤矿器材。联总中国煤业计划项下之器材,系根据 Pierce
Management 调查吾国各煤矿之需要后请其代拟之规范,由联总统购。
将来该项器材到华后,再由行总及本会统筹分配转售各煤矿。又该项
器材分美国、加拿大、英国及澳州四部分。本处在美索得该项器材之请
购单及合约摘要底稿七十八份,已抄送大会煤业组,备作该项器材到华
后分配之准备。其余之请购单及合约底稿,俟设法取得后再行续送。
又联总方面截至本年十一月底止,已准者为六百六十九万一千二百七
十四元〇八分,内已签订购料合同者为四百十八万六千八百六十三元
八角二分。

四、采购器材

本会美购器材动用新借款之电力器材八百八十万元,煤矿器材一
百五十万元及旧租借案内未完部分,系由中国物资供应委员会主办,本
处则随时协助与之联系。其由本处主动者,本年内计有动用第四次美
贷款余额中之器材部分及其他现款采购,兹分述于次:

1. 第四次美贷款余额,此款四百六十万美元,一部分为技术合作及

顾问费用,大部分系采购器材,所有采购手续均由世界贸易公司办理,由本处随时协助并催办。截至年底止,采购器材部分先后经进出口银行同意者,计十三案,共二百八十三万五千元。内已签妥订购合同者八十七万七千余元,尚余一百九十五万余元,正在陆续进行。因美国工厂求过于供,故手续异常迟缓而困难。兹将截至年底止已得进出口银行同意各案进行情形列后:

名　称	款　额	已签订合同款额及百分数	
电厂器材	七五〇,〇〇〇元	四八八,六二〇.四六元	六五.二
工业炸药	四〇〇,〇〇〇元	八五,五六四.二〇元	二一.四
电工重要设备	四〇〇,〇〇〇元	八三三.四〇元	〇.二
电解槽	九五,〇〇〇元	八四,〇〇〇.〇〇元	八八.四
电解槽配件	二八〇,〇〇〇元		
小型电轮机	二三〇,〇〇〇元		
电工急需材料	一五〇,〇〇〇元	一四八,九五九.八九元	九九.三
起重设备	一五〇,〇〇〇元	二〇,〇八三.〇五元	一三.四
脚踏车配件	一二〇,〇〇〇元	五,三三五.九九元	四.五
无线电津厂器材	一〇〇,〇〇〇元		
航测设备	六〇,〇〇〇元		
电池厂设备	五〇,〇〇〇元	四三,六九四.七四元	八七.四
书　籍	五〇,〇〇〇元		
合　计	二,八三五,〇〇〇元	八七七,一四一.七三元	三一.〇

2. 现款采购。本会各单位以现款委托本处采购器材者,本年度共购总值约达二十四万美元(运输费在外),其中一般原料约占百分之三一,机器及配件约占百分之二九,电气材料约占百分之二〇,工具及仪器约占百分之一〇,车辆约占百分之五,书籍文具约占百分之五。是项采购多系于下半年订购,而美国战后工潮迭起,各厂订货拥挤,交货甚慢,往往逾期。本年内业已交货运出者约十一万元,其余均须一九四七年交货。兹将各单位托购情形列后:

单位名称	购买款数
电业处	53,358.18
甘肃油矿局	48,299.98
材料处	45,816.32
青岛电厂	40,683.20
中央电工器材厂	20,219.71
全国水力发电工程总处	17,241.24
中央地质调查所	6,495.65
四川油矿探勘处	3,392.70
平桂矿务局	1,470.00
经济研究室	1,305.00
中央无线电器材厂	937.88
贵阳电厂	107.00
台湾糖业公司	93.00
共　计	239,419.86

3.器材运输,本处除办理现款所购器材之运华手续外,并代办本会各单位委托之运输事宜,本年内共计交运现款所购器材一〇五.六〇吨,各单位托运器材七〇九.九六吨,合计八一五.五六吨。

五、贸易

1.新约之洽订及交货

对美。本会以前与美政府所订偿债矿品合约,计有钨砂合约及金属合约两种。钨砂合约已于上年满期,偿清债款。金属合约现仍继续有效,惟其中关于价格付款及其他办法近年迭有修正,曾先后订有钨锑锡各短期修正合约,截至去年年底,均已次第满期。本年交货办法经根据金属合约另行洽定,与美政府先后签订锑修正合约及锡修正合约共二种。锑修正合约于本年十月二十二日签字,规定在一九四七年三月三十一日以前交锑三千吨,价每磅美金二角二分,上海或香港交货。所有价款如欲全部购金,则须我方另以相当于锑价百分之二十五现款交华盛顿进出口银行偿债,否则即在锑价内提百分之二十五偿债,其余百分之七十五购金。此项锑品现已有一千吨在来美途中,另有一千吨已洽妥船位,卅六年初即可启运来美。至锡修正合约系本年十月廿八日签字,规定除本年年初已运抵加尔各答之三百余吨锡品外,另须在沪或港交运五百吨,于卅六年三月卅一日前交清。价格,A 级锡为每磅美金六角二分,上海或香港交货。所有价款全部购金。此项锡品现正由国内筹运中。

对加。加拿大政府对我洽购纯锑六百吨,业经洽定价格每磅加币二角六分,上海交货。于卅六年一月底前交清,所有价款全部易金。合约即可正式签字。纯锑六百吨,并已在港沪备妥,卅六年初即可装运来美。

2. 外销。本年外销矿品,除协助国外贸易事务所接洽者不详外,其由本处贸易组直接接洽订约者,计有四批:一为八月十四日售与华昌贸易公司纯锑二百吨,价格每磅美金二角八分,香港交货。二为十二月十五日售与 Ferro Metal and Chemical Corp. 纯锑十吨,价格每磅美金三角二分,香港交货。三为十二月十七日售与 Associated Metals and Minerals Corp. 纯锡三十吨,价格每磅美金八角,上海交货。四为十二月十八日售与 Gotthold Corp. 纯锑二十五吨,价格每磅美金三角二分,上海或香港交货。

3. 偿债。本年内偿债对象为对美之金属合约,计先后共偿付本金六,八六〇,四〇五.一三美元,利息一,〇〇六,八四三.四一美元,两项共七,八六七,二四八.五四美元。

4. 购金。上年所交美方锡品,其价款一部分于本年内收到,均先后存到中央银行,以为购买黄金之用,计共存入六八四,六五九.八八美元。本年内共购黄金两批,计三十五条,重一四,〇八九,四〇八盎斯,总值四九三,一二九.二六美元,连同用费,共合四九四,三九八.七八元。

六、训练

关于训练方面,本年内主要工作为继续办理租借法案内第一、二两批工矿部分实习人员及经济部专案派美实习人员之照料,实习地点之接洽及一切管理事宜,并办理期满人员之返国事宜。

　　租借法案内第一批实习人员系于卅四年六月二十二日抵美,至本年六月期满。该批工矿部分人员原为二二四人,加交通部调来三人,农林部调来一人,共为二二八人。其中由主管机关请准继续留美者一〇九人,自动留下者三人,到期回国者一一六人。是批回国人员于七月十日由旧金山乘 S. S. General Gordon 离美,计自到美至离美,共计留美三八二日。继续留美之一〇九人中,继续实习者九九人(包括参加三峡设计工作之二四人),派在驻美机关工作者一〇人。

　　租借法案内第二批实习人员系于卅四年九月四日抵美,至本年九月期满。该批工矿部分人员原为一二九人,其中由主管机关请准继续留美者三五人,自动留下者一〇人,到期回国者八四人。是批回国人员于九月三十日由旧金山乘 S. S. Marine Lynx 离美,计自到美至离美,共计留美三九〇日。继续留美之三五人中,继续实习者三一人(包括参加三峡设计工作之一〇人),派在驻美机关工作者四人。

　　经济部专案实习人员一二七人,系于卅四年九月廿六日抵美,其中工矿管理组姜元治君因病已于本年四月回国,食品化学组丁继明君因国内需人奉召于六月回国。电力组胡道济、陶立中、陈瑞炘、包昌文四君亦因国内需人奉召于十二月间回国,其余均在继续实习中。

　　前租借法案及专案内暂缓出国人员一二四人近已获准出国,经济部仍托本处接洽实习处所并管理照料。该批人员中已洽妥实习处所者,一部分业已到美,一部分正在来美,其余由本处代洽实习处所亦已大半成功,即可备案通知来美。

　　关于实习人员实习处所之接洽及实习程序之安排等事,原系委由 International Training Administration Inc. 办理,仍由本处训练组协同照料并联系,是项合同已于本年十一月廿二日期满结束。本处训练组前为与 ITA 协同工作便利起见,在华盛顿办公。现租借案内实习人员已先后回国,ITA 合同亦已结束,以后对于尚在实习之经济部专案人员及正在来美之缓行人员共约四百余人,其一切照料事宜拟由本处训练组直接办理,已于十一月初迁回纽约本处合并办公。另聘原在 ITA 主办训练事宜之 Edward Taub, Arthur R. Mosler Jr. 及 Hilton C. Smith 三氏为顾问,利用彼等熟悉美国工矿界情形,以资协助。

七、财务

1. 第四次美贷款余额。此款四百六十万美元,于七月间奉准动用,由本处遵照大会核定分配数目,通知世界贸易公司,由该公司向美进出口银行申请,获得同意后动用之。此款分配,一部分为技术合作及顾问费用,大部分系采购器材。所有采购手续均由世界贸易公司办理,由本处随时协助并催办。截至年底止,先后经进出口银行同意者计十九案,共三百〇六万〇七十一元九角五分。内有采购器材部分一百九十五万余元,以世界公司尚未办妥采购手续,因借款到期,不能继续支用,迭经本处与进出口银行、世界公司及我大使馆积极接洽展期手续。据最近消息,贷款展期可望成功,即可继续支用,不致发生问题。其余尚有可以申请之最后余额九十五万元,亦已经本处尽数申请(附表一)。[略]

2. 本处经付款项。此种款项,计有会拨现款部分之技术顾问费用、会属各单位材料购运输费、会饬及各单位托请垫付款项等。俱列收支统计表中(附表二)。[略]

3. 本处经常费。原核定预算为四二五,四〇〇美元,实际奉拨半数二一二,七〇〇美元,经极力撙节,全年支出共二四五,二六四.八八元,计不敷三万余元,系就以前年度经费结余项下移用。(见附表二)

八、其他

本年度本处工作,除上述各项外,此外如经常供给国内关于经济、财政及工业方面之情报与资料,协助远东委员会进行日本赔偿问题等,不另赘述。惟尚有一事足述者,本处以国内炼油工业需要器材,于二月间奉准向美政府投标购得万桶炼厂器材,总重约七千吨,美政府购进原料二百三十九万余美元,我方以一百四十万美元购得。全部款项系由贸易组垫付二十五万元,向中国银行洽借一百十五万元。此批器材中,一部分为中国石油公司所需用,计陆续运回约四千五百吨,原值一百二十二万美元,折合我方实付价七十二万余美元。其余器材经接洽出售,由瑞典商 Stora Kapparbergs 公司购去,得价一百十六万余美元,俟全部器材点清起运后,即可收齐价款,并与石油公司结算归清贸易组及中国银行垫借之款。

说明[略]。

代电　B 字第 00849 号　卅七年三月廿三日发

为赍呈本处三十六年度工作报告由

南京。资源委员会翁委员长、孙副委员长钧鉴:查本处三十五年度工作报告,前经于去年初编呈在案。兹三十六年度工作报告亦经编就,谨以代电赍呈十份,仰祈鉴核。驻美代表办事处总代表陈良辅寅梗。附呈报告十份。

《中华民国史档案资料汇编》第五辑第三编《外交》,第 568—581 页

王世杰外交报告①

南京,1947 年 5 月

主席、各位参政员先生:

自贵会前一次大会以后,至今已一年多,在此一年多时期内,关于外交事件处理的经过,已另有书面报告,如果详细说明,亦恐时间所不许。且过去一年间,贵会驻会委员会每两星期开会一次,外交部经常有书面报告或口头报告。外交部的工作和政策,亦经常在贵会驻会委员会不断地督导之下分别进行。故今天报告的内容有若干地方省略,亦有若干地方较详,诸位先生如有特别关心的问题,将来在审查会时当详为答复。现在所报告的,第一是日本问题,第二是中国同美、苏、英、法几个同盟国的关系,第三是韩国问题,第四是侨民保护问题。

　……

---

① 外交部长王世杰在国民参政会上所作的外交报告——原注。

一、中美关系

关于中美关系，我们政府一贯的方针是要加强中美传统的友谊，中美传统的友谊最悠久、完整、实在，我们在这样良好的环境中，如果不能加强传统的友谊，何以对国人，亦无从处理国际关系，在以往我们没有妒忌偏心来影响传统友谊，过去如此，今后也是如此。过去一年多的中美间关系很多，不是今天短时间所能详细说明，只择最重要的事简单说一说。美国对中国最重要的一件事，就是刚才所说助我遣送日侨、日俘回国，马歇尔将军在中国工作之成败，可由未来历史家去判断，我不必讲，但是他把三百万日侨、日俘在一年中遣送完毕，现在大家对这件事也许不感觉重要，仔细回想，如果这三百万侨俘是散在中国各地、共党区域、关内外，且为数至巨，能完全遣回日本，实在并不是一件容易的事。我们从深一步想，这实在是美国对于中国的安定，具有不可想象的一种贡献。其次是中美商约的签订。一九四三年，中美、英间废除了不平等条约，取消这些不平等条约，所废除的是领事裁判权、内河航行权、治外法权、使领署、租界等。除此之外，中国与外国还有许多通商条约，这些通商条约应随不平等条约的废除而需要另定商约替代，过去外国与中国所订商约，多半是骗人的，外国人藉此到中国来经商，可得许多便利，而对中国侨民经商则没有规定，即有规定也是不利的，所以不平等条约废除后，一定要求新的商约代替旧商约。经过一年多的接洽，成立了中美商约，中美商约成立时，国人的批评认为商约精神是平等的，美国给别的国家是什么权利，中国也可以同样享受。反之，中国给别的国家权益，美国亦可援例，双方经商互有保证，而中国仍可以视情形需要保障自己商民。这个商约签订后，所有以前中美间的所有商约一律废除，且新商约规定以五年为期，五年以后，任何方面如不愿继续，可以取消。现在这个商约已经立法院批准，美国方面已提交上议院讨论中。再次，美国未来对华经济援助的问题，想大家都很关心，我们在现状之下，需要美国的经济援助是十分的迫切，现在世界有力量援助中国的只有美国，许多国家都待美国救济，即英国亦不能例外。英国在前年向美国已借了大宗款项,现在仍继续向美国接洽借款。我国战争结束以后,内乱不止,交通尚未恢复,农工商业在在需要援助,去年的农产品,如棉花一项不及战前的四分之一,粮食生产量大减,尤其是北方的麦子生产更为衰弱,现在即使中国国内的战事停止,交通恢复,这种农工生产没有二三年时间的努力,不能恢复战前状态。所以,要度过当前的经济难关,我们不能不需要国外的援助。胜利以后,美国对中国的援助,主要的是联合国救济物资,联合国救济物资现在已经终止,以后我们没有方法再能够得到联合国的救济物资。现在美国又通过以三亿五千万美元物资救济各国,将以一部分援助中国,这个援助,政府正在与美国商谈中,希望短时间内有一决定。其次,关于借款问题,此次政府改组以后,参加政府三党共同发表施政方针,规定如果借用外债,一定要用于生产建设,稳定改善人民生活,不能做旁的用处,这是大家郑重考虑后成立的协议,以后政府当然本着这个方针来做。美国政府对我借款问题,正在慎重考虑中。

最后谈一谈中美间的文化问题,去年中国与美国签定购买美国剩余物资协定时,规定美国以出售剩余物资款项两千万美金作为未来十年发展中美文化之用,现美方已将此项方案送交我国征求意见,正在研究之中。

以上是一年余来中美两国关系比较重要的几点。

……

《中华民国史档案资料汇编》第五辑第三编《外交》,第 16、19—20 页

资源委员会驻美代表办事处一九四七年度工作报告
1948 年 2 月

三十六年度驻美代表办事处工作系赓续以往工作办理,关于接洽技术及经济合作及推动美贷款等事,除前与西屋公司所订电机制造技术合作合约及与史密士公司所订水轮机制造技术合作合约两案业已按约完成全部设计与训练外,其余各项接洽,均以局势关系鲜有具体结

果,如炼铝工业及电池制造等合作商谈或未能协议,或虽有成议而未克签约。扬子水力发电设计工作,因经费不继奉令中止。六月底我方向进出口银行所提各项借款计划至年底止,银行方面尚无具体表示。采购器材方面,本年美国市场情形较趋稳定,惟以国内局势动荡,售商须增加定金成数及必须开立信用凭证等,均不及以前之易于通融办理。本年除完成四次美贷余额之采购外,并经办现款采购总值约四百四十万余元。矿藏方面,本年生产渐复,以是销量增高,共计按约交与美方者纯锑三,六〇六,二七四公吨,纯锡九,九九〇,五七二公吨,钨砂九〇〇公吨。自行销售加拿大政府、美财政部及各进口商行者共计纯锑三,四六〇公吨,生锑一〇公吨,纯锡一,〇二一公吨。关于训练方面,仍继续管理租借案续留人员、经济部专案第一第二两批人员、西屋专案人员及三峡设计人员,该三项人员,本年内尚有陆续到美者,大部分人员于年内实习期满,均已陆续回国。截至年底止,尚在美之人数共计三三〇人,内属本会者一四一人。至于财务情形,本年益感拮据。国内申结外汇日趋困难,奉命代各单位垫付款项,往往历久不能归垫,难以清结。本处经常费一再缩减,但各项工作仍须照常进行,勉力维持,困难在所不免。本年十月,本会驻美总代表恽震奉调回国,由陈良辅接任总代表,继续主持本处。兹将本处一年来之工作分(一)技术合作,(二)美进出口银行借款,(三)其他技术接洽,(四)采购器材,(五)贸易,(六)训练及(七)财务等项。择要报告于次:

一、技术合作

1. 电机制造

本会与西屋公司(Westinghouse Electric Corp.)电机制造技术合作合约,大部分系由本会中央电工器材厂承受(一小部分系由本会中央绝缘电器公司承受),本年内继续积极进行,业经按照原约范围完成全部新厂设备布置详细计划,搜集有关技术文件、各项规范制度、工作手册三十大类,产品面样一万八千张,工具面样一万三千张,制造步骤表三万二千张,均经我方接收,连同专题研究六百五十篇,正陆续运华备用。同时并在我方策动下协助完成六百万元借款、初期生产计划之生产项目设备及工厂布置计划与训练计划。实习人员本年内陆续回国，至明年三月全部回国，本年我国向美进出口银行提出之贷款内列有湘潭电机厂贷款六百万元，一俟此项贷款实现，即可依照上述之六百万元计划建厂。但在美贷未成前，本年内业已在湖南湘潭整修原有厂房，并凑集原有设备，先行勉力进行，明年一月可以初步生产。

2. 水轮机制造

本会与史密士公司（S. Morgan Smith Co.）水轮机制造技术合作合约，亦系由中央电工器材厂承受，与西屋合约配合，一并办理。本年内亦已按约积极进行，由该公司供给水轮机制造所需配备之计划及上述六百万借款初期生产计划、水轮机部分之设备及工厂布置计划，并搜集各式水轮机参考面样十大类，共一千一百张。

3. 电线电缆制造

电线电缆制造技术合作，曾先后与美国通用电缆公司（General Cable Corp.）及加拿大北电公司（Northern Electric Co.）接洽，未有结果。本年奉准改与英国绝缘电缆公司（British Insulated Callender's Cables Ltd.）接洽，在原合同内增加电缆技术合作并延长合作期限，由在美之工程师葛和林就返国之便，于五月间绕道赴英接洽，已与该公司商有成议，俟外汇资金筹妥后再行正式完成书面协定。

4. 有线电器材制造

有线电器材制造，去年亦曾与加拿大北电公司接洽技术合作，未有结果。本会中央有线电器材公司筹备处黄主任修青奉命赴英与英国通用公司（General Electric Co.）商谈已有成议，于五月间奉准签订草约。黄主任现已返国，在国内商拟正式合约，俟拟就呈请后即可正式签订。

5. 电池制造

与美国保久电池公司（Burgess Battery Co.）所洽电池制造技术合作合同，双方已有成议。合作要点：①供给制造技术，所需费用五万元，分两期付。②设计新厂、训练人员、授受技术资料，一年完成，费用二万五千元。此项合约条款业奉大会及行政院批准,并奉准先行结汇美金六万元备用。惟因本年内技术人员不能来美接受训练,乃与该公司洽妥,今年缓签合同,惟一切条款待明年签约时保留有效。

6. 炼铝工业

本会与加拿大铝业公司(Aluminum Limited of Canada)商谈合作,为时已久。今春会派台湾铝业公司筹备处吴副主任道艮来美协助交涉,前后谈判不下数十次,率以双方对股权分配及管理权等数点意见未能一致,延至本年十一月谈判暂告中止。美商电话公司(Reynolds Aluminum Co.)对此事亦颇有意,该公司协理 J. Louis Reynolds 氏偕同专家已于年底飞华,拟赴台湾调查后,与大会径洽。

7. 扬子水力发电

卅四年十一月,本会与美垦务局订立合作合约,请其协助进行扬子三峡水力发电工程之设计并训练人员,经于上年积极进行,参加设计工作并接受训练之我国工程人员计有四十二人,迨本年五月,因经费不继,奉会令暂停进行,经于五月十六日函达美垦务局将此项合作合约暂行中止,获得该局同意。旋即办理各项结束工作,将业已完成之设计工作编制阶段报告,以便日后再行继续。所有参加设计之实习人员除少数奉准暂行继留在美外,其余均于八月底前回国。垦务局方面并将本会已付款项余数一三四,八五一.○六八元退还。同时并经商妥,将原订合约加以修正条文,俾将来随时可以赓续。

8. 造纸工业

去年本会曾聘 Fitchburg Paper Co. 协理阮传哲氏赴华考察造纸工业,返美后与本处商讨技术合作之具体办法,拟有草约。旋以情势变迁,本会奉令可能以纸厂售与民营,致与该公司之技术合作未克实现。该公司仅代本会购进纸厂器材若干及纸浆一千吨。

9. 电灯泡制造

荷兰飞利浦灯泡公司(N. V. Philips Gloeilam-penfabrieken)有意与我合作,本处奉准派专员单宗肃于八月间赴荷兰实地调查,于九月间返美后回国,撰有调查报告呈会。该公司曾派代表在南京与大会洽谈。

10. 开发铜矿

英商(Consolidated Gold Fields Co.)有意赴华开发铜矿,本处曾以各种资料供其研究,不久当可作进一步之商讨。

二、美进出口银行借款

美进出口银行前曾指定美金五万万元,作为贷给我国复兴工矿事业之用,旋以局势关系,此款未能即行动用,经规定保留至本年六月底为止。二月初,华盛顿中国物资供应委员会获得美国务院方面消息,认为我方不妨将各项计划向进出口银行试提,当时物供会秉承国内指示办理,其工矿部分拟提计划则由本处供给资料,但此案未有任何进展。至六月初,我方鉴于最后期限已届,遂又重行审度情势,酌定项目,由顾大使于六月底向美国务院及进出口银行正式提出。各项计划系由华盛顿中国物资供应委员会汇编,其中本会部分之工矿计划,除由国内寄来外,并由本处赶编供给。计划提出后,本处为准备进一步之商谈起见,经分别约请美国有声誉之公司或专家为顾问,协助拟编详细计划。此次工矿部分所列数字如左:

電　　力(技术顾问 J. G. White Engineering Corp.)

冀　北	四,八〇〇,〇〇〇元	
青　岛	一,三〇〇,〇〇〇元	
上　海	四,〇〇〇,〇〇〇元	
广　州	一,五〇〇,〇〇〇元	
台　湾	二,七〇〇,〇〇〇元	
输电设备	六,〇〇〇,〇〇〇元	
共	二〇,(〇)〔三〕〇〇,〇〇〇元	

煤　　矿　(技术顾问 Pierce Management Inc.)

阜　新	三,九〇〇,〇〇〇元	
北　票	八〇〇,〇〇〇元	
开　滦	一,三〇〇,〇〇〇元	
井　陉	五〇〇,〇〇〇元	
中　兴	一,〇〇〇,〇〇〇元	

宜　　乐	五〇〇,〇〇〇元
高　　坑	六,五〇〇,〇〇〇元
湘　　潭	三,〇〇〇,〇〇〇元
共	一七,五〇〇,〇〇〇元

石　　油（技术顾问 Universal Oil Products Co.）

甘肃青海	四,六〇〇,〇〇〇元
四　　川	一,七〇〇,〇〇〇元
高雄炼厂	一,〇〇〇,〇〇〇元
业务设备	四,二〇〇,〇〇〇元
共	一一,五〇〇,〇〇〇元

电　　工

电　　机	三,四二五,〇〇〇元
电　　线	九一五,〇〇〇元
电 管 泡	一,三七〇,〇〇〇元
电　　池	五七〇,〇〇〇元
无 线 电	一,七一五,〇〇〇元
电　　话	一,一四五,〇〇〇元
电　　瓷	八六〇,〇〇〇元
共	一〇,〇〇〇,〇〇〇元

| 机　　械 | 四,〇〇〇,〇〇〇元 |

水　　泥

华　　北	一,〇〇〇,〇〇〇元
湘　　潭	二,〇〇〇,〇〇〇元
大冶华新	二,〇〇〇,〇〇〇元
共	五,〇〇〇,〇〇〇元

出口矿品（技术顾问 Bebre Dolbear Co.）

钨	三,〇〇〇,〇〇〇元
锑	二,〇〇〇,〇〇〇元
锡	一,五〇〇,〇〇〇元
共	六,五〇〇,〇〇〇元

肥料制造（技术顾问 Martin T. Bennell）

| 广州铔肥 | 二八,〇〇〇,〇〇〇元 |
| 台州铔肥 | 一七,〇〇〇,〇〇〇元 |

台湾磷肥	五,〇〇〇,〇〇〇元
共	五〇,〇〇〇,〇〇〇元
植物油	五,〇〇〇,〇〇〇元
台湾制糖	五,〇〇〇,〇〇〇元
总　计	一三四,八〇〇,〇〇〇元

以上各项计划中,台湾电力计划,台湾电力公司刘总经理晋钰于三月间到美会同本处推动借款,曾委托西屋公司代拟说帖,在顾大使正式提出以前,先已由该公司代向进出口银行接洽,所提数字为一千二百万元,后经翁委员长核准电请顾大使照此数增列。又电机制造计划,因本年与西屋公司早已订有技术合作合约,该公(使)〔司〕为促成此项计划之实现起见,亦已在顾大使正式提出以前,先由该公司出面径向进出口银行接洽借款六百万元,后经翁委员长核准,电请顾大使增为此数。台湾糖业公司为推进借款起见,由本处代为洽妥 General American Transportation Corp. 为技术顾问,由该公司派制糖专家 Ely 两度赴台调查,第一次于四月赴华,七月返美。第二次并另率专家五人同往,于八月初赴华,经彼等详细调查研究后提出详细报告,认为整建台湾糖业至少需款一千万元,银行方面允予考虑。又华新水泥公司建设大冶厂用去□□外汇二百余万元,尚缺二百万元,其总工程师张玉华氏在美会同本处与该厂之原承办厂家 Allis Cbalmers Co. 撰拟详细说帖,与进出口银行当局接洽,经过甚为良好。

各项借款计划提出后,进出口银行久无具体表示,嗣后情势演变,本处奉令对进出口银行方面暂缓推动。然与各技术顾问会同从事各项准备工作则始终并未中辍。根据与进出口银行接洽所得印象,各项计划中之反响较好者,如台湾电力、湘赣煤矿、电机制造、华新水泥、台湾肥料及台湾糖业等,将来时机成熟,谅可最先借到款项也。

三、其他技术接洽

1. 联总

本年内继续与联总洽办助我整建台湾肥料工业,中间周折甚多。大会并派张专门委员信诚一月间到美协助,但以种种困难,本会原提整建台湾钾肥及磷肥两厂计划未克实现,遂于二月间自动将磷肥厂计划撤回,专致力于接洽钾肥厂机件之增配。

磷肥厂计划,本处曾聘 Inter-Continent Corp. 为顾问工程师。本处又曾派员赴 TVA 洽商供给技术资料,获得若干数字及资料以供参考。

钾肥厂系委由 American Cyanamid Co. 代为筹划,原期联总可能拨款一百二十余万元采购此项器材。不意三月间联总忽与我国行总谈妥将余款改购棉花,致钾肥厂计划亦成泡影。后经再三努力设法,始得联总同意由其存加拿大余款内拨购钾肥厂器材四十九万余元。台湾肥料公司李协理国柱于三月间到美曾赴加会同本处驻加代表洽办采购事宜,旋即返国。截至年底止,所有器材业已大部交货或运到。

2.战余物资局

美国战余物资局(War Assets Administration)有钾厂及硫酸厂多处原可出售,前华盛顿中国物资供应委员会曾奉命与该局接洽借款标购,已有成议。当初计划拟利用该局借款购买钾厂器材,同时再向进出口银行借款作为购买补充设备及拆卸、运输、装置等费,本处于六月初商由台湾肥料公司李协理国柱偕同在美实习之工程师许怀均、杜朝藩往 Cactus Ordnance Works, Ohio River Ordnance Works 及 Kentucky Ordnance Works 考察。不意六月中旬忽接 W. A. A 通知,谓所有制钾设备已由美军部收回自用,未致成功。至本年冬传闻 W. A. A 所属之 Missouri Ordnance Works 钾厂原拨交 Bureau of Mines 者有一部可能出售,本处正密切注意接洽中。

W. A. A. 另有制桶厂设备两套颇合本会中国石油公司之用,亦曾由前华盛顿中国物资供应委员会代洽借款购买,该会于七月底结束后,此事由中国石油公司驻美代表自行继续进行,迄至年底此案未能在 National Advisory Council 通过。中国石油公司已另备现款购进此项机件。

又美国原在租借法案内应拨我国器材内有煤矿器材及发电设备共值八百余万元,已由国务院移交 W. A. A. 处理,不久即可标售。本处正密切注意查询中。

3. 提炼油页岩新法

美商 Union Oil 发明提炼油页岩新法,本处曾报请大会饬运抚顺油岩样五吨来美实地试验,此项矿样即可到美。

4. 远东委员会

远东委员会在华府时常开会讨论日本赔偿事宜,本处随时与之保持密切联络并贡献意见。据悉关于日本应留工业水准案,我国意见即可正式提出。

四、采购器材

本年度美国市场情形,其供不应求之程度一如上年。价格方面除钢铁类似上涨外,一般似有较定之趋势。工潮亦已稍愈。惟交货期限仍长,但难如期交货。出口证之限制,铜合金数较上年严格,建筑方面材料因美国本身需要,如钢铁料之未经特种制造程序者,极难获准出口。明年之出口限制将更趋严格,如本年不须申请出口证之钢管合金铁、锅炉管等,已于本年底公布,自明年一月起概须请领出口证。国内局势动荡,对于在美采购亦有影响,如定金成数增加及必须开立信用凭证等,均不及以前之易于通融办理。本年度本处经办现款采购及与其他机关洽办贷款采购情形分述于次。

1. 现款采购

甲、N 字编号

本项包括各单位存美现款采购及台湾糖业公司中国银行美金借款采购。本年共购总值三百六十五万余元(运杂费在外),其中台糖公司占百分之八十八。我国进口管理逐步严格,除台糖之中行借款仍可照普通现款采购办法办理外,其他单位均无现款美金来源,只能以原存美外汇择最急要者采购,一部分则系请准结汇支付。

乙、NS 字编号

本项系行政院核准本会本年获必须外汇一千万元案内之采购,其手续先由本处将各单位拟购器材向厂商索取估价单寄回国内,凭以申请信用凭证抵美后，始能订购。惟以申请需时，供应情形往往变更，而信用凭证有效期限甚严，以致厂商十九不能接受，各案情形均有特殊，不易迅速解决，有数案尚需设法垫付货款，始能交运，再向银行领款归垫。自本年七月起开始有信用凭证到美，截至年底止，共六十案，计七四一，四六七.五四元，内信用凭证受益人为本处者三十八件，款数一二九，五四四.三二元，受益人为厂商者二十二件，款数六二，九一三.二二元。

2. 贷款采购

甲、第四次美贷款余额

本案系由世界贸易公司经办，由本处随时协助并催办。上年度业经美进出口银行同意者计十三案，共二百八十三万五千元，内已签妥订购合同者八十七万七千余元。本年度经请准将动用期限展至本年六月底，并加请六案，共为十九案，已于期限前全部订购完毕。各案款数如左：

名　称	申请款数	实订款数（余数备作涨价及运输费之用）
UN84 电解槽	九五，〇〇〇元	九二，八三六.九七元
UN85 起重设备及避雷器	一五〇，〇〇〇元	一二七，〇五三.五六元
UN87 电池厂设备	五〇，〇〇〇元	四六，二八一.二六元
UN88 工业炸药	四〇〇，〇〇〇元	二七八，〇六四.二〇元
UN89 电厂器材	七五〇，〇〇〇元	六五三，〇六一.九〇元
UN90 电工急需材料	一五〇，〇〇〇元	一二七，一〇七.七二元
UN91 小型水轮机	二三〇，〇〇〇元	二二六，八三六.七四元
UN92 脚踏车配件	一二〇，〇〇〇元	一一五，七四〇.四三元
UN93 航测设备	六〇，〇〇〇元	五四，二七九.七七元
UN94 书籍	五〇，〇〇〇元	五〇，〇〇〇.〇〇元
UN95 电解槽设备	二八〇，〇〇〇元	二五九，〇〇四.四二元
UN96 电工重要设备	四〇〇，〇〇〇元	三七三，七一一.三五元
UN97 无线电津厂设备	一〇〇，〇〇〇元	九九，四六〇.六四元
UN98 肥料厂设备	一〇，〇〇〇元	九，二一六.五四元

UN99 台糖配电盘	二七,〇〇〇元	二〇,五五六.六八元
UN100 水泥厂器材	五〇〇,〇〇〇元	四四六,二二七.四五元
UN101A 无线电配件	一三〇,〇〇〇元	一二八,二六四.二四元
B 电子管制造器材	七〇,〇〇〇元	六三,七八七.八三元
UN102 上海机器厂设备	一五〇,〇〇〇元	一四七,〇二五.七六元
UN103 矿产测勘器材	一〇〇,〇〇〇元	九五,八八二.一三元
共　计	三,八二二,〇〇〇元	三,四一四,三九九.五九元

乙、加贷采购

本案系由驻加物资供应处经办,本会部分者由本处随时联系推动。此项贷款采购计分三千五百万元现款部分及二千五百万元剩余物资部分。三千五百万元现款部分,因以面粉及交通器材为主,故本会最初所提之二千一百万元采购计划未能实现。本年初本会配额改为五百四十余万元,嗣因各机关配额总数超出贷款总额,由物供会核减为本会四百六十九万一千元,以肥料四万四千吨为主,计四百万元,全部订购程序均已完毕。二千五百万元剩余物资部分初系配给交通部及兵工署之用,后加方不允供给兵工用途,奉准改配给国防部五百万元,本会与江南造船所及卫生署分用一百四十万元,本会计可购得工具机约三十万元及无线电器材五万元。

丙、电力器材贷款八百八十万元

本项贷款系专为购买五千千瓦发电设备十套之用,系由前华盛顿中国物资供应委员会办理,本年七月底,该会奉令结束后,世界公司赓续办理,本处则随时协助,与之联系。此案截至本年底止大部分均已订购,未用余款尚有三十七万余元,依最低限度需要,尚缺近三十万元,正由本处会同世界公司编制预算,以小丰满电力计划款移用,期能完成整个计划。

丁、煤矿器材贷款一百五十万元

本案采购亦系由前华盛顿物供会办理,嗣移交世界公司续办,本处处于协助及联系地位。动用此款原限于本年底满期,经洽商展期至明年六月底止,已于十二月十五日获得进出口银行正式复函同意,截至年底止,计尚未订购者仅余一十三万余元,当可于明年六月底前结束。

3. 其他采购

除上述各项采购外,此外尚有江南电力计划一百万元采购及小丰满电力计划三十万元采购两案,颇为重要。此两案均系由前华盛顿物供会办理,嗣移交世界公司续办,本处随时协助与之联系。江南电力计划一百万元案内已购妥者为锅炉设备八套,亟待订购者为五千千瓦发电设备一套及其他配件。锅炉之修理工作即将竣工,正办理运输中。此项运输因需自理装箱及最大件重八十吨之国内起卸问题,办理颇费周折。至小丰满电力计划三十万元案,因东北局势影响,进行时辍时续,最近决定除保留已购之铝缆约值十万元外,余款备作电力器材贷款八百八十万元案内不敷之用。

五、贸易

本年因国内矿品生产逐步恢复,并将存货加紧外运,故全年矿品对外贸易数量较上年大增。其中除由大会及国外贸易事务所直接办理者外,其由本处贸易组主办之矿品偿债及自销等情形,分述于次:

1. 对美交货

上年为办理对美政府交货,曾根据金属合约于上年十月廿二日与美方签订锑修正合约,同年十月廿八日签订锡修正合约。依照此两合约之规定,我方须于本年三月底前运交美方纯锑三千吨,纯锡八百余吨。计自去年十月初至本年三月中为止,共交纯锑三,〇〇〇,四九九公吨,总价一,四五五,二七七.五六元,除其中一二,五〇〇元暂由美方保留备付换装等费用外,余额已如数付清。至锡合约交货,系上年十一月下旬开始,至本年五月底完毕,计共交纯锡八八七,六二九公吨,总价一,二〇一,九八四.七七元。上项锑锡价款,依照合约规定,除锑价内须提百分之廿五偿债外,其余百分之七十五锑价及全部锡价,均作为购金之用。

本年二月间,我政府新颁法令,禁止黄金自由买卖,本会自无再向美国购买黄金之必要,故上述锑锡两合约所交之货奉大会三月四日电,所有待收价款应即洽改收现款,不必易金,遵即照办。嗣该两合约期满失效,我方继续以矿品交美,势须另订办法,按以前对于一九四一年金属合约之迭次修正,事实均为增订价格,变更交货地点或易购黄金等,本年形势已与前年不同,市价亦已增涨,该金属合约实可即照原规定履行,不须另行修正,经商得美政府同意。截至本年底止,已照金属合同原规定交纯锑一批,计一,○○二,五一一公吨,价款七一六,九九六.九九元。此外,尚有钨砂九百吨,纯锑六百吨及锡七百吨均已于年底前到达纽约,正在洽交美政府中。以上已交及待交各矿品,所有价款均作为偿付金属借款之用,但所有交货矿品由华米美之运保杂费,经与美方洽妥,均可在矿品价款内扣付,已于十月一日正式签订修正合约予以规定。

2. 购金

前述上年十月间与美政府所订锑锡两修正合约内规定锑价百分之七十五及全部锡价均作为购金之用,但事实上我国自本年二月起禁止黄金自由买卖。大会于三月四日来电,所有待收锑锡价款应即改收现款,遵经照办。本年截至三月四日止,存入美国联邦储备银行之我国中央银行本会购金户之款,计共四六五,一九六.二五元,连同上年结余二一八,三二三.八四元,合共六八三,五二○.○九元。至实际购买黄金数量,计本年截至三月十日止,共购到黄金四十八条,净重一九,三三三,八九九两(Troy Ounces)合六七六,六八六.四八元,连同用费一,七三五.六八元,计共支付六七八,四二二.一六元。

3. 偿债

依照上年十月签订之锑修正合约,须以锑价之百分之廿五偿付金属借款。又本年依照原金属合约所交之货,其价款须全部偿付该借款。除以此种矿品价款随时偿债外,本年二月尚有到期之本息一二,二二二,二七一.六六元,系由中央银行以现款拨汇来美偿付。以上本年内以矿品价款及现款偿还之债,计本金一二,一八○,六八一.九六元,利息七五四,七九三.五一元,两共一二,九三五,四七五.四七元。

4. 自销

本年自销矿品,除一部分由国外贸易事务所在沪洽售者不计外,其由本处贸易组经售者共十九批,计钨砂四一五公吨,纯锑三,四六〇公吨,生锑一〇公吨及纯锡一,〇二一公吨。按购主性质可分为三类:

甲、加拿大政府

上年底与加政府洽妥售交纯锑六〇〇公吨,价每磅加币二角六分,上海交货,于本年一月底前交清,曾于上年年报内述及。该项交货合约系于本年一月初正式签订,全部交货经于一月底前办竣。所有价款按约应由加方全部结予黄金,但因国内情形变更,遵照会令改收美金现款。

乙、美财政部

美国为国防需要须储备大量军用矿品,由财政部联邦供应局主持购买。本年九月间,该局标购纯锑,本处贸易组投标纯锑二千二百短吨,价每磅二角九分五厘,中国口岸交货,于年底前交清,旋接美方十一月十九日通知得标,现已由国内交出纯锑一千八百公吨,其中一千一百公吨业已到美,其余七百公吨不久亦可到达。惟将来能否全部为美方接受,尚须视化验成分是否合格而定。

丙、进口商

本年售予进口商行之矿品,其主要者有下列数家:

Wab Chang Trading Corporation, Metal Traders Inc., Associated Metals and Minerals, W. R. Grace, Philip Brothers, Gottbold Corp., Ferro-Metal and Chemical Corp., Metallo-Chemical Corp., Fleischman Burd and Co., Gullopang Elektro Kemiska, Charles Giltan Inc.

六、训练

训练方面,本年内在美实习人员计有:

(一)根据租借法案派美之工矿部分实习人员请准继续留美者(以下简称租案续留人员),(二)卅二年度经济部专案派美实习人员(以下简称部派第一批人员),(三)租借法案内一部分工矿部分实习人员奉令暂缓出国并入卅二年度经济部专案派美实习者(以下简称部派第二批人员),(四)西屋公司技术合作案内实习人员(以下简称西屋人员),(五)参加三峡设计工作之实习人员(以下简称三峡人员)。

根据租借法案派美之工矿部分实习人员,其实习期限早已于卅五年六月及九月期满,大部分早已回国。本年继续在美者计六三人,均系由各主管机关请准续留,其生活费由各该主管机关负担,少数系自费。此六三人中,本年内陆续回国,截至年底止,尚有二八人,属本会者一一人。

部派第一批实习人员实习期限为两年,三十四年九月廿六日抵美者计一二七人,内有六人于卅五年内先后返国。卅五年六月后抵美者五人,本年三月抵美者二人,十月抵美者二人。至本年九月实习期满返国者计八八人,其余经各主管机关请准续留及尚未满期者,本年底尚在美者共四九人,内三六人系属本会。所有此批人员之生活费及回国旅费除尚未满期者仍候按期拨发外,其余均已由经济部拨到转发。至期满请准续留人员之生活费,系由各主管机关负担,少数则为自费。

部派第二批人员实习期限为一年,一部分已于上年到美,大部分系本年内陆续来美,除本年九月期满返国者二人外,年底在美者计一〇五人(内二六人将于明年一月份实习期满),属本会者四八人。此批人员之经费,当初来美时经济部所发数目颇有差别,现到期人员应予续发之生活费及期满人员之回国旅费经济部尚未拨到,群情惶急,正由本处不断催拨中。

西屋人员包括赴 S. Morgan Smith Co. 实习之人员在内,系卅五年下半年及本年初到美,一部分系租案续留人员及部派第一批人员,其人数不计在本项内。此批人员之实习期限大部分为一年,少数于实习完毕后参加设计工作者略为延长。截至本年底尚有四十人在美,预定至明年三月底全部回国。此批人员之经费系由派遣彼等来美之本会中央电工器材厂及中央绝缘电器公司筹备处负担。本会派有驻厂代表二人,驻在碧芝堡西屋公司,与该公司洽办设计工作,并照料此批人员,按照计划实习,仍向本处报告。

三峡设计工作因经费不继,于本年五月间奉会令中止,所有参加设计之实习人员,业已分批回国,至年底尚有八人留美,内属本会者六人,属中央农业实验所者二人。

本年内各案实习人员人数变动情形如左:

案　别	本年一月份人数	本年内抵美人数	本年内返国人数	本年底留美总数	本年底本会留美人数
租案续留人员	六三		三五	二八	一一
部派第一批人员	一二六	四	八一	四九	三六
部派第二批人员	三二	七五	二	一〇五	四八
西屋人员	五六		一六	四〇	四〇
三峡人员	四〇		三二	八	六
共　计	三八七	七九	一六六	二三〇	一四一

关于实习人员实习程序之安排及实习处所之接洽等事,除西屋人员及三峡人员均系按照已订计划进行外,其余均须按照各实习员之性质,个别为之斟酌安排,分别接洽。其实习成绩,规定由实习员按期编送报告,以便转送国内主管机关考核。此外,实习人员在美居留应办之手续、健康与意外保险、回国船位及所有在留美期间之一切居留行旅安全事宜,均由本处妥为料理。

综上所述各案实习人员中,实以经济部派遣之人数占大部份,本处奉命代管,所需管理费用颇巨,曾由前华盛顿中国物资供应委员会拨来训练经费五万元早已用罄,经呈会转洽经济部请拨上项管理费每月五千元,一年半共九万元,此款可在现由世界贸易公司保管之训练专款内拨付。此事在洽催中。

七、财务

本处经管收付款项计有大会拨存现款技术合作费用专款、考察费专款、训练费专款、各单位料款、前华盛顿中国物资供应委员会拨来训练费专款、经济部派人员实习费款及本处经常费开支等款，截至本年底止，现金结存共计一，六四七，六七八.九七元，各科目存欠情形详见借贷余额对照表。

本处本年度自大会拨存技术合作费用专款内支付合作费及顾问费共九五，七七四.一三元，自各单位料款内支付器材价款及运输等费共五，二五八，六二五.一五元，合作费及顾问费二〇三，一四三.四二元，各单位在美实习人员及工作人员薪金、旅费等共一〇八，三八六.三二元，什项支出一，五六六.四九元。

本处本年度经常费预算原奉核定为二十万元，已结到半数十万元，另由大会垫拨五万元，计已拨到十五万元。七月间奉会令，下半年预算减为七万五千元，则全年经费共为十七万五千元。截至九月底止，计已实用一七四，六六一.四三元，包括代付经济部经管实习人员各项管理费用在内。十至十二月份经费奉准在美垦务局退还款内拨用四万元。此三个月期间实支三九，五七七.一九元，其中六，五七五.三三元为代付经济部经管实习人员之管理费用（仅为职员薪金，其余未计入），本处一切开支已遵照大会迭令逐步紧缩，人员亦陆续裁减。预计明年度开支当可更为节省。

附借贷余额对照表暨最近三年来本处经常费支出比较表[略]。

《中华民国史档案资料汇编》第五辑第三编《外交》，第591—608页

顾维钧致蒋介石电①

华盛顿，1948 年 6 月 14 日

京。总统府五七三六〇密（表）。极密。大总统钧鉴：并恳密示翁院长、王部长：美援华总数经下院与援欧总数一律削减，钧正在运用恢复原数情形迭经电呈外交部，谅邀鉴察。兹据可靠消息：上周五、六两

---

① 顾维钧于1946 年6 月任中华民国驻美利坚合众国大使，前任为魏道明。此两封为报告美国参议员拨款委员会讨论援华问题密电——原注。

日上院拨款委员会以当局要求曾开秘密会议。关于援华部分,国务院提出书面报告,对我国军事、政治、经济情形颇抱悲观,认为经援难于军援,不特无裨中国,反将有损美国。次日陆军部长报告,魏德迈出席口头补充,并说明彼以代表政府出席报告,非仅为军部陈述意见。所言要旨谓:近月来中共军事得手,势力膨胀,并云我国大局难挽回,此时予我经济援救等于浪费,徒尽人事不克收实效。若予我军援,在我国现状下不仅耗费巨款,无裨我国军事,反必牵涉美国有损国际威信。究竟应否援华,任凭议会决定云云。并一再要求,以所言关系机密,勿付记录。列席诸会员闻之同深惊异。美国政府似欲以一变整个援华政策,希将议院通过之法案完全推翻。魏氏陈述限于我国所占地位,对苏军略上之重要,并言此案予我援助已不克收回,仅阻我局势更恶化。有诘问陆长以政府既抱抵制共产党蔓延政策,何以轻视亚洲情势,不主援助。陆长曾答谓,亚洲大陆譬如中国,人民繁殖,知识浅薄程度甚低,工业无甚基础,组织无能力,加之内部挠攘不息,欲求援助收效,非频续拨巨款不可,而美财力有限,理宜集中援助欧洲,因其各项条件具备,易收效果云。又据确报,马卿虽已脱离军部,其对军界各首领威望仍重。最近参谋总长白赖莱出席陈述意见,对华军援亦一变往日态度,而认为有损无益云。现上院拨款会听取各方对援华部份意见已告竣。其会长仍主恢复援华全数,如会中反对,拟提议继续听取意见。曾新自华返美之蒲立德君知注,并陈。顾维钧叩。寒。印。

南京。大总统:五七三六〇密寒电计邀鉴察。顷据报:上院拨款会对援华部分已一致决议恢复法案全数即四亿六千三百万元,其中军援部分仍为一亿二千五百万元,时期仍为十二个月,明日全院当可决定。顾维钧叩。寒。

《中华民国史档案资料汇编》第五辑第三编《外交》,第624—626页

2. 中美商约

华盛顿进出口银行致中国银行函①
华盛顿,1946 年 3 月 14 日

查贵国政府会同敝行申请贷款美金三千三百万元,以供在美采购美棉运华之用,本案已经敝行董事会通过照办。兹将本案贷款拨提及其运用之各条件,列举于后:

一、购棉合同　中国采购棉花商人应照通常办法,向美国棉商洽购棉花。

二、承兑书之申请　贵行经同意某购棉者在本贷款项下购棉后,应由贵纽约分行用书面向敝行申请发给承兑书交美国棉商。申请书上应注明买卖棉花商人之姓名、住址、购棉数量、种类,运至卸货港口 C. I. F. 价格(即包含货价、保险费及运费之价目),期票及证件到期日期,是否分批装运,期票所附证件之说明,暨银行信贷书所应备注之其他各项。棉价应照每磅美金若干分,或折合美金之其他货币单位计算。关于保险条件,贵行并应注意详注所保水险之切实数额及任何附加或特定之保险数额。

三、承兑书之签发　敝行收到贵行依照本合约所规定之申请书时,即行发给承兑书,交由指定之棉商承售。贵行所签发之期票,该棉商转将是项期票及附件交其指定之商业银行后,敝行即向该商业银行接洽办理。承兑书将含有银行商业信贷书内所备具之依照商务信贷文书一般惯例办理之条款。

四、期票之条件　上项期票应由贵行于发票后廿四个月内以美金兑现,年息 $2\frac{1}{2}$%,自发票日起算至付款日止,一年照三百六十五日计

---

① 关于订立美棉借款合约事——原注。

算,并由贵行在美通讯处或纽约分行付款,付款之银行应于期票上注明。期票到期前,贵行有权拒兑。期票格式应照附件式样 A 办理。

五、期票之数目　每次装运棉花,其价款应分三张期票支付,一张按照 C. I. F. 货价支付 85%,另两张每张支付 7.5%,以便敝行按动用货款比例数额,向棉商及其他银行洽办手续。

六、期票之承兑　贵行于每次购棉收到期票暨所附文件时,应即予以接收承兑,但于载运各该批棉花之船舶未到达前,得暂缓办理。惟该项船舶到达提单上所载明之港口时,贵行应即办理承兑期票手续,并将该票送回经手之美国银行,其附件则由贵行自由处理。购买棉花商人对于棉花如发现数量不符或损坏时,应由该商人或贵行径与出售棉商,或保险公司,或轮船公司交涉,与贵行承兑期票之责任无关。棉船如逾提单上所载明日期十五天后尚不到时,贵行仍应办理承兑期票手续,不得借口棉船之丧失或因其他缘故不能到达而卸脱责任,不予兑付。其因购棉之全部或一部分损失所得之保险赔偿,应即用以支付期票所需之款额。贵行可与购棉商人洽商该款之偿还办法,本条规定不仅适用于本行,根据本约与贵行之交易皆适用之。

七、代理承兑　为应事实上需要起见,期票之承兑及附件之递送,应由贵纽约分行代办,经手之商业银行先将期票及其附件送交贵纽约分行,该分行则将该项附件转寄贵行,贵行于收到该附件或丁每批棉花运到时,应即电知贵纽约分行办理承兑手续。本条规定不能视为更变第六条所规定贵行承兑期票之责任。

八、根据本约成立之贷款,并应照下列各附加条件办理:

1. 承兑之款额　根据本约承兑之总额,不得超过美金三千三百万元。

2. 有效合约　根据本约办理之棉贷,应以本约生效之日起六个月内所订之合同为限,所有贵行于本约生效之日起七个月后之承兑申请,本行概不承认。本约自中国政府签署之日起生效。

3. 装运期间　根据本信贷采办之棉花,均应于本约生效后一年内装运。

4. 装运船舶　除非经本行特予表示放弃,所有根据本信贷采办之棉花,一律应用美籍船舶装运。

5. 杂费　凡因办理棉贷事宜,由本行或商业银行代付之电费及其他零星垫款,包括本行或商业银行因代收期票所付之法律费用,贵行于接到通知时应即归垫,但商业银行因经办及代收期票与处理有关附件所需之佣金,应归出售棉花商人支付,贵行或买棉商人均不负担。

6. 合约之取消　订约之任何一方有权以书面或电报通知对方取消本约,被通知之对方收到此项通知时,本约即实行取消。但根据本约业已办理之承兑书,暨根据是项承兑书业已签发或尚未签发之期票,均不得受此影响。

7. 代理人之授权　贵行应出具证件授权贵纽约分行,以贵行名义负责代表执行本约申请本行发给承兑书,并承兑第七条规定之期票及代表贵行办理该条规定之其他有关事宜。

8. 担保与法律意见书　本合约须俟中国政府出具保证书,保证偿付根据本合约所成立之每项贷款时始生效力。中国政府并须出具足使本行满意之中国法律顾问意见书,证明中国政府已依照中国法定手续保证偿付根据本约所成立之每项贷款,中国政府并曾正式授权签署该项保证书。该项保证书内所列条款,对中国政府具有法律上之约束力。

本约一式三份,业经本行签署,其所载各项条件,如贵行暨中国政府认为同意时,应由贵行暨贵国政府正式授权之代表加以签署。除以一份送回本行外,其余二份由中国政府及贵行分别收存。贵纽约分行代表贵行向本行签署申请承兑书函件暨承兑期票之签字式样,应连同本约一份,并送本行备查。此致
中国银行总管理处

　　　　　　华盛顿进出口银行董事长　马　丁(签署)

中国银行接受前项各条款,此证。

　　　　　　中国银行纽约分行副经理　哈骏文(签署)

保证书

中华民国政府为使华盛顿进出口银行签订上述合约,并根据该约签发承兑书起见,对于该行根据该约收受之期票,兹特无条件保证其本息之偿付,并声明此项保证适用于上述之一切期票,中华民国政府无须再在票面加以签署保证。又是项保证不仅适用于华盛顿进出口银行,凡本信贷期票之任何执有人均适用之。

中 华 民 国 代 表

驻美中国物资供应委员会主任委员　王守竞(签署)

一九四六、三、十四、

式样 A(期票式样)

款额美金(用数目字)

地点:

日期:

凭票(列本未付)自本日起算廿四个月内照付(　)美金元,及自本日起算至付款日止,照年息 $2\frac{1}{2}$ % 计算之利息。此票系根据　年　月　日华盛顿进出口银行签发之第　号承兑书所签发,用以购运美棉前往中国。

上款请入　帐户。此致
中国银行

美国棉花输运商签字人

(下列空格之附注由经办之美国商业银行加盖钤印后,再将期票送交外国银行)

同意兑付上项期票。

(此栏应由同意兑付期票之外国银行填注)

年　月　日
中国银行签字人签署

《中华民国史档案资料汇编》第五辑第三编《财政经济》(一),第995—999页

中国政府致华盛顿进出口银行函①

华盛顿,1946 年 3 月 14 日

关于本日所签订之美金三千三百万元信贷,用以购买棉花由美运华事,承嘱将中国政府及中国银行对于该信贷施行步骤予以说明,本人等因奉中国政府暨中国银行分别授权签订,并执行该信贷。兹特向贵行申述,前项信贷将公平分贷与官办或商办纱厂,决不因购棉者无政府身份而加以歧视或优待,并声明中国私人棉商必须出具抵押,保证其能履行其对于进出口银行之债务,中国银行始予此项棉贷,中国政府始允代作保证。

中国政府代表并声明,在前项美棉信贷案内所购之棉花,将售与政府或商办纱厂,决不因各该厂所有权或管理权之性质而有所歧视。
此致
华盛顿进出口银行

中国政府代表　王守竞　（签署）

中国银行代表　哈骏文　（签署）

一九四六、三、十四、

《中华民国史档案资料汇编》第五辑第三编《财政经济》(一),第 999 页

中国向美国购买修理铁道器材贷款合约

华盛顿,1946 年 6 月 3 日

本合同订于一九四六年六月三日,订约人一方为中华民国,另一方为华盛顿进出口银行(美国政府机构之一,以下简称进出口银行)。

兹因中华民国曾向进出口银行申请信用贷款,以便购料运华修复中国铁路之用。又因是项贷款有助于中美贸易及两国之进出口货物交换,是以本此前提并为执行本合同所规定起见,双方议定条款如左:

---

① 关于担保购棉信贷公平分配事——原注。

第一条　信用贷款之设立

进出口银行为资助中国（在美国）购料运华修复铁路起见，特设立信用贷款美金一六，六五〇，〇〇〇元，依照本合同规定，随时由进出口银行本身或假美国商业银行之手，将款分批贷与中国。除非中国随时书面申请，经进出口银行书面同意变更限制外，此项贷款只能依照附表 A 所规定之种类及约略数量，以供在美购买美国材料运赴中国之用。

第二条　信用贷款期票

为根据本合同借用贷款起见，中华民国应随时发行期票交给进出口银行，是项期票应为中华民国的一般债券，可在市面出售，并以美国法币在进出口银行华盛顿总行，或进出口银行所指定之其他地点付给进出口银行。每张期票均以英文书写，其字句及式样均照附表 B 所定为准，除最后之一张外，每张均以五〇〇，〇〇〇元或其加倍数为额。

每张期票均以发行之日起算，其本金分五十个半年期偿还，其第一期还本之日期为一九五一年十月一日。期票利率定为年息三厘，依照当时未还之本金计算。此项利息于每年四月及十月一日，每半年付给一次，所付息金须照用款之实在日期计算，而每年以三六五天为标准。是以期票虽经规定自发行之日起息，但所实付之息金，则系其贷款日期，分别按照实用日数核算之。

中华民国有权在付息之任何日期先期偿还任何期票之全部或其一部分之本金，此项本金之偿还应自最后到期之一期开始。

第三条　信用贷款之实施

中华民国因进出口银行已依照本合同规定：（甲）购买及运华材料；（乙）由商业银行发出信用书（押汇），以购买及运华材料等垫款，得请求该银行贷款以资偿还。此种垫款应以购运材料之发票或合同内所定之价数，及与购运直接有关之费用为限。此项费用计包括美国境内自内地至海口之内陆运费、堆栈费、美国境内之保险费、海洋运费，在美国所保之海运保险费，以及关于采购及运送此项材料至中国口岸，或亚洲其他处所之一切费用。

每次申请偿还之款不得少于二五，〇〇〇元，而是项申请，中华民国应开附详细清单，证明所购之材料、厂名及地址，及所应偿还之数，并证明是项材料之用途系依照本合同第六条规定。该清单并应附以信用书之副本或影本，已签收之发货单、提货单，以及其他费用之证据，为进出口银行所认为满意者。

进出口银行一经接到申请时，即照下列条件垫款与中国，以便偿还前付款项。

（一）倘进出口银行已预先接到本合同第二条规定所发之期票一张或一张以上，而其本金的总数最少等于当时所垫之数，及前此所垫各款之总和。

（二）倘进出口银行认为所附清单及文件皆齐备合格。

（三）倘所开之材料均与附表 A 相符，而其数量与从前所购同一物件之数量相加约在附表 A 所示范围之内，或该材料与数量曾经进出口银行书面允许。

当申请时或请付款所关之材料未装运时，中国应于装运后在一合理之时期内，将有关之提货单之一副张给与进出口银行。

若进出口银行所根据付款之信用书未经全部利用，其未经利用之部份得以调整作为下次申请付款时之用。

第四条　期票之交换

依照本合同贷款完竣之后，中国得依进出口银行所请，随时发出新期票一张或一张以上给与进出口银行，以代替其根据本合同第二条给与该银行之期票。其票面之数额由进出口银行定之。该期票本金之总数，应等于业已清偿所交换之期票，但是若根据第二条规定给与进出口银行之期票，其本金之总数超过实际垫款之总额时，则新期票之本金暨未缴销之期票应等于所有垫款之总和。是项新期票之式样及字句应与第二条所规定者同，但是若进出口银行要如是规定，所有新发之期票，其数额与偿款日期应相当于所交换之期票。

第五条　期票之免税

根据本合同所发之期票,及由其所得之款与利润应皆免税,中国不得任何借口削减。

第六条　材料之用途

根据本合同规定所购之材料,为运往中国修复中国铁路之用,而不得移作别项用途。

第七条　信用之期限及撤销

进出口银行于一九四七年十二月三十一日之后,不复担负垫款之责。

无论何时倘有意外发生,致令本合同不能继续履行者,立约之任何一方得诚意对他一方提出书面请求,将合同终止。是项终止在通知书发出时生效。但此项终止不得损害中国未接通知时业已订约购料而申请垫款之权利,且合同无论由何方终止,皆不得解除中国对于本合同规定垫款所负之一切责任。

撤销合同之通知书,其致中国者,应寄交美京中国大使馆,其致进出口银行者,则交美京该行办事处。

第八条　洋面保险

中华民国应允根据本合同所购之材料,向进出口银行所认为满意之商行购买洋面及运输保险,是项保险费应为美国金元。

第九条　海运

中华民国应允,除进出口银行认为无此必要外,所有材料应由在美国注册之船舶装运。

第十条　许可证及执照

进出口银行对于美国政府或其附属机关现在或将来所发之许可证执照,或根据本合同规定所购之材料的制造输出或装运之先后次序的规定一概不能负责。

第十一条　应给之情报

根据本合同所发之期票,其未清还之前,中国应照进出口银行所请,随时供给该行或该行所指定之美国政府之任何机关以下列之情报:政府及私人所有之黄金与外币,现在及预期之出超、入超情形,长期及短期之国际投资状况,在国外所负之债务,现在或预期之黄金产量,以及其他有关中国经济状况之情报。是项情报应随时供给,惟不得多过六个月一次,且要详细,不可概括出之。

第十二条　代表之权限及法律意义

第一次垫款实行之前,进出口银行应得下列之凭证,为垫款所附之条件:

(甲)期票签字权之凭证及代表中国签名者之签字式样正、副各一份。

(乙)证明本合同对于中华民国有拘束效力,而根据本合同所发之期票为中华民国之合法债务。

本合同正、副各一份,于上述日期在美京华盛顿订立。

中 华 民 国 　签字

进出口银行 　签字

书 　　记 　作证

附表 A　合同规定可购之材料

钢轨	九〇,〇〇〇吨
避车道	一,〇〇〇单位(件)
零件	六二五吨
枕木	一,五〇〇,〇〇〇单位(件)
桥钢	五〇,〇〇〇吨

附表 B　中华民国　期票

日期　　号码　　美金　　元

中华民国兹愿付与美京进出口银行或该行所指定之承受人本金美金　元,照下面规定分期付给,并照本票日期起算。对于本票任何时期未还之本金付周息三厘,每年四月一日及十月一日支付。该本金及利

息以美国法币在　付给,而对于现在或将来中国国内之任何税收机关所抽之捐税皆应豁免。

本期票之本金分五十个半年期清还,第一个半年期付　元,在一九五一年十月一日付给,其余四十九期每期　元,则依次每半年于四月一日及十月一日付给。

本金或利息到期不能偿付时,则全部未偿之本金及应付利息应作为届满给与持票人。

若持票人不履行本合同所赋与之权利,其不履行不得视为权利放弃。

中华民国　签字

《中华民国史档案资料汇编》第五辑第三编《财政经济》(一),第1014—1018页

中美两国政府关于处理战时租借物资未动用部分协定

华盛顿,1946年6月14日

关于战时美国根据一九四一年三月十一日租借法同意租借与中国而在停战时尚在制运中之物资之战后之处理问题,中美两国政府为求得互利及此种物资之适当利用起见,同意于下列各条款:

第一条　本协定所载之一切物资与劳务之让与,系依照美国一九四一年三月十一日国会修正法案所授权,并适用该法案所载之一切条件。

第二条　凡已载在租借财产帐内,或系中国申请已获准之物资,其系一九四五年八月十八日以前,系中国申请及已经协商同意租借,但至一九四五年九月二日上午十二时零一分以前尚未交付者,中美两国同意于法令规定之期间内,由美国照本协定第五条之规定,将其移交与中国点收。

上项物资之总值及其水陆运费暨其他费由中国同意以美元偿付与美国,款额及利息及其偿付条件另详订于本协定附表一,为本协定之一部分。

第三条　本协定第二条所载之物资,经中国将其总值付给美国时,中国对美国关于此项物资之债务即告清了。如中国对于某项物资或劳务不予接收时,因取销此项合约之费用,中国亦须付给。

第四条　于法定期间内,美国政府同意供给船只及有关之劳务,用以襄助中国转运本协定第二条所载之物资,中国政府同意将其运费、杂费照本协定附表一及其所载条件偿给于美国。

第五条　美国政府同意于可能范围内,将物资原来之厂商及内地运输机关所提供关于物资之保证转移与中国政府,用以代替由美国政府径向中国提供保证。美国政府并同意于发现物资与保证不相符时,尽量协助中国政府向物资原来之厂商及运输机关或其他私人之机关交涉,获取完满解决。

第六条　美国一九四一年三月十一日修正法案及一九四二年六月二日中美两国签订之互助协定内所载关于中国政府接收美国援助之条件之最后解决谈判,并不受本协定之约束,但根据本协定而获取之物资及劳务应为例外。

第七条　本协定于一九四五年九月二日上午十二时零一分发生效力。

本协定由以下签署之两国全权代表于一九四六年六月十四日在美京签订。

美国代表

　美国国务部国外产业清理委员会副主任委员　伦尼

中国代表

　驻美物资供应委员会主任委员　王守竞

　附表一

　根据本协定所移交之物资及供给之劳务,其种类及约值,经双方协议同意如下:

交通类：

运输器材　　　三二,〇〇〇,〇〇〇美元

通讯器材　　　一五〇,〇〇〇美元

工矿器材　　　二,六七五,〇〇〇美元

兵工类：

兵工厂　　　　一,一五〇,〇〇〇美元

工业设备　　　五,五〇〇,〇〇〇美元

医药类：　　　　二〇,〇〇〇美元

纺织类：　　　六,五〇〇,〇〇〇美元

其他　　　　　　五,〇〇〇美元

内地转运杂费　三,六〇〇,〇〇〇美元

水运运费　　　七,三〇〇,〇〇〇美元

物资及劳务之种类及数量,经双方协议同意,得予变更。

美国政府将租借物资移交与中国政府接收,并供给中国政府以所需之劳务,双方同意遵守下列各条件办理：

甲、本协定内所称"合同价格",意指该物资在起运地点装运之价格,或系美政府照由起运地点装运算付厂商而有证件证明之价格。物资中如系美政府购料机关按照中国申请而与厂商特别订约购办者,或系美国向中国建议采办以供战时之需者,其合同价格应另以该特订之合约证明之。物资中如有原系由美政府用普通合同自向厂商订购,而并未指明物资之一部或全部系交付与何方者,其合同价格应照美政府购料机关所付之由起运地点装运之价格估计协定之。

乙、物资在美国港埠装上船只时,即视为业经移交中国接收,为中国所有,此后如有意外损失,亦归中国自理。一九四六年八月三十一日以前,或美国业经通知中国,该项物资已准备移交,经过九十日以后,如该物资仍尚未装船时,此项物资应认为业于该日期移交于中国接收。以上两期限应适用其较迟者,届期以后,该项物资之财务责任,包括风险损失与及囤储、保险、保管、转运及一切费用在内,均由中国负担。

移交之物资应包装妥当,适合轮运。美政府送交中方之发票,即为该项物资价格之充分证件。

丙、物资总价款应为下列三项之总数：

（一）物资之合同价格；（二）仓租、内地运费、内地及港埠杂费，共为合同价格之 7.5%；（三）由美国港埠运至中国港埠之轮运实收运费。

以上总价款，中国政府同意于一九七六年七月一日以前，分三十年期清偿与美国政府，每年付一次，第一期付款期为一九四七年七月一日。每年应付款额为总款额减去已付款数之剩余，再将尚应付款之年数除之即得。

中国政府同意遵守上开还款办法，履行不爽。

在上开付款期间内，如因有非常的或困难的经济情形，使偿付期款于两国均有不利时，得由两国协议，将到期之期款展期偿付。

中国政府同意所欠价款付 $2\frac{3}{8}$% 年息，由每次物资移交后之七月一日起算，年付一次，第一期付息应在一九四七年七月一日。

缔约双方同意上开付款条件及利率，得于本协定第六条所载之债务最后解决谈判时修改之。

美国政府代表

　美国国外产业清理委员会副主任委员　伦尼

中国政府代表

　驻美中国物资供应委员会主任委员　王守竞

《中华民国史档案资料汇编》第五辑第三编《财政经济》（一），第 1024—1027 页

中美售让自由轮预约合约

华盛顿，1946 年 7 月 12 日

签订合约人：中华民国国民政府由中国供应委员会代表（以下简称中国政府），美利坚合众国由美国航海委员会代表（以下简称委员会）。兹为：

一、遵照美国总统根据租借法（一九四一年三月十一日第七十七届国会核准之第十一号公共法）修正法及补助法所颁发之命令，所有

下列自由式船只（EC-2式）之使用及所有权均于一九四六年六月转让中国政府。

二、上述转让手续应依照下列协定办理，即应根据一九四六年之商船售卖法令各条（下称法令），由中国政府购买，由委员会售出上述船只，惟须受制于上述法令之一切条款，即委员会对于上述船只之决定亦皆包括在内。

三、中国政府已根据是项法令向委员会申请购买某种船只，计包括上列船只在内，并要求借予贷款，以支付上述船只购价百分之七十五。

四、在是项法令下船只售与外国者，是否应予贷款，又如何贷款，其范围及期限应如何，委员会均尚未决定。

五、中国政府为对上述转让船只享有使用及所有之权，并为在此继续使用及所有期间，给予委员会保证及备付上述船只之购价，或不在贷款支付范围内之一部分购价起见，愿存一笔款项以作下列用途，委员会亦愿接受此款以供此用。爰经双方同意于一九四六年七月十二日签订合约条文如左：

第一条　保证存款

中国政府同意在执行此项合约期间，同时交付委员会五百五十万元由其执存，以供第二条所列之各项用途。

第二条　保证存款之使用

如委员会对于售予中国政府轮船十艘之申请予以批准，并将上述所有船只或现有一部分船只之主权让渡书连同主权保证书，以及租借法令项下，是项船只在使用权、所有权转让前发生任何阻障之保证书一并送与中国政府时，则委员会执存之保证存款应按照比例，用以抵偿上述船只之购价。又如委员会允借与贷款，则上述存款当用以偿付是项船只购价之现金部份。如使用保证存款后，购价中尚有不能由贷款支付之余数到期应付时，中国政府同意于是项船只十艘让渡书交出时，照付现款。反之如保证存款有余额时，则中国政府可用以向委员会购买其他船只，惟如在六个月内另购船只尚未购妥时，则所存之款应退还中国政府。

如上列船只有在让渡手续完成之前遭受损失者,应由保证存款中拨支一笔相等于是项船只之法定售价之数额,付与委员会作为此项损失之赔偿,并照第三条之规定办理之。

第三条　购价之决定

上述船只十艘之购价应根据当时每艘船只在租借法案项下完整交与中国政府时之法定售价,再经委员会斟酌,根据二十年可用之年龄及战时服役等关系,予以减价后决定之。其中任何一艘轮船如在让渡手续完成之前损失,该船之价值应以所定购价为其标准。

第四条　船只之损失或赔偿

如在使用及执有船只期中,并在让渡手续完成之前,船只有遭受损伤而未达完全损失者,又如委员会对于购买船只一事愿供给贷款时,除中国政府提出圆满证据证明损失业已修复,阻碍及留置权业已除掉,或其他措置可使委员会满意而外,中国政府同意由保证存款内扣留一笔委员会估计认为足以弥补任何损失,或除掉上述留置权或其他阻碍之款额。

第五条　除经一九〇九年三月四日核准之法令第一一六段所规定者外,国会会员或代表,及驻会委员均不得参加本合约任何一部份,或由本合约而起之利益。

本合约于上载年月日由双方代表签字盖章,以昭信守。

美国航海委员会主任委员　史密斯

中国供应委员会主任委员　王守竞

证　　人　助理秘书

合约格式核准人　法律顾问

《中华民国史档案资料汇编》第五辑第三编《财政经济》(一),第 1049—1051 页

中国向美购买发电机贷款合约

华盛顿,1946 年 7 月 16 日

公历一九四六年七月十六日,立合约人:中华民国政府代表、美国

之代表人华盛顿进出口银行(以下简称进出口银行)。兹因中华民国拟在国内装置补助发电机十具及附件设备等,特向进出口银行请求成立贷款,以便在美购置是项电机所需器材及雇用人工。同时,此项贷款成立后,中美两国并可按照本身需要,互相交换商品。双方鉴于上述情形,爰经同意签订合约条文如左:

第一条　订立贷款之办法

进出口银行兹与中华民国订立美金八百八十万元贷款合同,由该行自行或托美国商业银行代表,随时依照下列所订条款垫款在美订购必要器材,在华装置每具五千瓩之发电机十具,以及附件设备、转电、分电等器具。

第二条　凭期票支用贷款之办法

每次支给贷款时,中华民国均应出具还款期票,此项期票即为中华民国之债务,应照进出口银行所指定之地点,以美国法定货币付与进出口银行,或其推定之代表。期票上应使用英文格式,如附件甲。

每期均应自出票之日起算,本金应分期付还,计每半年付还一次,分五十次还完,每次还款金额大致相等,第一次偿付时期应在一九五一年十月一日。期票均应按年息三厘行息,此项利息应于每年四月初及十月初半年到期付息一次,并按三百六十五日计算利息,同时进出口银行应按每次支给款项之日起收取利息。

中华民国在付息日期得将期票上之本金全部或一部提前付还,须按到期之颠倒次序办理。

第三条　工程师雇用办法

中华民国同意在进出口银行认为满意之条件下,雇用该行同意之工程师事务所,以资顾问。上述工程师对于本合同所购电机器材之设计、绘图、说明、估价、探价等应负准备与同意之责,同时并应协助探听及分析行情,准备购料合同,审核厂商绘图,监督工厂试验,以及监督装置电机设备,并应于本合同第四条所规定之任务外,对电机之使用予以技术上之监督,时间至少六个月。如事先未经进出口银行同意,中华民国及工程师事务所对于上述责任不能有所更改或修正。

　　第四条　贷款之运用

　　一、直接付款办法：所有本合同范围内之合法购用物料或雇用人工须付款项，中华民国得随时要求进出口银行拨款偿付。关于物料一项偿付之范围，系限于物料之发票或合同价格，连同购运此项物料直接引起之费用，如在美由内地运至装运港口之费用，在美之堆存及保险费，美船上海洋运费，在美购料之海险费，以及美运华或亚洲其他卸货港口之种种费用。

　　每次清付款项，应以二五，〇〇〇元或此数之倍数为限，中华民国请求付款时，并应随附左列各件：

　　（a）分栏详列之报表一纸，说明所购物料或人工、厂商名称、地址，以及应附各费数目。

　　（b）支款书之摄影本或副本、发票副本、提货单、雇用合同以及其他进出口银行认为满意之证件。

　　（c）上列第三条规定之工程师事务所应出具证明书，证明贷款项下所购物料及所雇人工，均为设置电厂所必不可少，并证明一切物料均系按照工程师事务所同意之标准定制。

　　（d）中华民国出一还款期票，款额总数应与上述（a）段内之报表上开支总数相等或较少，此项期票未能包括之开支余额，应转入下项报表内列报。惟存入进出口银行作为最后支款之期票总数，应与（一）所附报表上开支总数之实数，或（二）贷款未用部分之实数，两者之较小数相等。

　　进出口银行于接获上述文件认为满意时，当可即将款付给中华民国。在请求付款时，或请求付款之物料如未能运出时，则在装运后相当时期，中华民国应将此项装运物料之船上提单副本一份，送给进出口银行。

　　二、信用支款书办法：进出口银行应中华民国之请求，得随时负责付款与各商业银行，以备该银行等于中华民国请求付款购料时，遵照所订支款办法付款。此项信用支款书照规定应于一九四七年十二月二十日以前满期,所订其他条款亦应经进出口银行认为满意。此项支款如无下列各条作证,进出口银行不予照办。

(a)第二条所规定之期票一纸或数纸,其总数至少须与商业银行所开之支款书数目相等。

(b)应由中华民国请求进出口银行负责付款与指定之商业银行,并附中华民国请商业银行成立支款书之通知副本二件,盖进出口银行须赖中华民国之请求,以为付款与商业银行之凭证。至该商业银行之行为,进出口银行应不负责。

(c)关于上述支款书项下支付之物料,应由按第四条第一款所规定之工程事务所出具证明书。

(d)其他进出口银行索取之证明文件。

倘中华民国必须偿付商业银行款项时,进出口银行经中华民国要求,得照数垫付,即以期票作抵。为便于计算进出口银行支给商业银行款项之利息起见,即将进出口银行垫款之日期,作为商业银行支款日期。除所出期票上之本额而外,进出口银行并应有权扣压一部贷款,以偿付商业银行支用金额之利息。

如信用支款书项下,进出口银行垫付支出总数尚较中华民国所出期票之数为少,则中华民国得于一九四七年十二月三十一日或该日期前,按照第二条之规定,另出期票,上列数目应与进出口银行垫付总数相等。惟中华民国于交换期票时,须将进出口银行退换之旧期票之利息付讫。

第五条　期票交换办法

垫款到期后,不论何时,经进出口银行请求时,中华民国得照该行指定名称,发出新期票交与该行,将原来之期票换回,新期票票上之总数应与提请交换之旧期票上总数相等。此项新期票之样式、内容应与第二条之规定相符,惟如经进出口银行特别指定所换期票之同时,到期应还本额,须分别以一相等数额及到期日期之新期票证明。

第六条　期票应豁免税款

本合同内所出期票及该期票所得款额,不论中国之何种税款,均一律豁免,不得征收。

第七条　贷款之有效期间及取销办法

进出口银行在一九四七年十二月三十一日后,即无付给是项贷款之义务。

如遇特殊情形,任何一方认为必须停止本合同贷款时,得以书面通知对方,停止本合同,并自通知递出时起生效。惟在接到此项通知前,中国已购物料所应领垫款,不能受此影响。同时不拘何方请求停止贷款,中华民国对于已往依约所负债务,不能因此解脱。

凡取销合同之通知送与中国方面者,应送交华盛顿中国大使馆,送与进出口银行者,应送交华盛顿该行。

第八条　投保水险办法

中华民国同意所有本合同项下全部或一部购料,均照进出口银行之意投保水险,保费以美金支付。

第九条　海运办法

中华民国同意,所有本合同项下全部或一部购料,除进出口银行自动放弃权利外,均应由美国注册船只装运。

第十条　优先出口等证之请领办法

进出口银行对于所有本合同项下购进之全部或一部物料,现时或将来美政府法律规定,凡关于物料之制造、出口、装运等,必须事先请领优先制造证、出口许可证时,该行不负请领之责。

第十一条　代表之委派权及法律上之依据

在进出口银行第一次付款前,中国应先供给该行以左列各证件:

(a)授权与期票签字人之证明文件,连同签字人之签字样片二张,及授权代表中华民国办理此项贷款之代表人之证明文件。

(b)证明此项代表中华民国签订之合同,使中国遵守所订条款,并对所出期票负责之文件。

　　缔约双方兹为同意执行上述各条起见,特于上述年月日在美国华盛顿签订本合同,一式二份,以昭信守。

中　华　民　国　王守竞　签字

华盛顿进出口银行　Wm. Mac Martin Jr. 签字(总理)

见　签　人　(Silly)〔Sidney〕Sherwood　签字(秘书)

　　附件甲　中华民国还款期票式样

　　第　号期票

　　数额:美金　元　日期:一九四　年　月　日

　　立期票人:中华民国。兹收到美国华盛顿进出口银行美金　元整,该款准按下列办法分期摊还,并照周息三厘,于每年四月一日及十月一日对未还本金付息一次。又本息均应以美国货币支付,不得扣缴一切税捐等费。

　　本期票之本金应于每半年还一次,分五十期还完,第一次应于一九五一年十月一日付还,计美金　元,其余百分之四十九应于以后陆续每半年付还　元。

　　中华民国于付息日期,得有权将本期票之全部或一部本金预付,惟预付时应按到期之颠倒次序办理。

　　如每期到期后,本息未能如约立即照付,则本期票之全部未付本息,经持票人之请求,均应立即偿付。

　　持票人如因特殊原故,未曾利用权利,不能作为放弃权利论。

中华民国　签字

《中华民国史档案资料汇编》第五辑第三编《财政经济》(一),第1034—1039页

中国向美国购买轮船贷款合约

华盛顿,1946年8月5日

　　公历一九四六年八月五日,立合同人:中华民国政府代表、美国代表人华盛顿进出口银行。兹因中国拟向美国政府及民间订购轮船十六

艘,特与进出口银行订立信用贷款,以作此用。同时此项贷款成立后,两国间货物交换更为便利,进出口业务亦可促进。缔约双方爱遵斯旨,同意签订本合同,条文如左:

第一条　订立贷款之办法

进出口银行兹与中国订立美金二百六十万元贷款合同,由该行自行或托美国商业银行代表,随时依照下列条件垫款与中国在美购买附单所列之轮船十六艘(船名单另列于附件甲)。

第二条　凭期票支用贷款之办法

每次支给贷款时,中国应出具还款期票,此项期票即为中国之债务,应照进出口银行所指定之地点,以美国国币付与进出口银行或其推定之代表。期票上应使用英文格式,如附件乙。

每期票应自出票之日起算,本金应分期付还,计每半年付还一次,分二十次还完,第一次偿付日期为一九五一年十月一日。期票年息三厘五分,利息应于每年四月初及十月初半年到期付息一次,并按每年三百六十五日计算利息。

中国于付息时,有权将期票上之本金全部或一部分提前付还,须按到期之颠倒次序办理。

第三条　贷款之运用

中国为购买上述轮船十六艘全部或一部分,需付价款时,得请求进出口银行付给,惟须随附该行认为满意之付款收据等证据,连同遵照第二条规定之期票,上列金额并须与垫付之款相等。

进出口银行于收到是项请求时,如认为齐备,即将款照付与中国。

第四条　期票之交换办法

垫款到期后,不论何时,经进出口银行请求时,中国得照该行指定名称,发出新期票交与该行,将原来之期票换回。新期票上之总数应与提请交换之旧期票上总数相等。此项新期票之样式、内容应与第二条之规定相符,惟如经进出口银行特别指定所换期票之同时,到期应还本金须分别照相等数额及到期期间相同之新期票证明。

第五条　期票免税

本合同所出期票及该期票所得款项,不论中国之何种税款,均一律豁免,不得征收。

第六条　贷款之有效期间及取销办法

进出口银行在一九四七年十二月三十一日后,即无付给是项贷款之义务。如遇特殊情形,任何一方认为须停止本合同贷款时,得以书面通知对方停止本合同,并自通知送出时起生效。惟在接到此项通知前,中国已购物料所应领垫款,不能受此影响,同时不拘何方请求停止贷款,中国对于已往依约所负债务不能因此解除。

凡取销合同之通知书,其送与中国者,应送美京中国大使馆,送进出口银行者,应送美京该行。

第七条　代表之委派权及法律上之依据

在进出口银行第一次付款前,中国应先供给该行左列各证件:

甲、授权与期票签字人之证明文件,连同签字人之签字样片二张,及授权代表中国办理此项贷款之代表人之证明文件。

乙、证明此项代表中国签订之合同,中国将遵守其所定条款,并对所出期票负责之文件,此项文件得进出口银行认为满意始可。

缔约双方兹遵订约之旨,于上述年月日在美国华盛顿签订本合同,一式二份,以昭信守。

中 华 民 国 代 表　王守竞

美国进出口银行代表　Herbert H. Gaston 签字(总理)

证　　明　　人　Sidney Sherwood(秘书)

附件甲、乙

附件甲

本合同所购十六艘轮船船名如下:

1. S. S. Caribqueen

2. S. S. Norindles

3. S. S. (T)〔I〕nternational

4. S. S. Point Sun Pedio

5. S. S. Gery Lay

6. S. S. Norlago

7. S. S. Calorrdo

8. S. S. City of FT. Worth

9. S. S. Agtyark

10. S. S. City of Hoirstn

11. S. S. City of Phi(ti)〔la〕delphia

12. S. S. San Antonno

13. S. S. Wirhita Talle

14. S. S. West Texas

15. S. S. Chippewa

16. S. S. Wlamo

附件乙

中华民国还款期票式样

第　号期票

数额:美金　元　日期:一九四　年　月　日

立期票人:中华民国。兹收到美国华盛顿进出口银行美金　元整,该款准按下列办法分期摊还,并照周息三厘五分,于每年四月一日及十月一日对未还本金付息一次。又本息均以美国国币支付,不得扣缴一切税捐等费。

本期票之本金应于每半年付还一次,分二十期还完,第一次应于一九五一年十月一日付还,计美金　元,其余百分之十九计美金　元,应于以后陆续于四月一日及十月一日分期付还美金　元。

中华民国于付息日期得有权将本期票之全部或一部分本金预付,惟预付时应按到期之颠倒次序办理。

如每次到期后,本息未能如约立即照付,则本期票之全部未付本息,经持票人之请求,均应立即偿付。

持票人如因特殊原因未能利用权利,不能作为放弃权利论。

中华民国代表 签字

《中华民国史档案资料汇编》第五辑第三编《财政经济》(一),第1051—1054页

中美铁道借款修正合约①

华盛顿,1946年8月26日

本合约系中华民国与美国代理人美京进出口银行(以下简称进出口银行)于一九四六年八月廿六日签订。

兹因进出口银行依照一九四六年六月三日与中华民国签订合约,贷与中国美金一千六百六十五万元,以供在美订购铁道器材运华修理铁道之用。

又因上述合约现有数点应予修正。

职是之故,订约双方同意将一九四六年六月三日所订之合约修正,将该合约第三条删除,以下列第三条条文替代之。

第三条 贷款之运用

一、直接垫拨 中国政府得随时向进出口银行申请借款,以偿还其所付得依本合约支付之物资价款及其出口费用。拨付款额应限于所购物资之发票上或合同上所载价值,及由于取得及输出此项物资之各种直接费用。如有美国内地运至美国口岸运费,美国国内之栈租及保险费,美籍船舶海运运费,在美投保之海洋水险保险费,及其他在美支付关于取得物资并将该物资运至中国或其他亚洲卸货港埠之必需费用等。

中国政府每次请款,其数额应为二万五千美元或其倍数,并应提供

① 该修正合约后又于1947年12月26日、1948年6月14日续订,将借款动支限期延至1948年9月30日止——原注。

下列各件：

1. 采购之物资分项说明书，注明厂商姓名、住址及货价，并须证明该物资系供本约第六条规定用途。

2. 信用支付书、签收发票、载货清单、雇用合约，或其他进出口银行所认为满意之费用证件之照片或副本。

进出口银行于收到上述文件对其格式及内容认为满意，并已收到中国政府依照本约第二条规定所具期票，其票额至少等于本次暨以前借款全额总和时，应即拨与中国政府。

中国政府请款时如该购运之物资尚未起运，应于起运后合理期间内将该批物资提货单副本送交进出口银行。

二、信用支款书　进出口银行随时经中国之请求，应付款与各商业银行以偿还各该行依照其徇中国政府之请所开之信用支款书，已垫付或行将垫付关于采购本约认可各物资之价款。上项信用支款书应规定至迟于一九四七年十二月廿日满期。其他条款应得进出口银行同意，进出口银行非经收到下列各件，不得付出上述借款。

1. 中国政府授权进出口银行将款偿还与指定商业银行之申请书，及中国政府令许商业银行开立之信用支款书文件之副本。订约双方同意，进出口银行得依据前项申请书付款与其指定之任何商业银行，并对商业银行所有行为及错漏不负责任。

2. 进出口银行所索取之其他证明文件

进出口银行于收到上述文件对其格式及内容认为满意，并已收到中国政府照本合约第二条之规定所具之期票面额至少等于本次商业银行即将开立之信用支款书之数额，暨所有以前直接垫款及偿还根据信用支款书办理所拨垫款之金额总和时，应即付款与商业银行归垫。

倘商业银行所垫款项已由中国政府归还，进出口银行经中国政府之申请，应凭中国政府依照本约第二条所具之期票，将该垫款付还中国政府。为便于计算进出口银行归垫与商业银行款项之利息起见，商业银行垫款日期即作为进出口银行根据中国政府期票付款之日期，除期票上之本金数额而外,进出口银行并得扣压贷款一部分,以偿付商业银行垫支款项之利息。

订约双方兹同意于上述日期在华府签订本修正合约一式两份。

中 华 民 国 代 表　王守竞

华盛顿进出口银行代表　马　丁

见 证 人　Francis E. Bell

《中华民国史档案资料汇编》第五辑第三编《财政经济》(一),第1019—1021页

中美煤矿设备借款合同

华盛顿,1946年8月26日

中国政府与代表美国政府之华盛顿进出口银行(以下简称进出口银行)于一九四六年八月廿六日签订本合同。

中国政府曾向进出口银行申请贷款,在美购买各项器材、物资及设备品输往中国,以开采煤矿之用。

此项贷款之成立将促进中美两国间商品之交换,并足将两国间之进出口货增加。

职是之故,双方互遵订约之旨,爰订立下列各款:

第一条　信贷之成立

进出口银行同意借给中国政府以美金一百五十万元之贷款,得自行或经由美国商业银行依左列各项条款及规定情形,随时拨付垫款,购器材由美运华,以为中国采煤工业之用。

此项垫款仅能用以购办本合约附件甲所列之式样及数量之美国物资,但进出口银行应中国政府书面请求而办理之购买特种物资之贷款,当不受此限制。

第二条　凭期票支付贷款之办法

信贷项下每次垫拨之款,凭中国政府出具之期票为证,此项期票为中国政府所负一般得以转移之债据,应按进出口银行或其指定受权人之请,在指定地点以法定美币偿付之。期票应采用英文,其格式内容应

与本合约附件乙相同。

每张期票应自发出之日起开始计算,本金约平均分三十期清偿(每期为六个月),第一期还本自一九五一年十月一日开始。每一期票,此后随时依其尚欠本金余额,付百分之三之周息,于每年四月一日及十月一日各付息一次,每年实按三百六十五日计算。此项期票规定自发出之日起息,但进出口银行计期票之息金,仅自依票拨款之日起。

中国政府应有提前偿还之权,于任何付息日期提前偿还期票本金之全部或一部,此项提前偿还之办法,适用于本金之摊还,但应与其到期先后成相反程序。

第三条　信贷之运用

一、直接垫拨　中国政府得随时向进出口银行请求垫款,为偿付购运合于本约规定物资之价款及其出口费用。此项偿付款额,仅以所购物资之发票上或合同上价值,及因获得并输出此项物资而直接需要之费用为限。兹列举如下:

由美国内地运往美国口岸起运港埠之费用,在美之堆栈费及保险费,美国船只之海运运费在美投保之海上水险保,其他将物资取得并运至中国或亚洲他处卸货港埠之费用。

中国政府每次请求偿付之款,应为二万五千美元或其若干倍数,并应于请求偿付时作下列之说明:

(子)分项说明所购得之物资,其卖方之姓名、住址及应偿付之数值。

(丑)每一说明单应附以信用支付书及签收发票、载货清单,或其他进出口银行可认为满意之费用等证件之照片或副本。

(寅)中国政府依本约第二条之规定,所发期票,其本金总额应为美金二万五千元之若干倍数,亦即等于或仅低于上述(子)项所列应行偿付各项费用之总计。此项费用未经偿付之尾数,得并入次期请求偿付说明单内递增。惟存入进出口银行作为最后支款之期票总金额,应与(一)所附分项说明单内所列开销之确实总数,或(二)信贷未用部分之确数两者之较小数相等。

进出口银行于收到上述文件后,对其格式及内容均认为满意时,即行拨款与中国政府。

中国政府于请求偿付时,如此项请求付款之物资尚未启运,得于启运后相当时间内将有此项装运装货清单副本咨送进出口银行。

二、信用支款书　进出口银行应中国之请求得随时负责付款与各商业银行,以备各该行于中国请求付款购料时,遵照所订支款办法付款。上述信用支款书按照所订条款,应经进出口银行认为满意,此项支款如无下列各条件作证,进出口银行不予照办:

(子)第二条规定之期票一纸或数纸,其总数至少与商业银行所开之交款书数目相等。

(丑)应由中国请求进出口银行负责付款与指定之商业银行,并附中国请商业银行成立支款书之通知副本二件,盖进出口银行须赖中国之请求,以为付款与商业银行之凭证。至于该商业银行之行为,进出口银行应不负责。

(寅)其他进出口银行索取之证明文件。

倘中国必须偿付商业银行款项时,进出口银行经中国要求,得照数垫付,即以期票作抵。为便于计算进出口银行垫款之日期,作为商业银行支款日期,除所出期票上之本额而外,进出口银行并应有权扣压一部分贷款,以偿付商业银行支用金额之利息。

第四条　期票之交换

中国政府为应进出口银行之请,于所有垫款偿毕后,将随对发行新期票,以换回前述业经开出之期票,此项新期票之本金总额,应与所有依据将行换新之期票所列应拨垫款之总额相等。此项新期票即为中国政府所负一般得以转移之债据,应按进出口银行或其指定受权人或持票人之请而偿付之。此项新期票应完全加盖图印,并应采用英文。如进出口银行欲加详定,则此项新期票更应附具息票,采用英文。其息票利率应与待换期票所载相同,并应依进出口银行规定,照下列方式发行,即对于待换之期票其每期应付本金之全部或一部,又或对于待换之各期期票遇有任何同时到期本金之全部或一部,概应另发新票,以资佐证。新期票之形式及内容,应与本合约附件乙同。倘进出口银行拟作如是请求,中国政府应于新期票发行后,再随时续发新期票,以换回前发旧期票,其目的在使某张期票分为数张,或数张期票得并为一张。

第五条　期票免税

本合同内所出期票及该期票所得款额,不论中国之何种税款,均一律豁免,不得征收。

第六条　物资之运用

本贷款项下购办输华之物资,应用于中国境内采煤工业,不得转卖或移于其他用途。

第七条　信贷之时效及取销办法

进出口银行在一九四七年十二月卅一日以后即无付给是项贷款之义务。

如遇特殊情形,任何一方确认为必须停止本合同货款时,得以书面通知对方停止本合同,并自通知发出时起生效,惟在接到此项通知前,中国已购物料所应垫款不能受此影响。同时不拘何方请求停止贷款,中国对于已往及将来依约所负债务,不能因此解除。

取销合约之通知,送与中国方面者,应送交美京中国大使馆,送与进出口银行者,应送交美京该行。

第八条　海上保险

中国同意所有本合同项下全部或一部购料,均照足使进出口银行满意之办法投保水险,保费以美元交付。

第九条　海运办法

中国同意所有本合同项下之全部或一部购料,除进出口银行自动认为不必要外,均应美国注册之船只装运。

第十条　代表之委派权及法律上之依据

进出口银行于信贷项下第一次付款以前,应获知左列各项作为垫付之条件：

（甲）期票签署人之授权证明书，连同其签署印鉴样本正、副各一份，及动用本信贷之中国政府代表人员授权证明书。

（乙）证明此项代表中国签订之合同，中国将遵守履行不爽，依约所发期票为中国政府不可诿卸之债务。

订约双方于上述日期在美京签订，本合约一式两份，即日生效。

中 华 民 国 代 表 王守竞

美国进出口银行代表 Wm. Mac Martin Jr.（总理）

证 明 人 (Silly)〔Sidney〕Sherwood（秘书）

附件甲、附件乙

附件甲 修正煤矿设备器材品名价值单

品 名	价 值
滑车轮	一〇七,〇〇〇美元
钢轨及附件	二〇〇,〇〇〇美元
钢缆	九〇,〇〇〇美元
铜线	一七五,〇〇〇美元
吕宋缆	一,〇〇〇美元
软管	二〇,〇〇〇美元
油及润滑油	三三,〇〇〇美元
皮带	三,〇〇〇美元
采矿工具	一三〇,〇〇〇美元
机厂供应品及工具	五二,〇〇〇美元
钢条钢板及钢料	一五〇,〇〇〇美元
测量绘图仪器	一六,五〇〇美元
电话设备	九五,〇〇〇美元
炸药	一六七,〇〇〇美元
建筑材料	二六〇,〇〇〇美元
共 计	一,五〇〇,〇〇〇美元

附件乙　中华民国还款期票式样

第　号期票

数额:美金　元　日期:一九四　年　月　日

立期票人:中华民国,兹收到美国华盛顿进出口银行美金　元整。该款准按下列办法分期摊还,并照周息三厘,于每年四月一日及十月一日对未还本金付息一次。又本息均以美国国币支付,不得扣缴一切税捐等费。

本期票之本金应于每半年付还一次,分二十期还完,第一次应于一九五一年十月一日付还,计美金　元,其余百分之十九计美金　元,应于以后陆续于四月一日及十月一日分期付还美金　元

中华民国于付息日期,得有权将期票之全部或一部分本金预付,惟预付时应按到期之颠倒次序办理。

如每次到期后本息未能如约立即照付,则本期票之全部未付本息,经持票人之请求,均应立即偿付。

持票人如因特殊原因未能利用权利,不能作为放弃权利论。

中华民国代表　(签字)

《中华民国史档案资料汇编》第五辑第三编《财政经济》(一),第1042—1047页

中美售让船舶合约

华盛顿,1947年7月15日

(美国航务委员会代表美国政府,驻美中国物资供应委员会代表中国政府)

本合约由美国航务委员会(以下简称为卖方)代表美国,驻美中国物资供应委员会(以下简称为买方)代表中国政府,于一九四七年七月十五日签订。

一、兹因买方依照一九四六年三月八日第七十九届国会第二次会议通过第三二一号公法,即一九四六年商船售卖法案(以下简称为商船售卖法案)之第六节,暨卖方规定一九四六年四月廿三日联邦法令

汇编第二卷第七十九号登载第六十号补充及修正章则条例,向卖方请购战时建造之船舶一百五十九艘,其中 EC2-S-C1 型二十艘,VC2-S-AP2 型十六艘,N3-S-Al 或 N3-S-A2 型五十五艘,Cl-M-AV2 型六十八艘。

二、又因卖方依照美国大总统根据租借法案(一九四一年三月十一日第七十七届国会通过公法第十一号)授权所颁发命令及其修正与补充之命令,暨卖方与买方于一九四六年七月十二日签订之合约(以下简称为一九四六年七月合约),将下列战时建造之 EC2-S-C1 型船舶,在中国海面于下列日期移交于买方,并经买卖双方同意依照该法案就所在地及现状,将下列船舶售让与购买。计开:

船　名	移交日期
John B. Ashe	一九四六年六月廿一日
Amil F. Haines	同前
Lymdn Beecher	同前
Chief Joseph	同前
Stephen H. Long	同前
Ben A. Ruffin	同前
Arthen Dobbs	同前
James J. Mckuy	同前
Jacob Perkins	同前
Nicholas J. Sinnot	同前

三、又因买方依照一九四六年七月之合约,曾付卖方美金五百五十万元,以备卖方允售前项船舶与买方时,将该款扣抵船价,卖方并应交付买方将船舶就所在地照状出售之货票一份,注明前项定金应比例扣抵每一艘船舶价款。又如卖方向买方提供信用时,前项定金应扣抵所购船舶第一次须付之价款。

四、又因买卖两方愿意依照下列各条款及条件及出售及购买前项船舶,卖方并已照该法案规定妥办一切必要之调查。

职是之故,订约双方同意于下列各项:

第一条　购买协定

卖买双方同意依照本合约下开各条规定,及商船售卖法案与上开章则条例一切适用之规定出售及购买各船舶,本合约发生效力,即认为卖方对于各船舶使用权及所有权之终止,暨卖方依照一九四六年七月合约及本合约各条款将船舶向买方交货手续之完成。

第二条　交货时船舶状况

本合约发生效力时,卖买两方即将船舶在所在地,照现状分别售让与承购。

第三条　所有权之转移——船上生财之付价

(A)卖方应以政府标准格式之货票一纸签送买方收执,注明将船舶连其所有权之保证,按照本合约各条款及各条件规定移让买方,并放弃其债权留置权,但买方对于使用及占有该项船舶之留置权应予保留。同时买方应照本合约第五条规定,将期票及抵押书送卖方收执。

(B)买方依照一九四六年七月合约终止其对于前项船舶之使用权及所有权,并将船舶交还与卖方时,卖方应付买方船上未启用之可用食粮、燃用油料及食水等价款,及卖方依照本合约将船舶移交买方时,买方应付卖方船上上开各物之价款,于本合约发生效力时,均应认为经已付讫。

(C)买方依照一九四六年七月合约使用并占有前项船舶,美国政府得在买方对美国政府租借法案债务项下向买方收取相当款项,此项权利不得因本合约有所变更或放弃。又买卖双方代表曾于下列日期清点船上未启用之可用食粮、燃料油料及食水等,并参照当时纽约市价编造财产价值清册,此项货价,买方承认卖方有权在租借法案债务项下向买方收取。计开各船生财价值清册编造日期如下:

船名	生财清册编造日期
John B. Ashe	一九四六年二月廿一日
Amil F. Haines	三月卅日
Lymdn Beecher	三月廿三日
Chief Joseph	四月十八日

Stephen H. Long	二月廿五日
Ben A. Ruffin	二月十八日
Arthen Dobbs	四月五日
James J. Mckuy	二月十三日
Jacob Perkins	二月十五日
Nicholas J. Sinnot	二月廿七日

本章所称可用食粮,采指美国航务委员会航程粮食报告内第7915A、7916A、7918A、7919A 等号一九三九年修正表内所列之一切食粮(但无线电用品、日用设备品、废铁及小船不在内)。

第四条　船舶之价格

(A)各船舶售价应如下表

船　名	价　格
John B. Ashe	五四四,五〇六.〇〇美元
Amil F. Haines	五八一,一七五.五八美元
Lymdn Beecher	五四四,五〇六.〇〇美元
Chief Joseph	五四四,五〇六.〇〇美元
Stephen H. Long	五四四,五〇六.〇〇美元
Ben A. Ruffin	五六三,六三三.〇一美元
Arthen Dobbs	五四四,五〇六.〇〇美元
James J. Mckuy	五四四,五〇六.〇〇美元
Jacob Perkins	五五八,五五六.〇〇美元
Nicholas J. Sinnot	五四四,五〇六.〇〇美元

(B)上项价款系前述商船售卖法案及条例所规定之法定售价,由卖方向造船厂买进时起至卖方将船舶使用权及所有权转让与买方时止之期间内,普通折旧及战时折旧均经计算在内,予以调整。

(C)买方同意所购船舶倘经卖方验明有无上述商船售卖法案第3(1)节第二、三款所载之特点时,该船底价应由卖主依照各该款规定照予增减,此种特点系于造船工竣由船厂交船与卖方时证明。但如美国政府档卷证明美政府接收是项船舶后,曾用款增设或除去此项特点时,是项船舶之售价,亦应按照增减。

第五条　船价之交付

（A）船价百分之廿五应由买方于本合约发生效力及送达双方时，同时付与卖方。付款方式，系由卖方在买方以前依照一九四六年七月合约所付卖方定金五百五十万元项下扣抵每艘船价百分之廿五，本合约发生效力时，卖方应认为已被授权扣抵是项船价。每艘船舶其余价款，应由买方出具有价期票及保证该期票之抵押书，送交卖方，各期票应由本合约生效日起算。各该船舶所余经济寿命年数，分为若干年，平均付偿，每年偿额相等（船舶寿命由造船厂交货日订起应为二十年），但买方所欠价款得提前偿付，卖方得依照上述商船售卖法案所规定出售战时建造船舶与外国人之办法处置。前项船舶价款各抵押书，如照本合约第6（B）条之规定合并为一总合抵押书时，各抵押书所保证之各期票，得由买卖双方协议满意之综合偿款办法。

（B）根据本合约支付之款项，一律应以美金缴付华盛顿卖方办公处所。

第六条　保险

（A）买方对于各船舶应照抵押书内规定投买保险，其种类、保额、投保公司暨投保条件，应照一九四六年十月一日美国航务委员会主任委员士蔻斯海军上将致驻美中国物资供应委员会王主任委员守竞函内所规定办理，船价未清偿以前，买方同意不作任何行为，致令保险中止或失效。各船亦不得作保险书所不准之任何航行或承运任何不准载运之货物，除非对于所作之航行或所承运货物已投买其保额，为卖方所满意之保险。

（B）卖方同意买方得酌投保"仅保全部损失"之海洋及战争船身险，以代替仅保局部或全部损失要求保护及赔偿之船身保险，保额应为船价未付款额百分之一百一十，并应照前述士蔻斯海军上将致王主任委员守竞函内所规定办法办理。为照前函办法办理及改投保险便利起见，卖方同意得徇买方之请，将买方提供之各抵押书合并为一综合抵押书，务使卖方满意，并保险一部分或全部船舶，或买方依照本合约向卖方购买之任何战时建造船舶,但卖方对于各原抵押书之优先债权留置权,应予保留。

(C)船价未付讫以前,卖方对于本条所载及前述士蔑斯海军上将函内所述关于投保事项,应加以检讨,至少每年一次。对于买方关于改变投保办法之申请,应予以缜密考虑。

(D)除前项抵押书第一条第三节另有规定外,所有一切投保款项,概应以美金缴交华盛顿卖方办公处所。

第七条　一九四六年七月合约效力

除条约修正者外,一九四六年七月之合约包括本合约所修正部分在内,仍应继续生效。

第八条　船舶得由中国政府各机关转移

卖方同意买方,得随时将所购任何船舶转交与买方任何机关,包括国营招商局及任何其他买方所有或管辖之公司在内,但买方同意本合约第六条关于保险办法之规定,接收是项船舶机关亦应受约束,并须向卖方证明接收机关同负前项抵押书暨期票之债务责任。前项船舶之任何其他之转让、售卖、租用或其他用途,概应照前项抵押书第一条第二节规定办理。

第九条　美国赔偿责任之限制

买方依照前述商船售卖法案第十节规定,代表其本身及其任何附属机关,同意美国对于一九四六年三月八日以后及一九四七年九月三日以前买方或前项附属机关所有船舶所遭损失之责任,应以当时法定公正赔偿之款额,或两方协议同意之款额为限。

第十条　国会议员之聘用

买方同意:关于本合约事项不聘用美国会任何议员充任名誉或受薪之律师代理人、职员或处长。

第十一条　官员不得受聘或享受合约利益

除一九〇九年三月四日通过法案第一一六节之规定外,美国国会议员或代表或“常务厅长”不得参加本合约之任何部份,或享受本合约所产生之任何利益。缔约双方,兹于上述日期签订本合约一式五份。

美利坚合众国代表

　美国航务委员会　A. J. Williams(签署)

中华民国代表

　驻美中国物资供应委员会主任委员　王守竞(签署)

证　　人　R. Lmac Donald(佐理秘书)

　　　　　L. F. Chen(主任秘书)

核定本约格式　Edmer E. Metz(美国航务委员会律师)

《中华民国史档案资料汇编》第五辑第三编《财政经济》(一),第1055—1061页

美国航务委员会中华民国政府售购战时建造船舶合约

华盛顿,1947年7月15日

第MCO-60365号合约

本合约系由美国航务委员会(以下简称为委员会)于一九四七年七月十五日与由驻美中国物资供应委员会代表之中华民国政府(以下简称买方)签订。

一、兹因买方依照一九四六年三月八日第七十九届国会第二次会议通过第三二一号公法,即一九四六年商船售卖法案(以下简称该法案)第六节暨委员会规定之一九四六年四月二十三日联邦法令汇编第二卷第七十九号登载之第六十号补充及修正章则条例(以下简称为该条例),向卖方请购附件A(为本约之一部分)表内所列各战时建造船舶(以下简称船舶)。

二、又因委员会与买方同意依照下开条款及条件,售购前项船舶,委员会并已照该法案规定办妥一切必要之调查。

职是之故,缔约双方同意于下列各项:

第一条　购买协定

买方及委员会同意依照本合约下开各条规定及该法案与条例一切适用之规定,购售各船舶。

　　双方同意如委员会因任何理由不能将前项船舶交付买方时,得依照本合约附录规定改交为买方所接受之相同船舶。

　　第二条　船舶交货时之情形

　　下列各条应为适用:

　　(A)"照现状"售购　委员会暨买方同意照船舶现状售购。

　　(B)进干船坞与检查　委员会于买方请求时,应将船舶驶进干船坞,由买方检查船底,费用与风险归买方负责。检查后,买方只得照现状购买,或拒绝购买,是项船舶委员会并无代加工程,或加强构造,或致送任何津贴之义务。买方如拒收任何船舶,其船价于扣除进干船坞检查及出船坞等一切费用后,余额应由委员会退还于买方,本合约关于该船部分亦认为终止。如买方照现状购买该船,应于委员会将货票送达买方以前或同时,将该船进干船坞检查及出船坞等一切费用交付委员会。任何船舶由买方请进干船坞检查时起至该船交货或出坞驶回原所在地时止之一切风险与费用,概由买方负责。船未进坞以前,买方并应将该船投保进坞期间内足使委员会满意之保险。

　　(C)零件及备用品清单所列附件　委员会应照第六十号修正通令所载该会一般政策之规定,将每船零件及备用品清单上所列各件,一并配发。

　　(D)国防设备　船上之国防或战时设备或租借用之设备,委员会有权将全部或一部拆除,但并非必须拆除不拆除时,亦无须补回费用与买方。

　　第三条　船舶交付——货票

　　委员会与买方依照第二条规定,同意各船舶应在其现在美国所在地点交货,或在委员会认为便利或于准备移交手续完全时,在船舶所在地交货。如买方请将船进干船坞时,交货地点可在买方接收时该船之所在地,但转运费用应由买方负担。不进干船坞之船,应于本约签订及委员会将售船货票送买方后,即行移交。如须进船坞,应于买方通知接收该船及委员会将售船货票送买方时,即行移交。委员会应通知买方移交船舶及货票之地点及时间,该时间不得较次一营业日为早(营业日指任何一日,但星期六、星期日及假期除外)。如买方在委员会通知之地点、时间,不将船舶接收,船价(如在底价以上)不再扣减折旧,该船由委员会代保管之责任与费用,亦应由买方负担。如买方逾通知移交船舶及货票时间十天后仍不接收时,则买方所付价款应由委员会留充清算,扣抵损失之用,但不作罚金,而本约关于该船之一部分亦认为终止。

委员会将船移交买方时,应将政府标准格式之货票一纸签送买方,将船之所有权转移与买方,并保证免除债务留置权。

未移交前,委员会与买方之代表应将船上一切设备、家具、装备、器材、零件、未用粮食、燃料及食水等编造财产目录,双方同意点交,并协定未用粮食、燃料及食水等之价格。

移交时,船上未启用之可用食粮、燃用油料及食水,如属完好而并不超过船上通常需要者,买方同意照移交时所在地之时价付价接收。又"可用食粮"系指美国航务委员会航程粮食报告第 7915A、7916A、7918A、7919A 等号一九三九年修正表内所列之一切粮食(但无线电用品、日用设备品、废铁及小船不在内)。

第四条　船舶价格

委员会依照该法案规定[除该法案第 3(D)款第(2)(3)项关于船上有无特点一节外],对于适用该船一切调整办法,亦已注意。决定各船购价如下:

船　名	购　价
Josiah P. Cressy	468,817 美元
Justin Deane	同前
Northern Master	同前
Northern Chiefstain	同前
Josiah A. Mitchell	同前
Northern Traveller	同前
Northern Warrior	同前
Northern Pioneer	同前

Ephraim Harding 以下各船均退回未购	同前
James Miller	同前
John Locker	同前
Allen H. Knowles	同前
Judiah P. Baker	同前
Otis White	同前
Robert H. Waterman	同前

第五条　船价之交付

买方同意照本约之一部分之附件 A 规定办法,照上第四条开列之价格,将各船舶付价购买。

第六条　移交前船舶之损失问题

由本约生效时起至船舶移交时止之期间内(但船舶转运或进干船坞,或照本约规定由买方出费及负责扣留之时间为例外),各该船如有委员会认为实际之全部损失发生时,委员会及买方对于本约之互相责任均应解除,船价应由委员会退还与买方,否则委员会应以为买方同意接收之相同船舶一艘交与买方,以资替代。如损失程度并非实际之全部损失,则应由委员会出费,并负责修理完好。

第七条　买方移交前出费修改船舶

买方于船舶移交前,如事前得委员会书面或电报允许,并经照委员会认为需要而满意之格式及保额投购保险时,得自出费将船舶加工修改。

第八条　美国赔偿责任之限制

买方依照前述该法案第十节规定,代表其本身及其任何附属机关,同意对于一九四六年三月八日以后及一九四七年九月三日以前,买方或前项附属机关所有船舶所遭损失之责任,应以当时法定公正赔偿之款额,或两方协议同意之款额为限。

第九条　船舶转移与外国所有注册及旗帜

船舶之售让与移交,即为委员会依照一九一六年修正船务法案之规定核准,将是项船舶转移为中国所有及注册,并悬中国国旗行驶。

第十条　官员不得受聘或享受本约利益

除一九〇九年三月四日通过法案第一一六节规定外，美国国会议员或代表或"常务厅长"不得参加本合约之任何部分，或享受本合约所产生之任何利益。

第十一条　附录

船舶之售让与移交应受以上各条及本合约附件 A 内所载各条规定之限制，该附件 A 为本约之一部。

缔约双方兹于上述日期签订，本合约一式五份。

美国航务委员会代表 A. J. Williams　（签署）

中华民国政府代表

　　驻美中国物资供应委员会主任委员　王守竞（签署）

见　证　人 R. L. Mc Donald

　　　　　　L. F. Chen

　　　　　　Edmer E. Metz

附件 A

船　名	船身号码	购　价
Josiah P. Cressy	407	468,817 美元
Justin Deane	410	同前
Northern Chiefstain	2513	同前
Northern Master	2542	同前
Josiah A. Mitchell	2543	同前
Northern Traveller	2544	同前
Northern Warior	2512	同前
Northern Pioneer	2514	同前
Ephraim Harding 以下各船均退回未购	2549	同前
James Miller	1635	同前
John Locker	2548	同前
Allen H. Knowles	1615	同前
Judiah P. Baker	1642	同前

Otis White 　　　　　　　　　　　　　　1623　　　　同前
Robert H. Waterman 　　　　　　　　　1622　　　　同前

一、船价　以上船价系一九四七年六月十七日所订,即为上述该条例公布之船舶底价。

买方同意所购船舶,倘经委员会验明有无上述该法案第3(D)节第二、三款所载之特点时,该船底价应由委员会依照各该款规定,照予增减。

二、依照买卖双方一九四六年七月十二日签订合约之条件,买方曾付卖方美金七十万零三千二百二十五元五角,用以扣抵船舶购价之百分之十(10%),本合约签订时,卖方应认为已被授权扣抵是项船价。每船交货时,买方应付卖方该船价款百分之十五(15%),即在本合约授权与卖方在根据一九四六年七月十二日合约所交付款项内扣抵,卖方应具收据交买方收执。

每艘船舶其余价款,应由买方出具有价期票及保证该期票之抵押书,送与卖方。各期票应照由本合约生效日起算各该船舶所余经济寿命年数,分为若干年,平均付偿,每年偿额相等(船舶寿命由造船厂交货日起,计应为二十年),但买方所欠偿款得提前偿付,买方得依照上述该法案所规定出售战时建造船舶与外人之办法处置。前项船舶价款各抵押书,如照本合约第6(B)条之规定,合并为一综合抵押书时,各抵押书所保证之各期票,得由卖买双方协议满意之综合偿款办法。

三、保险

(A)买方对于各船舶应照抵押书规定,投买保险,其种类、保额、投保公司暨投保条件,应照一九四六年十月一日美国航务委员会主任委员士蔑斯海军上将致驻美中国物资供应委员会主任委员王守竞函内所规定办理。船价未清偿以前,买方同意不作任何行为,致令保险中止或失效。各船亦不得作保险书内所不准之任何航行或承运不准载之任何货物,除非对于所作之航行或所承运货物,已投买保额为卖方所满意之保险。

(B)卖方同意买方得酌投保"仅保全部损失"之海洋及战争船身

险,以代替仅保局部或全部损失,要求保护及赔偿之船身保险,保额应为船价未付款额百分之一百一十,并应照前函规定办法办理。为照前函办法办理及改投保险便利起见,卖方同意得徇买方之请,将买方提供之各抵押书合并为一综合抵押书,务使卖方满意。并保险一部分或全部船舶,或买方依照本合约向卖方购买之任何战时建造船舶,但卖方对于各原抵押书之优先债权留置权,应予保留。

(C)船价未付讫以前,卖方对于本条所载及前述士蔻斯海军上将函内所述关于投保事项,应加以检讨,至少每年一次。对于买方关于改变投保办法之申请,应予以缜密之考虑。

(D)除前项抵押书第一条第三节另有规定外,所有一切投保款项,概应以美金缴交华盛顿卖方办公处所。

四、“就地”“照现状”售让之船舶　本合约虽有其他规定,但卖买双方同意“就原地”“照现状”将 Josiah P. Cressy, Justin Deane, Northern Chieftain, Northern Master 各轮分别移交与接收,无权拒绝。

五、船舶得由中国政府各机关转移　卖方同意买方得随时将所购任何船舶转交与买方任何机关,包括国营招商局及任何为其他买方所有或管辖之公司在内,但买方同意本合约第六条关于保险办法之规定,接收是项船舶机关亦应受约束,并须向卖方证明接收机关同负前项抵押书暨期票之债务责任。前项船舶之任何其他之转让、售卖、租用或其他用途,概应照前项抵押书第一条第二节规定办理。

《中华民国史档案资料汇编》第五辑第三编《财政经济》(一),第 1061—1068 页

行政院致财政部函①

南京,1948 年 3 月 17 日

行政院物资供应委员会公函　　发文(三十七)供账字第 1006 号
　　　　　　　　　　　　　　　中华民国三十七年三月十七日发

---

① 行政院物资供应委员会关于 3C 物资运出情形——原注。

案准行政院秘书处(三十七)六经字第七三六〇号公函,以租借接购 3C 物资帐目编送清册一案,兹准财政部函复,原代电所称运华总值,与前驻美物资供应委员会列报数额不符,希径与财政部洽明见复等由。准此。查关于经济部前苏浙皖区特派员办公处接收及拨售 3C 物资账目,前据物资供应局列册报会,经于本年一月廿三日(三十七)供账字第二九六号函送贵部查照在案。至此项物资接收总值,前驻美供应委员会及物资供应局前后所报数目均不一致,兹经饬据前驻美供应委员会呈称:本会 C-2554 号呈送运输单总数美金四二,三九六,七五二.二二元,仅为六十二批物资中我方运输单初步记录之净值,但尚未包括海洋运输费、美财政部管理费及运输手续费等,且此项数字内中一部分,仍须逐项与美方 VT 账单核对后加以调整。故前项运输单总册,并非最后中美双方共认之净值,而 VT 十二号帐单之数字美金四四,五九五,四一七.六九元,为美财政部截至六月底根据美方记录与我方历次调整后向我开列帐目之数额,其数字为六十二批物资中一部分物资之净值及其管理费,并一部分海洋运输费及其手续费等。至于 3C 物净值、管理费、海洋运输费及手续费全案,中美双方最后共认之数字,尚待美财政部此后续送 VT 帐单(其中包括此后双方核对调整项目)经双方承认准确齐全之后,始能确定完案,但对于六十二批物资数字我方最准确之估计,目前当以本会 C-2554 号呈所附表一中美租借物资接管合约案下运出物资分别船名统计表为准。该表第二柱所开净值 Net Invoice Value 系本会根据厂商发票及运输单就实际情形加以调整之数字,其第三柱管理费 Surcharge 百分之七.五系根据净值计算,第四柱海洋运输费 Ocean Freight 系根据运输费帐单加以调整之数字,运输手续费 Freight Forwarding Charge 系按海洋运输费百分之一估计,而 3C 案六十二批物资之总值,目前似以 C-2554 号呈附表一之美金四九,九九一,〇四一.三二元与将来最后双方结算之结果为最近。惟此数中包括我国自付之非美籍船装载物资之运费美金二八七,一四七.五四元暨一九四六年十二月以后运出物资之运费二八,六五四.七七元,以及该项运费之手续费三,一五八.〇〇元,扣去上项数字计净额应为美金四九,六七二,〇八一.〇一元。此数乃 3C 案下截至七月底本会计算动支借款之总数。等情。附呈 VT 一号至十二号账单影本、VT 账目分类表暨支付款项分析表各一份。据此,查此项物资账目全案,既尚须待美财部此后 VT 账单经双方承认准确齐全之后始能定案,除电世界公司饬将美财部今后续送 VT 账单随时抄寄副本报会,并将 VT 一至十二号账单影本,径寄物资供应局一份以便查对,另补呈一份,以便转送贵部查对外,相应检同前驻美会 C-2554 号原呈运出 3C 物资分别船名统计表及种类统计表,又抄同 VT 账目分类表、支付款项分析表各一份,函请查照核对见复为荷。此致

财政部

　　附一、运出 3C 物资分别船名统计表[略];

　　　二、种类统计表;

　　　三、VT 账目分类表[略];

　　　四、支付款项分析表[略]。

中华民国三十七年三月十七日

主任委员　俞鸿钧

中美租借物资接管合约案下运出物资分别种类统计表

1947 年 4 月 30 日

1. 1945 年 11 月 13 日至 1945 年 12 月 14 日运交战时生产局

	吨　　数	价　　值
运输器材	12,156	$ 8,702,951.32
信 号 器	35	85,199.80
工矿产品	2,377	1,220,854.30
军　火	3,248	1,053,670.78
医疗品	1	5,221.84
纺织品	2,686	5,898,910.15
其　他	3	5,899.28
	20,506	$ 16,972,707.47

2. 1946 年 1 月 23 日至 1946 年 6 月 22 日运交战时生产局在中国转交经济部驻上海持派员办公处

	吨　数	价　值
运输器材	32,999	23,816,116.52
信号器	23	67,959.70
工矿产品	5,178	4,058,859.14
军火	193	122,224.23
工业装备	11	28,309.90
医疗品	2	12,244.39
纺织品	550	1,094,947.48
	38,956	$29,200,661.36

3. 1946 年 6 月 26 日至今运交物资供应局

	吨　数	价　值
运输器材	780	732,813.99
信号器	1	2,975.26
工矿产品	604	532,720.53
军火	2	9,277.20
发电厂	2,361	2,482,445.07
纺织品	8	13,689.44
	3,756	$ 3,773,921.49
合计	63,218	$49,947,290.32
运输手续费按海洋运输费百分之一估计		$ 4,375,155.32
		43,751.00
总计		$ 49,991,041.32

《中华民国史档案资料汇编》第五辑第三编《财政经济》(一),第 1028—1031 页

中央银行编《美棉贷款案节略》
南京,无日期

一、委托中国银行代理经办美棉贷款案节略(1947年)

(一)美棉贷款总额及动支数额　贷款总额共为美金三千三百万元,截至三十六年七月十日止,实际动用美金三千二百九十七万六千四百四十二元一角四分,未动用余额为美金二万三千五百五十七元八角六分。

(二)贷款动用手续　依照合约规定,纽约中国银行申请华盛顿进出口银行发给美国棉花出口商承兑委托状,美国棉花出口商即依据上项委托状开出二年期之汇票,此项汇票由纽约中国银行签证承兑。查此项贷款于三十五年六月十日开始动用起至三十六年七月十日止,共计动支美金三千二百九十七万六千四百四十二元一角四分,其中美金一千七百六十八万三千七百九十四元六角五分系由中国银行国外部结售,其余美金一千五百二十九万二千六百四十七元四角九分系由其他指定银行结售。上项委托状中美金六百八十二万六千五百七十九元一角一分系驻美物资供应委员会订购美棉请求发出,其余美金二千六百十四万九千八百六十三元零三分系自上海直接向美国出口商订购所发。

(三)本息之偿付　按照美棉贷款合约规定,纽约中国银行签发之承兑汇票为期二年,利息按年息 $2\frac{1}{2}$ % 计算。兹将自三十七年六月十二日起分别到期应行偿付之本息数字开列于后:

单位(美元)

日　　期	本　　金	利　　息	合　　计
37 年 6 月	4,627,690.90	231,384.50	4,859,073.40
37 年 7 月	4,125,285.90	206,264.26	4,331,550.16
37 年 8 月	10,167,709.80	508,385.44	10,676,095.24
37 年 9 月	3,927,167.30	196,358.33	4,123,525.63
37 年 10 月	4,364,082.50	218,204.08	4,582,286.58

续表

日　　　期	本　　　金	利　　　息	合　　　计
37 年 11 月	1,583,444.50	79,172.21	1,662,616.71
37 年 12 月	1,369,329.30	68,466.45	1,437,795.75
38 年 1 月	1,359,073.70	67,953.67	1,427,027.37
38 年 2 月	810,154.20	40,507.70	850,661.90
38 年 3 月	203,368.34	10,168.41	213,536.75
38 年 4 月	439,135.70	21,957.11	461,092.81
共　　　计	32,976,442.14	1,648,822.16	34,625,264.30

（四）贷款运用情形　本行于三十五年四月及六月间,先后订定 Procedure for use of the US $ 33 Million Cotton Credit 一种,通函各指定银行查照办理。按照上项处理手续,中国纺织建设公司暨各民营纱厂及棉花商向出口商购入美棉,得向各指定银行结购外汇,截至最近止,美棉贷款项下各指定银行售结进口美棉外汇计:

(1)各民营纱厂　　　美金一二,五六六,三二二. 四七元

(2)中纺公司　　　　美金一三,三五〇,五四八. 六三元

(3)各棉花进口商　　美金　七,〇五九,五七一.〇四元

(4)共　　计　　　　美金三二,九七六,四四二. 一四元

（五）购棉款拨存情形　上项购棉所结售之款项,均出国内棉花厂商缴付中国银行,计全部价款三千二百九十七万六千四百四十二元一角四分,其中美金三千二百二十五万元已由中国银行拨付本行,余数美金六十二万六千四百四十二元一角四分存于中国银行国外部"国行棉贷专户"内。

二、美棉贷款案补充节略(1948 年 3 月)①

（甲）本行受政府委托办理之经过

---

①　年月系据本节略稿批注——原注。

（一）本行奉行政院三十五年五月九日京伍字第三五八号代电，以美棉借款美金三千三百万元合约已于三十五年三月十四日正式签订，依照合约规定，应由中国银行承兑美进出口银行所出之汇票，由财政部无条件担保该项借款本息之偿付，并应由中央银行随时匡计到期偿还之本息各条款转知国库，拨交中国银行拨付，希监督办理一切有关手续。

（二）驻美物资供应委员会王主任委员守竞三十四年十二月八日致宋前院长电报告，向美进出口银行商借之棉花贷款美金三千三百万元已洽妥。并请示三点：（1）美进出口银行要求由中国银行纽约分行代表该行，证明本借款所列各条款，系经宋前院长核准并订立协定。（2）由行政院指派该会主任委员王守竞并授权代表中国政府签订合约。（3）美棉之鉴定，所拟运往之口岸，在中国境内由何机构办理运棉事宜。

（三）宋前院长接得上项电报，于三十四年十二月十二日函财政部俞部长，以所请三点，除第二点已请外交部转知照办，第三点已饬纺调会查照电复外，其第一点希转饬核办。

（四）本行奉行政院三十六年二月二日从伍字第三一八九号公函，附送美棉贷款合约一份（此份系补送），并于三十五年十二月二十六日节京伍字第二四七七一号公函，附送美棉贷款修正合约一份。

（乙）关于各民营纱厂、中纺公司及各棉花进口商向美国出口商购入美棉之根据

（一）本行奉令办理美棉借款，关于贷款办法及处理手续经奉准后，于三十五年四月二十六日以第三十六号通函通知各指定银行、各外汇经纪人、各棉花进口商及各纱厂棉商知照。兹将贷用手续要点摘录如后：

（1）凡已售与我国纱厂及棉商而尚未付款或将签订合约，于卅五年三月十四日以后，不论已、未运到之棉花，均得依本办法规定运用美棉借款。

（2）依照借款合约规定，此项棉花借款不论国营或民营纱厂，一律平等待遇，可以贷用，毫无歧视，中国纱厂及棉商均得依本办法向美国任何商人订购美棉，并可向任何一家指定银行洽购外汇。

（3）中国银行根据购买人之需要，分配此项美棉借款，凡属合格之厂商，必须依照本行规定所需之资料随时供给，但中央银行得保留变更分配之权利，即将剩余之美棉借款平均分配其他纱厂及棉商。

（4）依照国民政府之训令规定，中国银行为政府及中央银行之代理人，办理美棉借款业务。

（二）本行为修正美棉借款贷用手续第八、九两条关于美棉已出售尚未付款及向中国银行贷款之手续，经于三十五年六月五日以第四十四号通函通知各指定银行查照。

（三）按照上项处理手续，截至三十六年七月十日止，美棉借款实际动用美金三二,九七六,四四二.一四元，未动用余额为美金二三,五五七.八六元。兹将各指定银行售结进口美棉外汇统计如下：

（1）各民营纱厂　　　　　美金一二,五六六,三二二.四七元
（2）中国纺织建设公司　　美金一三,三五〇,五四八.六三元
（3）各棉花进口商　　　　美金　七,〇五九,五七一.〇四元
　　共　　计　　　　　　美金三二,九七六,四四二.一四元

《中华民国史档案资料汇编》第五辑第三编《财政经济》（一），第1000—1003页

拉维特[①]致司徒电

华盛顿,1948年5月27日

参议员外交关系委员会报告说,5月25日对中美友好通商航海条约[②]附加以下保留：美国不接受议定书第5节第3部分有关翻译的规

---

① 代理国务卿——原注。
② 1946年11月4日在南京签订。

定,并且美国该方面的利益仍由 1903 年条约①规定的款项保障。

委员会就第 5 节第 3 部分收到许多来自作家和出版商的抗议,明显认为做出保留,是处理公共关系的必要措施,以明确条约并不引入新的原则或者对保护作者权利做出倒退的规定。由于 1903 年条约并没有针对翻译提出任何实质性的保护条款,国务院认为保留并没有对条约进行重大根本性的修改。

参议院对条约将采取之行动,指日可待。

FRUS,1948,Vol.8,p.752

马歇尔②致司徒电

华盛顿,1948 年 6 月 3 日

参议院昨日通过友好通商航海条约,并如国务院 5 月 27 日 796 号电所述,对知识产权条款做出保留。对于处理保留问题及涉及交换批准书的具体指示将陆续送达。

FRUS,1948,Vol.8,p.752

行政院致财政部公函③

南京,1948 年 6 月 11 日

行政院物资供应委员会公函　三十七供业字 2060 号

查美国进出口银行第 397 号动力电机借款,动用期限延长至三十七年六月底止之第一次修正合约副本,经前本会以展艳供业 494 号代电送请查照办理在卷。兹接世界公司呈称:现因美国市场求过于供,交货迟缓,该项借款虽经展期一次,仍不能在限期前动支完毕。经与该行商妥,将该借款动支限期续延一年(原修正合约展延至 1948 年六月三

---

① 1903 年 10 月 8 日在上海签订——原注。

② 国务卿——原注。

③ 行政院物资供应委员会关于中美电机借款动支期限续延一年——原注。

十日,现继续展延至 1949 年六月三十日),业于本年四月二十八日签订修正合约一种。理合检具该约正本一份,副本两份,译本三份,祈接转。等情。除检同该修正合约副本暨中文译本各一份,呈请政院察核外,相应将该修正合同正本送请查照,转送中央银行、国库署密存为荷。

此致

财政部

　　附三十七年四月二十八日签订之中美电机借款修正合约正本及中英译本各一份[略]

中华民国三十七年六月十一日

主任委员　王云五

《中华民国史档案资料汇编》第五辑第三编《财政经济》(一),第 1039 页

马歇尔致司徒电

华盛顿,1948 年 6 月 25 日

1. 6 月 2 日参议院批准友好通商航海条约决议书文本如下:

"议决(出席参议员三分之二对此表示同意),参议院建议并同意批准第八十届国会第一次会议提出的于 1946 年 11 月 4 日签订于南京的中美友好通商航海条约及其所附议定书,服从于以下保留:

美利坚合众国政府不接受议定书第 5 节第 3 部分就文学艺术类著作翻译问题的保护规定,认为美国该方面之利益将仍由 1903 年 10 月 8 日于上海签订之贸易关系条约的有关条款解释,并通过后续有关翻译的进一步磋商协议解决。美国时刻准备与中国就改善知识产权关系,尤其强调美国对于翻译之保护意愿,进入下一轮谈判。参议院认为,为保护文学、艺术财产的作者而规定之翻译权或者对其著作的翻译授权,对于作者的公正而言具有重要意义,对于保证必须使用其他语言的民族以真实可信的方式来了解作者的意图,具有同样重要的意义。在目前的条件下,此种保护对于推广文学、艺术著作的有效传播以及鼓励国内负责任的企业参与到这些著作的生产中来是必不可少的。

参议院进一步理解该条约对于任一方是否将知识产权延用于最惠国待遇并无强制力。

请你尽快拜访合适的外交部官员,告知他参议院已经按照美国宪法程序批准了条约,美国将尽快安排交换批准书的日期,国务院希望知道中国政府是否准备在交换批准书时做出保留。你应交给他一份上引参议院决议书的副本,关于保留意见解释说这是以一个以前的条约中的相对实质性条款取代第5节第3部分。基于上述事实,国务院希望外交部在征得立法院和委员长的同意后,将考虑在省级行政机关范围内接受保留。因此,你不要提出就保留案征询立法院的话题,而应尽可能地提议避免这一程序的方法。国务院希望采取这种方式是因为考虑到目前反美和反中国政府的骚乱,国务院怀疑能否取得立法院对于保留的赞同,担心整个条约问题将由于保留案征求立法院的同意而被再次提出。使馆方面一定记得,一俟条约签订完毕,外交部长①立即在新一届立法院选举和开会之前就寻求批准,因为他深刻怀疑新的立法院会给予放行。条约签订后仅五天的时间就获得了批准,之后上一届立法院才解散。中国接受保留的书面记录将可能在交换批准书时以适当方式出现。

在讨论保留时,你应该说明参议院外交关系委员会和部分参议员在商量条约的时候,就第5节第3部分收到许多来自作家和出版商的抗议,谴责国务院在国际协议中写入了抗议者认为非常负面的针对翻译的不保护原则,因而确立了不好的先例,是对国际知识产权关系发展的倒退。如果被问及保留的动机,你可以引用下列外交关系委员会的报告。

"通过比较 1903 年条约规定之权利,目前的条约可以为美国人就知识产权方面提供总体上相当完善的保护;就翻译而言,它并没能改变现状……本委员会对美国以一个新的现代条约及其第5节第3部分延

---

① 王世杰——原注。

续了不保护翻译的原则,表示强烈反对。因此,委员会建议参议院不接受这一部分,但维持早先 1903 年条约规定的内容。尽管如此看来 1903 年条约的相关条款也应该承认是不完善的,但是在以后的谈判中将会进一步推进,并通过开展平等的贸易往来以促进互利互惠。"[①]

供你参考,参议院添加保留案最终一句的意图不详,但既然条约包含有关知识产权的非最惠国待遇条款,那句话应该无关紧要。

2. 国务院还希望在交换条约批准书的换文中获得中国同意就下列方面提供解释性声明:

"本条约的条款并不排斥缔约双方以关税及贸易总协定缔约国身份或者根据旨在成立国际贸易组织的哈瓦那宪章第四章规定在成为国际贸易组织会员国时按照相应条约规定或明确允许所采取之行动。"

第 26 条第 2 款第 3 项本来包括于条约中,是为准许实行计划中的多边贸易行为所做的准备。因为关贸总协定目前已经生效而且国际贸易组织宪章文本现在处在各国政府批准阶段,国务院考虑通过适宜的特别声明方式表明条约的条款并不打算与关贸总协定或国际贸易组织宪章的缔约国义务或特权相悖。意大利在交换未决条约批准书时也会被要求同意相似的换文。

3. 国务院计划在交换条约批准书时处理换文的另一个问题包括太平洋岛屿托管领土。1947 年 7 月 18 日,美国和联合国安全理事会之间达成托管协议,其中指出这些领土为战略区域并且为了安全考虑,指派美国行使行政权力关闭部分或全部领土。另外,根据托管协议第 8 条第 1 款规定,包括中国在内的联合国会员国在无涉安全和岛民福祉的前提下,享有该领土的最惠国待遇。考虑到这些原因以及美国对于岛民的特殊责任,国务院希望中国政府同意遵循条约所适用的领土并不包括托管领土,也不包括美国因适用条约的最惠国条款而准许该领

---

① 参议院外交关系委员会第 8 号行政报告,《美中友好通商航海条约》,第 80 届国会第 2 次会议——原注。

土的权益。这一协议是与条约第 27 条保留在未来通过协商限制适用领土范围可能性的开放性规定相一致的。就目前来看,中国的利益并不会因此种条约义务排除该领土而受到影响。换文中计划的改动为在条约第 27 条末尾和第 26 条第 4 部分第一句"巴拿马运河区"等字后面加上"及太平洋岛屿托管领土"字样。同样的排除意见也适用于对意条约中,国务院计划在今后的友好通商航海条约中都包括这一条。考虑到托管协议的第 8 条第 1 部分允许具有行政权的国家和公司享有比联合国其他会员国和公司更多的优惠待遇,美国驻安理会代表声明:"美国政府并不打算,通过这一条文或者其他任何条文,以损害岛民福祉及该分散、贫瘠岛屿上的稀有资源和贸易机会为代价,来谋求自身利益……"

4. 国务院希望大使能促使中国政府对上述提案的同意,以使条约能够及时生效。复电从速,国务院收到后将立即草拟所需换文。

FRUS,1948,Vol.8,pp.753-756

司徒致马歇尔电

南京,1948 年 7 月 14 日

回复国务院 7〔6〕月 25 日 926 号电。在研究使馆关于友好通商航海条约交换批准书和换文的意见和备忘录之后,外交部条约司负责人于 7 月 14 日提出因为涉及到实质性修改,参议院的保留将不得不提交立法院并征求其对有关关贸总协定、国际贸易组织和太平洋岛屿托管领土换文的批准。基于旧立法院业已批准其余即将生效的未改动条款,行政院计划仅向立法院提交所涉及之修改。外交部现在仅向行政院其他部门就换文进行咨询,并因关贸总协定的复杂本质而遭遇困难。

外交部急请各相关部门就友好通商航海条约、关贸总协定和国际贸易组织的有关条款尽快提供分析解释,以求从速准备各机构备忘录并提请立法院审核之用。考虑到由于 7 月 21 日立法院可能的休会造成的极为急迫的时间,他建议说审慎的分析可能缩短立法院讨论并促成批准于此会期临尽之际而非延至秋冬之时,这对于中美双方都大有裨益。使馆支持上述请求。

使馆咨询个别立法院议员意见表示不同意将现会期再次延长。

外交部请求尽快获得换文的完整文本以获得其他机构支持,之后再提交立法院。

因关贸总协定、托管领土和国际贸易组织限制了条约的适用或者可能仅对美国而非中国有利,外交部对可能发生的争论进行了猜测。然而,由于参议院的保留意见仅将该问题留待日后协商解决,因此觉得并不可能造成轩然大波。

外交部想知道在寻求参议院批准前,这些问题是否已获得美国政府或者其他政府的接受。

外交部主张:(1)中国已经表示部分接受关贸总协定的条款,其最终接纳将有待联合国通知之后做出,又(2)如果友好通商航海条约在关贸总协定之后生效,在没有进一步换文的前提下,前者条款将比后者具有优先权。

FRUS,1948,Vol.8,pp.756-757

财政部编 3C 租借接管借款还本付息表

南京,1948 年 7 月

借款项目	借款总额	动支总额	年率	期数	到期日期	付息金额		付本金额	共付本息
3 C 租借接管借款	58,900,000.00	50,344,968.65	$2\frac{3}{8}$ %	1	36-7-1	已付	1,095,020.32	1,725,000.00	2,820,020.32
						应付	1,081,888.17	1,678,165.62	2,760,053.79
				2	37-7-1	已付	1,123,107.70	1,701,823.05	2,824,930.75
						应付	1,126,266.81	1,678,165.62	2,804,432.43

《中华民国史档案资料汇编》第五辑第三编《财政经济》(一),第 1032 页

美棉贷款补充修正合约

华盛顿,1948 年 8 月 12 日

译稿

立合约人:中国银行、美国政府代表人华盛顿进出口银行(简称进出口银行)于一九四八年八月十二日,双方对于一九四六年三月十四日协定之美棉贷款合约,前经于同年九月十二日及十二月十一日先后修正各一次,兹特再予补充并加修正。

按进出口银行前基于一九四六年一月三日所为之决议,及同年八月二十八日所为之修正案,爰决定由进出口银行贷出不超过三千三百万美元之款,作为中国在美购棉及运棉输往中国之用。此项贷款得由中华民国政府就其国内之金融机构中指定任何银行运用之。兹悉中华民国政府并已指定中国银行为运用此款之银行。

又依据一九四六年一月三日进出口银行之决议,中国银行与进出口银行经于一九四六年三月十四日订立美棉贷款合约,成立上述贷款,而中华民国政府则无条件担保,凡因购买美棉所开之期票,均应由中国银行承认到期凭票兑付之。此项规定在美棉贷款合约经由一九四六年九月十二日及同年十二月十一日修正案所附之担保书格式上载明。

又进出口银行依据前经修正之美棉贷款合约条款规定,托由若干美国商业银行之代理机构垫付此项美棉贷款美金共三千二百九十七万六千四百四十二元十四分,此项垫款所发之美棉期票若干张,其支付人为中国银行纽约分行并由该分行承认如期偿付:(子)在此若干张期票上所列之垫款,应于一九四八年八月十五日到期,或于是日以后到期者,计为美元二千零八十九万三千九百零四元五十九分。(丑)其余款额(美金一千二百零八万二千五百三十七元五十五分)则系于一九四八年八月十五日以前到期者,亦应偿付。

又中国银行兹因中国之中央银行及中国银行本行现时所有之外汇来源紧缩,经中华民国政府之允许,要求进出口银行对上述期票欠付款额之本金及利息将于一九四八年八月十五日到期或于是日以后到期应付之期限,予以调整并延展之。

又中国银行对棉贷期票所列分期应偿之本息,现因上述外汇来源紧缩关系,中国银行对上述本息于一九四八年八月十五日或是日以后到期者将不能依约全部偿付。

又中国银行为欲使进出口银行对美棉贷款期票之于一九四八年八月十五日或是日以后到期本金,连同是日及是日以后到期之利息展期偿付并予调整之要求得以实施起见,业经向进出口银行承认照付一九四八年八月十四日以后增加之全部利息,并将中国银行纽约分行前向纽约艾尔文信托公司提出之保证,作为中国银行向该公司透支帐款之担保品,将来可由艾尔文信托公司出售时所得之过分利得金,以书面证明方式交与进出口银行作为担保。进出口银行对于上项提出之条件认为可行,同意中国银行所为之要求。

中国银行与进出口银行基于上述各项情形,并对今后交换之条件及协议予以考虑后,双方爰订立本美棉贷款补充修正合约。条款如下:

第一条 棉贷期票偿付期限之延展及调整

进出口银行依据本合约规定之条件及事项,兹对前经修正之一九四六年三月十四日美棉贷款合约由进出口银行垫款所发出之棉贷期票到期本金之期限,予以延展及调整。该项期票系以中国银行为支付人,并经该银行承认期票上所载之条件及期限。期票本金偿付期限系在一九四八年八月十五日或是日以后者,计本金总数为美金二千零八十九万三千九百零四元五十九分,连同应付利息,按息二厘半计算,于一九四八年八月十五日或是日以后到期偿付。

(甲)本金之延展及调整 原订于一九四八年八月十五日到期或是日以后到期所有棉贷期票全部本金之偿付期限,兹均予以延展及调整,自一九四九年二月十五日至一九四九年十月十五日平均分九期逐月偿付。第一次到期为一九四九年二月十五日。兹将各期本金额及偿付期分列如后:

第一期本金二,三二一,五四四.九九美元,一九四九年二月十五日到期。

第二期本金二,三二一,五四四.九五美元,一九四九年三月十五日到期。

第三期本金二,三二一,五四四.九五美元,一九四九年四月十五日到期。

第四期本金二,三二一,五四四.九五美元,一九四九年五月十五日到期。

第五期本金二,三二一,五四四.九五美元,一九四九年六月十五日到期。

第六期本金二,三二一,五四四.九五美元,一九四九年七月十五日到期。

第七期本金二,三二一,五四四.九五美元,一九四九年八月十五日到期。

第八期本金二,三二一,五四四.九五美元,一九四九年九月十五日到期。

第九期本金二,三二一,五四四.九五美元,一九四九年十月十五日到期。

(乙)本金偿期延展调整以后之息金偿付办法

棉贷期票本金之偿还既经分为九期延期偿付,则其每期应付之息金自应按照前定利率,依下列规定办理:

(子)上列展期棉贷期票债本平均分九个月偿付,其第一次本金偿付期为一九四九年二月十五日,到期之时,除应付一期本金外,同时并应偿付展期债本全部自一九四八年八月十五日起至一九四九年二月十四日止之六个月应得利息。

(丑)以后各月份(自三月份起至十月份止)偿付各该月到期本金时,均应同时照付余剩未还本金之利息(一个月)。其利率应照原定利率计算,直至最后一期为止。

第二条　偿期延展执行之条件

棉贷期票偿期延展及调整既如上述,其执行办法兹经双方议定,应有如下之措置,俾使进出口银行满意。

(甲)中国银行按前开棉贷期票各别期限对原定一九四八年八月十四日或是日以前所有到期本金连同利息,均应依照规定予以偿清。

(乙)中国银行对一九四八年八月十四日以后增加之全部利息,原定于一九四八年八月十五日或是日以后到期应付之利息,亦应依照规定予以偿清。

(丙)中国银行与中华民国政府对棉贷期票债款之偿付义务,虽无需任何限制,但为保证中国银行对修正后棉贷期票所负之债务能迅速偿付起见,中国银行及其纽约分行应向进出口银行提出一种有资产利益之保证书,此种资产即系提供纽约艾尔文信托公司作为保证之资产。该项资产将来于其出售时所得之过分利得金,即以之作为担保品,是即为中国银行向艾尔文公司透支帐款,按照担保品抵押总约之规定应行提出之保证(以下简称保证书)。保证书应由中国银行及其纽约分行签署后送致艾尔文信托公司。保证书之全文在实质上与本合约之附件甲同。保证书送达进出口银行时,应附列中国银行提供艾尔文公司担保品之全部清单(以下简称清单)。清单于送致进出口银行前,应由中国银行于清单上载明日期,并予签署。

第三条 关于担保品及清单之特别协定

中国银行与进出口银行兹特商定并同意,关于债务偿还之履行如有意外情事发生,进出口银行得自凭主见,有权将担保品予以取出,或使其提交艾尔文信托公司。所称意外情事如下:

(甲)任何到期本息不能依约偿付时。

(乙)中国银行或其纽约分行有下列情事之一时:

1.银行结束或中止存在。

2.宣告破产或业务失败委托清算。

3.触犯任何破产之行为。

4.该银行或其纽约分行与艾尔文信托公司有关之帐款或资产遭受

扣押警告之处分。

5. 该银行或其纽约分行自动申请或被动宣告破产而请求指定清算。

6. 关于解除负债人之债务。凡因依据破产法或议会法案或其他政府法令,而进行程序应即开始——或由改组方式或经混合扩充以及其他途径以解除或调整该银行或其纽约分行之债务时。

(丙)进出口银行及中国银行或其纽约分行同意于上述担保品保证书送达进出口银行后,遇有非常紧急事件发生,或即将发生,或势必发生,而足以影响中国银行或其纽约分行,又或任何分行之继续存在时,则应认为已达紧急状态,而进出口银行即有充分理由将中国银行所送致之担保品保证书移存于艾尔文信托公司。

(丁)如中国银行因不能履行本合约任何条款而未如期偿付债款本息时。

第四条　中国银行对担保品及清单之特别义务

中国银行对担保品及清单愿依下列手续办理:

(甲)中国银行自一九四八年九月份起至修正展期之期票本息偿完为止,每月应具新保证书一份,连同新担保品清单一并送致进出口银行。此项新清单须逐月注明日期,保证书及清单均须照前规定。由中国银行签署之清单内并应附有送致纽约市国家银行总监理处月报之抄本一份,内开每月提出分项列记之担保品。此即系依据前述之担保品抵押总约规定送致艾尔文信托公司者。

(乙)中国银行纽约分行应在其担保品总账内,将上述清单所列担保品专户列入。此种账项之记录须以明显之记载,说明担保品遇有处分时,应先审查其账项,并说明除非商得中国银行纽约分行经理许可及其个人命令,任何担保品不得处分,而此种账项之记载,每次均应经该经理亲笔签押。

(丙)期票本息如未全部偿清,所有提供抵押之担保品在未得进出口银行书面认可以前,中国银行不得处分或允许处分,而将原担保品任何一部份或其出售后可能获得之过分利益另作抵押之用。假定再予押出，则其效力亦应订明居于进出口银行优先权之次一地位。

（丁）艾尔文信托公司对中国银行购棉透支之帐款于清算后，如查明前述清单所列之担保品全部售价净得不敷偿付棉贷期票尚欠本息时，其不敷之数应立由中国银行汇付进出口银行。

（戊）在展期后之期票本息未全部偿清以前，依据中国银行纽约分行与艾尔文信托公司所成立之担保品抵押总约之规定，现存于信托公司之担保品，其购价总值须与送致进出口银行之担保品清单上所列购买价值相同，不得有所变更。但任何担保品经由艾尔文信托公司出售所得利益，以局部或全部偿付中国银行向该公司透支之帐款，或以之提前偿付进出口银行所垫之棉贷欠款尾数时，其担保品价值可以出售时之价值为准。

第五条　进出口银行对担保品及清单之特别义务

进出口银行对担保品及清单愿依下列手续办理：

（甲）非有本合约第三条所载意外事件，进出口银行不得将中国银行所具担保品提送艾尔文信托公司。

（乙）棉贷期票到期尚欠之本息无法偿付时，进出口银行得将艾尔文信托公司移来之抵押品出售得价清偿，售价如有剩余，则进出口银行应立即汇付中国银行。

第六条　本息到期愆付得先期索偿

中国银行如不能依照本合约规定偿付任何本息，或不能履行本合约任何条款时，则此次协商修改延展之期票应即依照原合约前定期限立予偿付。此外，由于任何愆付而产生不利债权人之结果，则进出口银行或其他持票人得立即催索中国银行，将所欠之全部本息不论到期与否，一次悉予偿清。

中国银行如有上述愆付情事时，进出口银行有权变更手续，对本合约所订之分期偿付期限将不再考虑。

第七条　本金之提前偿还

中国银行对棉贷期票本金之全部或一部尚欠余额,得有权于一九四九年二月十五日以前任何时间提前偿还,不受处罚及补息之拘束。

除期票遇有本约第六条所列愆期欠付情事,而将依据原合约条款规定,由期票到期相反程序逆溯提前偿还外,任何本金之分批提前偿还,应适用期票到期相反程序办理。

第八条　期票及背书效力之承认

中国银行兹证实其对依据修正之一九四六年三月十四日棉贷合约,而经进出口银行发出并经中国银行接受之全部期票之效力予以承认。此种期票之各别限期,依原约规定,应在一九四八年八月十五日或是日以后偿付者,并系交由进出口银行存执,以为该行垫付贷款之证明。

中国银行对期票上所具背书效力之承认,及连同对各该背书人及各该与进出口银行往来之美国商业银行效力之承认,一并予以证实。上述背书无论其形式或内容如何,但其效力中国银行自应承认。

第九条　改正及补充前经修改之一九四六年三月十四日美棉贷款合约　前于一九四六年九月十二日及十二月十一日修改之同年三月十四日美棉贷款合约,其中一切互约条件,除经本合约此次改正及补充者外,应充分继续有效。

中国银行与华盛顿进出口银行,兹经由各该银行全权代表人于上述日期在美国哥伦比亚区华盛顿对本补充及修正合约共同签字,计一式两份。

中 国 银 行 代 表(签字)

华盛顿进出口银行主席

代 　表(签字)

证明人(签字)

中国政府出具之承诺及担保书(译稿)

中华民国政府将:(一)依本约规定,对于经中国银行承受之期票上本息之延展及调整条款予以承认,按该项期票系据前经中国银行与进出口银行双方协议修订之一九四六年三月十四日棉贷合约所成立，而原定于一九四八年八月十五日或是日以后到期应付之本息，依约应由中华民国政府无条件担保偿还者。（二）中国政府又对本约规定分期偿付之本息，无条件担保，依期偿还。此举系证实中国政府前此在一九四六年三月十四日合约之上附具之原担保书，仍有续续履行之义务，该项担保书并不因本约之修改而对原承认与担保之规定有所变更，并将与本担保书具同等效力。

本担保书系于一九四八年八月十二日在美国哥伦比亚区华盛顿订立。

中华民国政府代表

中华民国驻美全权大使　（签字）

附件甲

中国银行纽约分行为出售担保品案致纽约艾尔文信托公司函

执事先生公鉴：

当进出口银行将此委托函交与贵公司时，贵公司即有权将所存之担保品立即出售，其价格即照出售日期之市场价格发卖，毋庸再由本行或纽约分行证实。此批出售之担保品，即系本函所附之一九　年　日担保品清单上所列之物品。此项清单业由本行之纽约分行签字，系依据本行之纽约分行与贵公司前此所签之担保品抵押总约而成立者，经以本行纽约分行名义存于贵公司作为透支帐款之担保。

此外，贵公司亦有权：（一）运用担保品售款先行清抵本行向贵公司所透支之帐款。（二）上项售款所得经处理后，如仍有余款，即应扫数交付进出口银行。此项交付办法，系适用于进出口银行所为第三八八号之贷款。

中国银行　启

中国银行纽约分行　启

一九　年　月　日

《中华民国史档案资料汇编》第五辑第三编《财政经济》（一），第1004—1012页

财政部致行政院呈①

南京,1948 年 9 月 10 日

卅七年九月十日

财政部呈行政院文　财库陆一二五七号

　　向美购船借款各案说明

甲、查我国向美购买战余船舶,原订计划为一百五十九艘,估计船价约一亿美元,其中百分之七十五由美方承贷,余由我方付现。此项原则曾奉宋前院长核准,旋以我方筹款困难,故商定先购一部分,由美方承贷一,六五〇万美元,我方付现五五〇万美元,经就此范围签订左列购船贷款合约。

一、一九四七年七月十五日订中美售让船舶合约,计自由轮十艘。

二、同日订中美购售战时建造船舶合约,计 N-3 轮等十五艘(内七艘因不适用,业予退还)。

以上两约业经立法院第四届三五二次会议通过。

三、一九四八年二月廿七日订中美购售战时建造船舶合约,计 C-M-AV1 轮等十二艘。

四、一九四八年三月一日订中美购售战时建造船舶合约,计胜利轮等三艘。

以上两约经以(三十七)供业一一七一号呈送院,奉(三十七)五交三一五九七号令,以系向美贷款续购船只,无须逐案送立法院审议。

乙、N-3 轮十艘系由宋前院长于三十四年十一月廿三日电饬前驻美物资供应委员会洽购,价款四,三二五,〇〇〇美元,全部付现(由院令饬纽约中国银行拨付五百万美元),曾否立约,因事在本会成立以前,无从稽悉。本年三月二十九日世界贸易公司遵奉院令,以此项船舶向美进出口银行抵押借款,签立借款合约,经本会将该约以(三十七)

---

① 财政部关于向美购船借款各案说明呈——原注。
　本件系抄件。

供业二〇二一号呈送院,奉(三十七)五交三一五九七号院令:并案饬知,无须送立法院审议。

综上情形,(甲)项所立四约,系属分批签订,并无经由立法院完成立法程序之总案,似应逐案送立法院审议。至(乙)项所立借约,系属另一案件,与甲项各案无关,尤有补完立法程序必要。

《中华民国史档案资料汇编》第五辑第三编《财政经济》(一),第 1068—1069 页

中央银行编《美国航务局暨美国进出口银行购船借款分析表》

南京,1948 年

美国航务局暨美国进出口银行购船借款分析表(由原编者改为文字叙述形式)

贷款机关:美国航务局

(甲)自由轮十艘借款

借款总额:4,133,720.22 美元

利率:$3\frac{1}{2}$%

期限:十四年至十七年。

还本付息条件:

(一)由中国政府开具承兑票据交美航务局。

(二)自一九四八年起每年七月十五日还本付息一次(每年一月十五日并付息一次)。

(三)各轮还本付息期限:(1)海天、海地、海玄、海宇十六年;(2)海黄十四年;(3)海宙、海辰、海列、海张十五年;(4)海宿十七年。

订购情形:由我国先付美金五百五十万元交美航务局作为购置本案船只押金,俟售船借款成立,由该局扣除应缴现款四分之一后,将余款退还。

(乙)N–3 轮八艘借款

借款总额:2,812,560.00 美元

利率:$3\frac{1}{2}$%

期限:十五年至十七年。

还本付息条件:

(一)由中国政府开具承兑票据交美航务局。

(二)自一九四八年起每年七月还本付息一次(每年一月并付息一次)。

(三)各轮还本付息期限:(1)教仁、宣怀、铁桥、成功、鸿章、继光十七年;(2)郑和、廷枢十五年。

(丙)C1-S-AV1轮四艘借款

借款总额:3,300,000.00美元

利率:$3\frac{1}{2}$%

期限:十五年。

还本付息条件:

(一)由中国政府开具承兑票据交美航务局;

(二)自一九四八年十一月二十五日起每半年付息一次,每年五月二十五日并还本一次;

(三)各轮还本付息期限十五年。

(丁)C1-M-AV1轮八艘借款

借款总额:4,162,960.00美元

利率:$3\frac{1}{2}$%

期限:十六至十七年。

还本付息条件:

(一)由中国政府开具承兑票据交美航务局。

(二)复新、复权、复生、复昌自一九四八年十二月一日起每半年付息一次,每年六月一日还本一次。复明自一九四八年十月二十二日起每半年付息一次,每年四月二十二日还本一次。复航、复运自一九四八年十一月十三日起每半年付息一次,每年五月十三日还本一次。复贸自一九四八年十月二十九日起每半年付息一次,每年四月二十九日还本一次。

（三）各轮还本付息期限：（1）复明、复贸、复航、复运、复生、复昌各十七年。（2）复新、复权各十六年。

（戊）胜利轮三艘借款

借款总额：1,977,980.00 美元

利率：$3\frac{1}{2}\%$

期限：十六至十七年。

还本付息条件：

（一）由中国政府开具承兑票据交美航务局。

（二）京胜自一九四八年十一月二十五日起每半年付息一次，每年五月二十五日还本一次。沪胜自一九四八年一月份起每半年付息一次，每年七月一日还本一次。渝胜自一九四八年二月五日起每半年付息一次，每年八月五日还本一次。

（三）各轮还本付息期限：（1）京胜十六年。（2）沪胜、渝胜各十七年。

贷款机关：美进出口银行

（甲）N–3 货轮十艘借款

借款总额：4,243,750.00 美元

利率：$3\frac{1}{2}\%$

期限：二十年。

还本付息条件：

（一）由中国政府开具承兑票据交美国进出口银行。

（二）本金自一九四八年十月一日起平均分四十次偿付，每年四月一日及十月一日各付一次。

（三）利息每年四月一日及十月一日各付一次。

订购情形：

（一）系由行政院宋前院长三十四年十一月二十三日电令驻美物资供应委员会向美航务委员会投标购得。

（二）由我国先拨美金五百万元垫付船价及修理费、行驶费等，再

向美进出口银行借款归垫。

（乙）旧船十六艘借款

借款总额：2,540,947.55 美元

利率：$3\frac{1}{2}$%

期限：十年。

还本付息条件：

（一）由中国政府开具承兑票据交美国进出口银行。

（二）本金自一九五一年十月一日起平均分二十次偿付，每年四月一日及十月一日各偿付一次。

（三）利息按一年三六五天计算，每年四月一日及十月一日各偿付一次。

订购情形：由我国先拨美金三百五十万元，交由驻美物资供应委员会向美选购后，向进出口银行借款归垫。

《中华民国史档案资料汇编》第五辑第三编《财政经济》（一），第 1069—1073 页

国库署致行政院函①

1948 年 12 月 30 日

奉交下行政院物资供应委员会亥冬供账代电，抄送 3C 借款项下 VT-22 号账单，请查照等由。除存核外，相应抄附原代电及账单，函请查照为荷。此致

公债司

抄附原代电及账单［账单略］

国库署　启

十二月三十日

---

① 抄附关于 3C 借款动支总额及一、二两期本息应还确数代电等——原注。
已由纽约中国银行付出。各次应还本息现正向美财政部提出调整。

抄件

财政部公鉴:关于 3C 借款我方超付美方第一、二两期本息美金八六,一八一.八七元一案,前据世界贸易公司电报到会,当经以(37)供账字第 3606 号电请查照在案。兹续据世界公司世秘字第 0620 号代电,以 3C 借款偿付本息一案,现已收到美国财政部会计长复函并附账目清单 VT-22 前来。查单内所载数目总额为美金五〇,二九三,八五三.四〇元,与本公司账目核对,仅多美金二分,自可认为正确。又根据该债务总额计算一九四七及一九四八两期本息,我方仅应付美金五,五五八,七六九.二〇元,但我方前已付出美金五,六四四,九五一.〇七元,计实超付美金八六,一八一.八七元。除函复美财部会计长请其将超付之数退还纽约中国银行收国库账,俟得回信再行奉达外,理合检附 VT-22 账目清单一份,呈请整核。等情。相应抄同账目清单一份,电请查照为荷。行政院物资供应委员会。亥冬供账。印。

附抄 VT-22 账目清单一份二纸[略]

《中华民国史档案资料汇编》第五辑第三编《财政经济》(一),第 1033 页

中央银行签呈①

南京,1949 年 2 月 14 日

签呈　业(38)字第四七六号

谨签呈者:查关于美棉借款美金三千三百万元,前以逐月到期应还之本息为数綦巨,筹付困难,经由贝代表祖诒与美进出口银行洽商,自上年八月十五日起展期六个月,经于上年九月十四日以业呈字第二八五六号呈报鉴察在案。查该宗借款实际为美金三二,九七六,四四二.一四元,除展期前已付美金一二,〇八二,五三七.五五元及利息美金六一八,六一九.一二元,暨展期款项自汇票日至上年八月十四日止应付利息美金九八三,七九九.六三元外,计尚欠本金二〇,八九三,九〇四.

---

① 中央银行业务局关于美棉借款已提前付清的签呈——原注。

五九元,分开汇票九纸,于本年二月十五日起至十月十五日止,逐月平均归还。利息仍按年息二厘半计算。嗣接纽约中国银行李经理十二月七日电略:以为节省利息负担,经洽准贝代表祖诒同意,拟将该款提前拨还,并经该总行与钧座洽定照办,电复纽约中国银行即在美棉借款备偿户内如数照付,不足之数约美金五十余万元即由该行先行垫付。兹接该行复电,谓该款本金二〇,八九三,九〇四.五九美元暨算至一月卅日止利息二四一,八五四.一〇美元,已如数付清等语。理合制具美棉借款还本付息表一份,敬祈鉴察备案。谨呈

总裁

副总裁

附件[略]

业务局　谨签

中华民国卅八年二月十四日

《中华民国史档案资料汇编》第五辑第三编《财政经济》(一),第1012—1013页

行政院致财政部代电①

南京,1949 年 4 月 14 日

　　财政部公鉴:查前驻美物资供应委员会与美进出口银行签订之中美采煤借款合约及其第一、二次修正合约,业经本会先后送请查照在案,兹据世界贸易公司呈略称:现因该项借款前次延长期限又将届满,而借款仍继续动支,经与美进出口银行续商再行展限半年,已于卅七年十二月九日续签第三次修正合约。理合检具该项修正合约正本影印本及译文,呈祈鉴核转呈核备。等情。经核本借款动支期限,依照第二次修正合约规定,应至卅七年十二月卅一日满期,兹该公司以借款尚须继续动支,复与美进出口银行签约,再行展限半年,延至卅八年六月卅日为满期,尚属可行。除呈院鉴核并请转送立法院补完立法程序外,相应

① 　行政院物资供应委员会关于中美采煤借款动支限期延至1949年6月代电——原注。

检同上项第三次修正合约正本、抄本各一份,电请查照,并希将正本转送中央银行、国库局密存为荷。行政院物资供应委员会。(卅八)卯寒供业。印。计送合约正本、抄本各一份[略]

《中华民国史档案资料汇编》第五辑第三编《财政经济》(一),第1047—1048页

3. 援华法案

马歇尔致司徒雷登电

华盛顿,1948年1月12日

机密。关于援华方案国务卿尚未作出最后的决定。迨国务卿决定后,此项提案尚须经过全国咨询委员会复查,并送预算局备核,然后始得向国会提出。所以,在目前阶段,不能以任何正式消息供给大使馆。如果中国方面催询方案详情,我们建议向他们表示,关于此事国会应有权利首先听取总统咨文的意见。在咨文正式提出以前,国务院当将内容充分详达,以便由你于事前一两日以私人名义转告蒋委员长及外交部长。

关于援助方案的实施,技术人员的派遣问题,将为提案之一部分。但至少在国会未表示态度以前,不能有任何具体行动。蒋委员长请求派遣"最高经济顾问",并提议以布兰福德充任;在另一备忘录中,蒋又说明中国政府的美籍及其他外籍顾问将其自行洽聘。这两种说法前后不甚一致,故特附带提及。美国无疑地应增派人员赴华,担任关于援助方案的监督和咨询任务。但因缺乏有经验的人员,在人数上总是有限的。至于委派"最高经济顾问"一节,显有两种重大不利:第一、是一个基本问题,即在中国现今情况下,他究竟能产生如何效力;第二、更是重要,即其在华职位的涵义将使人认为美国对于中国的经济、财政和行政各种情形愿为负责。美国不能承担这种责任,并且不应使中国和其他外国有任何误会,以致认为美国以往已经承担这种责任,或于今后将负起这种责任。

以上所述,对中国内战问题同样适用。因此,美军顾问团的活动应予审慎规定,而且,该团的活动不应视作援华方案的整体中之一部分。援华方案,在实质上是一个经济方案。对军事顾问团指示的某些变动,以及可以增加何种军事训练中心等问题,我们预计在巴大维将军出国之前可予决定。

中国政府内部有些分子,其企求外援之心较诸努力解决中国的问题尤为殷切。他们似图把进行内战和内战发展的责任,把有关中国人民福利和政府效率的责任,都转嫁到美国的肩上来。他们这些表现更足说明以上各种考虑的重要性。

《中美关系资料汇编》第 1 辑,第 1013—1014 页

杜鲁门致国会咨文[①]

华盛顿,1948 年 2 月 18 日

本人曾几次说明:美国的主要目的,是在全世界促成公正持久和平的条件。这是美国人民所真诚拥护的事业。

自对日战争胜利以来,我们已以最大的努力和巨额金钱用予遭受战祸各国的善后救济工作,意在帮助这些国家恢复稳定的经济制度,这是维持和平所必需的条件。我们帮助这些遭受战祸的国家素以一个原则为指南,这就是帮助其人民自助的原则。为了促进这种目的,国会现正审慎考虑一个极关重要和极为远大的建议,即援助欧洲复兴的方案。

现在请国会考虑我国再进一步援华的方式。

中美两国人民已有多年的真正友谊。与这种友谊俱来的,是商业和文化的联系和两国亲密合作的悠久历史。美国人民对于中国人民素怀敬意,并且对他们的灾难重重深表同情。

美国早已见到中国的安定对于太平洋以及全世界持久和平的重要性。中国地广人众,因而它在世界政局中是一个重要因素。中国具有

---

① 提请核准以 1949 年 7 月 30 日为期总额五亿七千万美元的援华方案——原注。

丰富的传统和文化,并有众多和勤劳的人民。我们素来盼望一个强盛和进步的中国,在国际大家庭的实力上有其充分的贡献。

抱着此种目的,我们自二十年前中国国民政府取得政权时起,就一直予以支持。对日战争时期,中美是同盟国家,我们并以盟国资格支持中国英勇的抗战。日本投降后,我们更给予很多援助,我们所给予中国政府的军事援助,不仅助他击败日本侵略者,而且助它收复日本占领区。中国从联合国善后救济总署所得的巨额援助,大部分是出于美国的贡献。我们又按最低价格供给中国大量剩余物资和对于中国经济有价值的装备。目前我们仍按我国对外救济计划继续援助中国。

但是,中国政府和人民还是困于双重而彼此相关的负荷,即内战和急剧恶化的经济。八年战争和日本的占领封锁,已使该国疲惫不堪,而在正应努力进行建设之时,内战又起,于是疲惫更甚。战时对于运输和生产设备的损害,现在更因中共军队对于重要交通的不断阻碍和破坏而大大加重。

此外,内战加于中国政府的支出浩繁,大大超过它的岁收,这就更加妨碍其复兴工作。为应付这些开支而接连发行的通货,已造成恶性通货膨胀,而正常的商业活动也随之停滞。在这些情况之下,中国所有的外汇已异常缩减,以致即将无法偿付其主要的入口货价。没有此等入口货物,工业活动就会减缩,经济恶化程度就会激增。

中国经济的不断恶化,正是美国所深为关切的。自马歇尔将军离华返国以后,援华问题就一直在不断的研究中。我们总希望中国的情况可使美援在建设和复兴事业上发生效用。情况的发展没有像我们所期望的那样,我们只能在现有的情形下尽其所能了。

我们能够帮助中国政府缓和现时的经济恶化,这样就使它再有机会采取必要的措施,以建立较为稳定的经济状况。可是,事实是很清楚,而且一直是很清楚:只有中国政府本身才能担负起来重大的必要措施,以便树立规模,使趋向和平和真正经济复兴的努力,能有成效。

为了确定援华方案的性质和规模,以求适合上述目的,我们必须考察若干不同和互相抵触的因素,包括目前对我国资源的其他许多要求在内;而且必须考虑某些特定商品是否能够供应,必须考虑中国政府面临的问题如何艰巨和复杂,必须考虑利用外援究竟能够迅速有效地和缓这些问题到什么程度。美国的援助中国,与援助任何其他国家一样,必须适合它的特殊需要和能力。

本人参照这些因素,提请国会核准以 1949 年 7 月 30 日为期,总额五亿七千万美元的援华方案。

援华方案应通过借款或赠与方式,供给五亿七千万美元资金,作为中国输入主要货物之用。这个数字是根据 1948 年 1 月 1 日的价格而决定的,因为目前尚不能预料时价变动对这个方案可能发生的影响。如属必要,在申请国会拨款时,仍可提出修正数字。主要输入品计包括:粮食、棉花、石油、肥料、烟草、医药用品、煤以及现有生产设备的零件等。这个方案所定的物品数量,都在我们能够供应的范围内。美国既供给这些主要输入品的资金,中国政府便能将它的有限美元资金专用于其他最迫切的需要。

援华方案并应准备六千万美元,作为在 1949 年 6 月 30 日以前创办的少数重要建设事业之用。急待恢复的事业计有:主要运输设备、燃料和动力工程,以及供出口的工业等。此项事业,可于离开军事行动的地区开办,并可帮助改进必需品的供给与分配。

援华方案的实施,与援助欧洲复兴的情形相同,应先经过中美两方订立拟定,将施行援助的条件和程序予以规定。这协定并应列有保证条款,即中国政府将采取切合实际的经济、财政及其他措施,以求实现经济稳定和复兴的最终目标。如果中国政府不按协定来运用援款,或中国政府的政策违背那利用援助以达到自给经济的目标,则美国当然仍有停止援助之权。

在为执行欧洲复兴方案而设的机构没有建立以前,援华工作应暂由执行国外救济方案的现有机关办理。国会批准援华方案时,应准其执行工作并入管理我国对欧援助的机构。执行机关,对于援华方案和对于欧洲复兴方案一样,亦需有时时加以调整之权。

环顾全国情势,我相信所提的援华方案乃是我国政府应取的上策。我国所供给的援助,一点也不能代替那只有中国政府才能采取的必要行动。但本方案可达到一个重要目的,就是要使中国从经济急遽恶化中得到喘息机会,以便进而建立此较稳定的经济情况。无此喘息机会,中国政府能否建立这种经济情况,实属可疑。就是达到这个有限的目的,其重要也足以证明这个援助方案的正确。

为此,特咨请国会对于这个方案从速予以考虑。

哈里·S.杜鲁门

《中美关系资料汇编》第 1 辑,第 1005—1007 页

马歇尔声明①

华盛顿,1948 年 2 月 20 日

我们考虑到援华方案时,应该承认中国问题的解决,在大体上,主要是中国人自己的问题。在考虑援华方案应有的基础和程序中,我们遭逢的巨大困难就是中国现有的军事和经济的情况。

迄今为止,内战是解决中国经济问题的主要障碍,内战消耗了中国政府的国内资源和外汇基金,不断地摧毁财产,破坏经济生活,并且妨害复兴工作。共军已造成骇人的破坏,以毁灭中国经济。这是他们公然宣告的目标,就是要促使经济崩溃。

中国政府在现今的严重经济困难中,急需援助。可是,中国的政治、经济以及财政等情况非常不稳,所以就不可能展开实际而有效、长期而全面的经济复兴方案。不过,我们认为美国政府对于处在危急局势中的中国应该施以扶助,帮它和缓目前急速的经济恶化,以使中国政府得有喘息时机,俾可采取重要步骤,走向较为稳定的经济情况。

考虑这样一个方案时,牵涉到很多的中国因素,其中最重要的

---

① 关于援华方案——原注。

如下：

中国是地大人多的国家。长江以北,除沿海水运外,几乎没有直达的交通。地方政府,常是极其腐化的,因而,他们在助理救济事务中,是不可靠的。在恢复中国经济的稳定上,久据要津的集团把持政治乃是需要克服的大困难。尤其鉴于地势的不利——暴露的和漫长的交通线,以及对付游击战的固有困难——在现在正进行着的内战中,政府的作战需要各级将领发挥高度积极性的领导,但是这种领导却付阙如。内战的负担,占了国家预算的 70%,甚至还要多于此数,而现在的财政是借着发行纸币来维持的。工业生产量微小,而且运输设备简陋,因为缺乏适当的运输工具,在粮食运输上所受的影响尤其巨大。结果产生一种极端的确属惊人的通货膨胀,和无法避免的商品投机和囤积。

要考虑美国援华应采取的办法时,我以为很需要切记:目前的提案与援欧方案不同,我们不能明确断定此种援助在一个确定的时期内可以结束。据我国货币专家的意见,如为中国准备通货稳定基金,实在需要巨款,而在战争消耗和内部分裂的当前情况下,这种巨额的基金,多半是要浪费掉的。鉴于这种情况,那末援华方案就不应含有对于中国日后经济的实际保证。美国在行动上不当置身于对中国政府的举措及其政治、经济和军事的事务直接负责的地位。

援华方案中所建议的经济援助,至 1949 年 7 月 30 日为止,总共需要五亿七千万美元。其中五亿一千万美元,用来偿付最少限度内的输入品,即民用类商品,主要是食粮和原料,再有六千万美元作为主要建设事业之用。援华方案将集中力量供应两种商品。我们相信这些商品对于中国人民的经济将是最大的帮助,并且每一美元的开支都将保证中国获有最大的裨益。

因为工商业普遍受到摧残,并且在某些地区已陷于混乱,中国所需的输入总额无法作精确估计,不过我们觉得:关于方案的计划上所列的商品的需要量,却是相当确凿的。因此,援华方案应该供应最主要的商品上的需要。当然,中国还需要其他输入品,包括未列于方案中的民用类商品和军需品。此外,中国尚有某些国际上的财政的义务,必需履行。

中国为要供应这些额外的外汇需要,可以利用其本国的某些财政资源。这些财政资源,包括出口货的价款和其他进款,如侨汇、出售剩余物资以及外国政府和慈善事业在中国的支出等等。而最后,于必要时,尚可利用中国所持有的黄金和外汇,按 1948 年 1 月 1 日估计,两项共值两亿七千四百万美元,中国人若能增益其外汇纯收入,此项总额即可随之增加。反之在 1948 年 1 月 1 日以后,因缺少其他可利用的资金,须以准备金作必需的支付,则此项数额即将随之减少。

在提出的方案中我们建议:一俟政府,依照立法程序设立机关或组织来执行各种援外方案,援华方案亦应由其执行,而在这种机关尚未建立以前,暂由国务院会同其他直接与此有关的政府机关来执行。施行援助的条件,应详载于与中国政府的协定中,此项协定所根据的种种考虑与援欧条件所根据的相同,但需适合中国的各种不同的情况。

《中美关系资料汇编》第 1 辑,第 1007—1009 页

司徒雷登:《告中国人民书》①
南京,1948 年 2 月 20 日

从杜鲁门总统致国会的咨文中,你们多少知道一些美国是愿尽力援助中国人民的。因此,请允我趁此机会向你们试行解释美国对华政策所依据的目的以及所牵涉的问题。我生在中国,曾在中国度过我一生的大半,并且对于中国幸福的深为关怀,不亚于你们任何人,我就站在这样一个人的立场,向你们解释。

所幸的,美国政府和人民所盼望于中国的,恰好是一切真正爱国的中国人自己正奋斗争取的,这就是国家的自由和独立,国内的和平和繁荣,建立真正现代化和民主的政府。我们美国人所热望的就是这一切,

---

① 该文为援华法案在国会提出后,驻华大使司徒雷登发表的声明——原注。

而无其他。

我们的问题是如何帮助平民,自战胜日本以来,中国即不断为内战所蹂躏,主要受难的是平民。平民所需要的是和平,是在一个关心他们幸福的政府之下来进行生产活动。

说得更明确些,问题就是如何造福于平民,如何保护他们,使他们既不受极端反革命或自私分子的侵害,又不受过激派残酷破坏的革命战术的侵害。这两个集团都有高度的组织。两者都把他们政党和他们个人的利益高置于受难人民的利益之上。

我们美国人彻底信仰民主主义,我们并且确信假若以相当的机会和充分的时日,民主主义会实行于中国。消极方面,一个民主政府保证人民在日常工作中免受强制干涉的自由和免于恐惧的自由。积极方面,它促成一些条件,使较为聪明和进步的领袖在此等条件下能教育普通人民,并且能用其他方法帮助他们了解公民在民主方式生活中的义务和权利,并按宪法程序来实现这些权利与义务,共同生活在法治之下,不受任何个人幻念的支配。

在中国历史上,群众总是追随他们所信为有德性的知识分子的领导,将来亦必如此。如果把中国古代的这种民主方法配合现代的宪法程序,那末,现今各地区各省各地方政府中的腐败无能分子,就会渐被淘汰,而由人民所自由选出的为公益而管理公务的人们取而代之。

从我亲自与中国学生的长期相处中,我深信他们有爱国的理想。他们或者已经毕业而在政府、学校、商界或任何其他职业中居负责的地位,或者仍在学校,都应在这种最新式爱国的,急公好义的努力中作领导。由于他们急公好义,不谋私利的范例,他们就能够战胜那些另一极端的人,这些人对于他们的党抱着非常狂妄的忠诚,绝不容忍其他一切的政治信仰,他们所用的方法非常残忍,所以他们故意破坏公私财产,并且为达到他们自己无理的目的以一切掠夺和战争的恐怖加诸毫无办法的人民。

我们美国人在马歇尔先生的指导下,已尽所能来防止现有局势的形成,和它所加于中国人民的一切痛苦。虽然如此,中美两国人民既有传统的友谊,我们既然相信中国人民的经济繁荣将有助于世界利益,所以我们仍想以经济援华计划,再给中国政府和人民一个机会,以便着手采取开始的步骤,奠定中国经济复兴和稳定的坚固基础。

可是,实际的工作和责任还在中国人民自己的身上,无论多少美国物质援助,或多少技术熟练的美国顾问,绝不能越俎代庖而使中国获得政治稳定和经济复兴。主要的努力必须出自中国人民,并且必须以真诚而坚定的决心,放弃一己的私心,不懈地争取社会的公益。

自由与民主,今已受有全然不同的解释,因而这两个名辞的意义颇为混乱。对于这种争执不应有所误解。在极权制度下,不容有心智的自由——要有独立思想的人,不是屈服于思想统制,就是被迅速清除。民主主义,不仅是民享而且是民治。可是,根据这种正确的民主意义,人民必须不断地使用开明舆论的力量,影响政府的举措,以防止官吏的滥用职权。因此,这就需要言论和出版的自由和接触客观报导的新闻自由。在极权制度中,这些自由便不容存在。反之,新闻变成经过科学发展的宣传。这种新闻,为了效果便不顾真理,专靠肆口谩骂絮咶不休。

中国今天面临的隐忧,需要一切急公好义的公民共同努力克服。这就要求明达的见识,高度的勇气和坚定的决心。希望中国爱好自由的爱国人士,联合全体人民,一致参加建设性的演变进程,促成全国的统一,以及和平的进步。

　　　　　　　　　　　《中美关系资料汇编》第 1 辑,第 1009—1010 页

1948 年援华法案(即第四七二号公法第四章)
华盛顿,1948 年 4 月 3 日

第四○一节——本章亦可称为"1948 年援华法案"。

第四○二节——国会鉴于中美两国间密切的经济和其他关系,并鉴于战争所引起的分裂情况,影响所及不以国界为限,所以认为中国现

有局势危及持久和平的建立,并且危及美国的一般福利与国家利益,以及联合国目标的达成。国会觉得个人自由,自由制度和真正独立的原则,在中国未来的演进,实有赖于一个坚强而民主的中央政府的继续形成,唯有这样的政府始足构成确立健全的经济状况和稳定的国际经济关系的基础。美国拥有广大的国内市场而内部未有任何商业壁垒,致获享受重大的利益。国会有鉴于此,深信同样的利益在中国亦可实现,因此宣告美国人民的政策,即系鼓励中华民国及其人民坚持共同努力,以期迅速促成中国内部的和平与经济的稳定,此为世界持久和平与繁荣所不可少的因素。美国人民的政策并是鼓励中华民国努力维持中国的真正独立与行政完整,并通过一项以自助和合作为基础的援助方案,在中国国内支持和加强个人自由与自由制度的原则;但是,在此方案中所计划的任何对华援助不得严重损及美国的经济稳定。国会并且宣告,按照美国政策,根据本章规定所给予的援助,无论在任何时间,均应以中华民国及其人民合作推行上述方案为条件;但是,根据本章规定所给予的援助,不得解释为美国对于中华民国的政策,行为或承诺,或对于中国国内于任何时间所存在的状况,承担任何已经明示或默示的责任。

第四〇三节——本章规定的援助,应按 1948 年经济合作法案中的适用条款而与本章目的相符者,予以实施,依照本章规定,中国为取得此项援助起见,并不需要加入为欧洲复兴而订立的共同方案。

第四〇四节——(一)为实现本章目的起见,兹特批准拨给总统以不超过三亿三千八百万美元之数,作为援华用途;此款在本法案制定之日起一年以内得予动支。

(二)并准另拨总统以不超过一亿二千五百万美元之数,用赠与方式作为对华额外援助,其应有条件由总统自行决定,不受 1948 年经济合作法案规定的约束;此款在本法案制定之日起一年以内得予动支。

第四〇五节——中美两国应行成立协定,载明中国方面所负各种承诺,而此项承诺亦即国务卿于征询经济合作总署署长的意见后,所决定为实现本章(法案)目的和改善中美商务关系所必需者。

第四○六节——不管其他任何法律如何规定,国会兹特授权并责成复兴金融公司,在依照第四○四节规定的拨款尚未实现之前,暂行垫支款项(总数不得超过五千万美元),以供实行本章规定之用,其实施方式和支付数额可由总统决定。复兴金融公司根据本节规定所垫支的款项,应从第四○四节批准的拨款中偿还归垫,但不计算利息。为实行本节规定起见,财政部对复兴金融公司的垫支,亦不计息。

第四○七节——(一)国务卿于征询经济合作总署署长的意见后,有权与中国签订协定设立中国农村复兴联合委员会,由美国总统委派美国公民二人,中国总统委派中国公民三人组成之。联合委员会应在该总署署长的指导和管理下,拟定中国农村区域的复兴方案,并付诸施行,此项方案并应包括对于农村复兴事业系属必需或适当的研究和训练工作;但是根据本节规定所给予的援助不得解释为美国为了实现本节目的起见,已经明示或暗示负有另给任何其他资助的责任。

(二)在可能实行的范围内,应以不超过根据第四○四节(一)的规定所拨款项的 10% ,以供实行本节(一)所规定的目的之用。此数可为美元,或为售卖援华物资,即以第四○四节(一)所批准的款项供给中国的物资,所得的华币收入,或二者兼有。

《中美关系资料汇编》第 1 辑,第 1015—1016 页

马歇尔致司徒雷登电

华盛顿,1948 年 5 月 7 日

国务院正从美国政策方面研究以得力顾问供给中国政府的问题。国务院同意援华方案确实需要顾问的协助。关于担任有关政策工作的高级顾问,国务院认为即使决定派遣,人数亦属有限,并须以若干经过选择的部门为限。不但可供派遣的适当人员无多,我们并且需要从援华方案所规定的目标的立场上,并从实现我方建议所存在的合理希望的程度上,考虑高级顾问所应担任的工作和它的意义。顾问的范围以

及顾问对中国政府和援华团的关系,应该尽量减少任何可能致使美国在中国局势的发展中被卷入漩涡,或被认为处于负责的地位。这在财政政策和实施的某些方面尤应注意。因在这些方面在目前内战情况之下,不可能获得基本的解决。假如美国施用压力以促成军费的管理或缩减,这将默示美国对于中国政府的军事努力应该负责,对方或将图取我们在这方面的保证。这与以前已经说明的国会态度显属相违。

国务院相信,如上所述的财政基本问题,和其他问题,不能通过技术上的咨询获得解决。但为促成某些改善起见,驻华高级人员如经济合作总署中国分署首长和大使馆高级人员应继续努力,在适当时间以非正式压力加诸中国政要。

在基层工作方面,美国技术顾问人员的职务,亦应慎加选择,其主要职务应与援华方案的实施直接有关,例如,以美国拨款和特别华币账户的存款所举办的那些建设事业。在一些例外的场合,技术人员亦可担任与援华方案仅有间接关系而与政策的关系不太密切的顾问事宜,例如,中央银行某些外汇管理工作。最大多数的技术顾问人员是应该参加建设工作,对于负责管理或实行分配美援消费物资的中国机构,应由援华团人员在执行其视察和报告的经常任务中,给予技术上的援助,不应由美国人员以顾问名义担任此项工作。

国务院此时认为关于应派那些顾问问题,应由经济合作总署中国分署署长先行实地研究并决定中国政府确实的需要如何以及他们在援华方案的实施中使用顾问的能力如何,然后再行提出具体建议。国务院现正从事研究如何以最好方法将史密斯—蒙特法案中有关供给技术援助的规定结合到援华法案,付诸施行。

《中美关系资料汇编》第 1 辑,第 1014—1015 页

司徒雷登致马歇尔电

南京,1948 年 5 月 10 日

大使馆同意双边援助协定应在南京商订,并亦认为在谈判期间我

方可以获取时间与机会催促中国政府接受某些有关自助的承诺,并采取具体行动实行行政院院长 1 月 28 日的声明。过去,大使馆一有机会,无不随时随地在这些方面施用压力。大使馆同意在目前及在双边协定谈判的过程中,以暗示方式而避免十分露骨来加强此项压力。

但为事先估计与中国政府谈判所可能获得的进展起见,我们必须注意两个重要的因素:第一、自从国会通过 1948 年援华法案之日起,我们对于中国政府所有的任何广泛或有力的讨价还价的地位已经不复存在。现在我们的地位在基本上,只是建立于一种较为薄弱的基础上,仅仅依赖于中国方面对于现行法案满期以后如何能够继续与扩大美援所抱的希望。关于某些问题——如:(1)援助物资采购的方法;(2)援助物资在华分配的方法;(3)从售卖援助物资所得的华币收入应该如何运用等问题——我们固然仍有讨价还价的地位,并在双边协定谈判中应予充分利用。但是关于中国政府应该实行那些改革,在财政与经济上应行采取那些积极的自助的行动,在这些广泛的争持上,大使馆则认为我们今日在一切实际考虑上,仅仅能依靠道义上的说服,而已失去了讨价还价的地位。

我们应该注意的第二因素是:中国纵欲采取彻底有效的建设措施,但在能力上却受了限制。中国政府的经济和财政的地位正在急剧恶化,上星期美金对华币黑市行情的突涨一倍即其例证。军事局势未见进展,亦无任何可能进展的迹象。在政治方面,最高领导已失其作用,以致由于立法委员名额问题所引起的纠纷竟使蒋委员长在此问题的僵持期间内无法任命新内阁。

在这些情形之下,大使馆极力建议我们对于双边协定的谈判或签订不必操诸过急。在今后若干星期中,尽可用暂时换文的方式,为实际工作取得完全满意的基础。而且,先与中国官员在实际折冲中研究将来实行援助方案的程序和方法,将使双边协定最后决定的措词获得比较深刻的认识。其次,拖延时间或可使得我们至少能知道那些直接有关的部长的人选。最后,这种迁延并将延长我们能够施用压力的期间。

大使馆认为在国民大会授与的紧急特权之下,蒋委员长可以签订双边协定,无须经过立法院的批准程序。我们相信照此假设进行不至发生任何问题,我们正向各有关政府机关证实,但在行政院与司法院人选未公布之前,任何人都不能提供权威的答案。因此,大使馆建议在6月1日以前,暂不开始谈判。但是我们仍将施用压力促成改革,并与负责官员在现有经验的基础上继续讨论关于实行援助方案的程序问题。

关于实行原则的讨论范围,大使馆相信行政院长1月28日声明中所举十点构成一个概括的议程,其中尤应以实行土地改革,扩大配给制度,采取财政和经济上的措施以尽量增加出口等问题,作为讨论中心。至于保护私商贸易,我们设想在讨论援助物资的采购和分配方法的谈判过程中,可能达到此项目的。

《中美关系资料汇编》第1辑,第1016—1017页

《中央日报》:美国参议院外交委员会发表修正援华报告

南京,1948年6月30日

(美国新闻处华盛顿电)五月三十日参院外交委员会发表已修正之援华报告,其概要如下:

整个东亚之前途与中国之发展具有密切之关系。由于我两国传统之友谊,中国之困难引起美国深切之同情,尤其在此紧急之关头,中国为反共阵线之重要部分。

有若干有利之因素,中国在粮食与原料方面尚能自给自足。中国拥有广大而有价值之劳工实力。在政治意识深厚之人民中,有赞成民主政府之强烈情绪,对于文明之建设价值具有伟大之成绩与尊重。

在另一方面,中国之经济已因八年对日抗战及胜利后之内战而大受损害,内战中又包括共党惯用之破坏战术。中国从未展开一有利之贸易均势,而在过去数年内不利之贸易均势,显然每况愈下,中国面临极困难与极复杂之任务,而美国之合作地位不易确定。但目前之建议,显然由当前各种事实证明为合理,而国民政府所提之自助建议(见第

十八节)值得吾人之合作。

A. 政治环境

自一九二八年以来,国民政府向由国民党控制,该党已采取初步步骤,宣布宪法与选举国民大会,向民主之途前进。同时中国共产党之目标则以极权政府为对象。中共之宣传竭力反美,不顾美国之一切政策,而遵循莫斯科之路线。中国目下似有社会与政治因素及理想存在之希望,此等因素与理想能扩大及增加国民政府之政治吸引力与领袖资格,藉以向公然叛变之共产党作战。

在一九四五年八月之中苏条约中,苏联自承仅支持国民政府,该政府由各国承认为中国之合法政府,苏联并未以该条约所定之"物质资源"援助国民政府,反之,苏联将大批工业设备由东北各工厂中搬走,其价值恐达二十亿美元之巨(见附录C)。

B. 经济危机

自日本战败以来,中国之经济已渐趋恶化,交通之破坏已使物资与消耗中心及各口岸隔离,来年粮食缺乏二百万吨,大半由于内战之结果。内战之费用使政府之支绌日高。通货膨胀之奔跑阻碍生产与分配,并刺激投机与囤积。发行之纸币较一九四七年增加八倍以上。在三月中旬美金在黑市之价值每元约合法币四十五万元。政府之支出百分之七十用于军事方面,税收不到政府全部三分之一。

中国私人所有之黄金外汇与各国外币约合五亿美元,但中国政府感觉极难动用此等资源。海外华人之侨汇大见减少。中国官方之外汇存底日形枯竭,以致不久将无力购买基本平民经济所必需之输入品。

有价值之资源,如煤炭及农村区之粮食一类在共党控制之下,中共所宣布之目标为造成中国之经济崩溃。

C. 中共控制下之人口与地区

据约略之估计,至一九四八年三月十五日为止,中共所控制之区域占全中国百分之二十五,所控制之人口占全中国百分之三十三,约一亿五千万人。

因军事作战之流动性质,及中国政府与中共控制区之时时变动,故无法提出精确之估计。

中共武装部队之实力估计如下:

正规军一百十五万人,地方民团二百万人。大约六个月以前,中国政府公开宣布其武装部队之实力为三百八十万人。

六、以前之援华

国务院向委员会提出以前援华之估计如下:

自一九三七年以来,美国对华之经济、财政与军事援助如下:

对日胜利以前

进出口银行贷款　　　　　　　　一亿二千万美元;

一九四二年国会贷款　　　　　　五亿美元;

租借物资　　　　　　　　　　　八亿四千九百四十万美元。

共　　　　　　　　十四亿六千九百四十万美元。

对日胜利以后

租借——

军事　　　　　　　　　　　　　七亿二千八百万美元;

民用物资贷款　　　　　　　　　四千九百六十万美元;

海军援助　　　　　　　　　　　一千七百七十万美元。

剩余物资贷款——

国外清算专员办事处船坞贷款　　四百万美元;

华西贷款　　　　　　　　　　　二千万美元;

海事委员会贷款核准　　　　　　一千六百五十万美元;

进出口银行贷款　　　　　　　　八千二百八十万美元。

联总——

美国捐款百分之七十二运用于援华者(另外运费及保险费)

　　　　　　　　　　　　四亿六千五百八十万美元;

捐助联总保管委员会之物资与基金　　四百七十万美元;

美国对华救济计划　　　　　　　四千五百七十万美元;

联合国国际儿童紧急基金 　　　　　　　　二百十万美元。

共 　　　　　　　　　　　十四亿三千六百九十万美元。

总计 　　　　　　　　　　二十九亿零六百三十万美元。

由于若干剩余物资之出售并不包括于上述总额中之故，国务院复于其三月十九日致主席之书函中以下列补充数字提供于委员会：

剩余物资之种类	采购原价	出售价格或出售后已得代价
在中国、印度以及太平洋十七个岛屿上之民用类剩余物资	八二四，〇〇〇，〇〇〇美元	一七五，〇〇〇，〇〇〇美元
步枪子弹	六，五六六，五八九美元	六五六，六五八美元
TNT(最猛烈炸药)	二七五，〇〇〇美元	九九，〇〇〇美元
空军配备	九，四四九，八五〇美元	九三五，三一二美元
海军船只	七〇，五八九，二九八美元	(赠与)
运输飞机	三四，八〇〇，〇〇〇美元	七五〇，〇〇〇美元
药弹	四，四四一，三三七美元	四四，四一三美元
空军配备	二五，二九二，三六五美元	四，四二六，一六三美元
总额	九七五，四一四，四三九美元	一八一，九一一，五四六美元

国务院力言，欲求结出剩余物资交易之总额实不可能。因在若干方面剩余物品仍在移交之中，而在各种移交工作完成之前，该项物资之全部价值无法确知。职是之故，上述数字在若干方面仅属估计性质。

委员会同意此种援助情形，再度证实美国对中国福利之基本的与传统的关切。

七、国务院所建议的计划

在现行情形下，欲求根据来自美国之外援，而为中国之经济复兴拟定一切实有效之长期统盘计划，实属困难。吾人必须视事态之发展而逐步加以处理，犹如一切对外援助计划中，然吾人必须明白表示一点，即吾人之义务，以本法案之各项规定为限。

由于事实上之需要，此项援助中国之计划，在若干基本方面与最近由参院核准之欧洲复兴计划不同。欧洲方面可能在短时期内响应美国援助而作复兴与合作之努力，而此种努力之若干基本因素在对华计划中并不存在。唯一般相信此项以应付最重大需要为目的之援助计划,将减轻人类所受痛苦,给予辛勤工作之中国人民以抑制中国经济恶化速度之机会,并予中国政府着手一强有力自动计划之另一机会。委员会相信,此一计划足以鼓励中国境内之积极民主分子,使其继续下去。

国务院之建议主张在截至一九四九年六月三十日为止之十五个月左右时间内,提供经济援助五亿七千万美元。在此一数额中,五亿一千万美元将用以应付必要民用商品之最低限度输入,以粮食与原料为主,另外之六千万美元则用之于重要之建设计划,此项援助将使中国得以其本身之资源,采办其他必需之输入与军用供应品。

种种详细之估计与规定,并非即为对华应有义务之谓,但彼等足以对计划之范围作合理之说明,计划必须具有充分之伸缩性与慎重之管理,犹如经济合作法案中所规定者。行政部门所作之证词,证实此项设想中之援助曾将需要和获得此种物资之保险费与运输在内(价格以一九四八年一月一日为标准)。

一、谷类(小麦与食米)　　一三〇,〇〇〇,〇〇〇美元;

二、棉花　　一五〇,〇〇〇,〇〇〇美元;

三、石油及石油产品　　一一〇,〇〇〇,〇〇〇美元;

四、肥料　　三〇,〇〇〇,〇〇〇美元;

五、烟草　　三八,〇〇〇,〇〇〇美元;

六、金属　　二四,〇〇〇,〇〇〇美元;

七、医药用品　　五,〇〇〇,〇〇〇美元;

八、煤斤　　三,〇〇〇,〇〇〇美元;

九、现有重要配备之修补零件　　三〇,〇〇〇,〇〇〇美元;

总额　　五二〇,〇〇〇,〇〇〇美元。

此即等于——

小麦　　二二五,〇〇〇吨。

食米　　四五一,三〇〇吨。

棉花　　七五〇,〇〇〇包。

　　石油及石油产品二五,一九八,〇〇〇桶,主要来自东半球之资源方面,滑润油脂可能为例外。

　　可溶性磷质肥料四〇,〇〇〇短吨,自北美方面取得。

　　氮化肥料四一一,一〇〇短吨,南北美洲供给三二,一〇〇短吨,欧洲供给一〇,〇〇〇短吨。

　　美国烟草八四,五〇〇,〇〇〇磅。

　　铁与钢(无废铁)一一五,三七三公吨。

　　现有重要配备之修补零件亦属需要,每一项目的需要总额较小,在获致方面不致引起严重问题。

　　八、委员会之行动

　　委员会于审慎考虑国务院所提出之计划后,曾采取下列行动:

　　(一)对国务院之计划给予一般之核准,唯缩短并完全重写国务院所建议之法案。

　　(二)将在十五个月内援助五亿七千万美元之要求减至在十二个月之时间内援助三亿六千三百万美元。

　　(三)另加赠与一亿美元,其用途由中国政府决定。

　　(四)采取适当步骤使援华计划与参院法案二二〇二号(一九四八年之经济合作法案)中可以适用之规定相联系,藉以保证对华计划具有参院法案二二〇二号所提供之在管理上之有利之点与保障。如此,法案已成为非常明显,即中国为获得援助起见,毋需依附于欧洲复兴计划而成为一联合计划。

　　九、计划将如何予以执行

　　对华计划必须与欧洲复兴计划相协调一点甚为明显,许多问题系属相似,中央在执行两项计划之时,应避免不必要之浪费与重复,结果可使在欧洲与中国两方面发挥更大效能。职是之故,委员会同意在本法案下所提供之援助,应根据一九四八年经济合作法案中可以适用之规定而给与。

　　此即意为使经济援助将与欧洲复兴计划合并归同一主管人员执

行。吾人应在华设立美国代表团,其性质应与驻参加欧洲复兴计划内之机构大约相同。依此中美之间应订立双方面协定,作为援华计划之基础。该协定之性质应与美国与欧洲国家签订者适当相同。

执行人员自可决定一九四八年之经济合作法案诸条款中何者可引用于援华协定中。本报告书之附录一即已概括指出若干似颇适切之条款数则。

十、一亿美元充作赠与

在本法案第三节(乙)款中,委员会曾批准再以不超过一亿美元之款额,作为赠送援助中国,但其执行方案须经美总统认可。

鉴于中国迫切需要军事物资,吾人可以假设中国政府为本身责任计,必定自愿将此项赠款购置军事物资。中国政府倘有周密之计划,审慎之储藏,以及有效之运用,必可善用此款以发挥相当功效。此外,吾人仍将根据与中国政府订立之协定,继续将剩余军事物资运往中国。

委员会并不认为经济合作法案之执行人应负责执行此一法案,总统应善用美国政府辖属下适当机构所提出之意见。

十一、军事援华问题

近数月来国会内外对讨论应否以军事援华者甚多,委员会考虑此一问题亦已相当详尽,特别着重之点在于此种援助,对于整个外交政策将发生何种抵触之处。

现法案既已通过,吾人对华军事援助即可分为二大种类。其一,上述一亿美元将以赠送方式整数拨归中国政府使用,毫不受任何条件或管制之约束,但另三亿六千三百万美元之用途,则概受此等约束。因此,果中国中央政府愿将此款购置军事物资与器材,此数当可如此使用。但对于现法案第三节(乙)款条文内容之解释,委员会同意不包括使用任何美国军队在中国作战在内。其二,在现行立法范围内,美国政府将继续派遣军事顾问赴公认之中国政府。目前美驻华军事代表团包括官员五七二名,士兵九三一名,此数且包括与该团工作并无直接关系之宪兵、气象与航空运输人员等。

美驻华军事人员并不参与作战,亦不指挥中国军队,彼等之任务仅属顾问性质。美国军队之作战单位概不牵涉在战争内。

众所周知,美国始终对中国独立完整之维护深表关切。此显为维持远东和平之必要因素。今日中国独立与完整已受内战之威胁,倘吾人此时再不予以援助,结果必为或将见中国变成共产党控制下之附庸国家,或将见内战继续蔓延且愈加剧烈。

中国乃不可估计之奇物,吾人不知中国需要何种援助,需要若干援助始能复兴为一稳定而独立之国家。但委员会深信,本法案所指之援助,必可相当加强中国中央政府之地位,而同时使美国不致增加任何军事性质之任务。

国会方面不必决定各个地区内实际上应可分配若干军事力量,亦不必作任何特殊与详细之军事上之决定,以免将来可能对此项分配有所影响。军事的分配布置应归军事负责当局决定之。

十二、建设计划

国务院拟议中的计划乃在一九四九年六月卅日之前,以六千万美元供给中国作为举办若干主要建设之用,此等计划,目前中国实无力兴资举办。至于应选择何种计划以便推行,或决定何种建设在先,何者在后,或何者先拨经费,何者后拨等项问题,自应由该计划之执行人员决定之,但下开数项计划均已屡经研究,且委员会方面亦认为今日中国所迫切需要者,此即:上海电力供应之计划、粤汉路及广九之复兴、赣西与湘萍煤矿之重新开采等是。

执行人员或可发现三亿六千三百万美元中,绝大部分可用于举办各种复兴计划方面,此等计划应为中国人所能继续自办而不必需经外来援助者。如此,则美国似更可精确观察金钱到底如何使用,一面又可鼓励私人企业。举例而言,在合理之经费支付下,采取即可付诸实施之农业改进步骤,以期对农产品、农村情况,以及土地改革等方面加以改善,乃中美农业专家所久已翘望者。中国之农业经济情状与西欧大不相同,故必须如此处置。此外,吾人尚须竭力设法增进食物自农村至城市区域之自由运输。

十三、稳定通货问题

一般人曾讨论提供白银之变通办法,以代替相当数额之商品,此苟能辅以若干措施,中国可能恢复硬币基础,作为稳定通货之一种步骤。某一部报告中谓,此项办法毋需一巨额之借款,因于一九四七年内,中国境内流通之通货总额估计价值约在二亿五千万至三亿五千万美元之间。另一被提出之数字则为白银六亿盎司,由美国贷与,藉以奠定调节适当之通货基础。

惟马歇尔国务卿谓,根据我国货币专家之意见,提供通货稳定基金需要巨大数额,而在目下,必须应付战争与民间支离破碎之情形下,其中大部分将被耗损。

据悉有关此一问题之另一报告,刻正准备委员会提出中。

十四、中国之还债贷款

委员会方面明了中国政府对自美国政府获得之任何贷款在还债方面从未失信。关于一九四二年之美国对华信用贷款五亿美元以及中国其他战时负债,其偿还办法将由中美战债清理谈判作最后决定。进出口银行前在马歇尔国务卿要求之下,曾预定核进五亿美元作为对华借款。惟于一九四七年六月三十日因预定期满而未付诸实施,在此项预定期之后,中国方面曾提出数额相当大之信用贷款申请数次,但该银行并未贷与,其理由为无法获得还偿之保证。

委员会对于中国政府还偿美国借款之信誉印象颇深,惟有一点应予指出,即鉴于国民政府之经济处境,在本法案项下所拟给予之援助大部分势须与此方式出之。

十五、美国援助能否惠及平民

一九四八年二月十九日,司徒雷登大使称,对华援助计划旨在惠及平民。委员会重复说明,即负责执行此项计划者务必注意此点确在农村地区,以及较□数之都市中心获得实现。美元之在华应用目的,乃在为计划执行人及中国政府应首先□以主意之责任。

十六、美国在华商业利益

美国在华商业在停顿中,美国之商业利益曾以种种歧视之措置诉苦后者,使其不谋享有平等之商业机会,中国政府如能去除对输出活动之障碍,并保证对美国商业利益不采取歧视待遇,则大有助于鼓励中国之传统自由企业,并吸引外国之贸易与投资。委员会以为中国政府将发现循此等路线采取积极行动,在多方面系属有益。

十七、对华协定

委员会拟将广泛之权限授予国务卿,以便与经济合作执行人协商后,与中国缔订协定,其中规定中国须在可能范围内向美国纳税人保证其所有金钱将加以有效之运用,以达到本法案及中国人民之目标。委员会虽认为若干细节或需修正或添加,以切合建议中之计划。但承认根据第十八届国会公共法律八十四于一九四七年十月二十七日在南京所签订之协定,该协定之内容重印在附表 B 中。

十八、中国自助之措施与保证

欲使外援能发挥效力,中国政府本身必须能确定其方针,使中国获得力量与安定,一个为人民利益着想之政府,比较不易受到外来势力之损害。因此,委员会在对援华问题采取有利行动之时,对于一九四八年一月二十八日行政院长张群在南京发表之声明印象甚深。

十九、结　　论

据委员会之意见,中国国民政府在蒋委员长二十年惨淡经营领导之下,已成为吾人之共同战友,以应付对国际和平与安全之威胁及共党之侵略。本国政府所核准之进一步援助,证明美国关心中国之独立与完整、中国人民之福利及远东之安定和平。

附录 A

援华议案之分析及一九四八年经济合作法案之有关规定

第二节,本节拟定议案之目标及援华之方式,本议案之目标为援助中国以解除人类之痛苦,阻遏经济之恶化及使中国人民有机会发动自助之措施,重建经济安定情形之基础,此种援助系根据一九四八年经济合作法案之规定,此种规定符合本议案之目标,而该议案之目标并非谓中国必须遵守欧洲复兴之共同计划,方能获得议案下对华之援助,将根据一九四八年经济合作法案中对本议案目标及中国情形有关之规定,援助之方法及范围与参加欧洲复兴计划之各国相同。

因此,经济合作法案之规定,将适用于中国,与该法案之目标无关而仅与本议案之目标有关。

第三节,有关援华法案一节之A项授权以不超过三百万美元之数额拨与总统,自法案实施之日起一年内可以动用,藉以遵照经济复兴法案可以适用之各项目的,而不必顾及一九四八年经济复兴法案中之各项规定。根据本项所拨之基金,可经由赠予方式用以援助中国,藉以促进本法案之各项目的,其办理方法仅须总统认为足以促进此等目标即可。

第四节,本节规定须与中国签订一项协定,其中包括中国必须提供若干保证,此等保证系于国务卿与经济合作执行人会商后可能认为对于实施本法案之各项规定以及改善对华商业关系(包括以平等机会给予美国企业之各项措施在内)系属必要者。

预料为使根据本法案第三节Q项所拨基金可用以援助中国而谈判协定中之此一部分时,行政部门应视适用于中国之程度,遵照一九四八年经济合作法案第十五项B办理,但不必受其限制。例如参院法案二二〇二号第十五项B第五段至第八段所包括之事务,犹如参院所通过者,预料□□将此段文字稍作修正,即可适用于中国。至于该法案第一段至第八段,则经不同程度之修正后,可能适用于中国之情形,惟其中若干部分须修正至完全改写之程度。

第五节,本节授权由复兴金融公司垫款,总数不得超过五千美元,以便实施本法案中各项规定,以待本法案第三项下之基金实行拨付。

《中华民国史档案资料汇编》第五辑第三编《外交》,第613—624页

中美关于经济援助之协定

南京,1948 年 7 月 3 日

约首

中国政府与美利坚合众国政府,鉴于美利坚合众国政府之政策,乃在依照一九四八年援华法案之规定,对中国人民及政府予以经济援助,又鉴于中国政府之政策,乃在推行一种有力之自助计划,俾得在中国境内创造较为稳定之经济情况,并改善其与他国间之商务关系。

爰议定条款如左:

第一条　美利坚合众国政府承允援助中国,向中国政府或中国政府所指定之任何人、机关或组织提供中国政府所声请及美利坚合众国政府所核准之援助。美利坚合众国政府将依照一九四八年援华法案[除该法案第四〇四款(乙)外],对该法案予以修正及补充之各法案,以及依该法案所订之各拨款法案之规定,并遵守各该法案之一切条款、限制及条件,供给此项援助,并将仅以各该法案所准许提供之货物、服务及其他援助提供于中国政府。美利坚合众国政府得于任何时间停止或终止本条所规定之援助。

第二条

一、为运用受自美利坚合众国政府之援助,俾经济情况获得最大改善起见,中国政府承允:

甲、采取或维持必要措施,以保证有效及切实使用其可利用之经济资源,此项措施包括:

(一)为保证由于本协定所规定之援助而获致之货物及服务,用于与本协定目的相符之用途所必要之措施;

(二)为查明、指认及适当使用在美利坚合众国本部、领地或属地内属于中国人民之资产及由该项资产而获致之收益,于可行范围内所得采取之措施,借以促进中国政府对于改善中国境内经济情况所作之努力。本目之规定,对美利坚合众国政府并不加以协助执行此项措施之任何义务,对中国政府亦不加以处置此项资产之任何义务。

乙、在健全经济基础上,促进工农生产之发展。

丙、发动并维持为创造较稳定之货币情况与促进供国内消费及输出用途各项货物之生产及运销所必要之财政、币制、预算及行政上之措施,以及

丁、与他国合作,借以便利并鼓励与他国间货物及货物互易之增进,并减少与他国间贸易之公私障碍。

二、中国政府将采取其所认为适当之各项措施,以防止公私商务企业方面影响国际贸易而其结果足以妨碍本协定之目的及政策之营业行为或营业办法。

第三条

一、中国政府承允从事一切可行之努力,以改善与他国间之商务关系,包括对于影响中国境内私人企业经营对外贸易之情况,予以改善之措施在内。

二、中国政府于实施本条第一项之规定时,除采取其他措施以外,因其在国际收支及现存外汇来源方面之危急状况在现在或将来所必需之输入管制及外汇管制,并将以划一、公正及平允之方式予以施行。

三、中国政府与美利坚合众国政府经任何一方之声请,将协商关于本条各规定适用上之任何事项。

第四条

一、美利坚合众国政府依本协定供给之一切货物,应由商务企业或由私人或由中国政府机构,并依照中国政府与美利坚合众国政府间随时商定之条款及条件,予以加工及分配。

二、中国政府将与美利坚合众国代表协商,采取一切适当步骤,务使在其控制区域内,凡由美利坚合众国政府依本协定所供给之货物,以及其他款项购运中国或当地出产之类似货物,达到公正及公允之分配。就情势及供应所容许之限度内,应在中国中心市区创设或维持一种分配及价格管制之制度,旨在保证各阶层居民均得在所输入或国内所出产之主要民用供应物中,获一公允之配额。双方了解:美利坚合众国政

府于允许依本协定所供给之使用货物,用于支援中国改善其消费及价格管制之努力时,对于此项市区计划之是否成功并不负责。

三、美利坚合众国依本协定所供给之供应物在中国出售之价格,应由中国政府与美利坚合众国政府商定之。

第五条

一、本条各规定应适用于美利坚合众国政府依本协定在赠与基础上所供给之援助。

二、中国政府同意以中国政府之名义,在中国中央银行立一特别账户(下称特别账户),并将左列各项以中国货币存于该账户内:

甲、本协定签字日在中国中央银行以中国政府名义,依照一九四七年十月廿七日中国政府与美利坚合众国政府间协定所立特别账户业务结束后之纯净结余,及该协定所要求随时存入特别账户之任何其他款项。双方了解:一九四八年美国援外法案第一一四款(戊)节构成美利坚合众国政府对于该协定内所指此项结余处置办法之核准与决定。

乙、中国政府依照一九四八年四月卅日中美两国政府间换文所存款项之纯净结余。

丙、美利坚合众国政府依照本协定在赠与基础上,供给中国之货物、服务及技术情报(包括加工、储藏、运输、修理或因此所为其他服务之任何费用),所指明之美元费用同等之数额,但须减去依照上开乙项所指换文而存入之款项数额。美利坚合众国政府应将任何该项货物、服务及技术情报所指明之美元费用随时通知中国政府;中国政府于美利坚合众国政府所指定之时间,将折合同等数额之中国货币存入特别账户内,此项折合率由中国政府与美利坚合众国政府商定之。中国政府经美利坚合众国政府之声请,得预存款项于特别账户内,以备嗣后依照本款所发通知予以抵消。

三、美利坚合众国政府依照一九四八年援华法案进行业务时,在中国境内所需行政费用之中国货币数额将随时通知中国政府,中国政府将依美利坚合众国政府通知内所声请之方式,即自特别账户内之任何结余项下提供该项款项。

四、中国政府并将自特别账户之任何结余中提供所需中国货币,以充下列各费用,甲、为达成一九四八年援华法案第四〇七款所规定之中国农村复兴联合委员会之目的所必要之支出,及乙、第七条所指救济物资及包裹自中国任何进口地点运至收货人所指定在中国之交货地点之运费(包括港口捐、堆栈费、搬运费及类似之费用)。

五、中国政府对于特别账户中之任何结余仅得依其与美利坚合众国政府随时商定之目的予以处置,此项目的特别包括下列各项,甲、为谋币制及财政稳定而采取之冻结,乙、因鼓励生产活动及开发新富源(包括美利坚合众国因其本国资源中缺乏或可能缺乏而需要之物资在内)所作之支出,丙、为推行方案或计划之支出,而该项方案或计划之国外费用其全部或一部系以美利坚合众国政府之援助或国际复兴开发银行之贷款支付者,或丁、为推行依照一九四七年十月二十七日中国政府与美利坚合众国政府间之协定所担任而未完成之救济或工赈方案之支出。

六、中国政府对于特别账户中之下列款项应维持其相等之美元价值,甲、经美利坚合众国政府指定为支付本条第三项所指行政支出所必需之款项,乙、为达成本条第四项规定之目的所必需之款项,丙、经两国政府同意认为以中国货币支付有关建设方案或计划之费用所必需之款项,而该项建设方案或计划之国外费用其全部或一部系以美利坚合众国政府依照本协定所予援助支付者。中国政府为实施本规定,将以中国货币提存美利坚合众国政府经与中国政府协商后所决定之额外款项。

七、一九四九年四月三日特别账户中任何纯净结余,应按照今后中国政府与美利坚合众国政府所同意之目的用于中国境内,但美利坚合众国政府之同意须经美利坚合众国国会之法案或两院联合决议之核准。

第六条

一、中国政府对美利坚合众国因其本国资源中缺乏或可能缺乏而需要之中国所产物资移转于美利坚合众国,无论系为储备或其他目的将予以便利,此项移转应根据由中国政府与美利坚合众国政府所商定合理之买卖、交换、易货或其他方式移转之条件,并应依其所商定之数量及期间,但对于此项物资在中国国内消费及商业输出上之合理需要应予以适当考虑。中国政府将采取必要之特定措施,以实施本项之规定。中国政府经美利坚合众国政府之声请,即将开始谈判关于实施本项规定所必要之详细办法。

二、中国政府经美利坚合众国政府之声请,即将谈判适当办法,以实施一九四八年美国援外法案第一一五节(乙)第九项关于美利坚众国所需物资之开发及移转之规定。

三、中国政府经美利坚合众国政府之声请,对于来自中国境外之物资,将于一切适当情况下与其合作,以促进本条第一项及第二项之目的。

第七条

中国政府经美利坚合众国政府之声请,即将开始谈判协定(包括关于在适当保障下给予免税待遇之规定在内),对于赠给非牟利之美国志愿救济机关之物资或该项机关所购买之物资,以及自美国运交住居中国境内私人之救济包裹之进入中国予以便利。

第八条

一、双方政府同意,经任何一方之声请,对于有关与本协定之适用或有关依照本协定所实施之工作或办法之各事项将进行协商。

二、中国政府将以下列各事项通知美利坚合众国政府,其方式及时期由美利坚合众国政府于与中国政府协商后决定之:

甲、关于中国政府为实施本协定之规定所拟定或采取之各项方案、计划及措施之详细情形。

乙、关于依照本协定进行工作情形之详细报告,包括关于依照本协定所获款项、货物及服务之运用情形之报告在内,此项报告每季应提送一次。

丙、关于中国经济状况之情报及美利坚合众国政府为决定各项工作之性质及范围并为估计依照本协定所供给或拟以之援助之实效所需要之其他有关情报。

三、中国政府将协助美利坚合众国政府获得与第六条所指之中国所产物资有关而为拟定及执行该条规定之办法所必要之情报。

第九条

一、中国政府对于实施本协定所载以在中国树立更稳定之经济状况为目的之各事项,将以其所获进展充分告知中国人民,关于依照本协定所得援助之性质及范围之情报,并将经常供给中国人民,中国政府将以此项情报供给公众报导机构,并将采取可行步骤,以保证对于此项情报之传布,予以适当之便利。

二、美利坚合众国政府对于此项情报之传布,将予以鼓励,并将以此项情报供给公众报道机构。

三、中国政府将以关于依照本协定进行工作情形之详细报告,每季公布一次,包括关于所得款项、货物及服务之运用情形之情报在内。

第十条

一、中国政府同意,对于为执行美利坚合众国政府依照本协定在中国所负职责之经济合作特别代表团,予以接待。

二、中国政府于接到美利坚合众国驻中国大使之有关通知后,对于该特别代表团及其所属职员,将视为美利坚合众国驻中国大使馆之一部分,俾得享受该大使馆及其同等职员所享受之优例及豁免。中国政府对于美利坚合众国国会对外经济合作联合委员会之委员及职员将予以相当之礼遇,并将予以为有效执行职务所必要之便利及协助。

三、中国政府将对该特别代表团及该联合委员会之委员及职员予以充分合作,此项合作包括供给为对本协定之实施情形,以及依照本协定所予援助之运用情形,从事观察及考核所必要之一切情报及便利在内。

第十一条

一、中国政府及美利坚合众国政府同意,凡遇此方人员因彼方政府一九四八年四月三日以后所采措施(有关敌人财产或利益之措施不在此限)影响其财产或利益,包括基于与彼方政府合法授权之官署所订契约或此项官署所给予之特许权在内,向彼方政府要求损害赔偿而经此方政府予以支持者,应将该项提交国际法院裁判。双方了解,此方政府对于依照本项之规定经彼方政府支持之要求所承担之义务,系以该此方政府对于国际法院根据国际法院规约第三十六条所具有之强制管辖权前此所予有效承认之内容及条件为基础,并应受其限制。本项之规定,对于任何一方政府向国际法院起诉所享有之其他权利(如有此项权利时),或因任何一方政府违反条约、协定或国际法原则所规定之权利或义务而支持及提出要求之权利,无论在何方面均不发生影响。

二、中国政府与美利坚合众国政府并同意,此项要求得不提交国际法院而提交经双方相互约定之任何公断法庭解决之。

三、双方并了解,任何一方政府凡遇其本国人民提出要求,而该本国人民对于其要求所在地国家之行政法院及审判机关所设之救济办法未经利用至穷尽程度者,不得依照本条之规定,予以支持。

第十二条

一、本协定自本日起发生效力,并应继续有效至一九五〇年六月三十日为止。倘在一九五〇年六月三十日至少六个月以前,未经任何一方政府以书面通知他方政府声明于该日废止本协定之意旨时,本协定应于该日以后继续有效,至上述通知发出之日起满六个月为止。第五条在依照其规定应予处置之一切中国货币款项未经依照该条之规定全部处置以前,应继续有效。

二、本协定得经两国政府同意随时修改之。

三、本协定之附件作为本协定内容之一部分。

四、本协定应向联合国秘书长登记。

双方为缔订本协定而合法授权之代表,爰于本协定签字以昭信守。

本协定用中文及英文各缮两份,中文本及英文本同一作准。

中华民国三十七年

公历一九四八年 七月三日订于南京

王世杰(签字)

司徒雷登(签字)

附件

一、双方了解:本协定第二条第一项(甲)款之规定,关于资源有效使用所采取之措施,在依照本协定所供给之货物方面,将包括为保全此项货物及防止其流入非法或不正当市场或贸易途径之有效措施在内。

二、双方了解:凡属次要之方案或机密之商业或技术情报,其泄漏足以损及合法商业利益者,将不向中国政府声请,依照本协定第八条第二项(甲)款之规定,供给详细情报。

三、双方了解:美利坚合众国政府于发出本协定第十条第二项所指之通知时,对于拟声请给予充分外交优例之官员人数,尽可能允宜予以限制一层加以注意。双方又了解:关于第十条适用上之细节,必要时将由两国政府举行会商。

公历一九四八年七月三日于南京

王世杰(签字)

司徒雷登(签字)

换文

(甲)美国驻华大使致中国外交部部长照会

径启者:查关于美国援助中国之双边协定之缔结,美利坚合众国与中华民国两政府代表近曾举行谈判,结果成立如左谅解,兹特予以证实:

一、在美利坚合众国政府或中华民国政府中之任何一方政府参加西德任何区域或脱里斯脱自由区之占领或管制之期间内,他方政府对于各该区域之商品贸易,将适用一九四七年十月三十日所订关税暨贸易总协定所载有关最惠国待遇之现有或于将来修正之各条文。

二、上开第一项关于美利坚合众国政府或中国政府之承允,将仅于该项所指之任何区域对于美利坚合众国或中国分别给予互惠最惠国待遇之期间及限度内,始对该区域之商品贸易予以适用。

三、上开第一项及第二项所规定之承允,其成立系鉴于对该两项内有关区域之输入,目前并未设立有效或重要之关税障碍。如其设立该项关税障碍,则双方了解,该项承允应不妨碍适用国际贸易组织夏湾拿宪章所规定关于依互惠基础减低关税之原则。

四、双方承认,在上开第一项所指之西德区域内,其通货之缺乏统一汇兑率,可能发生间接补贴该区域之输出之作用,至难于确实估计之程序,在此项情况存在期间,又如与美利坚合众国之协商未能就此问题获致彼此同意之解决办法,则双方了解,如中国政府认为该项补贴对其已设立之某一本国工业势将加以重大损害,或有此威胁,或势将使其某一本国工业之设立蒙受阻碍或重大稽延,因而对于此项商品之输入征课足与该项补贴之估计数额相等之抵偿税时,此项措施不得视为与其在第一项规定下所为之承允相抵触。

五、本照会中之各项承允应继续有效至一九五一年一月一日为止。倘在一九五一年一月一日至少六个月以前未经任何一方政府以书面通知他方政府声明于该日终了此项承允之意旨时,各该项承允应于该日以后继续有效,至上述通知发出之日起满六个月为止。

相应照请查照为荷。

本大使顺向贵部长表示崇高之敬意。

此致

中华民国外交部部长王世杰阁下

司徒雷登(签字)

公历一九四八年七月三日于南京

（乙）中国外交部部长复美国驻华大使照会

径复者:接准本日贵大使照会内开:

……①

等由,准此。本部长兹特证实上述了解。相应照复,即请查照为荷。

本部长顺向贵大使表示崇高之敬意。

此致

美利坚合众国驻中华民国特命全权大使司徒雷登阁下

王世杰（签字）

中华民国三十七年七月三日于南京

《中华民国史档案资料汇编》第五辑第三编《外交》,第655—666页

中美关于设立中国农村复兴委员会之换文

南京,1948年8月5日

（甲）美国驻华大使致中国外交部部长照会

径启者:查美利坚合众国政府制定之一九四八年援华法案（以下简称法案）第四〇七款,除其他事项外,并规定中国与美利坚合众国缔结一协定,以设立中国农村复兴联合委员会。兹依该法案尤其该法案第四〇七款所规定之一般原则,就该联合委员会之组织及有关事项,提出左列建议:

一、设立中国农村复兴联合委员会（以下简称委员会）,由美利坚合众国总统委派美利坚合众国公民二人,中国总统委派中华民国公民三人组成之。该委员会应选中国委员一人为主席。

二、委员会之职权,在该法案上述条款所规定之范围内,应如左列:

甲、拟订复兴中国农村区域之配合计划（以下简称计划）,并经由适当的中国政府机构及在中国之国际或私人机构,予以实施。

---

① 此处省略文字为前一照会中相同的换文——原注。

乙、与上项所称之机构订立办法,以建立彼此合作之基础。

丙、在该法案所规定之限度内,向美利坚合众国政府及中国政府建议该计划之资金及他项援助之拨与,并向中国政府建议为该计划成功所认为必需之其他资金及援助之拨与。

丁、订立实施该计划之工作标准,包括该计划中合作之各机构所用人员之资格、种类及数目在内,并在该计划各方面保持经常督察,且有权建议对该计划任何方面予以变更或停止。

戊、任命委员会为执行该计划所认为必要之执行官吏及行政人员。双方了解,执行长应为一中国公民,所有薪金、旅费以及委员会本身在行政职掌上所需之其他费用,应由该法案第四○七款(乙)所供应之款项内拨付之。

三、委员会得将左列各种工作包括于其计划之内,与上开第(二)款甲项所称之机构协议实施之。

甲、在若干省内,选择若干县创办关于农业、家庭示范、卫生及教育之一配合而具有推广性之计划,包括与推行此一计划之地区内环境相适应之若干辅助方案,如关于农业生产、销售、信用、灌溉、家庭与乡村工业、营养、卫生以及教育之方案,而其性质将促进凡所从事之一切方案之实施者。

乙、与中国政府咨商关于逐步实施各项土地改革措施之途径及方法。

丙、在适当地点,实施关于研究、训练及制造之辅助方案,借以供给该计划所需要之情报人员及物资。

丁、就任何上述方式之工作之得以较大规模健全发展者,制成方案实施于较甲项所指之配合而具有推广性计划所包括地区尤为大之地区,例如改良种籽之繁殖及分配、牲畜瘟疫之控制、灌溉及排水设备之建造以及卫生措施之倡办。

戊、与该计划一般目的相符之有关措施。

己、在能使择定之方案逐步发展之地区内及此项方案之发展对于达到该计划之目的将作最有力贡献之地区内,依照对于农村改良应予适当注意之原则,分配该计划下之援助,但分配援助之原则,不受纯属比例性或地理性考虑之限制。

四、关于委员会之任何决定,如委员会或其主席经征获中国委员之同意认为必要时,在执行之前,应先得中国政府之核可。

五、委员会依美利坚合众国政府或中国政府任何一方所请求之方式及时间,应在中国发表详细工作报告,包括关于所得资金、物资及服务之报告,送达两国政府,并依两国政府任何一方之请求,将有关工作之任何其他事项报告两国政府。中国政府对于该计划之目的及范围与委员会实施该计划所获进展,包括美利坚合众国政府所供给之援助之性质及范围,将使中国人民充分知悉。

六、中国政府于接到美利坚合众国驻中国大使之有关通知后,对于委员会之美国委员及职员,将视为美利坚合众国驻中国大使馆之一部分,俾其享受该大使馆及其同等职员所享受之优例及豁免。双方了解,美利坚合众国驻中国大使于发出此项通知时,对于拟声请给予充分外交优例及豁免之官员人数,尽可能允宜予以限制一层,将加以注意。双方又了解,关于本项适用上之细节,必要时将由两国政府举行会商。

七、为该计划使用而输入中国之一切物资,应免除中国政府对于经由正常商务途径输入之类似物资所征收之关税、浚港捐及其他税捐。

八、美利坚合众国政府与中国政府将于两国政府之任何一方认为适当时,对于因解释、实施及可能修改本换文所载协定条款而引起之问题,举行会商。

九、美利坚合众国政府保留随时终止或暂停本换文所规定之援助或其任何一部分之权。美利坚合众国政府依照该法案第四〇七款及本换文所供给之援助,不能解释为美利坚合众国政府明示或默示负有任何责任,对于实施该法案第四〇七款或本换文之目的,将另作任何贡献。

十、本照会与贵部长代表中国政府接受上述建议之覆照,将构成该法案第四〇七款所指之两国政府间协定。除受第八及第九两款规定之限制外,本换文将继续有效,直至一九四九年六月三十日为止,或经任何一国政府之请求,而其请求至少在一九四九年六月三十日之前两个月送达于他方政府时,将继续有效,直至一九四八年七月三日两国政府所缔结之经济援助协定终止之日为止。

本大使顺向贵部长重表崇高之敬意。

此致

中华民国外交部部长王世杰阁下

司徒雷登(签字)

公历一九四八年八月五日于南京

(乙)中国外交部部长复美国驻华大使照会

径复者:接准贵大使本日照会内开:

……①

等由。本部长兹代表中国政府接受上开照会内所载之建议。

鉴于该计划至关重要,因其为达到一九四八年七月三日中国政府与美利坚合众国政府所缔结之经济援助协定内两国政府共同期求之目标的主要方法之一,中国政府承允对于该计划之执行予以充分支持,并令知中国政府合作之机构,包括有关地方官吏,给予为使该计划成功所必需之援助及便利。

本部长顺向贵大使重表崇高之敬意。

此致

美利坚合众国驻中华民国特命全权大使司徒雷登阁下

王世杰(签字)

中华民国三十七年八月五日于南京

《中华民国史档案资料汇编》第五辑第三编《外交》,第666—672页

---

①　此处省略文字为前一照会中相同的换文——原注。

童季龄拟《利用美援方案意见书》

1948 年

利用美援方案意见书

我国当前最迫切的经济问题,其浮象为物价之旋螺上涨,其实质为生产的连株萎化,八年抗战的结果,物力、人力损耗已多,紧接着两年的共党叛乱,全国三十五省一千九百九十七县中,其遭匪军盘据窜扰者已有六百四十县之多,估计全国耕地沦陷百分之四十,棉区缩小百分之五十,铁路破坏百分之六十三,公路破坏百分之六十二,一般工矿电业之损失平均在百分之三十五以上。今后戡乱工作其艰巨有过抗战时期,而政府所能把握的经济资源及运输干线较之战前约仅二分之一,即在华中、华南安全区域以内,因抽丁逃役而大量劳力脱离农村,因高工贵料而多数产业濒于崩溃,国家大部分的岁入悉供军事消耗,社会亿万的游资争集于投机市场,如此大量资金无法切实控摄使转入生产途径,遂使全国物资经过产制、运销各段历程层层滞结,循是而供给需要普遍脱节,物价币值各趋极轨,以造成今日公私经济上的绝大危机。假定戡乱以两年为期,则今后两年期内,在军事及政治上固须设法确定节节胜利,力谋收拾人心。惟属于经济范围之各项设施,究当如何增加生产,如何控制消费,如何平衡财政收支,如何稳定物价、汇率,在政府尤应有一切实可行的全盘计划,配合政治、军事,明订实施程序,以最大决心求其逐步贯彻。最近美国议会通过四亿六千三百万美元的援华方案中，有一亿二千五百万美元划供特种用途（包括军事），由我国政府自由支配，其余三亿三千八百万美元则属经济援助（不需偿还）部分，由我国政府以等值之国币拨入特别存账，非经双方同意不得支用，足见美援案之用意原在对我补充急需物资，节省外汇支出，并进而促进生产，平抑物价，以逐渐获取财政、金融、经济上的安定。该案经过多次波折，卒得顺利通过，在美方实寄无穷希望，在我方自应妥为处理。其所供物资之种类是否适合需要，其数量能否勉补差额，我方又应如何动员国内物力、财力求与此项美援配合，以作最有效的利用，是皆为吾人所应切适研讨、妥慎设计的问题。兹谨就管见所及撮陈概要如次。

壹、美援方案的要求

一九四八年美国援华方案总额定为美金四亿六千三百万元，就中一亿二千五百万美元系军事援助性质，规定供给物资，并附若干条件，由中美双方成立协定，依照执行。据报载美援方案执行人荷佛曼最近通知我方，此次援华案之物资配额已有初步拟议，其附带条件亦与美总统原提案无大出入。兹暂就各方报告资料摘述其经济援助部门之要点。

甲、经济援助之配额

子、援款总额美金三三八，〇〇〇，〇〇〇元。

丑、物资配额

1.粮食（米麦）美金八五，〇〇〇，〇〇〇元，约可购粮八，〇〇〇，〇〇〇市担；

2.棉花美金八〇，〇〇〇，〇〇〇元，约可购棉四十万包，合一，八一四，四〇〇市担；

3.石油（及产品）美金四五，〇〇〇，〇〇〇元，约可购油三四九，九五五，七三二加仑；

4.肥料美金二五，〇〇〇，〇〇〇元，约可购肥料二〇〇，〇〇〇吨；

5. 烟草美金二〇,〇〇〇,〇〇〇元,约可购烟草六〇,〇〇〇,〇〇〇磅;

6. 补充器材美金二〇,〇〇〇,〇〇〇元;

7. 建设用途美金六三,〇〇〇,〇〇〇元。

乙、援款性质之划分

子、助款部分。美政府原提案规定,经济援助总额内,以部分作为助款,不需我国偿还,惟其比例当由美总统酌察我方偿付能力决定。据报大约1至5粮食、棉花、石油、肥料、烟草等项总计二五五,〇〇〇,〇〇〇美元均可望作为助款。

丑、借款部分。原案物资配额6、7两项多属建设器材、物料共计八二,〇〇〇,〇〇〇美元,其用途具有再生产之能力,故美方拟列为借款,但我方无妨提出正当理由,要请一并改为助款。

丙、特别存账之规定。美政府原提案主张,凡属美国供给中国助款部分之物资(不须偿还)应以我国政府以等值之法币投入特别存帐,经双方同意后,以在中国境内办理救济及其他用途,假使经济援助之全部能循我方要求一律作为助款,则必须照拨存帐之援款约有三〇〇,〇〇〇,〇〇〇美元(即金额三三八,〇〇〇,〇〇〇美元内除去农村复兴委员会所需百分之十之款额),假定以五十万比一之汇率折算,当可合国币一百五十万亿之巨,其用途在美方或许偏重目前救济事业,而在我则应主张使用于生产建设,借以逐步达成经济自助。

丁、美援物资之使用。本案经济援助部门其供建设器材之用者约仅四分之一,其余四分之三皆属目前急需之粮食、原料、燃料、肥料等品,原提案曾规定我国使用此类物资应使当地产品能维持其最高度的生产分配,意即谓不应使以过低价格抛售市场,其目的原在增加物资供应,以解救我国困危,而不愿压低我国生产以增加对外依赖。最近荷佛曼氏致缄我方,措辞亦大体与此相仿,此为处理美援物资之基本原则,施行对自宜特加注意。

戊、农村复兴委员会之设置。原案规定由我国政府指派三人、美政府指派二人组织中国农村复兴委员会从事有关农村复建之研究、训练等项工作,其经费就经济援助总额中提拨百分之十,其用意在促进我国农村建设,以期稳定经济基础,自与本案其他经济设施可以联系推进。

贰、利用美援方案的基本原则

国家在动员戡乱期间对于所有物力、财力应作最有效的配合运用,尤须就所获外援物资妥筹分配处理,方足以挽救财政金融危机,产生经济上的自助能力。此次美援方案之主要目的原在稳定我国经济,欲以所供物资及相关款项同时发生两种作用。

一为补充急需物资。我国经过十年长期战乱,农村破坏、运路阻塞,驯至大量的衣食资源及器材、燃料均须仰赖外来接济,同时外汇头寸短绌,所有存数尚不敷一年之进口货值。此项美援物资自足暂解当前困难,而使我稍获喘息机会。

二为促进必需生产。国家大部分岁出及社会巨额游资,或供军事消耗,或入投机市场,无法使其转入生产用途。兹美援方案规定,所供物资应由我国以等值法币拨入特别存帐,经双方同意后乃得支用,其目的自在利用此项物资收回大量通货,转以投放于生产事业,使我在经济上渐立自力更生之基础。

美援方案之目的固如上述,惟查所供主要物资配额粮食仅有八百万市担,棉花不足二百万市担,石油及其产品约为三亿余加仑,其他各项物资供量尤形微薄,似均就我国以往进口数字参酌拟定,衡以一年的实际需要及国内现有的生产能力,即以与国产配搭使用,亦尚不敷甚远,设非就各项急要物资积极增产节用、控制运销,并一面改订财政金融政策,以求稳定物价、汇率,则势将不久利赖美援以渡此一年难关,更将无辞续请外援以供将来急用。兹本此意以拟具利用美援方案之基本原则。

一、利用美援案粮食、原料配合本国产品,以统筹戡战期间的民生供应,利用其器材零件补充现有工矿设备,以维持最低限度的生产能力,同时取缔囤积,节约消费,以期把握关键物资,稳定生活物价。

二、利用美援案所节省的外汇头寸,充实外汇平准基金,同时改采进出口外汇连锁政策,管制商品而解放汇率,即利用平准基金以调节汇市。

三、利用美援案所建议的特别存帐设置自助建设基金,拟订分区建设方案,凡国内必需用品及主要出口货物对其产制、运销各予积极扶助,以增加物资供应,企达经济自助之目的。

叁、美援物资的供应能力

此次美援案所供物资三亿三千八百万美元,以粮食、棉花、石油、肥料等品为主,原案虽假定各别配搭我国产品以供今后一年之用。顾华中棉粮产区最近复迭有损失,内地水陆交通较前更形阻滞,就目前情况估计,非沦陷地区迅速收复或安全区域能大量增产,即合计内外供应总额亦难望维持至明年三月。兹就美援案主要项目之供需情形分析比较如次:

甲、粮食。我国人口四五五,五九二,〇八五人,估计每年约需粮二,七六〇,〇〇〇市担,战前全国产量(包括东北及台湾)小麦约四四六,九二四,〇〇〇市担,稻谷约九四九,八一〇,〇〇〇市担,杂粮约一,四〇七,二一五,〇〇〇市担,三项合计共成二,八〇三,九〇九,〇〇〇市担之产额,较之需要量尚余四三,九〇九,〇〇〇市担。惟目前形势大殊,东北、华北及长江北岸二十二省区内先后遭受匪军盘据、窜扰者已有六百四十县,其农村秩序非短期内可能恢复,其零星粮产亦非中央力量所能控制,此项来源自估量打除,安全区内现有一千三百五十七县,其粮食总供应量每年最多不过一,九〇四,八二一,〇〇〇市担,而就戡乱期中军需民用综合估计,每年至少需麦五二〇,二六五,〇〇〇市担,需谷八六一,七四八,〇〇〇市担,合以杂粮数额七三八,三五八,〇〇〇市担,每年共约需粮一,九二〇,四七一,〇〇〇市担,供需相较尚缺一五,六五〇,〇〇〇市担,安全区内浙、赣、湘、川、康、闽、粤、桂、滇、黔、青海、台湾、新疆等十三省即缺粮八,八二四,〇〇〇市担。至就新筹粮源而言(1)自本年四月份起上年中美协定之美国救济粮尚余二,七〇〇,〇〇〇市担(原为三,六〇〇,〇〇〇市担,减去三月份消用量)补充后尚缺一二,九五〇,〇〇〇市担。(2)农林部三十七年增产计划拟有一一,七二〇,〇〇〇市担之增额,衡以目前产区缩小、财力短绌情形,最多可望实现三分之一,约可增产四,〇〇〇,〇〇〇市担。除(1)、(2)两项外,尚缺八,九五〇,〇〇〇市担,须靠国外来源补充。(3)此次美援案粮食配额指定为美金八五,〇〇〇,〇〇〇元,约可折购米麦共八,〇〇〇,〇〇〇市担,补充后算至明年三月底止仍有九五〇,〇〇〇市担之差额,必须由政府筹拨现汇向外购买或以外销物资输出抵偿。兹列一年以内供需简表如次:

全国(匪区除外)粮食供需比较表(一九四八年四月至一九四九年三月)

需要量(市担)	供应量(市担)
军需民食需要 一,九二〇,四七一,〇〇〇	国内每年产量 一,九〇四,八二一,〇〇〇
	美国救济粮余额(自四月起) 二,七〇〇,〇〇〇
	农林部本年计划增产(三分之一) 四,〇〇〇,〇〇〇
	一九四八年美援方案八,〇〇〇,〇〇〇
	最后差额(截至一九四八年三月底止) 九五〇,〇〇〇
总计需要量一,九二〇,四七一,〇〇〇	总计供应量一,九二〇,四七一,〇〇〇

乙、棉花。我国战前年产棉花二〇,六三一,〇〇〇市担(二十五年全国产棉省份数字),国内开工纺锭五,〇一〇,三九七枚,以每锭年需棉花二一五市担计算,约需棉花一二,五二六,〇〇〇市担,合以被胎、衣胎、土纺、土织等项共约需棉五,〇〇〇,〇〇〇市担,总需要量约为一七,五二六,〇〇〇市担,斯时国内棉产尚有三,一〇五,〇〇〇市担之剩额。现时全国虽产棉一〇,七三〇,〇〇〇市担,惟安全区内之棉产不过六,四九〇市担,国内现有纺锭四,五〇〇,〇〇〇枚,实际开工者三,八〇〇,〇〇〇枚,其中二〇〇,〇〇〇枚已陷匪区,故

安全区内有三,六〇〇,〇〇〇锭。政府筹划于一年内增加纺锭七〇〇,〇〇〇枚。目前限于资金设备,姑以增加四〇〇,〇〇〇锭计算,共可凑足四,〇〇〇,〇〇〇锭。是机纺需要每月已有八三三,〇〇〇市担之多。截至一九四九年三月底止约共需原棉一〇,〇〇〇,〇〇〇市担。至于棉花供给情形(1)自本年四月份起总计收购国内存棉及业经订购外棉约尚有一,〇〇〇,〇〇〇市担(本年二月底有一,八一四,〇〇〇市担,减去本年三月份已用数量)。(2)本年纱布外销(产量百分之二十)换棉共可得二,六七六,二四〇市担。(3)本年安全区产棉可达六,四九〇,〇〇〇市担,除内地消用三百三十万市担外,约仅余二百二十万市担可以运供机纺工业。惟因时局关系,上年各纺厂仅购得国棉一,五〇〇,〇〇〇市担,本年产区运力更形缩减,估计最多能收购一,〇〇〇,〇〇〇市担。综合以上三项来源,共可凑足棉量四,六七六,二四〇市担,算至一九四九年三月底止较之需要约尚差棉五,三二三,七六〇市担。(4)此次美援棉花配额暂定为美金八〇,〇〇〇,〇〇〇元,可购棉一,八二〇,〇〇〇市担,以补部分差额,仍不敷三,五〇三,七六〇市担,设不能就安全区内设法增产,即必须向外以现款采购或用实物交换。兹列一年内供需简表如左:

需要量(市担)	供应量(市担)
纺织业需用量(以四百万锭计算)	收购存棉及已订外棉一,〇〇〇,〇〇〇
一〇,〇〇〇,〇〇〇	纱布外销换棉二,六七六,二四〇
	估计收购国产新棉一,〇〇〇,〇〇〇
	一九四八年美援方案一,八二〇,〇〇〇
	最后差额(截至一九四八年三月底止)三,五〇三,七六〇
总计需要量一〇,〇〇〇,〇〇〇	总计供应量一〇,〇〇〇,〇〇〇

丙、石油。我国需要石油产品(火油、汽油、柴油、滑物油等合计)就战后情形推计,每年约为八五四,〇〇〇,〇〇〇加仑,除国产一五,六〇〇,〇〇〇加仑,尚须输入八三八,四〇〇,〇〇〇加仑。此次美援案初列配额一亿一千万美元,现时既将总额减低,其配额自须随而调

整,假定将其中政府需要量一四五,九一二,一一五加仑汽油划入军品范围,而于经济援助范围内减列为四千五百万美元,则约可购取石油三四九,九五五,七三三加仑,衡以以往交通及工业上与其他民间之需要,仍缺油三四二,五三二,一五二加仑,若加政府需要量,则总缺额当为四八八,四四四,二六七加仑。国内增产困难甚多,自不得不以现汇自购补充,或请美方一并划入军事援助范围,方可维持至明年三月底止。兹列一年内供需简表如左:

全国(匪区除外)石油供需比较表(一九四八年四月至一九四九年三月)

需要量(加仑)	供应量(加仑)
全国需要量(照上年需要量推算) 八五四,○○○,○○○	国内生产量一五,六○○,○○○
	拟移列一九四八年美援案军事援助部分 一四五,九一二,一一五
	一九四八年美援案经济部分 三四九,九五五,七三三
	差额(截至一九四八年三月底止) 三四二,五三二,一五二
总计　八五四,○○○,○○○	总计　八五四,○○○,○○○

丁、肥料。就现有安全区域农田需要估计,除绿肥、粪料、骨灰等品外,每年约需化学肥料五十万吨,估计国内国营、民营各厂每年可产三万吨左右,尚须外购四十七万吨。此次美援配额暂定为二千五百万美元,约可购充二十万吨,惟尚缺二十七万吨,须另行设法补充,方能维持至明年三月底。

戊、其他物资。此次美援方案除粮食、棉花、石油、肥料四项外,尚有烟草及少量工业器材,均在上年进口配额之内。本年春夏两季配额已将棉花、肥料、粮食等项剔除,仅烟草及汽油共列进口值三千四百万美元,即连此次美援配额较之实际需要仍属各有差数。惟烟草、零件等类物资比较富于弹性,其差额应尽量以国产代替补充,或设法缩减各方消用,以期节省外汇。至美援案外之其他必需进口物品,照上年全国进口美金总值(打)〔扣〕除此次美援案所列物品之同期进口数字,即足以推算今后一年内需要输入之概数,截至明年三月底止约为美金四八三,〇〇〇,〇〇〇元(包括美援案物资之短缺部分),是宜列为国际收支表之支出项目设法增加出口,或集中侨汇以资抵付。

肆、美援物资的处理方法

甲、一般处理原则。美援案之目的既在稳定我国经济,培养自助能力,其所供物资无论是否需要偿还,自不应作救济性的支配,而须予以经济性的处理,所谓经济性的处理者:

一、凡属消费物品,除指定专供特种用途者外,应依一定标准选择若干适当地区,视其供需情形随时以合理价格配销于直接销户。

二、凡属器材、物料,除指定专供特种事业者外,应以公允方法选择若干公私企业,再依其生产能力各别核定配额,作价直接配售。

以上两类物资之作价标准固不可使领导物价上涨,亦不可远低于当地市价,致使原供物资之售价减少,不能增加通货回笼的速率,或使同样土产之供额减低,转而促成依赖外援的趋势。美政府原提案曾经声明,不应使此项物资压低当地产品之供应,用意即在于此。嗣后并入援欧计划,成立正式法案,对此虽未明白规定,将来商订中美协定,美方势必坚持此点,而在我于稳定经济之中兼得弥补财政,亦以接受为宜。此为处理美援物资的一般原则,至各项物资实际上究应如何处理,自须参酌现行法令及相关政策,各订实施办法,交由主管机关分别执行。

乙、个别处理办法

子、粮食。美援粮食假定依照分配款额推算,米麦合计为八百万市担,约当全国(匪区除外)民粮千分之四,不能拨充军用(原案自由支款部分可用以购军粮),不宜无价配给后以数量有限运交,需时亦不宜作大规模的普遍配售,其可能的利用办法约有三种:

1.仿照一九四七年中美救济协定案内粮食配售办法,就沿海五大都市(京、沪、平、津、穗)分别配售,其作价、定量、领证、缴款及委托、配销等项手续,悉依该案成例。上项协定配米可延至本年六月。本次美援粮食即可赓续前案办理。五都市人口合计约在一千一百万左右,以每人每月一斗计算,美粮八百万市担可以自七月开始照配,维持至本年十一月底为止,是后即须由我国自行筹配。此项办法之优点在管理集中、手续简易,便于迅即处理。惟市民无分贫富均得一律领配,而每人配额太少、差价过微,对于一般平民殊少实际裨助,且配粮地区之选择并无一定标准。五都市外之其他都市虽有缺粮情形,却无配粮权利,亦易引起不平之感。

2. 修订现行公粮配给办理,变更配粮对象,增加配粮月额,将无价配给改为平价配售。凡中央系统之民意机关、政府机关及中学以上(包括公立、私立)之教职员工,一律每人每月平价配五斗(省县级公务员得由省县政府就地方所征公粮仿照办理),由中央主管机关以美粮配合国粮统筹供应。此项公教人员全国合计约有一百二十万人,估计美援部分约可支持九个月,即自本年四月至年底为止,是后所需粮额即须由政府另筹。此项办法将区域配粮改为阶级配粮,比较上虽属合理,惟所指公教人员散布全国各地,其应领配粮即不直接运交,亦须间接抵换,稽核、管理手续极繁,不免到处增设机构,加重政府负担,设使管理失当,反足损失国家信誉。

3. 参酌于1、2两项办法之间,采用选配制度,将配售对象限于缺粮地区之公教人员,并增加每人配额,以安定其生活。凡特别市及国内重要都市经政府认为确有粮荒情形者,得依规定标准请配定量美粮,配以同量国粮,于当地粮涨至一定限度时,即按规定手续分期配售,其配售对象限于公教人员,每人配售额各地应归一致。惟配售价格得视供需情形取决于当地评价机构。第一期宜就国内所有特别市中斟酌安全及运输情形,先得指定开始配售。查现时国内特别市南京、上海、天津、北平、青岛、汉口、重庆、广州、西安、沈阳等十处(大连、哈尔滨情形特殊,故未计入)所在中央与地方公教人员(包括民意机关及政府机关全体员工及小学以上之教职员工)为数约计四十万人,每人以配粮八斗(一百二十市斤)计算,即使各地均按月配售一次,每月需粮不过四十万市担,每年需粮不过五百七十六万市担。一年内美援供粮及地方筹粮合计共有一千六百万市担,除供上述各地公教人员外,约余一千万市担,至少应拨半数作为难民之紧急救济粮,交由主管机关筹划分配,其余半数再就国内其他缺粮地区依照前述办法陆续举办公教人员配售,以视1、2两项办法似较公允妥适,且便于监督执行。

丑、棉花。我国对于棉花纱布现采统购统销代纺代织的办法,理论上无分国棉外棉均应由政府统一采购,转售于纺织厂商。目前以受时局及物价的影响,集中国棉,困难甚多,事实上不得不酌量变通,将部分原棉委托棉商代购。同时纺织界尚有联合购销的要求亦正在考虑商洽。至于外棉来源,上年虽仅占总供应额百分之四十左右,本年因增加纱布换棉,合以此次美援之一百八十二万市担,外棉所占成数当达百分之七十以上,倘使支配得宜,自可借以控制大量纱布,贯彻政府的平价政策。窃意今后集合公私力量、统筹增加供应起见,政府于国棉外棉及所产纱布应有一分别处理而配合运用的弹性办法,其要点为:

一、国棉联合购配成品自由运销。国内供棉多寡系于购运能力,在现行统制办法之下,棉商、纱厂均不许自由采购,而政府机构又未能实际负责,以致资金人力多投闲散,供给需要每告脱节,故不如酌采商人建议,于花纱布管理委员会之下设置联合购配机构,由政府、商家派员共同组织专司采购国棉,以议定标准,按期分配厂家。此项配棉所纺纱件即准厂家自由运销,除有关取缔囤积走私法令之规定外,不再施以其他管制。

二、外棉代纺代织成品统制远销。外棉包括现汇采购、纱布交换及美援供给三大类,均应由主管机关切实掌握,配合国棉以资统筹。今后一年内尤应就实际需要情形划分三项外棉之供应数额,假定全国(匪区除外)开工纺厂以四百万锭计算,每月需棉约为八三三,〇〇〇市担,截至明年三月底止,共需原棉一〇,〇〇〇,〇〇〇市担,除国产新旧原棉及业经订购外棉合共二,〇〇〇,〇〇〇市担以外,其余所需八,〇〇〇,〇〇〇市担则全赖外国供给。1. 美援案据报近拟配棉一百八十二万市担,仅可供需要量百分之十八;2. 纱布交换外棉以总产量百分之二十计算,约可得棉花二,六七七,二四〇市担,可供需要量百分之二十七。3.除 1、2 两项补充以外,尚缺原棉三,五○三,七六○市担,假使国内无法增产,则须以现汇向外购运。惟我国外汇缺乏,自宜格外搏节,不如将纱布换棉增至百分之三十,约可增棉花一,三三八,一二○市担,并一面请求修改美援配额,将军用纱布(纱布两项折纱并计每年约为五十八万市担)所需棉花划入军事援助范围,又约共可得棉一,九一八,一二○市担,最后计尚不足一,五八五,六四○市担。惟如是调整补充以后,外棉来源既可占本年总供应量百分之七十以上。倘使主管机关能依上述办法自如切实掌握,逐步严密管理,当不难配合其他来源,贯彻以花控纱、以纱控棉之目的。

伍、特别存帐的用途分配

特别存帐为美援案两大目标之一,依照美政府原提案及荷佛曼意见书,全案所供物资似建设器材及补充零件尚应视作借款,其余则属无偿援助。惟须我国以等值法币拨入特别存帐作为我国境内救济事业及其他中美双方同意之用途。顾助款与借款之比例并未明白确定,我方无妨根据现在情况,要请美方一律作为助款,假定美方同意,则助款即可有美金三亿元之巨额,以五十万比一之汇率折算,此项国币存帐应在一百五十万亿元以上,今后分期折合,其总额尚须随汇率变动而增多。原案虽偏重用于救济事业,但消极的救济绝无补于目前经济危机,尤不能促成今后的经济自助。故政府应坚决主张将此项存帐划为自助建设基金,依照戡乱期间之特殊需要,以借款或补助方案投放于生产用途,其投于增产物资者并应采定货款方式,由中央主管金融机关与主管物资机关协同负责控制,以收实际效果。至各项用途之分配,似宜分别需要情形,酌采左列比例:

甲、生活物资增产费百分之二十五;

乙、外销物资增产费百分之二十五;

丙、必需工矿建设费百分之二十;

丁、整理交通费百分之十五;

戊、兴建水利费百分之十。

己、救济费用及其他百分之五。

甲、军用生活物资之增产。粮食、棉花为民生必需之品,尤与军用有重大关系。综合国产及美援估计,一年内缺粮已达四百九十五万市担,缺棉花亦达六百一十八万市担。戡乱完成以前差额仍必甚巨,自应就国内现有产区设法,期能达到九成以上的自给数量。

子、粮食。粮食增产费应占百分之十五,即为四千五百万美元(照款部分三亿美元计算)以上,折拨存帐至少可达国币二十二万五千亿元,农林部原拟于三十七年增产粮食一千一百余万市担,与本文估计一年内差额略可相抵。惟原计划之部分产区已遭匪军陷扰,自须就其他安全区域另辟粮源。华中、华南各省目前废耕或待垦之荒地甚多,估计不下四万四千余万市亩,如苏、浙、赣、皖、湘、川等省稻田均可扩充,鄂、桂、滇、黔、陕、甘等省麦产亦可增进,其他的稻麦杂粮互产之地亦多,应由中央主管机关酌量气候上宜指定增产区域,拟具增产计划,就基金内各拨定量款额交由农民银行分期贷放,并由地方政府督导执行。至利用贷款而增产之粮食,则由粮食部负责征购,以供军需民用。至于本年贷款,除原有农贷数额外再拨拾万亿元,就指定区域内扩充耕地、改良灌溉、补充种籽肥料、改进工作方法,并以其他优惠条件奖励生产,协助运销,于两年期间可望增粮产二千万市担,设无意外灾变,自可弥补差额有余。

丑、棉花。棉花增产费应占百分之十,即为三千万美元,折拨存帐后可得国币十五万亿元。国内重要棉花区如河北、山东、河南、鄂北、苏北等地虽大部沦陷,惟浙东、陕南产棉甚丰,川、滇、湘、赣亦可增植,应由政府指定增产区域拟具分期计划,于两年内至少增产三百万市担,以应军民急需,政府补助资金宜取贷款定货方式,并饬各地棉农迅速完成合作组织,农户领款交货均由合作社出面担保,中央即指定合作金库为贷放机关,按期由自助基金内承领转贷,因贷款而增产之棉花则应由花纱布管理机构依照规定办法负责统筹联合购配。

乙、外销物资增产。我国主要外销物资战后输出量平均减少百分之五十四,其中主要农产如桐油、茶叶、大豆、籽仁,畜产如生丝、猪鬃、羊毛、蛋品,矿产如钨、锑、锡、汞,工业品及工艺品如布匹、绸缎、地毯、绣货等项均属国际著名特产,年有巨额输出。战后输出锐减,原因一部分由于产区缩小、运输阻滞、劳费高昂、资金短缺,今后自须利用美援案之特别存帐,就上述货品中选择若干项目以定货贷款方式,助其改良增产,推广输出,于今后两年内约可共增出口额三亿六千万美元,今后一年内亦可望增加出口额一亿二千万美元,其中特别重要之出口货除原经统制者外,并应由政府与商人共同经营或订联合购销合约,贷款金额及购货数量、价格、销场等均按规定条件办理,或设联合购销机构,使其统一承受贷款转贷产户、贩商,并负所营商品收购运销之总责。惟在办理初期款额不敷分配,贷放数额有限,联营项目不宜过多,商人信心未固,联营条件尤不宜过紧。兹举其要项如次:

子、桐油。应占增产贷款百分之七,有二千一百万美元,约合国币十万零五千亿元,桐油主要产区原在川湘桂浙等省,战后出口量百分之八十以上,均销美国,欧洲市场现亦陆续开展。政府以往之历有增产计划应就现有安全省份内划定增产区域,一面选择优种,增植桐林,一面采用机榨,改良制法,并采官商联营方式,就产制运销,各阶级严密组织以提高品质,减轻成本。估计两年内可共增出口二千万美元,第一年估增二分之一,约六百五十万美元。

丑、茶叶。应占增产贷款百分之三,有九百万美元,约合国币四万五千亿元。茶叶主要产区在闽、浙、赣、皖、湘、鄂各省。战前每年输出七五〇,〇〇〇市担左右,大部分销于菲、美、南欧。战后缩减为三三〇,〇〇〇市担,惟外市需要□切,今后宜改进烘制、包装,加强运销组织,并就其□销路较畅者选择若干品种,采用官商联营方式,以优良货色及雄厚资力争取市场,估计两年内共增出口一千六百万美元,第一年估增五分之二,约六百四十万美元。

寅、纱布。应占贷款额百分之八,有二千四百万美元,约合国币十万亿元。纱布在战前并无大量外销,战后因南洋日货绝迹,我国产品始渐起替代,三十六年我国出口跃至纱一九,三五七件,布一,六九九,五五六匹,几占出口总额百分之二十二,为是年出口之第一位。现在政府统制纱布,按年规定以产量百分之二十划供外销或换取原棉,估计每年出口纱件可达三十万件(出口布量折纱计入),约值美金一亿二千万元。现在美棉供量既多,国棉亦筹增产,今后拟将开工纱锭增至四百万枚,每年约可产纱一百九十万件,倘使稍节内销数额,以百分之三十向外推销。据查印度、南洋尚可消纳,则每年应能增加输出二十七万纱件,换取美金一亿一千万元,两年内估计共增二亿二千万美元,第一年估增四分之一,约为五千五百万美元。至纱布对外运销业务在目前状况之下,宜暂由政府统一经营输出,贷款自亦由运销机构统一承受。惟厂商所供外销纱布无论易货售现,均应给予相当成数之外汇,以供补充器材原料之用。

卯、绸缎。应占贷款百分之二,有六百万美元,约合国币三万亿元。我国生丝以往出口年在一七〇,〇〇〇市担左右,而绸缎则不过二三,〇〇〇市担,近年尼隆及人造丝起夺国际市场,原料外销渐成颓势,故极应转换方针,于维持丝产之外,积极改进缫织技术,详察外市习尚,制成各式绸缎,分别适应外销,厂商、运商应就丝织品中指定品目加入官商联营组织,分取输出、贷款。两年内共可增加一千万美元,第一年估增三分之一,约为三百三十万美元。

其他外销物资。此外输出大宗尚有大豆、籽仁、猪鬃、羊毛、蛋品、肠衣、钨、锑、汞、地毯、绣货、发网等,其国内产量甚丰,国外销路亦畅,应由政府参照上述办法就自助基金内划拨百分之五,即美金一千五百万元,约合国币七万五千亿元,随时对产户、运商酌予贷助,惟不宜滥施统制或遽组联营,以上各项倘使增产有方,推广得宜,估计两年内当可共增出口值一亿美元,第一年估增四分之一,约五千万美元。

丙、维持工矿事业。戡乱期中物力、财力两感缺乏,长期建设无法举办,只宜就现有重要工矿事业配合军民急切需要量予以整顿扶持,其中以动力、燃料、钢铁、机械、纺织、食品、化学、金属等工业及若干地区之公用事业必须设法补充设备、维持产量，或依照物资增产及运输整理情形酌予扩充改进，以求其整个经济体系配合发展。此项工矿事业之维持费用应占自助基金百分之二十，即为美金六千万元，约折国币存帐三十万亿元，可以配用于左列各项事业：

子、燃料业。目前急待整顿之燃料事业可分两种

1. 煤炭。二十五年我国本部煤矿产量二千二百万吨，加入东北各省共为三千四百万吨，除全国消费三千二百万吨外，尚有二百万吨之输出，目前全国每年需煤二千一百余万吨，而上年全国产量仅为一千九百余万吨，加以重要产区均在东北、华北，匪军各地陷扰，破坏矿厂设备及运输路线，向有供应十表八九。目前华中（湘鄂赣）、华南（粤闽）、西南（川康滇黔桂）、西北（陕甘宁青新）、东南（苏浙皖）各省连同台湾，每年约需煤斤一千一百万吨，而上年安全区各省产量则不过七百五十万吨，尚缺三百余万吨，尤以华中区缺煤最多，每年需要量为六百万吨，生产量则仅二百八十余万吨，计不足三百余万吨。华南区年需四十余万吨，生产量约为十万吨，亦缺三十万吨以上，华南不足之煤可由台湾供应（台湾年产约五十万吨），而东南不足之煤则三分之二尚须仰给于华北（现以开煤为主），今后亟宜利用自助基金，就华中湘鄂赣等地主要产区积极设法增产，尤以萍乡、湘潭、淮南、华东、蒲圻、嘉鱼等地煤矿，除国币补助外，兼宜要求就美援案建设器材内酌拨配额以供补充设备、增加单位之用，以每年增产三百万吨为标的，首谋区域自给，消除外煤进口（去年五十万吨），再进而就各区域调整供需统筹分期发展。

2. 石油。我国石油及其产品近年正常需要量每年约为八亿五千万加仑，设使军用加多，运路增辟，则需要尚不止此数。上年就自采及购炼两项产品合计仅为一千五百万加仑，去需要总量甚远，除尽量设法外购外，一面自应就国内酌量增产，暂以每年能增产一千万加仑为度。惟采油须大量器材、资金及外援款项，大量购炼原油；一面改进运储设备，加强运销组织，以作有计划的供应。

丑、电力业。全国现产电力一百三十万二千瓦，单就现有新式工

业、交通干线及重要地区之公用事业推估，此数尚不敷总需要量百分之七十，其他各项工业因电力缺乏而分日停工、分期减产、停歇机械单位，或以他种动力替代者，年来时有所闻。此于生产、降低物价上腾实有直接关系。最近政府拟订购大量电机及相关设备，以作暂时补充。日本赔偿物资中将来亦容有相当数量，是宜就主要工业中心，配合当地实际需要及燃料供给情形，迅谋增产电力，所需费用即自自助基金内申请划拨，以能于两年内增产百分之三十（约二十六万千瓦）为度。

寅、钢铁工业。我国在战前（连台湾、东北）年需钢铁约为八十五万吨，目前单就安全区域而论，除钢轨外其他建筑、车、船、机械、器物等项每年至少二十万吨以上，我国现时每年产铁不过三万六千吨，钢不过六万三千吨，以视此项最低需要，亦尚相差甚多，加以国际大局动荡，外购钢铁已渐感困难，亟应利用自助基金款项，就安全区内现有各厂设法维持其生产能力，再视各方需要陆续配合进展，以能于两年内照现款增产百分之二十（约二万余吨）为度。

卯、机械工业。国内水陆交通及民生工业既须维持整顿，其连带必需的机具配件之制造与修理自应在可能范围内尽量顾及，就中尤以发电、起重、灌溉、磨面、碾米、榨油、印染、造革、造纸、印刷、电器、压路、碎石、排水、吸水等类机具，直接间接关系生活日用，必须分别增产，以应当前需要，他如动力机、工具机及各项机器配件，亦应配合内外来源，随时酌量添补。

辰、纺织业。安全区开工纺锭合计现有新增，一年内姑以四百万枚为准，就中除现有三百六十万枚外，其余四十万枚依主管机关历次会议之决定，两年内除向国外订购待运者约有半数外，其余二十万枚应由国内机厂承订自制，此项纺织机制造工作自需巨额资金，拟由自助基金内尽量划拨，交由主管机关保管支配，俾供周转运用。至丝、毛、麻等纺织工业，亦宜斟酌需要情形酌予分期贷助，使能充分利用本国原料，增加产量，以减少进口，推广输出。

巳、食品工业。食品工业中碾米、磨面、榨油、炼糖、制盐、酿酒及罐头等工业,与生活日用关系互为密切,设无充分供应,动辄影响物价,是宜配合国内及国外食品来源,对于此类加工或复制事业充分维持其生产能力,以应戡乱期间之军民需要。

午、化学工业。化学工业品类繁多,其在国内已有相当基础,而目前最关重要者(食品工业另列)计有造纸、制革、染料、油料、酸碱、皂、烛、玻璃、搪瓷、火砖、水泥、肥料、胶料、药品等类,在戡乱过程中,为求充裕供给,减少进口,以稳定物价、汇率起见,均应酌量缓急,就自助基金内划拨定额分别贷助。

未、金属工业。举如建筑工程、交通设备、工矿事业、文教工作以及社会一般生活无不切需各种金属器材及用品之经常供应,尤以工业器材、五金电料、服食用具、科学仪器等类之需要甚为普遍。凡国内具有相当基础之金属工业其产品足以适应内市需求代替舶来货物者,应由自助基金内贷拨补助。

申、公用事业。重要都市及工商中心,人口固然集中,业务尤形发达,其所有公用事业不啻整个经济组织之脉络腺体,常需大量器材及燃料、物料之补充,除美援案内指定拨给之物资或款项外,此类事业所有经常需要并宜从自助基金内随时酌予贷助,以保持其供给劳务之能力。

丁、整理交通。目前铁路破坏已达百分之六十三,公路破坏已达百分之四十二,航运吨位近来虽略有增加,而因燃料配件时告缺乏,事实上未能充分使用。假使水陆交通均欲恢复战前状态,其所需国币外汇为数必极惊人。顾大部分的交通破坏均基于军事原因,且在绥靖区域以内,其所需大部分复建费用似可认为军事开支,要请美方划入军援范围,在自助基金项下只支整理交通费百分之十五,约占美金四千五百万元,折合国币二十二万五千亿元,悉以用于安全区内铁路、公路及码头、仓库等之修建。目前华中、华南各省物产虽丰,而供需不调,问题在如何加强农村与都市间之水陆运输,使粮食、原料及外销货物得以向外集中,同时工业器材及日用商品得以向内分布。第一步沟通国内货运,即以平抑一般物价,第二步推广输出贸易,即以增加外汇筹码。故整理交通为稳定经济之必需条件,与增加农产、扶持工矿等事应受同等注意,即利用自助基金及其他库款补助,由主管机关拟定整理计划,分期分区求其逐一实现。

戊、兴建水利。水利工作在灌溉方面足以协助物资增产,在航运方面足以促进商货流通,其与整个交通自属同等重要,应就自助基金内划拨百分之十,约占美金三千万元,折合国币十五万亿元,专供增辟沟渠、开凿塘井、疏浚河道、修筑港埠,以及利用水力发电等类用途。华中华南各省地形复杂,下游平衍潦患频仍,而西南山地又常苦旱侵,其于农作物之生产运销实有莫大影响。上项自助基金内所拨款额应以投放于若干指定地区妥为集中运用,即配合物资增产计划,拟定兴建水利之各种方案,饬由中央及地方主管机关分别负责执行。

陆、外汇政策的配合利用

甲、现行外汇管理办法之缺点

利用美援案的特别存帐,以促进生产增加供应,对内既可逐渐稳定物价,对外亦以协助推广输出,惟假使现行外汇政策不予变更,出口货物须照牌价结汇,国外侨民亦照牌价购入,而牌价又常在黑市半数以下,其结果①侨民汇款大部分逃避政府银行,转寻黑市汇兑的途径。②出口商人迫而绕越走私、冒换匿报,或竟辗转囤积待价内销,致使每年约近一亿美元(战前)之侨汇结于政府手中者仅有二千七百余万元(卅六年),实值三亿五千余万美元之出口货物(包括走私、匿价及囤积内销等项之估计)结于政府手中者约仅二亿四千万美元之外汇。同时,政府业务机关虽负有促进外销的责任,而因分支机构不完全不足散布全国,复因营运资金短绌,无力大量购销,且每每偏重本身盈亏,忽视国家政策,坐令土货长期滞积,不予及时采运,致使货价低落,生产萎枯,产户、贩商纷纷转业,今年重要外销物资,其输出额平均降为战前之百分之四十六以下,其主因即在于此。参阅左表可见一斑。

民国二十五年与三十六年主要出口货物比较表

货　别	二十五年公担	三十六年公担	三十六年较 二十五年出口 减少数量	减少百分数
总　　计	3,007,059	1,382,571	1,624,488	54
猪　鬃	52,684	44,352	8,296	16
蛋　品	792,279	101,750	690,527	86
正硝或未硝皮	340,117	29,841	210,276	88
皮　货	31,811	3,652	28,159	89
桐　油	867,383	805,373	62,010	7
茶　叶	372,843	164,433	208,410	56
生　丝	86,523	16,756	67,767	81
羊　毛	175,739	23,422	172,317	88
绸　缎	5,588	4,405	1,183	21
茧　绸	5,911	602	5,309	88
钨矿砂	70,499	61,086	9,413	13
生锑纯锑	173,116	85,740	87,367	50
锡锭块	112,604	41,150	70,454	63

乙、修正外汇管理办法之商榷

今后为适应美援增产之目标,窃意现行管汇办法应予根本修正。管制贸易、解放汇率、改采进出口外汇连锁制度,同时利用美援所省外汇充实外汇平准基金,负责购售外汇,以调节汇市,兹举其要点如左:

(一)取消汇率挂牌办法,一切公私用途所需外汇,悉照自由汇市交易。

(二)改采出口半数结汇办法,输出货物每批价格在美金五十元以上者,其所得外汇货款应以五成按照自由汇价结售于政府银行。

(三)商人结售外汇后所余平额外汇应依照规定手续,以本人名义存于政府银行作为登记外汇。

(四)登记外汇得按规定手续并凭必需证件支取上项存款,以支付准许进口货物之货款及相关缴用。

(五)登记外汇得由存款人依照政府规定办法随时按市价转售,于登记期满三个月尚未支用或转售者,得由政府按市价强制收购。

(六)承购登记外汇之进口商家支用所购存款时,应照规定办法缴验各种证件,如于承购满期一个月尚不支用,得由政府照市价强制收购。

(七)政府银行对商人所需进口外汇不负供应(负)〔之〕责,但政府所设外汇平准基金得依照规定办法按市价随时分别购售进出口外汇,以期调剂市场。

(八)非登记之自备外汇,政府应许其购货进口,但以购运稻米、小麦、棉花、肥料、矿质油料及其他指定之必需品为限。

(九)旅外华侨得以外汇存入政府银行或其指定银行作为登记外汇,适用本办法各项有关规定。

(十)华侨以非登记外汇购办进口货物悉依本办法第八项之规定办理。

(十一)进口货物应分三类施行管制。

子、免证进口货物以非登记外汇购运之进口货物为限。

丑、领证进口货物依国内实际供需情形分别货品性质及用途,厘订详细品目表,以限额及特许等方式给证进口。

寅、禁止进口货物凡非生产事业或日常生活所必需之舶来货物,由政府厘订详细品目绝对禁止进口。

(十二)商民无力经营之大宗出口货物得由政府指定业务机关负责运销,或采用联营配制办法与商民联合办理。

丙、改订官汇办法后国际收支差额之弥补

我国今后倘能趁此时机双管齐下,一方利用美援方案以增产物资平抑物价,一方改订外汇政策以充裕汇源稳定汇率。虽美援现供物资如粮食、棉花、石油、肥料等较之一年需要各有巨大差额,必须由政府设法弥补,惟于改订管汇办法之后,大量的增产物资得以畅利输出,同时大量的侨汇及自备外汇亦得以自由集中。故单就侨汇、出口及自备外汇三项,一年内即可望增加二亿九千万美元,足可弥补逆差。查我国一九四八年四月至一九四九年三月之国际收支,依照以往及现在情形推计(一)支出方面以进口货物需要(军品需要除外)为大宗,共计八亿二千余万美元,内分(a)美援所供物资价值三亿三千八百万美元,(b)美援外物资所需价值四亿八千三百万美元,其余尚有外债、外侨汇款、使领经费及留学、训练、考察等费,共计一亿九千五百万美元,以上支出总计美金十亿零一千六百万元。(二)收入方面以美援为大宗,计三亿三千八百万美元,出口货物收入次之,计二亿四千五百万美元,其余华侨汇款、外人驻华使领驻军经费、游历、考察等费及教育、慈善捐款共计一亿五千万元,以上收入总计美金七亿三千二百余万元。比较支出方面尚有二亿八千三百余万美元之逆差,但如此项美援方案果能妥善利用,而现行外汇政策又能配合修改,则此项差额可能于一年内陆续弥补。兹举其方法如次(附表A、B)

中国国际收支平衡表(一九四八年四月至一九四九年三月)A表

支出项目(单位美元)	收入项目(单位美元)
(一)进口货值　八二一,000,000	(一)出口货值　二四五,000,000
a.美援　三三八,000,000	(二)美援　三三八,000,000
(1)粮食　八五,000,000	a.粮食　八五,000,000
(2)棉花　八〇,000,000	b.棉花　八〇,000,000
(3)石油　四五,000,000	c.石油　四五,000,000
(4)肥料　二五,000,000	d.肥料　二五,000,000
(5)烟草　二〇,000,000	e.烟草　二〇,000,000
(6)器材　二〇,000,000	f.器材　二〇,000,000
(7)建设　六三,000,000	g.建设　六三,000,000
b.美援外进口货值　四八三,000,000	(三)华侨汇款(注五)　三〇,000,000
(1)粮食(注一)　一〇,000,000	(四)驻华使领　一六,000,000
(2)棉花(注二)　一五四,000,000	(五)驻华外军　五〇,000,000
(3)石油(注三)　六五,000,000	(六)外人游历　二四,000,000
(4)肥料　三四,000,000	(七)教育及慈善捐款　二〇,000,000
(5)其他(注四)　二二〇,000,000	(八)其他　一〇,000,000
(二)外债本息　五〇,000,000	(九)差额　二八三,000,000
(三)外侨汇款　五,000,000	总计　一,〇一六,000,000
(四)使领、训练、留学等费　一二〇,000,000	
(五)其他　二〇,000,000	
总计　一,〇一六,000,000	

注一：一年内利用美援及国产后之不敷额。

注二：一年内利用美援及国产后之不敷额。

注三：一年内利用美援及国产后之不敷额。

注四：依上年进口美金总值（约五亿零六百万美元）减去粮食、棉花、石油（及产品）、烟草、肥料等品之同期限额（约为黄金二亿零三百万元），并减去此次美援内之器材援助、建设援助两项（共美金八千三百万元），尚约余二亿二千万美元。

注五：三十六年政府所结华侨汇款约二千七百万元，外汇政策若不修改，今后一年内能结侨汇至多只能估列三千万元。

中国国际收支逆差表（一九四八年四月至一九四九年三月）B表

逆差数额（单位美元）	弥补项目（单位美元）
国际收支差额　二八三,〇〇〇,〇〇〇 弥补后收支余额　八,二〇〇,〇〇〇 总计　二九一,二〇〇,〇〇〇	（一）出口增额　一二一,二〇〇,〇〇〇 a.桐油　六,五〇〇,〇〇〇 b.茶叶　六,四〇〇,〇〇〇 c.纱布　五五,〇〇〇,〇〇〇 d.绸缎　三,三〇〇,〇〇〇 e.其他　五〇,〇〇〇,〇〇〇 （二）侨汇增额　七〇,〇〇〇,〇〇〇 （三）自备外汇数额　一〇〇,〇〇〇,〇〇〇 总计　二九一,二〇〇,〇〇〇

子、增加出口货值

（一）纱布及绸缎。纱布可依特别存帐利用办法增为四百万锭后，每年可产棉纱一百九十万件，并提高出口成数百分之三十，应能于原有输出额三十万件之外，再增输出二十七万件，估计两年内可共增外汇二亿二千万美元，每一年估增四分之一，约为五千五百万美元。此外，绸缎之出口应用同一方法加强产制运销，估计两年内亦可增换外汇一千万美元，第一年估增三分之一，约为三百三十万美元。

（二）桐油及茶叶。利用特别存帐大量增加产运，疏导存货，估计两年内共可增出口桐油六十余万市担，约可换取美汇二千万元，第一年估增三分之一，约六百五十万美元。共可增出口茶叶四十万市担，可换取美汇一千六百万美元，第一年估增五分之二，约为六百四十万美元。

（三）其他物资。我国大宗出口尚有猪鬃、蛋品、籽仁、地毯及钨、锑、锡等品,凡产区比较集中,运路比较捷近者,皆可利用特别存账分别贷助增产推销。各项合计两年内可共增出口值二亿美元,第一年估增四分之一,约五千万美元。

　　五、集中华侨汇款。世界各地侨汇在战前每年约为美金一亿元,战时南洋侨商虽颇有损失,但美金及其他外币近年多有贬值,而美币之贬值已越一倍,故战后侨汇依此推算应高达二亿美元。徒以年来外汇政策强定牌价远低于外币实值,致使政府侨汇收入缩小至二千七百余万美元,实际上等于应得汇额八分之一。兹后倘能改采自由汇率,随时以市价充分吸收,一年内至少可望增至一亿美元,于减低收支差额不无相当裨助。

　　寅、自备外汇。据最近各方估计,我国民间所保持之黄金约值五亿美元,外币约值一亿美元,现以政府集用自备外汇办理进口,故均四散藏匿,或暗中外逃,国家损失殊属不赀,倘使修改现行管汇办法,许其输入指定货物,其用途既严受限制,自不至引起汇市剧烈波动,同时换取必需物资,反足以稳定生活物价。此外侨民及外商如愿自备外汇办理输入,自亦应援照办理。此项办法可能诱致之外汇头寸估计一年内至少可达一亿美元。

　　以上甲、乙、丙三项弥补差额办法,不仅属外汇方面之改进措施,实际上却为此次美援案成败利钝之关键,故亟应与该案管理条件及政府增产政策密切配合,协调推进,以解救目前经济危机而进获经济自助之成果。

柒、处理美援案的机构

　　美援案内容可分三部,一为军事援助,其款可以自由支配;二为经济援助,规定配购特别物资,其中又分借款(须还)与助款(不须还)两项;三为原案建议的国币特别存帐,其支用须经中美双方同意。以上三者性质既各不同,用途亦有差异,我国自应依照将来中美协定所订条件予以分别处理。惟一九四八年美援方案、一九四七年中美救济协定,以及行总结束后移交之物资款项等似均宜有一专设机构负责统一筹划,分交各机关保管使用,俾权限互免侵越,用途上能互相联系。尤以此次美援案数目庞大,条件繁多,美方对其处理的方法及利用的结果均须随时参与考核。美政府近为管理外援,已于国务院设置专管机关,我方亦宜于行政院之下设置"外援处理委员会",将先后美援案、救济案内所有物资、款项并交统筹分配。善后救济物资剩余部分,其无长期建设性质者亦宜一律移并。为求任务专一,联系密切起见,委员会之下并宜酌设四种小组委员会,以及秘书、保管、审核三处,分负总务、保管、审核、调配、生产、救济等项责任。小组委员会开会时可由外籍专家列席,参加意见。美案所规定之农村复兴委员会即认为小组委员会之一。兹试举外援处理委员会之组织及职掌要项如左:

行政院外援处理委员会组织及职掌要项

一、行政院设置外援处理委员会,以院长兼主任委员,副院长兼副主任委员,外交、财政、工商、交通、农林、社会、粮食、卫生、水利、地政等部部长、资源委员会委员长、中央银行总裁、主计处主计长皆为委员。

二、外援处理委员会之下分设左列小组委员会

1.调配小组委员会。主管外援物资及款项之统筹利用及分配、调拨等事宜,美援案特别存帐所设自助建设基金亦归其统筹分配,以行政院副院长兼主任委员,相关部会长官及指定政务委员与专家为委员。

附注:一九四八年美援案、一九四七年中美救济协定案及行总移交之一部分善后救济物资与款项,其用途宜予合并统筹重新分配,现有之处理或保管机关事实如无必要,宜即并入外援处理委员会,将原有人员移调服务。

2.生产小组委员会。主管外接物资、款项及自助建设基金投于生产事业之督导、联系事宜,以农林部或工商部部长为主任委员,相关部会长官及指定政务委员与专家为委员。

附注:外援案内各种物资款项经调配小组委员会统筹分配报请核定后,其用于增产物资、维持工矿及整建水利、交通事业部分,虽交各主

管机关分别使用,但为齐一步骤策进工作起见,应由生产小组委员会负责督导、联系,并得由中外籍专家参加意见,随时改进。

3. 救济小组委员会。主管外援物资、款项及自助建设基金使用于救济事业部分之督导执行事宜,以社会部部长为主任委员,相关部会长官及指定政务委员与专家为委员。

附注:美援案、救济案及行总移交物资、款项内,凡属决定划入救济用途部分,于拨交社会部及地方主管机关负责办理后,其分配数额办理办法是否适宜,应由救济小组委员会负责督导、联系,并依中外专家意见,随时设法改进。

4. 农村复兴委员会。其组织及职掌依照美援法案之规定。

三、外援处理委员会之下设置秘书、保管、审核三处,分掌各项事务。

1. 秘书处。主管文书、庶务、译纂、会计等项事务,得设三科至五科分别掌理,主任秘书一人,由主任委员任用;设秘书二人至四人,专员三人至六人,科长、科员、助理员若干人,由主任秘书呈请主任委员派充。

2. 保管处。主管外援物资及款项之统一接收、分拨及保管、登记等事项,美援案内特别存帐所设自助建设基金亦归其保管、收付。必要时得分科办事,设处长一人,由财政部提请主任委员任用,其余人员由处长呈请主任委员派充。

附注:查美援案各项物资应由政府指定驻美业务机关在外统办购运,抵达国内后即交行政院外援处理委员会统一接收保管,列入财政部国有财产收入科目,再依规定手续拨交各主管机关分别使用,向财政部结算转帐,此项收交保管手续应由保管处负责办理。

3. 审核处。主管外援物资及款项所有支配使用情形之考核、登记、报告事项,美援案特别存帐所设自助建设基金亦在其主管范围,必要时得分科办事,设处长一人,由主计处提请主任委员任用,其余人员由处长呈请主任委员派充。

附注:外援物资款项及特别存帐之分配处理,美方极为注意,其驻华负责人员自须随时索取报告,若令向各主管机关分别查询,所供资料不免凌乱参差,引起不良印象,故宜由外援处理委员会将物资、款项处理情形及相关的帐目报告等交审核处统一办理。

四、外援处理委员会各委员及小组委员会委员除聘用之专家外,均为无给兼任职,各处处长及其余事务人员除行政院及所属部会调用外,得依组织规程分别任用。

五、外援处理委员会及所属各会处经常费应由会编制预算呈院核定,就美援案内开支按期报院核销。

六、外援处理委员会组织规程经行政院核定后公布施行。

处理外援机构组织系统[略]

《中华民国史档案资料汇编》第五辑第三编《外交》,第626—655页

行政院美援运用委员会报告①

南京,1948年9月

第一节　总额及其分配

美援金额总数原定美金四亿六千三百万元,后经削为美金四亿元整。其中除特别援助美金一亿二千五百万元由国防部处理外,经济援助美金二亿七千五百万元,主要专供稳定国内经济之用,由本会处理,美方对等机构为美国经济合作总署驻华分署(以下简称美经分署)。经济援助部分之使用暂定分配如下:

(一)粮食七〇,〇〇〇,〇〇〇美元;

(二)棉花七〇,〇〇〇,〇〇〇美元;

(三)油料五〇,〇〇〇,〇〇〇美元;

(四)肥料一三,八〇〇,〇〇〇美元;

(五)工业器材一〇,〇〇〇,〇〇〇美元;

(六)协助建设专款六〇,〇〇〇,〇〇〇美元。

---

① 关于美援物资状况——原注。

美援法案为期一年，自本年四月起至明年三月止，为便利办理起见，将拨款时间分为四期，每期三个月，期内可拨用款额由美政府审视其本身财政状况统筹核定。

第二节　第一期美援

美援第一期款项备自本年四月至六月三个月中支付，系由国会批准，由复兴银公司垫付，总数计美金三千六百五十万元，其规定用途如左：

（一）粮食一三，五〇〇，〇〇〇美元；

（二）棉花一三，〇〇〇，〇〇〇美元；

（三）肥料一，五〇〇，〇〇〇美元；

（四）油料八，〇〇〇，〇〇〇美元；

（五）调查团经费五〇〇，〇〇〇美元。

上项粮食一项，系由美国政府直接订购，约可得粉九千吨，米六万七千吨，核与我国五大城市中三个月配粮需要相差甚巨（五大城市内平津两市月需粉约二万六千长吨，上海、南京、广州月需米约六万长吨），除面粉、小麦由美国购运外，食米系由美国在世界食粮会议规定给与中国之限额内代在暹罗、缅甸、安南等国购运。截至七月廿七日止，已到食米四〇，六二四长吨，面粉八，九二九，〇九五长吨，在途食米一三，〇四一吨，余额正继续订购中。

棉花一项已得美方同意，即将此款移付中国纺织公司订购，已运到沪之美棉价款一部分，计可得美棉约七万余包，依规定手续须由美国经济合作总署核准后出具付款通知书给予指定银行凭以开出信用状，然后方可提货，信用状未开出前，棉花所有权仍属货主，未能视为美援物资，刻正办理手续中，办妥即可提货。

油料一项与前项棉花情形相同，即以此款拨付到沪油料价款一部分，各种油料核定金额如下：

飞机汽油六〇九，五七九.八四美元；

汽车汽油一，〇四九，〇一七.五二美元；

柴油一,七七九,三八九.八四美元;

燃料油二,九一三,八六〇.〇六美元;

煤油六四〇,七八〇.八五美元;

润滑油四四四,六七一.四一美元;

润滑脂五一,七五一.二〇美元;

原油五四〇,〇〇〇.〇〇美元;

共计八,〇二九,〇五〇.七二美元。

现已催请美方签发准购证及付款通知书,至分配及定价办法连日正商讨中。

肥料一项系按世界肥料分配限额向英国、加拿大及比利时三国洽购,数量计英国四,五一三吨,比利时五,〇〇〇吨,加拿大九〇七吨,共计一〇,四二〇吨,已请农林部及中央信托局会同办理洽购手续,一俟定议,即可向美方提出请求拨款购运。匪计本期拨款一百五十万元,除支付上列肥料之货款外,尚余三十余万元,经决定移入第二期肥料拨款。

第三节　第二期美援

美援第二期款额系备七月至九月三个月中支用,总数为奖金六千三百二十万元,其分配如下:

(一)粮食六,五〇〇,〇〇〇美元;

(二)棉花三三,七〇〇,〇〇〇美元;

(三)油料一四,〇〇〇,〇〇〇美元;

(四)肥料四,〇〇〇,〇〇〇美元;

(五)工业器材五,〇〇〇,〇〇〇美元。

以上粮食一项约可购得粉九千吨,米二万二千吨,仍由美政府代办,面粉来自美国,食米来自暹罗。

棉花一项仍照第一期办法,以之拨付中纺,已购到沪及在途之美棉价款计可得原棉十九万一千余包,现已向美方正式申请。

肥料之采购已请技术专家会同美国经济合作总署驻华分署审慎会

商进行。

油料仍照第一期办法支付到沪油料价款,兹以行政院输出入管理委员会限额与限额外核定数量为标准(限额为普通民用需要,限额外为国营运输、铁路、公路之需要),估计三个月需要核算,第二期应购量正与美经在华分署洽商中,即可送美京征求同意。

工业器材一项,美方意见,其使用须与协助建设专款相配合,故须待司蒂尔曼调查团所提建议方案核定后,始可着手支配。

第四节　第三期及第四期美援

第三期为本年十月份至十二月份,第四期为明年一月份至三月份,两期未拨总数包括协助建设专款在内,为美金一亿七千五百三十万元,除建设专款外,可供采购物资部分为美金一亿一千五百三十万元,两期如何划分支配尚未决定。

第五节　美援物资运用原则

一、运用美援之基本原则

美国对我国之目的有下述三点:

甲、稳定经济,平衡收支;

乙、节省外汇基金之消耗;

丙、促进国内农工事业之生产。

为达成上项目的,其进行方法可分为:

1. 物资运华以协助我国国际收支之平衡;

2. 拟定并实施建设方案以促进生产;

3. 出售物资售价力求合乎实际,以收缩通货。

就目前我国财政情况言,物资运华及建设方案之推进,似尚难即能达到稳定经济之速效,惟有出售美援等物资用以收缩通货,乃能使国内经济暂得稳定,经济稳定则各项生产事业与民生经济交蒙其利。

二、各类物资之运用方式

本会为求集思广益,并与各方取得密切联系起见,分别设立粮食、棉花、油料、肥料四小组会,参加代表除本会及美经分署代表外,邀请有

关政府机构及技术专家随时商讨采购、运用等问题。各类物资性质不同,运用方式亦异,兹分述之:

甲、粮食

米面之运用将仍循各大口岸都市配米方式配售之,现配粮都市为京沪平津穗五地。按美米配拨都市可减少国内产米区对大都市之供应,则内地粮价当渐趋平稳。同时其售价收入既可移作扶助农工业之用,有关各地均可分占美援之利益,配粮之价格宜与市价相近,如售价过低则形同救济一部分人民,且法币收入减少,所能运用之利益亦因而减低。惟据美国代表团估计,美援全部米面仅敷五大都市配粮百分之四十有余,故如实行五市配粮,其他百分之六十弱须由政府筹供,美援粮食可能购得之数量因世界粮食限额及收获季节关系未必能悉如我方希望,同时美援部分及政府筹供部分在时间配合上亦须注意,故整个配粮工作尚待政府主管部详细统筹。

乙、棉花

据最近估计,自本年七月起至明年三月止,九个月内我国纺织业原棉不敷(存底及其他来源均经估计在内)约九十至九十五万包,但在美援项下所得美棉只及三十万包,尚缺六十万包,为补救起见,美国棉花资金应使其周转运用。本会棉花小组会第一次会议经议决,暂定下列办法1.以棉花易取纱布,2.易得之纱布一半内销吸收法币回笼,3.外销纱布所得之外汇由本会及美经驻华分署共同管理,再换购棉花及有关用品供应国内。至易纱比例及美援棉花之分配办法,正由专家研究中。

丙、油料

石油之运用方式如左:

1.现时限额及限额外进口制度仍予继续;

2.飞机用油、柴油及燃料油之现行分配办法仍将继续,并予改进;

3.沪地之汽车用油仍照现行方式定量分配,其他各地亦希望同样办理;

4. 煤油、机油、润滑油等仍由各油公司委托其代理商店经售;

5. 各种油料之售价特参照平衡会牌价及结汇证价格之合酌加成数决定之,一面使其切合实际,一面顾及公用事业之成本;

6. 准许石油进口商经营美援油料,惟须合乎供应经济之原则。

丁、肥料

本会肥料小组会第一次会议议决暂定肥料运用原则如次:

1. 美援肥料之进口以由输管会登记合格之进口商承办为原则;

2. 鉴于国内缺粮情形之严重,第一期美援肥料应全部换取食米,肥料之应用以增产食米为限;

3. 为便于管理及提高效力起见,第一期美援将集中台湾试办;

4. 台湾肥料换米工作推行见效后,美援肥料之使用得扩充至大陆各省;

5. 原则上肥料发放时应及时换取食米;

6. 肥料之领取及食米之缴收均由台湾省政府向本会负责。

现本会已电台省政府派员来沪商讨进行办法。

六、都市配售粮食办法总检讨

壹、优点

1. 树立配售制度,军事时期及物力艰难之时期,必须限制物力之使用,故配售制度必须树立。

2. 配合稳定物价政策,自币制改革以来,粮价确较稳定,若刺激粮价上涨,则动摇整个政策,发行额增加也许比亏损之贴补更巨,故先稳定六都市之粮价,使其不起领导上涨之作用。

贰、缺点

1. 配价不平衡,乡村粮价贵而城市特低,不独粮不进市,且驱乡民入市就食,故城市人口日增。

2. 负担不平衡,减轻城市负担即加重乡村负担,乡民对市民更加恶感,全国人民纳税以减轻六大都市一,二五〇万人之负担极不合理。

3. 何以为继,现为收成时期,粮商无法尽其收购与供应之责任,无异消灭粮商之组织,减少粮食资产之运用而流为游资。明年四月美援物资不复供应,其城市恐慌不堪设想。

4.国库亏损以八月份市价与配价比较,国库之亏损估计如左:

市名		南京	上海	广州	北平	天津	青岛	共计
每月配额（长吨）		九,〇〇〇	四〇,〇〇〇	九,〇〇〇	一三,〇〇〇	一三,〇〇〇	七,〇〇〇	九一,〇〇〇
再购成本（以金圆万元为单位）出售收入（以金圆万元为单位）	市价	二三九	一,〇六四	二三九	四七二	四五五	二六二	二,七三一
	包装运费	七二	二九八	七二	八五	七三	四二	六四二
	利息	三一	一三八	三一	六一	五九	三五	三五五
	合计	三四二	一,五五〇	三四二	六一八	五八七	三三九	三,七二八
	配价	一一九	五六七	一四九	三八三	三六八	二二八	一,八一四
	减去佣金	一二	五七	一五	三八	三七	二八	一八七
	净收	一〇七	五一〇	一三四	三四五	三三一	二〇〇	一,六二七
亏损		二三五	九九〇	二〇八	二七三	二五六	一三九	二,一〇一
亏损成数		百分之六十八.七	百分之六十六	百分之六〇.八	百分之四四.七	百分之四三.六	百分之四十五	

右举各数系将全部配售量概按国米估计,若以其中之四十配售美援米面,则因美援换购洋米与洋面之价估均按美金折算,如美援米平均每吨为一百七十五元,每中国市石约为美金十二元,折合金圆约为四十八元之谱,仅以其购进与售出价格之差距,即亏损达四五倍之巨,更属惊人。

叁、临时改善办法

1.调整价格

请自十月起按规定市价减百分之二十五,即配价按市价百分之七十五,规定至十一月再提高为百分之八十五,十二月提高至百分之九十五,以逐渐接近市价,减少亏损,盖配售乃给予市民便利而非救济。

2. 限制配售粮额

九月份照八月份配粮减少四分之一,由各市政府负责选择下列办法之一种(一)督促粮商服务规定合理市价,(二)每人配售十五市斤减为十市斤,(三)只售劳苦群众,如贫民、难民、工厂工人、教职员与学生、公警人员等,其余停配。

肆、济急措施

1. 中信局代粮部采购之洋米原共定额为五万五千吨,已于七、八两个月先后运到二万四千吨,其余三万一千吨本应九月间到齐,但限于事实之困难,迄尚未有音讯,应由政院令中央银行督促中信局务必赶速购运到沪,其余必须十月底到齐。

2. 现时粮购会可能运用之资金仅有平津两市八月份配粉售得之价款约六百七十万金圆及中央银行透支余额约一百八十万金圆,而九月份应配粮额尚差米约一万六千吨,约需价款及包装运缴等费共五百五十万金圆,应购米三万三千吨,约需价运等费约八百万金圆。此外,因长江一带各厂产粉能力除供应购配外,尚有余额,而北方冬季封港运输困难,必须预为购运,以资储备。拟于九月份预购二万吨,十月份预购二万吨。故现在汇总估计赶购十月份配粮及预储粉二万吨,共尚需价运等费二千七百万金圆。此项价款现在即需拨付,应请政院令饬国库紧急照动支或令由中央银行照额代放,由粮购会支用赶购。

《中华民国史档案资料汇编》第五辑第三编《外交》,第 672—680 页

1948 年援华法案中之对华经济援助

第一编　引论

在援华法案通过时,中国正处于现代历史上最长期的通货膨胀的深渊中。它在日本投降时所拥有的十亿美元左右的外汇,到 1948 年春,已减少到不足四分之一的款额。国外贸易衰落。支持反共内战的

赤字财政,使通货膨胀的灾难继续蔓延,通货膨胀使生产及其他具有建设性的商业活动趋于停滞,同时并使一般人民对国民政府大大失去信心。共军力量逐日增强,而国民党力量却因军事失败、士气低落和政府军队统辖的后方的经济崩溃而将削弱。

1948 年经济援华方案的性质

援华方案提出之初,我们就没有想象它能扭转或阻止上述趋势,只想帮助中国政府缓和现时的经济恶化,这样使它再有机会采取必需的措施,以建立较为稳定的经济状况。

经济援助方案系在内战继续进行和国民党控制地区与资源逐步缩小的情况下组织与施行的。这一方案对那些需要援助的地区与人民,是尽可能地直接给予可用美金来供给的援助。

通过一种配给和价格管理制度,我们曾以食粮供应拥有一千三百万居民的七个中国主要城市。由援华方案供给资金购买的棉花,维持了中国最大的工业纺织厂,使它们能够继续开工,生产布匹以供直接消费,并与农村进行交换,鼓励粮食运至城市。一部分布匹并经输往海外,以取得外汇支付更多的进口。石油的供应,使主要的公用事业,运输事业和工业能够继续进行,供给商品交换农村的产物。我们为了1949 年春季的谷物生产,已准备将肥料输往中国。农村复兴联合委员会已经成立,曾拟定原则与方案,以求解决中国广大乡村人口的贫困与不安的根源。关于重新换置机器与建设计划的工业方案,已由美国各私营工程公司参加拟订。虽然实际的采购与建筑大部因内部所造成的不安局面,必须暂时停顿,但是许多有用的工程测量工作,已经完成。经过中国政府的同意,成立了一种当地货币的辅助基金由中美双方共同管理,用以维持医院、福利设施及筑堤工程等费用。

虽然周围的环境日益混乱,但这些活动大体上都能审慎地进行,并在规定的范围之内,获得了相当的成就。特别是商品方案。国民党政府控制的沿海重要城市的不安状态所以能够减少至最低程度,美国物资的供应是一个重要因素,而且在某些时期曾为决定性的因素。在这狭隘而很重要的意义上,经济合作总署在中国的努力是起了建设性的作用的。美援物资已经有效地分配给我们所要接济的人民。

一般恶化情况中的经济援助

但环绕着这些努力的气氛是这样的:人们曾经希望国民政府经过十年变乱之后,在一切困难面前仍有能力与决心做出那些必须做的事情,使它成为足以对抗中共的力量;然而,怀着这样希望的人们,已遭受到不断的挫折和失败。政府在 1 月间所拟发动的各种改革不能实施;国民党将领不能领导与鼓舞有效的军事力量以对抗与日俱增的共党威胁;一连串筹谋不当的经济财政政策造成了后方不应有的恶劣局面,人民与政府间的裂痕日益扩大,所有这些因素的腐朽作用,使得政府沦于崩溃的边缘,仅成为一个时间问题了。

中国的经济问题,不能与政治军事问题分开。通货膨胀问题虽是十分严重,但它只是更广泛,更深刻的问题的一种征象。纸币发行的大量增加,已成为一种破坏性的经济事实。但造成此种现象的原因,却是一个军事上的事实,就是说三分之二以上的纸币发行是直接用于支持政府的军事努力的。而且,纸币流通速度的突然增加,是与军事失败而使纸币信用骤然降低有着连带的关系。

1948 年 8 月 19 日,中国政府颁布一连串似乎急剧的财政改革,企图阻止中国国币的趋于不可收拾的膨胀,并收进大量私人外汇以充公用。这些剧烈的和意外地动人的改革,包括新金圆券的发行,似乎把通货膨胀控制了一个多月的时间。但是这些改革对于增加岁收与减少支出完全没有做到。因此,它并没有把通货膨胀的基本原因,即政府预算的巨额赤字,予以解决。在新法令中的内部矛盾,旋即暴露出来。新货物税没有实施,因为如果实行就要破坏同一法令中所宣布的限价政策。虽然据政府报告,已收进一亿五千万美元以上的外汇,但政府需要付出大量的新金圆券,以资兑换,而在物资供应或生产上却无适应增加,因此,新货币的实际价值,及中国人民对它的信心,就更加迅速地降低了。

由于这些经济因素的作用,通货膨胀的继续上升和 8 月 19 日限价政策的全盘失败,已经不可避免。在上海,强制实行限价政策,在其他城市也采取在较小范围内的同样政策,使一切经济活动几乎全部停顿。法令实行愈严,运入城市的粮食愈少,而局面也就愈加恶劣。最后,到11月,法令不仅失去效力,而且破坏经济活动到了一种地步,使国民政府在金圆券继续泻降的情况下,不得不将这些法令正式取消。

内部财政的恶化和虚假汇率的维持,使中国政府来自输出,及海外汇款的收入,因此减少。虽然中国不得不从逐渐减少的外汇储备中支用了一亿左右的美元,但在1948年年底,官方保有的外汇数额,还略为超过援华法通过时的外汇余存数额。一部分理由是由于援华方案存在的关系。因为该方案从1948年6月以后为中国支付了大部主要商品的输入。但是此外另有两种对中国不利的因素:第一,在经济合作总署方案以外的进口,缩减到足以严重损害生产和贸易的水平;第二,依照8月19日法令所征收的私人外汇,增加了通货膨胀的程度,同时并且广泛地扫除了中产阶级的积蓄。因此,中国政府虽在国际收支上暂时恢复平衡,可是这是以国内经济不堪负担的代价达成的。

中国将有限的外汇不断消耗,大部是为偿付一时的需要,并非用于生产设备的输入。政府甚至还出售一些有价值的生产性的财产,以弥补目前的支出。

由于内战所产生的另一削弱的影响,是表现在中国内部一种"投资缩小"的现象,这正与受经济合作总署援助的欧洲各国中扩大投资的情形相反。在通货膨胀螺旋上升和对未来情势普遍感觉不安的情况中,私人资本差不多全部走入非生产的金融投机和囤积居奇的道路上去。银行更不愿对工业投资作长期的贷款。结果,不仅中国的生产事业不能扩张,就是现有的生产设备也已损坏。生产设备的年久失修和无法恢复生产设备致使生产数量降低了。

这些事实总括看来,正说明了1948年中国经济的全部生产能力是在逐步降低。

军事失败与经济恶化的连带关系,在煤炭与粮食的供应方面,更明显地表示出来。

1948 年中国煤的生产,与 1947 年的生产,平均约略相同。由于矿区的交通被切断或落入共军之手,运到消费区的煤的供给量,尤其是在 1948 年下半年,是突然减少了。天津以北的开滦矿区的交通,在 1948 年年底就被切断,这是特别严重的损失。该矿所供给的煤,占中国国民党占领区煤产的半数以上。

粮食的生产,在 1948 年达到战后的最高峰,差不多和战前各年度的生产水平相等。虽然农业地区的生产已经恢复,但城市区域只有从国外不断运来大量接济,才能应付其粮食的需要,形成这种局面的因素,是由于共军占领了满洲的粮食生产地区与华北的大部分粮食生产地区,中国原有的食粮分配情况随之而被打乱;此外,在国民党势力所能达到的地区,——特别是在秋季——一般农民因严厉的物价管制和不断的通货贬值,不愿将谷物向市场出售。

同样的趋势也在其他一切经济部门里显示出来。纱厂的棉织品生产,在上半年还能维持 1947 年的水平,随后即突然降落。在国民党控制下可以通车的铁路里程,虽在南方修复若干路线,但是总数却减少了二千五百公里。航运方面,国民政府虽然维持原有的吨位,但由于军运的增加,使可供商运的船只,反为之减少。为了供给若干被共军包围的城市,费用很高的空运是增加了。在 1948 年最后几个月中,华北华中的若干重要城市,实际上与其主要的供应来源完全隔离,经济活动已彻底溃坏。到了下半年,经济合作总署的输入,对于维持城市所需粮食与原料的供应,成为日益重要的因素。

经济合作总署援华方案的初步检讨

在经济合作总署成立后的几个星期内,对华经济援助即已付之实施。最初所需款项系由复兴金融公司垫支,使用该项垫支的“第一号方案”,迅速地由经济合作总署署长批准,经济合作总署旋即开始采购。国务卿与中国驻美大使的换文,规定了若干暂行办法,以便在双边协定签订以前开始援助。赖普汉被任命为经济合作总署中国分署署长,他于 6 月初到达上海就职。中国政府设立了美援运用委员会,处理关于经济合作总署援华方案事宜。其地位相当于行政院以下的各部会。经济合作总署为了辅助中国分署,在其总部中设立一援华小组。在援外法批准了三个月之后,中国外交部长和美国驻华大使于 7 月 3 日签订正式的中美经济援助协定。

经济合作总署中国分署急待解决的问题,是迅速将其本身组织起来,以便执行其当前的职务。为了加速进行起见,中国分署接管了援华团(中国救济会),使其适应新的任务。援华团曾经依照第八十四号公法(第八十届国会)在华负责美国对外救济方案的工作。经济合作总署同时并承办一些仍在继续中的救济工作,包括第八十四号公法所规定的物资分配工作在内。这些物资在 1948 年 6 月 30 日该公法满期时,尚未分配到最后使用者的手上。经济合作总署同样继续支持许多由援华团创办的,并由当地通货"特别账户"中拨款经营的事业。

在美元行政费受到严格限制的条件之下,经济合作总署中国分署曾大量的聘用外国职员,而以当地货币付给薪金。经济合作总署曾将该方案一部分的监督与管理工作,委托私人商行与救济机关代为办理。

该方案的内容,包含下列三部分:供给主要商品(粮食、燃料、棉花、肥料和煤);工业建设和重置机器方案;设立并支持中国农村复兴联合委员会。此外,经济合作总署也参与由中国政府以中国货币拨充的"特别账户"或"辅助"基金的管理与运用。在拨给经济合作总署援华方案的二亿七千五百万美元的总额中,有二亿零三百八十万美元指定用于采购商品,六千七百五十万美元用于工业计划,二百五十万美元系作为农村复兴方案所需的美元经费,其余一百二十万美元则作为行政费用。

按照商品方案,经济合作总署每月输入中国的物资,平均约值二千万美元,截至 12 月 31 日为止,经济合作总署已经批准一亿九千四百万美元的商品购置,其中已有约值一亿一千二百万美元的物资运抵中国。商品方案因此得以如期实现。但工业方案下的款项只用了一部分来进行初步的工程测量工作。将近年底的时候,有些计划已准备开始实际的采购和修建,但在 12 月,在中国政治军事局势尚未澄清的时候,这种工作的分配,不得不暂行搁置。农村复兴委员会在 1948 年末亦仅完成了设计阶段的任务,并且亦动用了该委员会的二百五十万美元经费的一小部分。

援华方案在各方面都尽可能地利用私商的途径以利供销。粮食供应方案是唯一的例外;米是由美国农业部代理机关商品信用公司向东南亚购运的,麦和面粉则由该公司在美国购运,石油产品大都系由私营油公司购运,大部分是从波斯湾装运的。美国棉花亦由美国商行装运,并由在华的美国棉花进口商销售。经由国际粮食救济委员会支配而来自各个不同地区的肥田粉,亦是同样通过私商途径供应的。

每一批商品运到中国以后,经济合作总署对于收货、加工、分配和最后使用的情形经常予以注意。粮食是由初次在中国城市地区实行的一般平民配给制度予以分配。这些配给的粮食,由中国政府和经济合作总署各供应一部分。棉花则纺成棉纱,用棉纱再织成布,而最后的产品布匹,则作为输出、易货和国内销售之用。一切都在经济合作总署参加的联合管理委员会严密监督中进行。石油产物由进口公司分配,并由这些公司作关于最后用途的管理和报告,供给经济合作总署中国分署关于每一产品的详细销售记录。截至 1948 年 12 月 31 日止,肥料尚未分配,因为肥料是供 1949 年春季生产之用的;按照拟定计划,一部分准备用来与农民直接交换米粮,一部分准备经由商业途径出售,余下的一部分则由农村复兴委员会使用。在 1948 年末,小量煤的进口,在经济合作总署中国分署监督之下,直接交给公用事业和其他使用者。由在华经济合作总署前身援华团输入的医药用品,系由卫生部和一些自愿服务的机关共同设立的特别小组分配的。由援华团接收过来的杀虫剂,大部分是经由商业途径分配掉的,其剩余部分,则指定为农业示范之用。

关于工业方案最初是由一个特别组成的复兴调查团,对于各种重置机器和修建计划进行精细的调查。该团遇到一个双层的问题：即一方面重置机器和修建确是极端需要，另一方面中国又极端缺乏工程与管理技术人才，把这种设备有效地去充实经济。该团对于工业方案的六千七百五十万美元经费应该如何分配，作为核定计划的用途，提出了若干初步的建议。该团所建议拨款援助的事业，大部分是限于基本工业与运输业，最主要是发电厂、煤矿、铁路和肥料制造厂。调查团并决定某种程序，以便充分利用美国私营工程公司作为"计划工程师"，协助个别工程制订图样，获取适用的设备，并保证设备正确地装配和有效地运用。经济合作总署与中国政府并且同意聘用一家信誉卓著的美国管理工程公司，来管理整个计划。

到 12 月，中国的不安局面，除计划中的调查工作外，已使其他一切工作陷于停顿，要到环境许可时，才有可能将一些慎选的计划向前推进。执行这一方案所采用的技术，对于发展一般落后国家工业的未来方案是具有意义的。

农村复兴联合委员会的设立，系依照援华法案第四○七节的规定，就是为了"制订中国农村区域的复兴方案并付之实行"。由中美两国政府 8 月 5 日换文产生的联合委员会，系于 9 月间由中美两国总统分别任命中国委员三人和美国委员二人组成的。

精细的计划与调查工作，在各委员对一般目的与原则的说明同意以后，即由该委员会着手进行。一般说来，该委员会向着下列各方面推进工作：协助农民改善生活条件；增加粮食生产；发展地方自治；加强并改进与农村问题有关的政府机关工作，鼓励地方运动，及为农民利益而努力的社会团体；并对中国所有进步分子给予参与这一方案的机会。联合委员会在经济合作总署署长监督之下工作，但在实际上，经济合作总署署长在这方面的职权则由该署驻华分署署长执行。所有该委员会的美国委员和职员均为经济合作总署的职员，专任联合委员会的工作。

关于援华方案，经济合作总署特别注意的事项之一，就是在华开发美国所需的战略物资的来源。虽然中国是锡、钨、锑三种物资的主要生产者,但是因为闲来积存这些物资的资金有限,使中国锑和钨的收购难于进行。由于广泛调查锡矿石和锡块的发展与供给的结果,在 1948 年 12 月底以前,订立了一个购锡办法,作为合理化的供应该金属,和在云南发展锡的加工设备总计划的一部分。

对华经济援助协定所规定的当地货币的特别账户或辅助基金,与欧洲相当的账户不同,它具有两个特点:第一是关于当地货币存入特别账户的办法。依照第一办法,何时需要存款,须由美国政府决定;这种决定权的运用,可使存款与实际需要配合起来,以免存入大量当地货币而受迅速贬值的损失。第二个特点是"保值"条款的规定。即为了某些重要用途,中国政府应保证该特别账户的拨款不受通货贬值的影响,保证方法是用此较稳定的单位,如美元或米、棉纱等主要商品,作为发款的计算单位。

从开始就可明了,即使将特别账户的一切存款冻结起来,对于控制通货膨胀亦不发生重大的影响。所以,中国政府和经济合作总署在与华盛顿全国员咨询委会磋商之后,即遵行一种政策。这种政策即系由特别账户拨付其他方面所不能供应的各种重要公共事业的开支,如果此种开支是显然非常急需者。这些开支的主要类目包括行政费用,在华运送救济包裹和物资的费用,农村复兴联合委员会各种事业所需的当地货币的开支,特种水利,卫生,福利事业的经费,以及工业建设和重置机器方案在中国国内所需的内部开支。上述各种支出的款项,假如不能由其他来源取得,即由特别账户支付。依照 1948 年所定计划,估计这些工作所需的开支总数,还不及特别账户可能达到的存款总额之一半。

截至 1948 年 12 月底止,美国给与中国政府的赠与通知书中,赠与数额已达九千四百四十七万零九百二十六美元。在汇率计算公式尚未最后决定以前,依照初步和暂时的估计,美方所要求的特别帐户存款大约是等于九百五十四万三千美元的金圆券,其中已被动用之数约等于五百八十三万九千美元。

第二编 到1948年12月31日为止的经济援华方案
范围与根据

总统于1948年2月18日向国会提出的援华咨文中,请求批准五亿七千万美元的经济援助方案,为期十五个月,至1949年6月30日为止。在这总数中,五亿一千万美元是作为采购重要商品输往中国的资金之用,以使"中国政府将它的有限的美元资源专用于其他最迫切的需要";其余六千万美元则建议用于"在1949年6月30日以前所决定的少数重要建设计划上"。上述"重要商品输入"包括粮食、棉花、石油、肥料、烟草、医药用品、煤及现有生产设备的零件等。如果按照十二个月的标准计算,总统所提出的经济援助方案,就约需四亿零三百万美元,作为中国输进商品之用,另有六千万美元,则用于选定的建设计划。

1948年的援华法案,批准在十二个月的期限内(1948年4月3日至1949年4月2日)以三亿三千八百万美元作为对华经济援助之用,其中二亿七千五百万美元已经拨定,另以一亿二千五百万美元作为对华赠与之用"其应有条件由总统自行决定,不受1948年经济合作法案规定的约束"。

1948年度由经济合作总署管理的经济援华方案,其开支以国会拨定的二亿七千五百万美元为限。

在1948年援华法案(即第四七二号公法第四章)的第四〇七节中,国会给"中国农村区域复兴方案"批准了一宗款项,以不超过为了经济援助根据该法案所拨款项的10%为限,此数可"为美元或为售卖援华物资……所得的华币收入,或两者兼有"。因此,又有关于援助的第三种范畴的规定。援华法对三种有限援助的一般型式之间,即商品方案,工业建设方案,农村复兴方案之间,并没有把开支多寡的比例,作更进一步的规定。

在中国境内,与这三种援助方式有关的,并帮助这三种援助方式实现的,就是由中国政府依照"美利坚合众国与中华民国经济合作协定"(译者注:系指所谓"中美关于经济援助之协定")条款所建立的特别当地货币基金,或称"辅助"基金。

经济合作总署管理国会批准的对华经济援助,对国会所拨的二亿七千五百万美元,负有一种责任,即保证在目前的一般情况下,把它作出最有效的使用。经济合作总署认识到为求充分的效力起见,对华援助应该只是帮助而不是代替中国政府及中国人民本身应有的坚强努力。

根据有限的资源,及中国目前的一般情况,经合总署始终不可能对中国的各种重大问题,如财政预算、金融稳定、及恢复经济等,从事于全面的协助。相反地,中国分署必须集中力量于少数范围较小的工作,如在中国经济的紧要关键上,给予某些援助,又如在援助方案实施中尽量利用私人贸易途径,以支持一般正常的经济活动,并在最后使用方面筹划有效的管理,以保证所有经济援助物资的充分利用。

方案的缘起

1948 年 4 月 30 日,国务卿与驻华盛顿的中国大使举行换文,规定了在双边经济协定签订以前实施援华方案的暂行办法。换文的内容为:(1)确定中国政府须遵守 1948 年援华法第二节所载的目的及政策;(2)规定在援华法案第四〇五节所述协定未签订以前,直到 1948 年 7 月 3 日为止,该法案第四〇四节(一)所批准的对华援助应照 1947 年 10 月 27 日所订立的有关美国对外救济方案的协定暂行办理,但如双方同意可酌予更改;(3)关于为了与中国经济合作而建立的特别代表团双方达成谅解,中国政府保证对于实行援华法案的美国政府代表予以最充分的合作。

双边协定

援华法第四〇五节规定:"中美两国应行成立协定,载明中国方面所负各种承诺,而此项承诺亦即国务卿征询经济合作总署署长的意见后,可决定为实现本章目的和改善中美商务关系所必需者"。因此,驻南京的美国使馆与中国外交部于 6 月初开始谈判有关双边经济合作协定的条款。此项谈判结果圆满,美国驻华大使司徒雷登与外交部长王世杰于 1948 年 7 月 3 日。正式签定双边协定。

一般说来,美国与中国的协定,采仿照美国与已参加欧洲经济合作组织的欧洲国家同时商订的双边协定。援外法案第一章所定各种承诺,在原则上对于中国及欧洲国家同样适用,所以有关这些承诺的条文,无论在对华协定中,或在对欧洲国家的协定中,其措词几乎完全相同。由于中国的情况存在着某些基本的不同点。所以在对华协定的某些标准条款中已经有了相当的更改,或增加了不同的条款。根据中国现在情况说来,其共同管理的范围,特别在价格和分配方面,在对华协定中的条款,较欧洲的双边协定的条款范围为广,对华协定中独有条款之一,即改善贸易关系问题,系援华法第四〇五节所特别规定的。

对华协定列举了中美政府共同或分别负担的若干承诺如下:

根据 1948 年援华法案的规定(除第四〇四节(二)以外),对中国政府给予援助;关于改善一般经济情况的措施,包括有效地使用援助物资,适当地使用在美国的中国私人财产,发展工业和农业生产,创造稳定通货的条件,与其他国家合作,以增加国际贸易,防止任何足以妨害双边协定目的的贸易办法。

改善与其他国家间的贸易关系,特别是改善在华私营企业的对外贸易的条件。

公平合理地分配援助物资及当地出产的同样货物,或以其他资金输入的同样货物,并决定分配援助物资的条件及定价的方法。

以和赠与的美援价值相等的中国货币存入银行,并决定关于此项存款的支配原则。

便利美国自中国获取其在本国所缺乏的物资。

磋商有关私人团体或个人以救济物资输入中国的免税待遇问题。

共同协商,并由中国政府供给有关协定事项的情报。

关于根据协定所给中国的援助,在中国国内进行宣传。

在中国成立一个经济合作美国特别代表团,并规定对该团的待遇。(译者注:该代表团即系后来成立的经济合作总署中国分署)

如任何一方政府代表本国国民向它方政府,要求赔偿由于1948年4月3日以后的任何政府措施所引起的损失,此项赔偿要求,应交双方同意的国际法庭裁决。

有关协定的生效,修订和期限的规定。

咨询机关

有两个咨询委员会,曾被邀请对经济合作总署援助方案的筹划和执行等重大问题,提供意见,并加以指导。该两委员会,即美国国会所设立的国际货币金融问题全国咨询委员会及援华方案咨询委员会。后者即第二个委员会系由经济合作总署署长根据第四七二号公法第一〇七节(二)规定所委派的。

援华方案全国咨询委员会的委员为:依赛亚·鲍曼,霍浦金斯大学退职校长,自1940年起,担任中美永久国际委员会委员;阿特·B.福伊,赫斯金与塞尔斯国际会计事务所主办人之一,自1945年起,担任远东美国工商委员会主席;保罗·V.麦克纳特,先后曾任美国驻菲律宾大使和驻菲专员,及对华服务联合董事会会长和主席。伊丽沙伯·鲁斯·穆尔,前联合劳军组织(联合军人俱乐部)董事会会长,1940年曾为联合援华会发起人之一,并任美国纽约华美协进社董事、卫斯莱学院董事,以及中国基督教大学联合董事会董事等职务;瓦尔特·S.罗勃逊,前驻华美国大使馆公使衔经济参事,并在1945年—1946年间任马歇尔特使的主要助理。

经济合作总署中国分署

根据第四七二号公法第一〇九节和第四〇三节的规定,须在中国成立经济合作总署中国分署。

该分署的组织,于前旧金山市长赖普汉任命为署长后,即开始进行。此项任命系于1948年5月3日发表,赖普汉和考察团首批人员于6月7日到达中国。中国分署在不妨害实行经济援助工作的范围内,始终维持最低限度的员额。中国分署于1948年12月31日,共有美籍人员八十九名,非美籍人员三百五十五名。

经济合作总署总部与中国分署之间一切来往公事是通过总部的援华方案组来处理的。该组拥有职员二十人,其作用系使对华援助的设施和经济合作总署一般体制下的一切购置和供应,发生紧密联系,而避免不必要的重复。

与中国政府的关系

为了适当地处理中国政府与经济合作总署中国分署间的关系,中国政府组织美援物资委员会,以行政院院长为主席,委员包括外交部长、财政部长、交通部长、中央银行总裁、全国资源委员会主任委员、上海市长及中国驻美技术团团长等。

美国与中国政府间的经济合作协定,系于 1948 年 7 月 3 日由美国大使和中国外交部长在南京签订。此项协定成为彼此之间各种谅解及协议的骨干,亦即经济合作总署在华执行任务的依据。协定全文见本文最后一节。

接管美国援华团

经济合作总署中国分署署长须解决的组织问题,就是要设法使得援华团的工作有秩序地过渡到经济合作总署指导下的新方案。援华团在中国负有执行四千五百万美元的临时救济方案的责任,而临时救济方案则是第八十四号公法所规定下来的。为了保证援华团在经济合作总署的监督下依次清理其责任,同时为了利用原有人员的经验,以利经济合作总署方案的进行,就暂时把援华团大批人员作了留用的处置,此项人员,都曾担任过与援华方案某些方面相似的职务。

接管的责任,主要包括接收并分配援华团所剩下的物资,接管由出售该项物资所剩下的款项,并负责继续实行或清理经援华团所同意的各种以当地货币支付的方案。

援华团在 1948 年 6 月 30 日约有二万五千吨,价值三百八十万美元的大米和面粉未经分配。这批食粮已经中国分署接收,并通过配给制度,在经济合作总署的监督下实行分配。并有向美国订购的价值五百二十万美元的药品和六十七万美元的杀虫剂,须在经济合作总署方案实行后几个月间交货。分配医药用品的一般政策为其中较大部分为免费捐助，另有一大部分送到那些过去得不到经济合作总署大批笨重物资的遥远地区。约有三分之一的杀虫剂，已被保存起来，以备农村复兴委员会使用，剩下的部分，就通过正常的商业途径出售，或由农业部免费分发给农业示范中心区。

在经济合作总署接管的时候，援华团的当地货币账目上，实际并无现款结余，但援华团对于二百六十余种事业，已经应允从售卖尚未配给的米面的预期收入中，拨款资助。因此，经济合作总署有依次完成或清理这些事业的责任。在7、8两月间，自当地货币特殊账户中所支出的相当于十九万七千六百美元，其中约有55%用于公共事业，43%用于医药救济，2%作为其他之用。8月以后，为了将这些事业的种数减至适合于管理的数目，又将它们大大剔除，剩下的事业都包括在经济合作总署和美国援华运用委员会所拟定的关于特别账户的整个方案里面。

组 织

经济合作总署中国分署总部设于上海、并在南京、北平、天津、青岛、广东及台北分设办事处。

1948年12月31日批准的中国分署编制，见随附组织图表，该分署内部每一组织单位的主要职务，则载于附件。

经济合作总署总部对于中国分署的增添美籍人员，与在人事、财务和行政管理各方面，均曾予以援助，以使这些工作的进行符合总署所颁发的程序，以及国务院对于海外工作人员的规章。

行政费

经济合作总署援华方案的行政费美金开支，以一百二十万美元为限，仅占现有的援华方案全部费用的千分之五弱。因此，在用人方面，不得不极力精简。为了发展有效率的地方组织，不得不尽量利用其它机构和便利。此一百二十万美元的限额，不包括在特别账户项下以中国货币支付的行政费用，中国分署的行政费，约有五分之三是由这个来源所供给的。

　　由于下面所提到的各种特别布置,中国分署节省了一部分经费;据初步估计,截至 1948 年 12 月底为止,行政费约在五十六万美元以内。然而,1948 年最后三个月的费用,却占全部行政费用的一个很大的百分比。主要系由于两个原因:(1)在 10 月以前,经济合作总署中国分署的人员,尚未完全足额,在中国的活动亦未全部展开;(2)由于华北及华中局势的不安定,而有增加费用的必要(主要如物资的转移,和人员的调动,包括撤退眷属在内)。及至年终,又发生了增加费用的第三个原因,这是由于中国货币的过度贬值,某些原用当地通货支付的行政费用,不得不改用美金支付。

　　中国分署美籍人员的公费报销,包括工作人员及眷属的旅费在内,系按美国使领馆人员条例办理。此项条例适用于经济合作总署人员。

　　由于中国军事局势的发展,中国分署对于受战事威胁地区内的工作人员、眷属及家具,在预算上不得不有撤退的准备。截至 1948 年 12 月 31 日为止,部分眷属及携带儿童之女职员已经撤退,有些人员亦因方案变更而重新分配工作。

　　有关工业建设方案的调查设计工作,中国分署曾经洽聘个别工程师及工程公司为经常顾问,因此,获有满意的工程调查报告,而且对于施行工业方案,也做了初步的准备,所有直接负担的行政费用,并不超过限额。

　　农村复兴方案亦有类似的节省办法。如上所述,国会对此方案所拨款项,系由农村复兴联合委员会监督使用。其数额不得超过对华经济援助所拨款项的 10%。这笔款项可为美金,或为在中国出售商品所得的中国货币,或两者兼有。用于农村建设方案的费用,规定最高额为二千七百五十万美元,其中二百五十万美元暂定为美金开支,主要用作支付薪金和行政上所必需的美金开支,以及购置重要农业用品与教育宣传设备。联合委员会的事业费用和行政费用,一概作为事业费,所以并不属于中国分署行政费范围之内。

　　为了避免不必要的行政上的重复及浪费,国务院与经济合作总署援华方案组之间,商定了一些办法,即国务院同意供给通讯便利,并代担任美金支付的出纳工作,和其他类似的事务;经济合作总署或以现金偿还,或对本国或外国工作人员给予双方同意的服务,作为抵偿。

根据第八十四号公法执行任务的援华团,在中国已有办公处所、仓库和其他设备,这些全由经济合作总署中国分署接收应用。因此,中国分署不但取得房屋便利,而且节省筹备时间。中国设立的美援运用委员会与中国分署设于同一地点,亦足便利双方有效的联系。

内战中铁路交通常被切断,中国分署职员在公务上所有旅行,几乎完全依靠飞机,必要时且须包机。电报往来的数量,逐渐增加,有时超过外交或军事机构所能代发的数量。因此,许多关于普通业务的电报,不得不交由商业电讯机关拍发。

经过上述各种节约及特别布置,经济合作总署对华方案的行政费用,截至1948年12月30日为止,没有超过行政预算。上述的某些开支虽然仍有增加,但是我们预料至1949年年4月2日,即到批准援华方案的公法满期的时候,中国分署的全年行政经费,仍可保持在一百二十万美元限度之内。

商品方案

商品方案的目的,是在不断供给主要的商品,这种商品是维持中国各城市地区最低限度的经济活动,以及生活资料的供应。如上所述,经济合作总署予中国的关于输入商品的资金,并不足以供给中国本身所无力购买的一切重要入口商品,以减少中国财政预算的巨大差额,或解决中国支付平衡的困难,因此必须集中有功于支持中国内部经济的最重要商品。在经济合作总署方案中所包括的商品有:食粮、棉花、石油、肥料及煤。此外,如上所述,经济合作总署曾自援华团前美国援外方案下接收一些剩下的药品及杀虫剂,以备分配。兹将各商品方案的范围和性质,论述如下。

商品的获得与装运

经济合作总署与全国咨询委员会磋商后,决定不以借贷,而完全以赠与的方式供给中国关于输入商品的资金,这样决定的原因,是根据本文前段所论述的中国政府对外财政情现而定的。

采购商品的方法有二:棉花、肥料、石油及煤是通过私人贸易途径而采购;大米、小麦及面粉,则通过美国农业部采购的。

棉花是由半公营的中国纺织建设公司向美棉经纪商驻沪代理人以投标方式购买,资金由经济合作总署垫拨。肥料由中央信托局以投标方式向厂商购买,所能购买的总量则受国际粮食救济委员会配额的限制。石油产品系根据美援物资委员会下的中美联合小组的建议向油商购买。此项建议则以战前供给情况为根据。虽然这种选择油商方法,减少了价格竞争的可能,但所付油价均照第七九三号公法第二〇二节的规定,而详加审核。

输往中国的小麦及面粉均是美国的剩余产物,由美国农业部商品信用公司用投标方式向商人采购。此项采购数量须受美国商业部的支配,由该部决定运华美麦的总量。大米则系由商品信用公司依照第四七二号公法第一二一节的规定采购,大部分系从暹罗、缅甸购运。购运数量,须受国际粮食救济委员会配额的限制。

截至 1948 年 12 月 31 日为止,经济合作总署自美国购买而运往中国的货物吨数,99%以上,皆由美国船只载运。这是大大超过国会在这方面的要求。第四七二号公法第三节(一)第二段只是规定:根据本章规定拨款购买的货物,并以海轮运往国外者,其总吨数中,至少有 50% 须由美国船只装载,如有此种船只愿按一般运费装载。

中国商品的获得及其定价

经济合作总署认为美国在供应重要物资方面的援助仅是辅助中国政府增加生产改善供应,而非完全包办代替。此种认识,在食粮方案实施中,尤被重视。经济合作总署中国分署曾经力从中国政府对于接受美援救济的城市,应尽可能地以本国生产的食粮,满足其大部分需要。为了使政府照顾消费者的财政上负担减至最小限度,中国分署极力主张食粮配售价格,应该相等或接近于实际市场价格,并在这方面收到程度不同的效果。棉花及石油产品的情形相同。关于煤价、电费以及直接或间接受经济合作总署援助的企业所售货品价格,中国分署于可能范围内,亦作同样的主张。

最后使用的管制

中国分署对每种美援商品最后使用的有效管制都审慎地筹划了必需措施。这是为了确保经济合作总署所供给的物资能到应得的人手中,为了给予中国人民及机关团体以最大可能的援助,支持中国政府增加生产和稳定经济的努力,一般地说,为了保证经济合作总署所运用的款项,能够收到最大的效果。

中国各大城市均已实行配给和价格管理制度,来分配食粮,且对领取配给者,存有详细的记录。经济合作总署代表可以列席市食粮委员会会议。经济合作总署考察员,对于配给的一切实施情况,经常负有调查报告的责任。棉花援助方案是在一个联合管理局指导之下施行。该局一切决议须得美援运用委员会与经济合作总署的同意。关于此一方案的施行,已经建立一个完善的制度,由纺纱,织布,以至销售制成品或将之运销海外,层层均有严密管制。石油主要是由各大石油公司予以分配。石油公司乐于协助经济合作总署保证输入石油仅仅售供指定的用途。美援运用委员会与经济合作总署共同组织一个石油委员会,负责估计中国的石油需要,并监督石油分配。关于肥料分配,现正拟订办法,以使分配肥料对食粮增产能起最大的作用。

关于最后使用管制的其他详情,另见下文及附件。

食 粮

中国内地——包括乡、镇和城市在内——平时在食粮方面较能自给自足;但是,较大的沿海城市,最近数十年来,则是日益依靠海外输入一部分食粮以资接济。如上所述,这些城市的粮食供给问题,在1948年的春季已趋严重。这是因为内战的扩大使商业和交通停滞,通货的膨胀以及政府外汇基金的匮乏。

战后中国食粮配给的开始

战后中国的食粮配给制度,是由美国援华团的救济方案开始的。根据这个方案,美国政府供给了五个主要都市——上海、广州、南京、北平、和天津——将近二十万吨米、麦和面粉;其中十五万吨以上已在 1948 年 6 月底以前分配完毕。中国政府所供应的数量大约相等。所以在 3 月至 6 月底这一时期中,约有三十万吨的粮食经以远较市价低廉的价格,售予各该城市的居民,计一千至一千二百万人。

依照配给方案,每人限定每月购买米或面粉十六磅半。但是只要市场能够供给,任何人以公开市场价格所得购买的数量,则不受限制。

配给方案在中国可说是一个创举。世界其他各国,每当食粮缺乏的时候,常靠定量配给以解决困难,但中国从未实行这样规模宏大的配给制度。中国官员在未接受这个方案以前,曾经加以审慎而长久的考虑。因为这一方案的成功,要靠维持并且发展一个比较复杂的管理机构。但是,配给方案施行以后,成绩显著,一切计算精密,作风廉洁,中国负责官员和其他各方面同感满意。

七大城市的配给方案

经济合作总署的第一批食粮到达中国后,我们就决定继续推行配给方案,作为美援的正当用途,既可缓和物价高涨的速度,又为政府开辟一种新的收入来源。于是我们将经济合作总署的配给方案扩大到汕头和青岛。那时青岛的美国海军基地,已为共产党所包围,粮食供给的来源,亦被切断。

实行配给方案的七大城市,在 1948 年中,人口常有增减,但总计约在一千二百七十万至一千三百万之间。

根据经济合作总署中国分署和中国政府的美援物资运用委员会的协议,中国政府粮食部增设一个紧急粮食采办处,为实行配给方案采购本国食粮。最初,该处担任从中国各产粮区域采购全部配给方案所需的食粮 60%,经济合作总署则担任其余的约 40%。

紧急施食方案

除了七大城市的配给方案以外,在国民党占领沈阳期中,我们曾在沈阳举办有限度的紧急施食。施食方案约共消耗面粉一千吨,直接维持主要工人的生活,并在适当的宣传下进行。这种措施颇使人心振奋,直至共产党围攻沈阳时始告停止。经合总署储藏在锦州的面粉四百吨,原拟空运沈阳,但因共产党的急骤进军而被截留。

共产党占领青岛周围地区后,青岛食物来源减少,而大批难民又涌入城区。因此,经济合作总署中国分署在青岛继续维持援华团原先举办的难民粥厂。这是在配给方案以外与市政府合作的措施。每天在露天粥厂就食的难民约十万人。经济合作总署从东南亚装运的大米,凡是不适合于配给用途的,如已霉用、大部坏的米,扫集起来的碎米,以及次等米,都全部在上海剔出,转运青岛为施粥之分的装运工作,系由美国海军船只担任。美国海军当局认为这种紧急措施,对于维持青岛秩序,是必要的而且是有效的。施粥计划每月需要大米一千三百吨。

8月19日法令和就地采购

七大城市配给方案固然含有救济消费者的用意,但我们从未计划配给谷物的价格要比公开市场价格低得多。最初,配给食粮的价格,每月有一个规定的标准,约低于当时市价5%。不管市价如何高涨,配给价格在这一个月以内还是不动。这样即使人民获得些少补助,政府仍可从售卖配给米面取得大宗收入。因为所有售出的美国供给品,并没有耗费政府分文,而从售卖所得的一切华币,都是政府的纯益。

根据8月19日的改革措施,政府规定的配给价格,尤其是在华中华北各都市,是低于市价很多。结果,在这时期,直至11月间这些措施根本修改之后为止,配给方案对于政府补助的依赖性愈益增加。中国政府因为军事、政治和经济状况的恶化,要以配给方案直接救济沿海城市居民,借以减少民众的怨嗟。此时工资的增加是远赶不上主要商品价格的暴涨,都市居民已经没有能力购买最低限度的日用必需品。配给价格对政府而言,是一个极大的损失。经济合作总署代表勉强同意将美国捐助和就地采购的食粮那样低价出售,但曾警告中国政府这种政策一定会耗费巨额的款项。

经济合作总署采购食粮资金既是有限,我们自始就认为大部分资金应当留为1948年冬季和1949年春季供应食粮之用,因为这些月份食粮比较缺乏,需要大量接济。中国政府同意负责采集1948年最后三个月所需的食粮,经济合作总署担任1949年最初三个月的大部分供应,以后则尽量利用1948年援华方案的余款继续供给。

这个计划,在执行上,却发生了很多的困难。中国紧急食粮采办处,行动迟缓,游移不定;而且因为缺乏充分经费,并因官价与市价的悬殊,工作又受阻碍。该处当谷物收成之际,未能采取迅速行动,大量收购。从缅甸购米的预定计划,亦未实现。为维持华北城市的配给制度,曾在上海购集一批面粉,但因军队征用船只,运输又被拖延。如上所述,1948年8月19日中国政府颁布的紧急经济措施,不但无效,且使各主要城市的粮食来源断绝。在10月间,配给制度已经部分停顿,城市居民彻夜在粮食店前伫候抢购。除了广州和青岛以外,其他城市在10月中旬,均未开始办理10月份的配给,有一城市仍在设法完成9月份的配给任务。

在这整个时期中,经济合作总署中国分署曾经一再主张把各大城市任意规定的粮食限价取消,而代以切合实际的配给价格,并且要求紧急食粮采购处加紧采购中国国内出产的粮食。

经济合作总署加速进行粮食的运输

经济合作总署亦曾采取措施,以加速大麦运输。原来计划要在1949年最初三个月里运交的大麦,已提前交货,以便在11、12月间,恢复经济合作总署对配给制度的援助。经济合作总署对于加速向中国运输食粮——这对于在主要都市中遏止骚动,是有极大的重要性——和为配给食粮造成了现实的粮价曾获得相当的成绩。但是,中国政府方面对就地采购的努力,却是继续地萎靡不振。

截至1948年12月31日为止,据经济合作总署所得报告,依照第

一、第二、第三等采购方案(即 1948 年第二、第三和第四季度)所装运粮食,估计约值三千七百万美元;包括采购的十二万九千吨大米和十万零七千吨小麦和面粉。此外,从援华团接管的未经分配粮食,约计二万五千吨米和面粉。为了解救上海在 11 月所发生的粮荒现象,经合总署又从香港借到九千吨大米。这些粮食之中,在 12 月底以前,约有十二万吨大米和三万吨小麦和面粉,已经拨为配给之用。在 1948 年年底,依照第三方案的补充方案所购粮食,一部分已在运输途中,其余正在装运或候运中,计有从暹罗和缅甸采购的大米二万七千吨,和由美国采购的小麦和面粉五万六千吨。

配给方案的监督

经济合作总署在华的食粮方案,虽由中国政府官吏管理,但是要受主张维持高度效率和廉洁作风的经济合作总署代表的慎重监督。他们鉴于以前联合国善后救济总署所捐助的食粮曾被大量偷窃和滥用,故对管理最后用途方面,加以最密切的注意。为了保证经合总署所供应的一切配给食粮,都要能够真正达到最后的受用者起见,经济合作总署对于分配的每一方面,都加以严密的监督和谨慎的审核。关于经合总署食粮配给和最后用途管理的情形,详见附件。

美国对于配给方案所捐助实物,都能经常和及时地运用。经济合作总署的驻华人员认清了配给方案的实施,应以全部人民利益为依归,所以在此方面时刻表示关怀。这些事实,为受惠的千百万人所深知,因而加强他们对于美国人民友谊的信心。

棉 花

在采购棉花方案的实施中,经济合作总署首先采取的步骤是代中国政府支付它订购的美棉,以减轻中国外汇基金所受的压力。中国纺织有限公司曾与美国棉商的驻沪代理人签订购棉合同,规定近期交货。所需棉花均从美国国内采购。经济合作总署决定支付此项订购时,曾经规定原棉运抵中国后,在加工和分配方面,应由中国政府与经合总署中国分署共同监督。

在现行的援华方案之下,全部采购棉花方案需要将近七千万美元的开支。1948 年 10 月间第一批原棉已经分配到中国各纺织厂。同时,关于管理和检查最后用途的制度,亦经完成。截至 12 月 31 日为止,价值约五千二百七十万美元的棉花,二十九万九千零三十八包,运达了中国,当即分配到各纺织厂。以后,由各厂收回棉纱五万一千包和布五十五万七千匹(每匹四十码)。

根据经济合作总署援华方案一切原棉系由私商采购。为了维持生产和就业同时避免任何过分积存,原棉运往中国是按着预先安排的时间来进行的。

中国纺织工业能够动工的锭子共有三百九十万左右,是中国最大的制造工业。原棉则是中国重要输入品之一。不独棉纱布匹的生产对于中国经济关系重大,而且纺织工人的高度就业水平,对于维持各工业区相对的安定,尤其是上海一区的安定,是很重要的。

原棉供给问题

大战以前,中国纺织工厂所用的原棉,大部分都是中国国产棉花。因为植棉地区的缩小,而且,更重要地,因为内战(参阅附图)所造成的内地转运业普遍的停滞,就使国产棉花的销路大半限于家庭之用。中国纺织厂所需用的三分之一以上的原棉,反而要靠输入供给。在1947—1948 年一年中,纱厂用棉,约计一百九十五万包;输入的原棉,约计七十万包(战前的输入水平是三十四万包)。大部分是从印度采购的棉花,也有少量是从英属东非、缅甸和埃及购买来的。

输入原棉所必需的外汇,已成为中国日益严重的问题。经济合作总署在 1948 年中供给中国棉花三十万包,并准备在 1949 年 1 月间增购十万包。在 1948 年下半年中,经济合作总署的购棉方案,对于维持中国纺织工业的生产和就业,确是一个主要的因素。

经济合作总署输入原棉的用途和管理

按照经济合作总署所制定的计划,原棉输入中国后配给工厂加工,厂方则照一定比例以棉纱折还原料,也有以布匹折还纱价。美国的援华运用委员会和经济合作总署中国分署商定以这样制成的棉纱和棉布的50%供给国内的用途,其余则供输出,以输出的收入增购原棉。截至1948年12月31日为止,从这类输出中——全部是输往东南亚各国——中国已获得等于四百五十万美元以上的外汇。在国内的分配多半是通过商业途径直接出售。有些纺织品是用来换取粮食供应各大都市。这些易货计划详见下文。当这些城市正处于没有办法使谷物能从产地运来的时期,经济合作总署原棉制成的棉纱和棉布有二千包以上,用在上海、南昌、南京三处易取粮食,换来大米三万三千担,供应以上各大都市。

这种办法是经过经济合作总署中国分署和中国政府缜密的计划和商讨以后才采用的。经济合作总署供给中国的原棉,在制造、贮藏和处理各方面,却要受联合管理委员会的监督,而且在每一阶段中,都有完备的纪录,以便实行对于最后用途的管理。此项管理机构详见附件。

石　油

中国原油的产量不大,因此,公用事业、运输业、制造业和家庭方面,所需的石油产物,几乎完全要靠舶来品。由于内战的影响,华北方面煤的来源断绝,所以在这一年中,凡是可以改用石油产物做燃料的电厂和其他工厂更是依靠输入的石油。

整个地说,石油输入对于中国的运输业及工厂的发展是极其重要的。柴油和燃料油对于电厂和其他公用事业,是不可少的;这些燃料以及汽车和飞机所用的汽油与润滑油,对于航运火车及空运,也都是不可少的。此外,没有电力供给的城镇乡村寻常普遍需要煤油,以供家庭灯火和燃料之用,但因交通阻塞而受限制。在交通比较畅达的地区,石油也还是缺乏。

利用通常贸易途径

石油采购方案开始的时候,关于各石油商行和中国主要用户,在输入和分配方面所应处的地位,首先需要用协商方式来决定。这些问题在1948年夏末秋初大半已告解决,于是,经济合作总署准备开始确定的订购。

结果,根据经济合作总署援华方案石油产物的输入和配售,是要完全经过通常的贸易途径来办理的。大部的生意是由美孚油公司、壳牌公司、加利福尼亚德士古油公司和中国石油公司(中国的公营机构)所经手的。此外,还有一些小规模的进口商和批发商也参加这一石油采购方案。起初,各石油公司为了要收回在中国国内批发过程中所需要的外汇费用,竟将运华石油产物的价格较运销其他各国的油价略为提高。对于这种价格上的差别,不但中国政府,就是经济合作总署也认为不满。因此,经济合作总署表示它所愿意订购的石油,其定价标准只能按着油价加上运输费计算,而且所定油价必须遵照拨款法案(即第七九三号公法)第二○二节的规定,不得超过美国市价。

截至 1948 年 12 月 31 日为止,中央银行为经济合作总署援华方案下运华的石油垫付计达二千八百万美元左右。总署拟待中央银行将证明文件送达后,即行偿还。

1948 年 12 月 26 日,经济合作总署总部,鉴于中央银行的外汇情况日趋困难,决定预付该行一千五百万美元,使它在垫款尚未偿清以前,仍有资金继续维持中国石油的供应。到年终前不久,经济合作总署决定放弃这种由中央银行垫付办法。以后所有运华石油(包括已在中国保税油库但未付价的石油),都得由经济合作总署委托美国银行付支。在这新的办法之下,每次订购石油或从中国保税油库中取出来付价的石油,均须由经济合作总署中国分署负责核准,借以避免石油在中国各港口过量的积存。

石油采购方案的管理

石油需要方案是由中国美援运用委员会和经济合作总署共同组织的石油委员会(包括该两机关的负责委员和视察在内),每三个月拟定一次。直至 1948 年年底,在华销售的石油价格是由油料分配委员会决定并经行政院核准。石油委员会曾经请求行政院核准一项计划,授权中国美援运用委员会,进出口委员会和经合总署所共同组成的物价调整委员会自动地作定期的检查和价格的调整,借使价格与实际相符,以免各石油公司因通货膨胀而受损失。

在经合总署协助之下,台湾高雄炼油厂继续生产。在 1948 年年底,该厂每月得到原油二十二万五千桶,由其炼制汽车汽油、柴油、燃料油以及煤油。经合总署援助该厂的计划,是根据一家由经合总署推荐而经中国政府聘用的工程公司所作建议而制定的。

经合总署对于输入中国的石油产物最后用途的管理,较之其他商品最后用途的管理,似乎问题少些,经合总署接济中国的石油产物,一般地说,有两种分配办法:即分配给主要用户(如将柴油分配给上海电力公司),和由个别公司分配给最后用户(如由各添油站以零售方法分配汽油给车主)。各油公司同时也是批发商,而主要批发商为两个美国公司和一个英国公司。这些公司都能自动提出办法来管理最后用途,并担任这类管理所需要大部分的检查工作。中国分署则担任必要的实地调查。

肥 料

肥料的采购,是在可能限度以内,从世界现有的供给市场来为中国进行的。此项采购须受国际救济粮食委员会配额的限制。肥料的扩大利用,在当地食粮生产方面,虽然可以期待借此增加产量,但在战后时期却为了各种原因遭受阻碍:如中国(除了台湾以外)从前缺乏利用化学肥料的丰富经验;中国缺乏农业推广人员和组织来训练中国农民有效地利用现代肥料;在中国国内亦难建立有效的制度,来施行分配和最后用途的管理。依照 1948 年年底完成的计划,我们预期在 1949 年最初三个月中,能够以相当数量的肥料,供给最后用户,尤其是供给台湾和中国南部的农民,并且给中国准备贮藏一个合理的最低限度的数量,以供春种之用。

经济合作总署采办肥料

依照现行的援华方案,经济合作总署正在采购七万五千公吨(按每公吨计合一千公斤)的化学肥料,约值八百九十万美元。这对于增加若干地区的大米产量,应有重大帮助,特别是在台湾和华南某些部分。原定采购肥料的费用,是一千三百八十万美元。其后,又经商定办法,由中国银行、中央银行和台湾省政府各自负责购买国际紧急食粮委员会所分配给中国的一部分氮素肥料。因此,经济合作总署将原定的费用减少四百九十万美元。依照这些办法,中国在 1948 至 1949 间,还可由经济合作总署和政府的采购中分得硫酸铔和磷肥十一万六千公吨。因为以前曾用过化学肥料的中国农民大都是用这两种,所以我们认为就农人习惯而言,它们是最合实用的。

援助中国的食粮生产

经合总署所供给的肥料,主要地是用在增加水田稻米的生产,也就是等于减少对于海外米粮输入的依赖性。

经过科学的试验和实践,我们发现一个单位的氮素肥料能使产量(以重量计算)至少增加二个单位的白米,或三个单位的稻谷。所以,在理论上,(以食粮的输入价格作为计算标准)价值一元的肥料,应该产生三元的稻谷。但是,因为海洋运输和中国国内转运费用的昂贵,以及中国产米地区米价的低廉,实际上只能得到较少的利益。可是,化学肥料的应用,对于增加中国食粮产量,在已被发现的各种方法中,那是最有效的方法。

中国国内制造的化学肥料每年的总产量,以 1948 年为例,仅达八万一千公吨左右。(三万六千公吨硫酸铔,三万五千公吨过磷酸肥料和一万公吨钙质肥料。)经济合作总署为了要大量地增加中国肥料产量,曾经暂行核定以五百五十万美金援助中国肥料工业。但是,到了本年年底,由于内战的扩大,此项暂时决定,至少在短时期以内不能实现。

在 1948 年年底,我们预期经济合作总署供给中国的第一批肥料一万吨,可于 1949 年 1 月间运抵上海。根据经济合作总署和中国农民银行的协议,这批肥料应该分给在 11、12 两月间曾经以大米供应食粮配给方案的农民。经济合作总署又增购了约六万一千吨肥料,并已拟定办法,利用华南和台湾的商业途径,和中国农村复兴联合委员会实行分配。

煤

华北和满洲是中国主要产煤的中心区域。如附图所显示出的,由于战区的扩大以及重要交通线的切断,在1948年中,已使华北产煤不能运销华中方面。

所以,经济合作总署又与太平洋盟军总部商定,在救济煤荒的原则下,向日本采购一定数量的煤块。1948年年底以前,已由日本购运煤一万五千吨,约计二十八万美元。依照现状而言,将来救急的采购,还是有需要的。

医药品

根据美国援外方案,即第八四号公法,经济合作总署曾为中国采购价值约计五百万美元的医药品。其中大部分是在1948年6月30日援华团结束后才运达中国的。因此,关于这批货物的责任应由经济合作总署来负担。到12月间,前援华团方案中将近90%的医药,已运抵中国。

医药品的接收、贮藏和运输各项手续,都办得很顺利,由于偷窃和不适当的搬运所致的损失不多。专门成立的医药品贮藏机构,工作的效率很大。根据中国美援运用委员会,经济合作总署中国分署、卫生部和国际救济委员会缜密计划分配的原则,这些供给品的分配工作,在1948年年底正在顺利进行着。

当局鉴于政治和军事状态迅速的转变,将上海方面的分配工作,加紧完成,并在广州和台北(台湾岛上)增加许多仓库,尽量贮藏。上海方面则仅留存当地所需用的数量。对最后用户所需医药品的分配工作,预期可于1949年5月间办理完毕。

杀虫剂

经济合作总署从前援华团接收了1948年运华价值五十三万七千美元的杀虫剂。其中大部分因到达太晚,未能在援华团宣告结束之前予以分配。

9 月间,经济合作总署和中国政府商定将 35% 的杀虫剂分配给农村复兴联合委员会;15% 分配给农林部免费转发各农业示范中心;其余 50%,则配给各私商出售。10 月和 11 月间售出的肥料,主要是在江苏南部和浙江北部邻近上海的地区销售,都能在适当时间以内出售而使谷物获得及时的保护。当这些地区的农民已经不再需要的时候,售卖工作立即转向中国南部进行。在这些地方植物的生长季节较长,所以杀虫剂在未来的数目里,还仍然需要。农业上所需要的杀虫剂在台湾用途最为普遍。我们由于缺乏合作,以致未能依照原定计划,在年底以前,利用台湾农民一向购买杀虫剂的途径,为杀虫药剂迅速地接济用户。

特别易货办法

紧急易货方案开始的时候规模很小。美援运用委员会和经合总署,因为配给方案所需要的食粮在当地采购困难,乃决定以限定数量的棉纱和棉布(由美援棉花制成的),交换大米和其他土产谷物。

例如:约计二百吨的棉布曾被运到南京作为交换大米之用。大约四十码长的灰布一匹可换大米一百五十磅。

在上海附近村庄里,实行了同样的交换办法。又在湖南北部广大产米区域的商业中心长沙,也开始这样的做法。直至 1948 年年底,这种交换还是试验性质的。但是,所得到的结果,表示采用这种方法,确是可以获得大量的米粮。我们计划此后经常以棉纱棉布拨给紧急粮食采办处作交换食粮之用,同时由经济合作总署监督办理,确保关于最后用途的严格的管理。

11 月底,经济合作总署代表曾在华北和傅作义将军以及当地粮商谈判,并拟订立合同以十二万匹棉布交换当地出产的麦子、面粉和粗粮,专门供给担任重要工作的工人。但这个计划却因京津区域战事吃紧而中止。

以棉纱和棉布交换食粮的办法,具有两种主要的目的:(1)为配给方案取得更多的食粮;(2)使棉纱棉布向内地推销。在很多的场合并不经过居间人而直接售给农民,这样,就减少了棉纱、棉布落于投机者手中的机会。

船　运

以上曾经提过在 1948 年中,90% 以上的美国运华的经济合作总署物资,均由美国船装运。关于运费报销问题,内部的行政规则确定那几种运费可在经济合作总署经费项下报销。这些规则原为欧洲国家而订立,但是一般地说亦经应用于中国方面。不过,由于中国的紧急情况,经济合作总署认为在特殊情形下,仍有变更一般规则的需要。这种变更,涉及以美金支付某些中国轮船从暹罗和缅甸包运米粮的一部分运费。当地美国代表以经济合作总署资金代购的米粮,必须在紧迫的最短期间以内设法运到中国,以备在各主要城市实行施粥计划。在 1948 年年底以前,经济合作总署支出此项运费约计七十二万七千美元。有了这笔开支才能运用三十九艘中国船只运载大米约计十五万五千公吨。

从东南亚各地装运至中国的米粮,并不完全由中国轮船装载。当地美国代表亦有款项雇用对于这种运输感觉兴趣的美国轮船。但是,在 1948 年中,只有一只美轮参加此项工作。它从暹罗运米到中国的运费是每吨美金七元五角,而中国船经常的运费每吨只合美金二元。在 1948 年年底,中国轮船从缅甸运米的运费是每吨美金三元五角,但据估计,美国轮船的运费每吨需要美金十元。中国轮船从运费中所得的美元是否足敷实际的费用,颇足怀疑,据我们所知,它们曾从华币辅助基金中取得若干补偿。

装运粮食开往中国的船只,日期排列紧凑,这是因为要尽量输入足够的数量,以防饥荒和暴动的发生。可是,同时我们也避免大量积存,这样的积存有因战争而损失的可能。除规定运米的日期之外,经济合作总署中国分署还有相当的权力可以变更美麦和面粉以及其它商品的运送目的地,以适应局势的变化。譬如当天津附近一带军事局势恶化的时候,正在该区各港口准备卸货的几艘美轮,当经奉命转驶青岛。

工业建设和重置机器方案

按照原定计划,中国工业建设和重置机器方案的基金,总计为七千万美元。援华法案的立法过程显示出国会对于援华方案这一重要方面,有着深切的兴趣。他们煞费苦心地作了大规模的准备——包括派遣一个特别组成的复兴调查团赴华调查——借以保证为工业建设和重置机器所规定的基金获得最大可能的成绩。

停止计划的必要

但是,由于中国内战情势的发展,经济合作总署署长不得不于1948年12月21日宣告,工业建设和重置机器方案,除了已经进行到很高阶段的某些工程设计需要完成以外,其余一律停止。在此之前,满洲及华北某些工程的预备工作,因为军事直接影响或威胁,事实上已先停顿。1948年秋季及初冬,国民党军队屡次败北,不但政府在华北所剩据点发生动摇,在长江流域的地位亦趋危险。结果很多原拟实行工业建设和重置机器方案的区域,都陷于混乱不安的状态。

工业建设和重置机器方案虽被停止,但这并没有取消在政府辖区以内恢复某些计划的可能性——假如我们将来认为这样的局部恢复还是可以实行而且是有利的。工业方案停止的时候,一切工作都在计划阶段并未动用任何款项采购物资。

关于工业建设和重置机器问题,计划和预备工作的进行经过,以及在华实行此一方案的切合实际办法,以下各节分别予以简单说明。在工业方案停止以前已经"暂行核定经费"的各项计划简表见附件。

设计和预备工作

依照初步计划的规定,工业建设经费为六千万美元;重置机器经费为一千万美元。但是,经过复兴调查团研究以后,重置机器经费反占更大的比重,以便适合增加现有企业生产力的需要。

1948年6月7日,调查团首批团员抵达中国。他们包括工程师四人,经济专家二人,律师和商人(即该团团长史提尔曼)各一人。该团为经济合作总署中国分署的一部份。经过几个月的调查以后,中国分署在中国政府同意之下,完成一项初步方案,准备恢复某些铁路、电厂、肥料制造厂、煤矿、锡矿和锑矿等。这些企业都在共产党区域以外。

复兴调查团最后提出的方案,在这方面工作尚未被迫宣告停止之前,曾经经济合作总署署长暂予批准。依照初步方案,新的工业建设或发展工作,约需二千五百万美元,重置机器需要三千五百万美元,工程服务及预备金约需七百五十万美元,总计六千七百五十万美元。余二百五十万美元,经特别指定作为农村复兴方案所需的外汇费用。大部分工业计划是属于基本工业和运输范围——暂时核定的经费,为恢复铁路之用的计一千三百五十万美元;作为修建电厂之用的计一千七百二十五万美元;作为增建煤矿设备之用的计一千一百万美元;作为制造肥料之用的计五百五十万美元。

关于某些种类的重置机器和建设计划,是否可能在借款基础上加以援助的问题,经济合作总署曾经加以详密的考虑,并与全国咨询委员会进行商讨。嗣后经暂行决定,凡在考虑中的一切计划,均应在纯粹赠与基础上予以援助,但借款建议将来仍可重新考虑。

中国工业建设问题

中国人民在八年抗战以后恢复他们国家的管理时,面对着各种困难问题。收复的区域,都经过了日本和中国军队的扫荡,以及中美航空队的轰炸。战后许多地区仍受共产党的袭击和内战中双方军队的摧残。由于 1937 年中日战争爆发以来的各种原因,所有工业设备大都已是破旧不堪。在联总援助之下,恢复的一部分铁路,继续需要援助。表现在通货膨胀的内部经济与财政的困难,外汇的缺乏,运输的落后,行政的凌乱,以及公私营工业管理一般的崩溃——这一切都是艰巨的问题。

由于战争和取消治外法权的结果,过去参加中国各种事业的外国侨民,在多方面已被淘汰。这却在国家的经济和工业生活上,不可避免地留下了一个空隙。尤其是在工业区域里,外国侨民以往曾经参与企业的经营和管理,他们对于这些企业的发展和有效的运用颇有贡献。

战后外国船只不得驶入中国内河或从事沿海航业，以致运价增加，便利减少。而中国人在这样一个短时期内，还不能发展和以前可以比拟的轮船事业。

台湾在日本占领了五十年以后，事实上已经归还中国管理。战后美军把台湾所有的日本人民几乎全部遣送回国。那些有管理经验和掌握技术的日本人员撤退以后，这个比较高度发展的海岛上，在管理和技术方面，就必须以中国人员充实起来。他们对于一切有关财产既不熟悉，而且除了管理问题以外，又面临着一个重大问题，即美国空军战时轰炸和破坏所引起的重置机器问题。

由于以前的各种援华方案，尤其是联总方案，并且由于中国政府在战后从太平洋各岛采购美军剩余物资，中国获得了大量的工业原料和设备。但在战后三年中，中国还不能利用这一切物资。所以，经济合作总署面临的问题，不仅是要保证经济合作总署所供给的设备可以有效地使用，而且要帮助中国把已在国内堆积起来的设备设法利用。

中国工厂在长期的战争岁月中，大部分已遭重大的损坏，并且技术人员所必需的训练，也久已停止。中国工业的发展虽然还在萌芽时代，但是，为了生产那些必需的物品以减少中国对于外援的依赖性，并且为了有效地处理通货膨胀问题，就是这些有限的工厂也得善为利用。这是非常重要的。

因而，面对经济合作总署问题的本质是：重置机器和工业建设需要很多的设备，同时，为了把这种设备有效地吸收到中国经济生活中去，中国在工程和管理上所需要的外援，又感缺乏。要解决这个问题，就需要一个特殊的配合。工程和管理的援助，须和设备同时供给。经济合作总署于应付这个问题的时候，还要顾到产生该署的立法过程所显示的目标；就是，尽量利用私营贸易途径，鼓励美国国内生产和国外贸易，以及避免对于美国经济的任何损害。

技术知识和管理经验的缺乏，是在援助中国工业的努力中所一再遭遇的问题。所以，在管理和技术上的援助，必须与物资的供应同时并进。调查团曾拟定一个独特的实施计划来迎合这个需要,并建议每一个工业计划,在向总署申请援助并获得暂时拨与后,必须聘请一家私营工程公司来协助调查和计划工作,并协助采购和装置重要设备。其次,调查团建议中国政府和经济合作总署共同聘用一家美国高等工程管理公司来协助审核全部计划,借以保证这部分的援华方案能在卓越的工程技术和经验的指导之下顺利进行。经济合作总署并将依照1948年援外法案第一百十一节(甲)(3)"技术援助"的规定支付此项工程服务费用。这些建议,曾经中国政府同意,并经经济合作总署署长核准,作为展开工业方案的初步基础。

暂时核定的计划,在计划阶段需要工程分析,随后在采购和装置方面亦需协助。当我们预先筹思究竟那些种类的工程公司最能胜任的时候,我们考虑到以往在中国毫无经验的公司,也考虑到一向在中国积极发展过生产和贸易的公司。后者之中,某些公司在世界各国都有联系,并在当地积累丰富的经验,而且有得力的经理和中外工程基本人员,我们相信这些公司,在适当保障之下,定能对于这个方案的成就有价值的贡献。

实用办法的订立

中国政府和经济合作总署中国分署,在多方地考虑这个复杂的方案以后,同意组织—个不投票的协商的联合委员会,以中国政府代表三人和经济合作总署中国分署代表二人组成之。他们的任务是监督重置机器和建设计划的实行。这项办法是和中美所订经济援助协定的原则相符合的;这协定特别规定,各项计划须经双方同意后始可实行。

此外,并经决定聘用一家信用卓著的美国工程管理公司协助联合委员会。这和过去在政府或联总的援华方案中所采用的方法显有不同。过去的方法主要是使中外人员的工作能够配合起来,而多半不用特别工程顾问,亦不利用通常的商业和贸易途径,以完成私人企业在效力方面和经济方面都能胜任的工作。代表两国政府的联合委员会决定在技术方面聘用纽约怀特工程公司。双方同意该公司的主要任务,是供给美国工程师六至十人，对于经济合作总署在七千万美元的在华重置机器和工业建设方案之下所核准各项计划、担任技术上的监督工作。该公司职员并不担任任何工程，但要协助联合委员会中就范围广大的各种计划中，决定取舍，提出意见，并监督施行。

兹将所采取的进行程序，简述如下：

在这个方案之下，公营及私营企业希望得到援助时，须首先将申请书送联合委员会转交怀特公司分析并提出意见。一经该委员会临时认可的计划，即可给予"临时费用"。

"临时费用"一经供给后，申请人应即选定一家工程公司为它的"计划工程师"。这种选择须经中国政府和经济合作总署中国分署共同组织的联合委员会批准。

计划工程师应准备一份备有详细说明的材料清单，并调查世界市场俾获以最迅捷、最经济的条件采购所需器材。最后，将完善可行的"设计"呈请联合委员会核准。

经联会委员会核准后，计划工程师即进行采购已经批准的设备和材料，商订交货办法，并协助申请人迅速完成装置及开工。

投资方法是由经济合作总署向美国银行致送一件委托书。这样，（1）对于业务批准的设计所需的设备和材料有了负责供给的人，并且（2）给设计工程师作为他应得费用的信用保证书，就可以发生效力。

在这项程序的每一阶段中，怀特工程公司的任务是做联合委员会的技术人员。关于下列事项，该委员会只在收到技术人员的意见后，才做出决定：核准申请人所选择的计划工程师核准工程公司所索的经费；核准设计中所需设备的条件以及采购的来源；核准所要采购材料的价格。在批准任何计划以前，申请人和设计工程师须向联合委员会提出宣誓书，说明他们的利润和采购材料的方法，包括投票在内。该委员会技术人员亦可作出安排，来接受关于某些材料密封的投票，假如计划工程师和供给者之间的关系，表示这种保障是合理的。

总括地说，上述程序对于在落后区域以国家资金发展工业的计划，创出一个新的办法。这些程序对于解决一个有连续性的大问题——即在亚洲和世界其他各个落后区域,将现代技术移接到农业经济上的问题——提供了一条独特的途径。可惜,不断地试验这条途径,在中国现状之下,已成为一件不能实行的事情。

农村复兴方案

1948 年 2、3 月间,众议院外交委员会讨论援华问题时,曾考虑到中国经济在农村复兴方面基本的广泛的需要。1946 年总统派遣到中国的特别农业考察团曾对这个问题贡献了新的意见。关于这个问题的某些方面,晏阳初所领导的中国平民教育运动已获得很有价值的经验。外交委员会对于各方面所供给的报告,都加以审查。结果,农村复兴工作即被列入以后援华法案中,作为适用援华方案基金的一个特定部门。

援华法案的第四○七节

1948 年援华法案第四○七节规定,援华方案应包括一项特殊的农村复兴方案。援华法案全文见附件。第四○七节规定授权国务卿于征询经济合作总署署长的意见之后"与中国签订协定设置中国农村复兴联合委员会,由美国总统委派美国公民二人,中国总统委派中国公民三人组成之"。援华法案并且规定这个委员会应在经济合作总署署长的领导和管理下,拟定中国农村区域的复兴方案,包括对于复兴事业系属必需或适当的研究和训练工作。

该法案规定农村复兴方案的经费,应不超过援华法案所规定的经济援助资金的 10%。这就是说,农村复兴方案可用的资金,须以二千七百五十万美元为限。按照该法规定,此数可为美金,或为出售经济合作总署物资所得的华币收入,或二者兼有。

农村复兴委员会的设立

经过一个时期的商谈,美国驻华大使和中国外交部曾于 1948 年 8 月 5 日换文,为农村复兴委员会的设立,根据同年援华法上的条款,成立了一个协定。换文全文见以下文件部分。

在该协定签订以后,中美双方政府即行委派农村复兴委员会的委员。中国方面以蒋梦麟(前国立北京大学校长,前教育部长,现任行政院秘书长)为主任委员;晏阳初(二十五年以来领导世界闻名的中国平民教育运动的领导者)和沈宗瀚(杰出的中国农业专家)为委员。美国委员二人亦经总统于 1948 年 9 月 19 日委派:即约翰·E.贝克(曾任华洋义赈会主任和中国政府顾问)和雷蒙·T.穆懿尔(美国农业部中关于中国农业问题的权威)。10 月 1 日,该委员会召开第一次会议。

目的和原则

中国农村复兴问题是一个规模宏大而复杂的问题。关于目的、重点、组织以及工作方法诸问题,各委员曾经过详密长久的讨论,才达到了共同的协议。1948 年 10 月 18 日委员会曾订立了一个关于农村复兴联合委员会目的和原则的全面声明,其内容如下:

(一)目的

(甲)改进农村人民的生活状况。

(乙)增加食粮以及其它重要农作物的生产。

(丙)发展人民的潜在力量,借以复兴他们自己的社会和国家,亦即奠定强大民主中国的基础。

(丁)协助中央和省县政府的农村复兴机构,建立和加强各种适当的服务。

(戊)鼓励和加强"农村复兴运动"和其他从事同样工作的社会团体。

(己)给予爱好自由人士、青年知识分子和其他富有建设性的社会人士参加服务的机会。

(二)原则

(1)关于计划方面

(甲)为决定复兴方案和各种特定事业的性质以及推行的地区,必须首先顾到现在的紧急局势。

(乙)凡能直接迅速增加农民福利的事业,应予优先考虑,并应特别着重改善农民经济状况的事业。

（丙）利用影片及广播设备来推进扫除文盲运动,应为农村复兴方案的重要部分。这是推广教育,组织民众和发展与选择农村领袖的良好方法。

（丁）关于农村复兴各种新兴事业应予鼓励。但是,除非它们在过去一个合理的阶段中,已有自助自给的表现,不应予以财政上的援助。

（戊）在农村环境之中,已经显示成功并且是轻而易举的事情,则应大规模地予以推行。

（己）一般在农村复兴工作方面具有坚固基础,并有丰富经验的职员和组织的机构,应予优先待遇。

（2）关于程序方面

（甲）委员会所拟定的计划,应与现有各机构合作推行。

（乙）在可能范围以内,应有全面计划,因农村复兴工作在各方面互相关连,在某一方面的成就往往是在另一方面成功的条件。

（丙）关于农业直接推广工作的成人教育,应予重视。这是增进农民了解并使农民接受和正当使用改良技术的最有效和最迅捷的方法。

（丁）为了实现复兴方案的目的,我们应培养当地人民的积极性,并动员当地的一切人力与物力。

（戊）关于任何省份内的复兴事业,必须在省政府及其他有关地方官员愿意尽力合作,并自动采取必要步骤,以达成预期的效果时,委员会始得予以援助。

"经济合作总署和中国农村复兴联合委员会之间关于确定双方管理责任范围的谅解备忘录",于 1948 年 10 月 26 日,经由联合委员会主任委员和经济合作总署中国分署代理署长签字。下列各种程序因获确定:该委员会提出预算的程序;为采购物资和支付技术援助美元资金拨与的程序;为支付在中国国内所有费用华币资金拨与的程序。在人事方面,关于该委员会人员的补充,督察和调度,亦应拟定处理办法。

根据上述目的和原则,联合委员会拟定计划纲要,分下列四项:

（1）对于中国目前最感缺乏而一部分须由美国经济合作总署供给

的农产品,尤其是食粮,将设法在国内供应区域增加生产;

(2)建立中心区,在中央政府的适当机构领导之下,推行广泛的综合方案,包括那些与地方行政、土地改革、农业推广、农村卫生,和社会教育有关的各种措施;

(3)推行大规模的成人教育工作,借以发展民众的潜在力量,并提高他们理解力的水平,以使他们更能发挥智慧,解决农村存在的问题;

(4)对于各地方自行创办的主要农村复兴事业,予以援助。

当南京受到军事威胁的时候,该委员会总办事处决定迁往广州。同时决定集中力量在长江以南各省发展工作,尤其是注意那些可能迅速发展生效的事业,如关于灌溉、修堤、公共卫生和预防严重的兽疫等项工作。

调查和组织

为使初步方案迅速付诸实行,该委员会委员特往四川、湖南视察农村工作,并且对于各方申请资助的事业,与其负责人进行商谈。该委员会已经着手在四川的重庆、湖南的长沙和广西的桂林增设地方办事处,并在广州设立总办事处;在南京则仍保留一个地方办事处。原来拟由在华北两个地方办事处实行的初步农村方案,因为内战的影响,不得不予停止。该委员会总办事处终于在1948年12月5日迁往广州。

为了辅助实现计划起见,该委员会曾经遴选适当人员以充上述四项工作中的三个主任。年底的时候,并拟选派得力人员担任第四项工作的主任,并在三个最重要的地方办事处充任委员会的代表。此外,该委员会还在组织一个中美专家的小组,以供咨询,并辅助方案的实施,可是,因为一般情况的不安定,关于这些人员派遣的工作,只得逐步进行。

按照该委员会从在华西、华南考察中所得的印象,这些省分当时还不像长江下游那样紧张,地方当局和社会团体极力希望依照该委员会所定的主要方向,进行农村复兴工作。所以,对于初步方案中的各种特定事业,已经采取推动步骤,该委员会准备予以援助。

初步的特定事业

正在详细设计的事业,包括下列各项:

四川第三行政专区的广泛的综合方案,此项方案系由平民教育促进会和地方领袖所发起。援助方式包括对于发展教育、农业和农村组织等事业的资助,以及对于灌溉和纺织事业的贷款。

完成在四川已经动工的十一个灌溉工程。此项工程于 1949 年 4 月底完成后,可使十九万一千亩耕地(约三万英亩)得到灌溉的便利。

在四川省内成立一种制度,以便增产并推广稻米、玉蜀黍和棉花的改良品种。

修建湖南洞庭湖区域的堤岸。此项工作于 1949 年 4 月底完成后,可以恢复生产,并防止被水淹没的耕地,每年产量可达战前输入中国的大米数量的三分之二。

湖南的农村复兴综合方案。具体计划尚待草拟和决定。

在号称为华中"仓库"(产米省份)的湖南,建立米粮生产和销售的初步改良制度,包括改良品种的增产与推广,以及发展更现代化的碾米和贮藏的中心机构。

凡须与国民政府各部合作的特定事业计划已经相当完备,现在正与有关部会共商进行。委员会曾采取步骤,设立适当的专家小组,备供委员会的咨询,并协助实现农村复兴方案的具体内容。第一个成立的小组,管理乡村区域公共卫生事项,聘任一位前任卫生部长的中国专家为主任。请求一家私营的群众关系顾问公司已于 11 月间替该委员会完成一项宣传设计,对于该委员会在普及宣传方面所能采用的工具或便利,作出专门的研究。

关于四川灌溉工程、湖南修堤工程、四川平民教育促进会所负责的某些工作,以及其他几项事业的详细计划,曾于 12 月间加以检讨以求提早拨与款项。委员会对于在广东省内所拟资助的事业,预期不久即可决定宣布,并拟在广西、福建和台湾各省实地考察许多已经申请援助的事业。

关于范围较广而重视教育宣传的方案,预计在 1949 年 2 月底以前,或难完成各项特定计划。依照初步计划,假如局势没有变迁的话,该委员会于 1949 年春季,对于上述综合方案,即须开始给予某些资助。但在现有情形之下,预料该委员会可以运用的资金,大部分必定是拨给短期性的事业,即着重增加农业生产和改善农村卫生的事业。

战略物资

中美政府间关于经济援助之协定第六条第一项(全文见下列文件部分)规定:对美国"因其本国资源中缺乏或可能缺乏而需要之中国所产物资移转于美利坚合众国,无论系为储备或其他目的将予以便利;此项移转应根据由中国政府与美利坚合众国政府所商定合理之买卖、交换、易货或其他方式移转之条件,并应依其商定之数量及时间;但对于此项物资在中国国内消费及商业输出上之合理需要,应予以适当考虑"。中国政府同意采取"必要之特定措施,以实施本项之规定",并且"经美利坚合众国政府之声请即将开始谈判关于实施本项规定所必要之详细办法"。

同一协定之第五条第五项规定,关于特别账户(详见下文)项下的华币开支,中国政府"仅得依其与美利坚合众国政府随时商定之目的,予以处置;此项目的包括……因鼓励生产及开发新富源(包括美利坚合众国因其本国资源中缺乏或可能缺乏而需要之物资在内)所作之支出"。

农村复兴调查团人员曾经进行初步的调查,希望对于中国所出产的各种战略物资,而为美国所需要者,鼓励提高产量并增加对美输出。他们尤其是注意华南和西南的锡、锑和钨三种矿物。我们觉得,采购这些物资——尽可能发展的程度采购——除了增加美国所需的矿产供给以外,对于中国却有双重的利益,即增加当地就业的人数,并且增加国家现在存量不多的外汇的来源。

生产和采购问题

我们曾经看到:自对日战争胜利以来,与政府应付通货膨胀的企图有关的外汇政策和管理办法,曾对这些矿物的生产和输出,给予一种挫折的影响,使出口商无从与政府当局商得公平而现实的价格。只有当外汇兑换率在短期间内符合现实的时候,出口商才能获得合理的利润。在企图获得这些物资的初步商谈中,我们的目的之一,是要中国政府同意变更政策,消除阻碍,借使这些物资经由合法贸易途径,并给生产者以公平价格,而获源源输往美国。

其他采购和向美国输出那些资源的困难,是由于中国生产设备之不足,以及中国存有这些物资的比较偏僻地区的运输工具之缺乏。假使要想把生产和采购发展到任何可观的规模,我们显然地需要努力来帮助解决这两种困难。

初步的安排

根据上述的调查,经济合作总署中国分署于 1948 年年底以前,对于使中国锡产能获得输入美国的办法,曾开始筹划。当华盛顿复兴金融公司收到经济合作总署的报告后,即表示愿从中国购买大量的锡矿石,以备运美制炼,因为美国国内有效力宏大的熔化设备,可以提炼出最大量的上等锡,同时还要在中国购买锡块,作为贮藏之用。到了年底,初步的商谈仍在继续进行,以求确定采购的办法。但因需要采用易货方式,以商品或白银支付而不能使用跌价的华币,所以增加了这项工作的困难。

特别华币账户

中美政府间关于经济援助之协定第五条规定设立特别华币账户或辅助基金。协定全文见附件一八一。

双边协定中的特别规定

上述第五条,对于特别华币账户或辅助基金的规定,包括两个特征:第一、特别账户只须在美方请求时存款入账。这样,该账户仅仅保有足够维持经常开支的存款,不至积累巨额结余因为通货膨胀而贬值。第二、中国政府对于特别账户项下某些经费有"保值"的义务——例如经济合作总署中国分署的行政费用,农村复兴事业和工业方案的华币开支等主要用途。中国政府应"以中国货币提存美利坚合众国政府经与中国政府协商后所决定之额外款项"。为保值起见，上述经费可以采用某种标准或相对稳定的单位，如棉纱、米或美金作为计算单位。

支持援华团原有的计划

经济合作总署中国分署成立不久以后，就和中国政府进行讨论关于设立和实施特别华币账户的问题。当这些讨论正在进行的时候，经济合作总署中国分署和中国政府订立暂行办法，以便使用华币基金维持若干医务、救济、福利、水利和农业改良事业。这些事业原是依靠为美国援华团工作而设立的华币账户来支持的，并应于 1948 年 6 月 30 日结束。但是，又经中国政府征得经济合作总署同意后，选择少数事业，继续予以维持。

初期的研究工作和建议

经合总署中国分署于谨慎地研究关于在华设立特别华币账户的各种专门问题以后，并参照了和政府讨论的内容，于 1948 年 9 月准备了一个利用华币的初步方案。该方案对于利用华币基金兴办水利、公共工程、农业、医务、卫生、福利等事业，叙述颇详。

同时，经济合作总署中国分署对于中国财政经济问题又加以分析，借以确定利用华币基金的方法。这些问题包括：随着内战而来的政府庞大的赤字开支；政府 8 月 19 日的经济法令在短促的施行期间以内所引起的通货膨胀；政府某种通货膨胀政策的继续施行；经济生产的愈益下降；战区中交通运输的脱节和民众对于通货丧失信心以致造成大量囤货和通货加速流通的现象。

需要研究的技术问题，包括以华币基金存入特别账户时兑换率的规定，存款的时期和关于特别账户资金的处置所应遵守的政策。

经济合作总署中国分署所收到关于这些问题的研究报告和建议，在与全国咨询委员会协商以前，又在华盛顿作了进一步的分析。

特别账户的设立

在历次的协商以后，当局授权经济合作总署中国分署和中国政府谈判关于特别账户的设立、存款和用途等问题。

特别账户是在中国的中央银行设立的。为了避免现款结余因为通货膨胀而贬值，双方同意仅在经济合作总署中国分署认为需要时存入现款，多半是在提款或支付费用不久以前，始将款存入。

华币基金的利用

双方并且同意在特别该账户项下支付双边协定所明白规定的一切华币开支，包括下列各种费用的华币支出：经济合作总署中国分署的行政费用，在中国迁运私人救济品包裹的费用和农村复兴联合委员会的费用。预计这类开支大约要达到该账户的存款总数的 12%。

很明显地，华币特别账户的存款，即使全部冻结也不能抑制通货膨胀。通货膨胀的基本原因，是政府庞大的财政赤字，而这又是由于内战的紧急需要所致。同时民众对于货币的不信任，又大大加快了纸币的流通速度。

另一方面，假使特别账户的存款可以轻易动支，显然也有助长通货膨胀的作用。它的影响与由于过量的纸币发行而大大地增加政府的每月预算赤字的影响相同。

所以，经济合作总署中国分署，根据在华盛顿和全国咨询委员会的商讨，决定一种政策：就是，在特别账户项下的开支，只能限于确实迫切需要的开支，以及在好些场合，还具有抑制通货膨胀作用的开支。至于非经双边协定明白规定的适当开支，经济合作总署中国分署和中国政府可能达成协议的范围包括几个大类：（一）分署署长认为符合援华法案目的的紧急费用，如配给方案中所急需用以采办当地食粮的资金；（二）经过谨慎审核的事业费用，主要是在水利、卫生、社会福利等等方面；（三）根据重置工业机器和工业建设方案，用以保障各种生产设备可以按照装置并获适当利用的费用。据估计，这些费用总数大概不超过华币账户存款可能达到数额的半数。

兑换率

关于特别账户的一个最难解决的问题，是和中国政府商定华币存款对美金的适当兑换率;就是说需要一种兑换率,能够在一定时间以内,适当地表达出美援的华币价值来。新金圆券价值迅速贬降,同时中国政府又不愿意根据官价以外的任何兑换率来作正式的谈判。所以,在这个问题尚未解决以前,只有把存款暂作垫支款项入账。在1948年年底,关于华币存款对美金的适当兑换率,双方仍未达到协议。

存款和提款

截至1948年12月31日为止,特别账户的存款,以整数计,总共合计金圆券一亿五千七百二十八万九千元,等于九百五十四万三千美元(这只是一种约计,因为关于适用的兑换率,双方还没有达成协议)。截至同日为止,提款数以整计,总共合计金圆券一亿五千零三十三万三千元,依照同样约计,等于五百八十三万九千美元。其中,经济合作总署在华的经费,大约等于一百三十四万二千美元,美援运用委员会经费大约等于二百四十九万八千美元,特别计划费用为一百八十万零三千美元,工程服务费用为五万三千美元,农村复兴联合委员会的各项开支为十四万三千美元。

1948年年底以前,很多有价值的社会团体或事业,因为从经济合作总署和中国政府联合委员会共同管理的华币基金得到援助,才能够在通货膨胀和内战的环境之下,继续它们的工作。

《中美关系资料汇编》第1辑,第1029—1065页

4. 金融汇率

赫尔利致贝尔纳斯电

重庆,1945年8月18日

余抵达中国的时候,宋(子文)博士在国民政府中尚处劣势。我几乎没发现几个了解西方的中国人。宋博士曾在哈佛受教育的背景以及其在美国金融界工作十一年的经验和长期仕途经历,使他具有一种对美国情况的认知力,这是我所认识的任何其他中国人所无法超越的。

在那些狂乱猜度中国国民政府将要崩溃的晦暗时期,当中国军队全面撤退而且当委员长与美国最高指挥官之间出现难以妥协的僵局的时候,我本能地会去找一位能够听懂我说什么并也能使委员长理解的中国人。前述铺陈表明了我与宋博士之间的密切关系。现在我觉得必须努力告知您宋博士眼下对美国的态度。

宋博士已向我言及将与华盛顿的适当官员相商为中国提供一项贷款或者其他形式经济援助之问题。宋称如果美国不能给予他所设想的援助,他会转向英国获取。我个人并不反对这一观点。事实上,我属于那种期盼看到他能从英国获得某种经济援助的人,毫无疑问这种援助是中国所必需的。我可能是在提供一些您已得知的有关宋的事情;然而,如果您愿意弄清楚他以前同美国打交道的特点,您就应该咨询下马歇尔将军、陆军部长①及其他可能的国务院官员。

中国政府的高官们曾分别告知我,中国并不希望成为“债务国”,中国希望战后她与美国之经济关系是建立在互利的基础之上的。当宋博士现自美国大获全胜返回时,他可以告诉中国人:

1. 他业已获得美国舆论支持。他也正是这样向他的同胞这样炫耀的。

2. 获得了两千万美元黄金的无条件援助。

3. 他取得了他所谓两万吨纺织品的租借协议。

4. 一万五千辆卡车后来增加到一万九。

宋曾表示中国政府准备以现款购买纺织品。尽管如此,中国国防公司前主席、对外经济管理局的威劳尔②先生还是支持这批纺织品按照租借法案的规定提供。威劳尔的理由是该纺织品属军需范畴,他获得了免费供华的许可。事实上,所有的军需都已提供完毕,并且对外经济管理局的驻华代表业已否决了以租借物资形式提供此项纺织品。对

---

① 亨利·史汀生。

② Whiting Willauer,曾为中国的战时运输做出过卓越的贡献——原注。

外经济管理局官员们此时的立场为，通过提供纺织品，中国政府可以出售以换取现汇，这就好比是租借法案提供资金援助了。宋博士被此项成功冲昏了头脑，他低估了这些先生们的性格特性和业务能力，是这些人提供给了中国及他本人以资金、装备和物资的。

余与经贸公使罗伯森在 7 月 26 日的谈话中，陈述了国务院就三峡大坝工程在 7 月 11 日第 1075 号文件中概括之观点，宋表现出不耐烦的神情，并称如果美国不批准此项工程，那么他可以从别的地方获取必要的经济援助。在稍晚同我的一次会晤中，他表示其对于国务院批准与否并不感兴趣。他说可以在华盛顿纵横捭阖而游刃有余，必将取得他所希望得到之物。彼并进而表示国务院的"否决"总是让其在华盛顿的其他部门如鱼得水。日前宋称在其与美国经贸互动的各个阶段，他都将采取某种类似"强迫取分"①的行动。他告知我万一此行他没能从美国获得他认为中国所需要的东西，就打算会在返华前会访加拿大和英国，并肯定会从他们那里得到援助。宋的上述以从他处获得援助来逼美国就范的观点在中国政府的其他部门中相当有市场。7 月 20 日国防部长陈诚将军就请求某些租借物资而写给魏德迈将军的一封信中，这样煞尾："如果美国政府不可能在短期内将上述装备供予中国的话，本部将就此事向加拿大政府提出申请"。然而业已从美国获得用于 X、Y 和 Z 部队的装备足够来武装四个加拿大军队还要多。在军方的建议下，陈诚将军的这封信被撤了回来，去掉这句挑衅的话之后，重新邮寄。

应被提及的还有宋 5 月在华盛顿的一次会谈中声称除非中国从美国那里得到免费黄金，否则"一场灾难性的金融系统瘫痪将毫无疑问会发生，并且尾随着军事失利"。换句话说，宋博士所提请的每一个要求都伴随着一个如果该要求未能实现时美国将遭受损害的威胁。宋博

---

① 棒球术语，意指在三垒跑者在投手投球时提前起跑，打者则以短打方式助其回到本垒得分，不过一旦被识破跑者必死无疑，因此运用时机必须恰当，是一种风险较大的战术——原注。

士曾言黄金的持续售出是中国战胜通胀唯一最重要之武器。宋博士于6 月 19 日返回重庆。7 月 26 日黄金买卖全部中止。7 月 31 日黄金买卖继续,不过交易额有名无实。宋进而对黄金利润追加 40% 的税赋,这在部分上使得黄金买卖并无利可图。他们毫不掩饰地利用黄金作为抵御通胀的武器。这场战役打胜了,通胀正在好转。

我们获悉中国政府并未就财政部关于中国建立一个十亿五千万的货币稳定基金以维持现行对美汇率的提议做出答复。宋告诉我说他不会由中国资源中抽出一部分来建立该基金,不过既然美国财政部提出了该建议,那么他期待这次访问能从美国获得该笔稳定或康复基金。我本不愿将此转达于您。我与宋博士友情笃厚。本人曾告诫他说其对待美国的观点是错误的。并且他提出的各种"强迫取分"都是天真的。如果他今后还想同美国做生意的话,他必须以现实为基础与我政府官员协商。那些所有关于中国政府垮台的威胁、中国党派的失败以及美国在华事业的灾难从现在开始都应抛弃掉。

我坚信美国对中国经济的前景是感兴趣的。以我之见,中国是乐于在互利的基础之上获得美国经济援助的,而非施舍。

赫尔利

FRUS,1945,Vol.7,pp.1125-1128

艾奇逊致艾德勒电

华盛顿,1946 年 1 月 17 日

(供财政部艾德勒)中国人业已表明他们希望继续通过商业船只向中国运送黄金。请告知马歇尔将军,财政部目前对此不持异议。

中国人已经请我们从财政部的一千五百万美元款项中转账一百五十万美元,用于支付购买纺织品的费用。如果马歇尔将军不反对的话,财政部打算予以转账。(财政部)

艾奇逊

FRUS,1946,Vol.10,p.921

史密斯致贝尔纳斯电①

重庆,1946 年 2 月 8 日

寄自马歇尔将军:……假如磋商始于二月底,那么最好能拖延数日,以便我有时间观察计划于三月初召开的由各派参加的中央执行委员会会议,并据此做出明确的建议。

在我看来,进出口银行应该在合适的时机贷款五亿美元给中国,这是至关重要的。与此同时,在中国形势尚未明朗之前,进出口银行也无需为这笔特供中国的五千万做标记。如你能避免陷入两难局面,将至为感谢,但我认为在国会的委员会面前,实施上述程序将会非常困难。或者,如果目前推迟递交国会将会使获得必要的授权更为拖延的话,我认为还是直接提交国会吧。……(马歇尔)

史密斯

FRUS,1946,Vol. 10,pp. 935-936

史密斯致贝尔纳斯电

重庆,1946 年 3 月 12 日

请通知财政部。国民政府于 2 月 25 日发表新的"外汇兑换临时条例",称旨在稳定货币、促进恢复及实施国际货币基金协定(参见使馆 2 月 27 日第 377 号及 3 月 2 日第 432[413]号电)。中国中央银行在尚不明晰的"进出口贸易管理临时条例"指导下收紧外汇兑换广泛的权力的时候,中国政府试图至少在紧急调整期内对外贸与外汇施以全面并且集中的控制。中国央行的集中控制表现在新规定中所有外汇经营者(包括银行、兑换店和个人)须获得央行的执照,央行可通过拥有吊销该执照的权力,来控制所有经营者和民众买卖外汇。

或许在中国实施此类外汇控制的根本不足在于缺乏行政机构和人

---

① 史密斯为美国驻华使馆领事——原注。

员来贯彻执行管理系统。任命中国银行前经理贝祖贻为中国中央银行总裁也被认为是加强央行人事及发展行政效能的举措。

取消不合时宜的20元法币兑1美元的官方汇率普遍被认为是早该如此。直到战前交通运输系统基本恢复，国货和进口商品的分销渠道基本确立，直到政府收入盈余实现，开支尤其是军费减少，直到商业金融信心重拾，才有可能稳定中国的货币，并制定一个新的能够反映不断变化的真实市场水平的官方汇率。当前的条例主要是规避在中国货币自行交易时降低不正当投机和汇率波动的风险，并且为不可预知的环境下继续国际贸易提供了某种基础。然而，除非安排适当的限制，否则贸易活动不可能改善，在汇兑不确定的情况下，只能是很大程度上出于推测。如此一来，在该条例影响下有且只有当票据期限为三个月以内时，银行才可能会从事外汇转账。

据悉，中国央行会定期（以每日、每周或者在情况允许的特定周期内）设定买卖外汇的利率。该汇率显然并非与所有的外币经营者绑定，其手续、规则更非完全明确公布的。3月5日以来央行与纽约之间电汇利率已设定为2020法币兑1美元，但其他汇兑的利率尚未宣布。如果央行将汇率定得过低而且试图在外汇市场上保有此种汇率，则即便在现有条例管控系统之下亦会造成外汇储备的流失。

极有可能，目前央行的汇率将跟随而非决定市场的兑换价格，因为经由市场买卖来稳定货币的话，政府尚需要一笔庞大的资金。除了央行在当前情况下使用的资金外，中国政府业已设立一大笔钱——数目以美元五亿计——作为其外汇储备，在认为具有现实可能的情况下，作为永久稳定汇率之用，这是可以理解的。

既然如此，那么很快有人会质疑条例在预防资本外逃时的效果，这在近期通货膨胀和金融动荡时都有发生。条例中的"外汇"概念已做了广泛的定义，从而在很大程度上避免了资本外逃的发生，然而不彻底的执行以及某些漏洞可能也会导致大量资金流出国外。外汇条例并不禁止由中国出口黄金，但却由财政部现已生效之出口贸易条例予以禁止(参见使馆 1946 年 2 月 15 日第 85 号自主性报告),还可能会在发表时再次出现在新的出口物品管制列表之内。外汇条例与贸易条例相辅相成,双管齐下。只不过贸易管制包括除了保有并稳定外汇这个当下重要的目标之外还有其他的目标。既然对于某些进口须发放执照,那么当汇兑环境允许的情况下,明显会出现逃避执照的现象。另外一些进口将会被禁止,包括(甲)中国自己可以制造而不需要使用外汇进口,及(乙)维持生计以外的奢侈品。

鉴于上述中国目前面临的经济复苏和稳定的问题实质,是次外汇交易限制的实施,作为临时性举措,并非完全不合情理。即便它试图歧视牟取私利的贸易。考虑到临时贸易管制条例,贸易限制的实施程度及/或者对私营贸易的歧视尚未明晰;这表明很大程度上取决于条例的现实管理以及进口计划临时委员会的政策。

等到新的外贸管理条例全文及附表出台的时候,将会有更为细致的意见。

史密斯

FRUS,1946,Vol.10,pp.965-967

贝尔纳斯致司徒电

华盛顿,1947 年 1 月 15 日

由国务院并财政部提供给大使及艾德勒。提议立即就战争及海军部以接近于开发市场购买美元现钞的当日汇率或基于金价来兑换中国货币向中国人提出设定特别汇率的请求(使馆 1 月 7 日第 32 号电)。建议强调以官方汇率支持现行政策的种种缺陷,以及向国会解释因为法币贬值而造成非正常损失的困难。提议使馆继续促成特别汇率的制定,即便如果官方汇率进行调整(使馆 1 月 10 日第 48 号电),因为战争及海军部业已决定推迟在开放市场抛售美元,除非国务院担保使馆将促进达成使美国陆海军在任何时候都以合理代价获得充足法币的永久性安排。

关于前次使馆 1 月 7 日第 32 号电,使馆不要在就此事项磋商的时候,同时讨论进出口银行的贷款或者联合国善后救济总署之后的援助。保证上述事宜并不鼓励中国的期望。参见国务院 1 月 14 日第 54 号电,有关 8 月 30 日剩余物资协定之三千万美元转账的内容。(国务院并财政部)

史密斯

FRUS,1947,Vol.7,p.1032

司徒致马歇尔①电

南京,1947 年 2 月 8 日

2 月 7 日与蒋介石总统举行会谈。蒋总统说,他本人正在积极研究政府改组细节。他较详细地解释了包括小党派提出的问题,这些问题部分说明他们人才缺乏,部分说明他们对参加政府犹豫不决。这是因为他们位处小党,而国民党仍居统治;或者因为他们担心经济形势有可能导致政府崩溃。我认为有三种可能的步骤可以考虑:

1. 除行政院外,在现在的机构中普遍增补非国民党员;

2. 注重行政院的内部调整;

3. 短期内集中实权于国府委员会。

蒋总统倾向于最后一点,但需作某些其他方面的修改。他认为,行政院是实际上的施政机构,其重要地位不可妄动。张君劢被考虑任命为司法院院长。

委员长认为,在军事形势方面,山东南部的威胁已经完全解除。在其他危险地区,由于阎锡山的合作,太原可能还是安全的,可以依靠阎保护他的首府。苏北现在已经完全收复。委员长表示,在晏阳初的协助下,改善苏北地方政府的计划正在实施。在河北,特别是在沿海地区,正在制定同样的计划。

---

① 马歇尔由 1947 年 1 月 21 日继贝尔纳斯之后任国务卿——原注。

先前委员长并未表示出对经济或金融状况的关心,而宋子文却如此焦虑,以致前天与我通了三次电话。随后巴特沃斯、布兰福德①、艾德勒和我本人进行了讨论,巴特沃斯认为当国家元首对某种形势漠不关心、无动于衷的时候,对他施加压力不合时宜。而现在委员长提出了金融状况,认为形势危急,并表示强烈希望美国迅速批准贷款。

司徒

FRUS,1947,Vol.7,pp.34-35

司徒致马歇尔电

南京,1947 年 2 月 22 日

由艾德勒致财政部。19 日在上海由贝〔祖贻〕告知,鉴于新条例及香港开放市场使用的新汇率,原先就陆海军开销拟定的汇率自动终止(参见使馆〔国务院〕2 月 19 日午第 203 号电),此后陆海军可以11,900汇率取得法币。

2 月 16 日实施并于 2 月(17)〔16〕日使馆电发的"禁止外汇现钞流通办法"第 5 点禁止以外汇支付薪水、津贴及奖金。但就是否中国政府打算将外国政府机构的外籍雇员包括在内尚不得而知。宋〔子文〕和贝〔祖贻〕都向我非正式提出军队的开销问题。我亦以非正式立场表示陆海军根本不会在未得到中央银行对货币购买力担保的前提下考虑以中国货币支付〔驻华〕部队的佣金。我也已通知陆海军方面如经正式提出以中国货币支付部队的问题则拖延对付。与此同时,陆海军部将继续以美元支付薪水,但业已要求央行为部队以 11900 汇率兑换华币提供便利,以减少美元流入黑市的风险。(艾德勒)

司徒

FRUS,1947,Vol.7,p.1081

---

① John B. Blandford,美国派往国民政府的金融顾问——原注。

美国国务院、财政部、联邦准备局联合声明①
华盛顿,1948 年 2 月

援华方案并未规定以白银促成中国货币的稳定,其理由有三:
(一)按照中国情形,现在没有任何持久的通货稳定的基础;(二)即使
中国的基本情况已是有利于通货和物价水平的稳定,在中国恢复银本
位,亦不切合实际;(三)此时利用白银当作应急办法,在技术上将引起
许多困难,不但需要巨款,而且在效果上亦无把握。

一

援华方案没有任何关于成立通货稳定基金的规定,因为在内战蔓
延和经济瓦解的现今状况下,这种规定徒将造成虚掷巨款的结果。

中国通货膨胀的基本原因,是中国政府庞大的预算差额。这种差
额自是军费所直接造成的,并将随着内战的迫切需要而增大。据估计,
1947 年全部军费竟占政府总支出的65—70% 。这些支出非以税收和
公债填补,只是以增加发行而维持。中国政府的支出如继续大大超过
岁收,并且继续以增加货币填补差额,则中国的通货膨胀必将继续发
展。由于这种差额,支出总数将大大超过在一定物价水平上的商品供
应总量。无论采用那种货币单位,或那几种货币单位,都不能遏止物价
的上涨。因此,在这种差额没有减到易于弥补的程度以前,我们对于稳
定中国货币就不可能有任何有效的帮助。

中国的通货膨胀在实质上既是一个内部问题,最后必须由中国人
自己设法求得一个永久解决的基础。因此,我们提出的援华方案没有
规定任何款项作为稳定通货之用。但这方案保证以防止饥荒和维持工
业生产所必需的商品和原料从海外不断供给中国,在这一意义上,援华
方案却有抑制通货膨胀的作用。

二

即使中国的基本情况,已是有利于恢复通货稳定的措施,任何恢复

---

① 关于运用白银以促成中国货币稳定——原注。

中国银本位的企图,亦有重大的不利。中国币制的最后改革方案或将采用金属辅币,包括相当数量的银币。但是,白银笨重异常,在各区域间不易移运大量银币,以作有效的调剂,尤其是在一个运费昂贵如中国的国家,困难更大。而且,全世界的银币都渐被熔化,以致白银价格与在市场上的供销情况极不稳定。中国货币如以白银为基础,其对外价值(即外汇兑换率)势将受到与中国经济情形毫无关连的银价剧烈波动的影响。这种波动又将影响中国经济,并使中国当局在推行国内财政和金融政策方面遭受阻碍。

最后并应指出中国为国际通货基金会员国之一,在原则上已允以黄金为准,维持国际汇率的稳定。一般人认为中国在实际情形许可下,即将采取步骤,以黄金为准,建立稳定的货币制度,并为中国通货订立稳定的兑换价值。因此,协助中国建立银本位,实与国际通货基金协定的原则相违,亦即与美国确定的国际金融与货币政策不符。

三

依恃白银以图和缓中国货币的不稳定状况,不但需要巨款而是一种冒险的措施。

在中国使用银币,纵使在发行方面效率很高而无流弊,但在技术方面亦属极端复杂困难。中国政府或拟使用银币支付一切开支,并准备随时以银元收回纸币。但在中国这种兑换不可能于顷刻之间完成,即在一个短促的期限内完成兑现,也就等于将一大部分纸币宣告废止。反之,中国政府如用银币支付而对市面流通的纸币又不准备兑现,则纸币的信用更将因之锐减。使用纸币纳税固有和缓纸币跌价的作用,但假使中国政府不能无限制地兑现,则又必须顾到纸币实际的跌价,而将银元和纸币的官方兑换率不断加以调整。这种措置本身就有加速纸币跌价的作用。

中国政府因为威信的关系,并且因为它还希望以纸币弥补一部分的开支(在银币缺乏的时候和在银币缺乏的地区),所以不堪遭受现行币制的崩溃。因此,使用银币支付和纸币凭票兑现,二者必须同时并进。为了维持无限制的兑现,中国政府需要极大数量的现银。据不同的估计,这种兑现需要白银五亿至十亿两以上。

假使中国不能同时采取必要的措施恢复财政上的平衡,则又将需要巨额白银填补差额。如上所述,只要大规模的赤字开支继续无已,并且仅仅依靠增加发行填补差额,不管中国采用何种货币单位,通货膨胀必将继续发展。即使中国发行大量银币,银币数量继续不断的增加,亦将抬高以银币计算的商品价格。结果,银币将渐被蓄藏,或经黑市流往海外。透过黑市的银币外流,势将成为逃避资金的一种方式。或将用为输入未经核准的商品或奢侈品,丝毫不能减少中国在国际收支上的差额。这差额是必须以政府外汇基金或外援来弥补的。中国银币漏往海外甚至会扰乱纽约的白银市场,除非美国财政部花费巨款来支持这个市场。这种做法并不能替中国建立持久稳定的币制,只是一种纯粹治标的办法。

因此,利用白银作为临时性的货币应急办法,即就这有限制的目标来说,也是需要巨款而带冒险性质的措施。

假使我们为了中国国内货币用途供给任何数量的白银,这必须是在已经提出的援助方案以外的。因为这并不能消除或减少以急需物资援助中国的必要性,而后者一种援助就是目前在国会考虑中的提案所拟给予中国的援助。

《中美关系资料汇编》第 1 辑,第 1011—1013 页

(二)政治军事

说明:二战后期,赫尔利作为美国总统特使被派往中国调解蒋介石与史迪威之间的冲突。史迪威被召回以后,赫尔利继续充当国共冲突的调解人,并继任美国驻华大使。日本投降以后,赫尔利力促蒋介石四次电邀毛泽东赴重庆谈判。尽管赫尔利努力调解国共分歧,但双方很

快刀兵相见。1945 年 11 月 26 日,与部属矛盾重重的赫尔利正式向杜鲁门总统辞职。赫尔利失败后,马歇尔使华。1946 年 7 月开始,马歇尔中止援助国民政府近一年之久。

1947 年马歇尔使华失败后,回国就任国务卿。随着中国内战形势的恶化,加之国会共和党援华集团的声讨,杜鲁门政府不得不重新审视对华政策,遂派出魏德迈将军领衔使团前来中国。7 月 22 日,魏德迈一行 11 人飞抵南京,开始了为期四周的调查。9 月 19 日,他向杜鲁门总统递交了长篇报告,建议美国继续援助中国,并将东北置于联合国托管之下。

1946 年 7 月,美国任命司徒雷登为驻华大使。司徒氏在原则上反对共产主义,但也不反对美国适时与中共建立外交关系,甚至为此做出过积极的努力。然而在国际冷战的大背景下,司徒雷登无可作为,最终黯然离华。

1. 赫尔利辞职

艾奇逊备忘录[1]

华盛顿,1945 年 9 月 27 日

赫尔利大使[2]打电话给我,表示了其在国务卿自伦敦回国后报告中国形势的愿望,那时他认为可以让国务卿、他本人和我都齐聚白宫。赫尔利先生还建议在国务院不反对的情况下,允让现时正在华盛顿的魏德迈将军也出席此次会晤。赫尔利先生表示其同魏德迈将军一直保持着最密切的关系,与一些报告所言恰恰相反,他认为将军才干卓越,

---

① 副国务卿迪安·艾奇逊在国务卿贝尔纳斯出席伦敦第一次外长会议期间代理国务卿一职,该备忘录关于他与临时返京的驻华大使赫尔利的电话交谈内容——原注。

② 帕特里克·杰·赫尔利,1944 年 11 月至 1945 年 11 月任美利坚合众国驻中华民国大使,前任为高思,继任为司徒雷登——原注。

并富于合作精神。赫尔利先生念及魏德迈将军即将返华,我们或希望将背景资料自始告知,但又言此仅为一项建议。

赫尔利先生称彼尚有艰巨的任务有待完成,目前俄国业已答应支持蒋,则吾人要取得蒋的信任就比任何时候都愈加重要。赫尔利先生表示他本人已觉心力憔悴,需要休息,难以继任,大使一职更需要年轻有为者担之,方能与彼诸多问题相周旋。

我告诉赫尔利先生一俟国务卿返回,即将与总统会谈安排一事以告。赫尔利说通过国家专线 1447 号经由其秘书卡特夫人可以找到他。

迪安·艾奇逊

FRUS,1945,Vol.7,pp.569–570

蒋介石致杜鲁门函

重庆,1945 年 9 月 17 日

总统阁下:兹值赫尔利将军回美之便,特托代向阁下致意。

中美关系,向基于彼此间友谊与同情,但自赫将军任驻华大使以来,两国间之传统友谊,更加亲密。在其大使任内,赫将军之政治家的远大见地与其个人之仁厚的性情,均足以引起中国人民之敬爱,视为美国主张公道与正义之外交政策的象征。

余曾与赫将军开诚布公的详谈我国政府对各项问题之政策,并请其向阁下报告中美间为维持远东和平秩序此后实行密切合作有关之各种情形。

余深盼赫将军能再回华为美大使,因余坚信渠足以代表阁下及阁下之伟大国家也。

阁下对我国迭表关怀,最近宋院长与美政府商洽,复承予以宽厚之协助,余深为感谢,特向阁下致意。

蒋介石

《中华民国重要史料初编——对日抗战时期》第七编《战后中国》(三),第29页

蒋介石致杜鲁门备忘录①

重庆,1945 年 9 月 19 日

哈雷②大使:请以余之备忘录代达贵国杜总统。

最近新闻报导美国政府正在设置一政治顾问委员会,协助麦克阿瑟元帅决定美国远东政策,艾其森氏及谢伟思氏均为该会人员,并据新闻电讯此顾问团即将来渝。

余极不愿提出此项消息,请贵国政府考虑,因余完全认识美国政府指派国务院人员担任适当之任务及职位绝不能受盟邦政府之评议,余对美国政府之一切思想及行动,均出于友好合作精神,余请贵国政府对于下述意见亦以同样精神接受之。

中国对于艾其森氏及谢伟思氏之一般观感,认为彼等系强烈主张应武断强制共产党与国民党合流者,彼二人均曾发表对于中国中央政府确实不利之意见,并明确表示拥护共产党之政策。

余与毛泽东氏及其他共党领袖之重要会议正在重庆举行,贵国政府谅已知悉,吾等正真诚努力以期达到一公平合理的办法,并改善双方彼此冲突之意见,在过去三星期中会议已有进展,最近共党领袖之态度忽有显著之改变,据确报:彼等表示著名美人行将来华,其任务则为予共党以坚强之支持,共党人员特别着重此项事实。彼等深知艾其森氏及谢伟思为其同情者,彼等对于阿、谢两氏之任命,解释为美国对华政策改变之表示。

贵国总统对于中国复兴及统一民主之实现各项艰巨问题,处处用亲爱实际之观点以协助中国,其如此表示之处不可胜数,是以余确信贵国政府绝不致故意批准派用人员或公布政策,使吾人企盼政府与共党之谈判受其影响。

---

①　该备忘录与前信一起托由赫尔利转呈,是为对艾切森、谢伟思两人表示反感——原注。

②　即赫尔利。

对于贵国总统及贵国人民在过去数年中所予中国之友好及毫不吝惜之协助,余愿重申余衷心感激之挚忱。蒋中正

《中华民国重要史料初编——对日抗战时期》第七编《战后中国》(三),第30—31页

杜鲁门致蒋介石函

华盛顿,1945 年 10 月 20 日

我亲爱的蒋委员长:

吾业已从赫尔利将军处收到您1945年9月17日惠函,饶有兴致地阅毕,甚感愉悦。余尤为感慰的是,您在信中对赫尔利将军十分推崇,并对其为拓展贵我两国间之亲善、合作与理解评价甚高。以我自己之观感,加之赫尔利将军转告之意见,余深信阁下才是以不懈之努力,以及对吾人之谅解与合作,赋予我们两个民族间的友谊与了解之精神以勃勃生机,并添砖加瓦,做出了更为卓越之贡献。在此谨对台端之建树,致以深深谢意。

赫尔利将军在深入的交谈中,已向国务卿和我转达了您的真知灼见以及您对于巩固贵我两国之间相互关系并维护远东地区和平与秩序的坚定信念。吾等俱以为台端之见解对于吾人考虑远东乃至世界问题大有裨益,并希望就两国共同关心之问题,您愿意随时告知我们您的看法。

国务卿和我已经获悉您表示希望赫尔利将军返回中国继续担任大使一职。鉴于阁下之愿望以及我们对赫尔利将军裁断能力之信赖,吾将高兴地告知您,我业已请彼返华,并继续其加强我们两国友谊与亲密合作之使命。

致以最诚挚之私人敬意,

哈利·S. 杜鲁门

FRUS,1945,Vol.7,pp.582–583

赫尔利致杜鲁门函

华盛顿,1945 年 11 月 26 日

我亲爱的总统先生:

本人在此谨辞去驻华大使之职。

就提请辞职一事,我希望您知晓本人是赞同您在海军日演说中所概述之外交政策的[1]。

对于您和国务卿曾给予我的支持以及让我返华出任大使的诚挚邀请,本人表示感谢。

在某一方面上,我从战争伊始就已经处于美国影响的最前沿。战争期间,我服役于爪哇、澳大利亚、新西兰及其他西南太平洋一带,还有埃及、巴勒斯坦、黎巴嫩、叙利亚、外约旦、伊拉克、沙特阿拉伯、伊朗、俄国、阿富汗、印度、锡兰[2]、缅甸和中国。其中,驻华的任务是最为复杂和最为艰难的。我一直感激的是在所有的任务中,始终获得来自罗斯福总统、赫尔国务卿、斯退丁纽斯国务卿和您本人,总统先生,以及贝尔纳斯国务卿的支持。

在我们外交高层决策中,美国的目标几乎都是清晰明确的。我们外交政策的惊人特点在于我们宣示的政策和国际关系处理上的鸿沟。举例而言,我们以大西洋宪章以及民主的原则为目标而战。在战争期间,我们的伙伴也说了许多支持民主的话。到了远东战火熄灭之时,我们以租借物资和名誉换来的仅是对民主的损害和对帝国主义和共产主义的助长。因为我赞同您和国务卿的外交政策,所以有义务向您乃至国家指出我们为之而战的目标未能实现的原因。在这封信里,我将只谈亚洲,但希望您明白,我随时愿意与您就我们国际关系的其他方面进行坦诚的交流。

我是在政治家们公开预测中华民国国民政府即将垮台和中国军队

---

① 国务院公报,1945 年 10 月 28 日,第 653 页。

② 1972 年更名为斯里兰卡——原注。

就要分崩离析之际,受命使华的。罗斯福总统命我挽救政府垮台的局面,并将中国军队留在盟军阵营之中。从战略和外交两个方面来看,这就成为了我们的主要目标。稍次要的目标就是要协调中美军事以及重庆驻华使馆与中国政府之间的关系。显而易见,主要目标是以次要目标的实现为前提的。而两者都业已实现了。尽管这些目标获得了总统和国务卿的支持,然而美国对华政策并没有得到国务院内所有官员的支持,这毫无秘密可言。这些职业外交工作人员站在了武装的中国共产党和那些旨在分割中国的帝国主义阵营的国家一边。我们的职业外交官不断告诉共产党说我们阻止国民政府倒台的努力并非代表美国的政策。同样是这些职业人士公开建议共产党武装在没有获得控制权的情况下不与国军合并。

即便有这些桎梏,我们确曾在统一中国武力方面取得一些进展。至少直到我离开中国之后,我们阻止了敌对武装之间的内战。我们确曾让敌对双方的领导人聚在一起和平协商。这段时期,阻挠我们任务完成的主要力量是来自美国重庆使馆和国务院中国及远东司的职业外交官。

我请求解雇反对美国在中国战场政策的职员。这些职业外交官返回了华盛顿,并以我的上级身份,供职于国务院中国及远东司。这些人中有些曾被我解雇的职员已任命为我们在亚洲的总司令①顾问。在上述职务中他们绝大多数至今仍支持共产党武装,并时常伙同帝国主义阵营反对美国的政策。这,总统先生,正说明了为什么由美国最高层制定的外交政策会被部分外交官员低效贯彻的原因之一。

美国外交政策的缺点曾经将我们推入了两次世界大战之中。两次战争局面的形成都与我们无关。第三次世界大战正在酝酿。目前的外交政策将我们卷入了殖民帝国主义势力阵营对抗共产帝国主义的斗争当中。这两者我都反对。本人依旧热衷于民主和自由贸易。

---

① 驻日美国盟军总司令麦克阿瑟。

在第一次世界大战期间我方声明的政策是为了保卫世界民主。该口号在第二次世界大战期间以大西洋宪章和德黑兰宣言中具体声明的形式被重提了出来。两次战争我们都胜利了,但从建立我们誓以为战的原则方面来说却又都失败了。美国的外交政策官员总是不能齐心合力。结果,我们总是沦为那些为了获得我们物质援助而嘴上表示支持我们理想和原则的国家的猎物。正在酝酿中的战争甚至不是以捍卫或者建立民主理想为目标的。我们没有依赖联合国宪章,如今反而支持着帝国主义的阵营。与此同时,我们国务院内部有相当数量的人们正不遗余力地援助着共产主义尤其是中共。

在二战期间华盛顿外交政策的多头方向和分歧要归罪于我们外交人员队伍的不足。如果我们的外交机构能够切实理解并同情去实现我们声言的战争目标,在达成战略物资与外交政策相匹配方面就不会彻底失败,从而实现我们为之而战的原则以及对于我们施予人力、物力援助的国家做出的承诺。

我故意没有录入这封短信的是我与英、俄协商关于承认中国领土完整和主权独立的一段讨论以及从这两个国家取得的关于支持中国人民建立他们自己的自由、统一、民主政府抱负的认同。这些谈判如您所知的那样是成功的,就俄国方面来说,已经庄严地写入了条约及随后的换文之中①。

一个民主政体必须依靠自我的智慧、团结和勇气。而民主体制下的人民应该有权获得各种使他们足以形成正确观点的事实信息。大西洋宪章、德黑兰宣言和您最近的海军日演讲所表明的美国外交政策与其执行效果之间的分离可能主要是由于在国务院行为下所掩盖的秘密。同样,所有最近"泄露"给民众的有关我们对外关系行为的信息也是歪曲的、篡改的和片面的。其结果就是美国人民缺乏可资判断他们的国务院正确解释并执行国家外交政策程度的基本信息。

---

① 指 1945 年 8 月 14 日签订于莫斯科的《中苏友好同盟条约》——原注。

战争期间我们为了防止敌人获益不得不严防这一秘密。我同意在战争状态下或须便宜从事。而现在我们就应努力把事做对。我提出这一问题是因为我坚信在我们历史的这一特殊关键时期让民众知情并表达观点将有助于指引我们国际目标的正确方向并促其达成。

尤其对于中国以及我在过去四年中曾服役的其他国家来说,事实性公开的期许是多方面的。既然战争结束了,我希望我的所有报告都能够公之于众,同时还有那些对已公布的美国政策持有异议的外交官员的报告。

我们在中国之真正立场在国际上被误解,是因为我们自己政府内部的这种政策混乱。这种结果意味着我们需要从低级官阶开始对我们的决策机制进行全面重组。缺乏忠诚和智力支持的外交政策是不会成功的。因为我们自己外交政策的混乱,不会错的,总统先生,美国已经在经济上被排斥于殖民帝国主义和共产帝国主义所控制下的世界各地之外。美国的经济力量已经被用来在全世界损坏美国自己的政策和利益。一个虚弱的美国外交人员队伍是可指摘的。

我希望能够从这一总体指控中豁免几个我们的从业人员。他们中的一些人非常令人敬佩并且是有能力的人民公仆,他们战斗在国务院内和外国当中,排除万难去推广美国的理想和利益。

美国的经济和外交政策是需要协作的。美国的力量不应被任何掠夺性的意识形态所驱使。

美国应该支持对旧金山联合国宪章的增补或修改,以促其民主。我们的力量应该用于支持联合国的决定而非冲突中的意识形态或者好战的势力阵营。

帕特里克·杰·赫尔利 敬上

FRUS,1945,Vol.7,pp.722–726

魏道明致蒋介石电①

华盛顿,1945 年 11 月 27 日

兹将与杜总统谈话要点敬陈如下:……(一)对东北问题,总统询明意见,明谓:东北问题不能视为中国问题,乃系整个世界问题之一面,自伦敦会议后,形势急转,此显为苏联对于国际僵局之反应,亦实为角斗之开端,伊甚以为然。明复谓:对于东北问题解决要点,当在求其履行条约义务,根据开罗宣言中苏条约及苏联军事当局无数诺言,苏联不应以任何托词,阻止我军进入东北,望美国尽量予吾人可能之协助。……总统对职所谈频表同情。末谓:美政府必与我密切合作,妥商办法。(二)关于军事顾问团事,今春特向总统提及,说明钧座对此重视为中美合作之一重要步骤,未可解释为干涉内政之处,吾人如听共党宣传,适中其计。总统谓:计划尚须有所改变,决定后即办,共党宣传自可不理。(三)哈雷(即赫尔利)回美辞职,并发表声明,解释辞职原因,深责外交职业人员不顾政府政策,勾通共党破坏其努力,一时政界颇为震动,当日白宫征求马歇尔同意,并发表准哈雷辞职,派马歇尔为大使衔专使。

附注:奉批即抄送王部长。

《中华民国重要史料初编——对日抗战时期》第七编《战后中国》(一),第 156—157 页

艾切森②致贝尔纳斯电

东京,1945 年 11 月 30 日

谢伟思③和我从此间流传的一些信息贫乏、容易误解的报导中获悉了赫尔利大使的辞职。

据称赫尔利先生指控一些外交工作官员曾向中国共产党建议不要

---

① 魏道明时任中华民国驻美利坚合众国大使,此电告与杜鲁门总统谈话要点——原注。
② 小乔治·艾切森(George Atcheson,Jr.)时任美国代理驻日政治顾问——原注。
③ 时任驻日政治顾问委员会的外交事务官员——原注。

与中国中央政府妥协;还有我们在东京这里"继续干涉中国内政"。

又称国务院已经发表声明,在"与职业外交官争议"的问题上,站在赫尔利先生的一边,并且国会将展开调查。

由于这些报导难以理解,因此极其盼望能加以适当澄清。

我们对成为这次公众谈论的话题而感到非常遗憾,肯定不希望卷入任何公众争议之中。然而,如果这些荒谬的论断真的出自赫尔利先生,我们建议公开一些文件,就我本人的报告来说,从1943年5月我发自重庆并在其中描述了中国的困难并表示要对委员长及其政府进行立即额外援助的长篇电文开始,这将是排除纷扰的最佳途径。

艾切森

FRUS,1945,Vol. 7,pp. 726–727

艾切森致贝尔纳斯电

东京,1945 年 12 月 7 日

赫尔利先生有关驻华外交事务官员联合英、法、荷"帝国主义集团"希望看到中国政府倒台的指控,我们已经看到一些报纸上的披露。

通过在重庆时我与赫尔利先生的几次交谈来看,他对此的想法来源自前总统关于警惕欧洲帝国主义在东南亚,尤其是法属印度支那和暹罗,行动的几次训令,但那并没有涉及中国本身。我记得去年秋天曾向赫尔利先生表示:很难想象大不列颠这样一个希望恢复在华庞大商业利益的国家不会企盼一个和平而稳定的中国,同理也适用于法国的政策,因为一个纷乱的中国并不利于法国贸易的复苏或者是印度支那的利益。

以我在重庆两年的经历,我可以肯定任何外交事务官员并无赫尔利将军所称的与任何欧洲帝国主义行动的"联合"。我本人没有发现英国、法国或者荷兰方面的外交代表们表达过任何有损中国国民政府权威或者任何不希望战后中国应该成为一个稳定统一国家意愿的证据。

在四月份我离职前的几天,我所熟稔的邱吉尔首相私人代表卡顿·德维尔特将军①邀我一起共进午餐,席间我们谈及委员长的困难,特别强调其坚信要继续援助蒋和他的中央政府。英国大使的立场一直是支持蒋介石,我认为对于一位客观的观察者来说,要相信这三个当事国存乎任何本质上针对中国的阴谋是很困难的一件事。

艾切森

FRUS,1945,Vol.7,pp.731-732

谢伟思致贝尔纳斯电

东京,1945 年 12 月 8 日

阁下:

我荣幸地提交下述声明,或许对国务院有所裨益,以回应前任驻华大使赫尔利最近对我毫无根据的指控。

从 1942 年 7 月到 11 月,大使馆派我远赴中国西北出差,那里自从中国战争②爆发伊始就没有外交事务官员拜访过,并且由于临近共产党发展区域而具有政治敏感性。由此,在 1943 年 1 月临时回国务院公干期间,我被要求就国共关系的一般主题写一份备忘录。国务院的官员在那时并未完全做好准备来接受我关于这些关系随着战事的发展将为中国问题的核心并最终导致美国干预的观点。然而,他们同意收集有关中国共产党的第一手并且全面的信息,以评估可能的趋势及中国政治力量的均衡。

1943 年 5 月我返回大使馆之后,使馆鼓励我与官方承认的共产党代表进行非正式接触,从而为使馆的政治形势报告获取信息以使其完整。

---

① 卡顿·德维尔特(Carton De Wiart),1944 年—1946 年任英国邱吉尔首相私人驻华代表——原注。

② 指 1937 年卢沟桥事变之后中国全面的抗日战争——原注。

1943 年 8 月我被派去服务于史迪威将军。因为我有与共产党打交道的经验与经历,也因为其时美国陆军军官有这样的联系并不认为具有政治性,我奉命担任陆军总部与重庆共产党代表之间的主要联络员,既然中央政府拒绝批准美国人参观华北,那么他们也是有关那一地区的唯一情报来源。

作为史迪威将军的政治情报官,我也在中国政治环境不稳定的时候向他汇报,从而可能影响作战和他的行动。由于这一工作,我多次被派往实际或者潜在的动乱地区,必然直接或间接地接触到国民党或许认为持不同政见的组织或个人。

使馆对我所有的行为都是完全清楚的,这些行为也完全是对信息的收集和报告,并且使馆对所有具有政治性质的报告都有备份。这是应史迪威将军明确的意愿,他命我与使馆充分合作,充当它与陆军总部之间的纽带。

早在 1944 年,美国在华军事参与的迅速扩张,包括准备让空中行动扩展到并覆盖华北,致使国共僵局演变为一个美国的重要军事问题:除了联合全中国武装抗击日本人的需求以外,与中共控制的华北区域取得直接联系对于军事情报、气象信息、营救机组成员等等都是至关重要的。考虑到我作为史迪威将军随员的职责所系,自然地我获令要在美军观察团的延安之行寻求双方同意的协商中采取主动。我与该事宜的瓜葛也在最终获得蒋介石委员长首肯之时,因陪同华莱士副总统和菲利斯将军①在侧而通晓给了中央政府。

国防部业已为国务院在观察组中留有席位,高思大使建议接受,以获取政治情报,并提名我。因此我访问延安,尽管名义上是以史迪威将军随员的军方身份,但实际上是应国务院的特别要求。

观察组明确受命将其行动仅限于信息收集,诸如空中营救的工作并不会做出任何许诺或产生军事援助的讨论。这些指令迅即获得整

---

① Benjamin Ferris,菲利斯准将,任史迪威将军副参谋长——原注。

理,并以最直白的语言在我们最初对忠诚的领导人的访问和其后我与他们的所有关系中知会了他们并使其完全理解。我也在其时进行了书面汇报。

我自 1944 年七月至十月待在延安。那段时间我所撰写所有报告的副本,包括对共产党领导人非社交访问的备忘录,都经由使馆提交了国务院。

当史迪威将军于 1944 年十月从中缅印战区司令之职离任的时候,他命令我返回美国,我在陆军的服役也宣告结束。然而,在我休假回美国期间,他的继任者魏德迈将军提请国务院重新委我以驻中国战区总部的相似职务。

我获悉国务院本不情愿放我外任,但与此同时,它考虑到在延安保有政治观察的重要性——在实际工作中,这唯有通过让一个外交官以军方身份出现来达成。因此国务院以我能够赴延安充当观察任务为前提,命我返华服勤于魏德迈将军。魏德迈将军对此表示同意,并宣布说我的大多数时间将待在延安。于是,我在 1945 年 1 月返回中国也是基于上述基础。

在我访华前就已经意识到我与共产党及其他反对团体的长期联系、我在华的经常活动、我参与观察组协商活动并访问了共产党区域,以及我与史迪威将军的亲密关系,都引起了国民党某些人和团体的猜忌和敌意。他们任意在美国人中散布谣言说我曾是共产党员。

我离华期间,赫尔利将军就任大使,而且遗憾的是很明显他相信了这些不公正的攻击(受害者还包括使馆其他官员和史迪威将军的随员);他把私人的不同观点等同于"反对"和"不忠";他拒绝接受有悖于凡是他明显愿意相信的事实的报告。在离开华盛顿前,我与外务人事主任讨论过这一情形,我表明自己还是愿意返华,因为魏德迈将军业已请我服勤,还因为我认为这是个重要的战时工作。

一俟我抵达重庆,赫尔利大使就警告说我"要是干涉到他",他就会"毁了我"。而从未明晰的,就是他所谓的"干涉"指代为何。

1945 年 2 月,赫尔利大使在一次国共谈判失败后返回美国,重庆的两个主要政党都表现出了政治形势急转直下的危险迹象,双方都不愿妥协,开始厉兵秣马。事态是如此严重,以至于我请求加入使馆报告官的行列,给国务院直接拍了电报,对此赫尔利先生明显反对。

之后不久,我们获悉共产党将召开他们许多年来的首次全国代表大会①。考虑到当时中国的紧张局势,弄清共产党的立场和该党的将来政策被认为是具有极其重要的意义。由于政治观察明显可取,亦由于这正是我被派往总部的目的所系,执行参谋长命令我取道延安。1945 年 3 月 4 日前后我达成了使命。在这个问题上,如同我第一次访问延安时一样,我受命仅限于观察活动。共产党领导人被告知了这点,并且清楚地了解到我并没有任何政策授权。

正如国务院所知道的那样,我于 1945 年 4 月 1 日前后在赫尔利大使的煽动下,被调回美国,自那之后就没有接触过任何政策层面上的中国事务。

针对由赫尔利先生直接提出的指控或者表现在那些看上去是启发性文章的(诸如由一位前重庆使馆非外务工作人员写的)观点,我做出下列简述:

我并非共产党员。这可以从任何熟悉我的人那里获得证实。

我并未"破坏"过美国的对华政策。相反,在回答由共产党提出的难以回避的问题时,我解释说美国不可能会通过有力支持一个政党去反对一个广受承认的政府的方式来进行干涉。

我没有对共产党说过赫尔利先生的声明不代表美国政策。相反,我从未怀疑过那就是美国的政策。

我从未向共产党发送过任何性质的任何消息;从未给共产党或者任何其他中国人看过我的报告或者其他政府报告;从未向共产党通过

---

① 1945 年 4 月 23 日中国共产党在延安召开的第七次全国代表大会,是自 1928 年以来党的首次全国代表大会——原注。

口头或者其他方式泄露过任何美国军事机密。观察组的官员们都能证明我们采取了任何可能的预防措施来保护我们的报告。

我并未主张中央政府的垮台或被推翻。相反,我的报告会表明我始终认为中央政府能够(也应该)通过自由化加强自己,这将促进以民主为基础的国家统一,这也是施加美国影响的终极目标。

我仅与赫尔利先生有过三次交谈。其中两次我并没有被征询也没有机会表达观点。他对我指控的依据让我难以理解而倍感茫然。很明显他似乎并没有仔细阅读过我的报告,也对我上面简述在华之职责和任务的背景并不熟悉。

我在中国所写的所有文字都提交了重庆大使馆,并可能已被使馆或国务院记录在案。

我已获史迪威和魏德迈两位将军的嘉奖。我相信自己在国务院的绩效是值得称道的。

我一直认为自己是美国政府及国务院的一名忠诚官员,并且以扩展美国的利益而奋斗。

谢伟思　敬上

批准签转:

小乔治·艾切森

FRUS,1945,Vol. 7,pp. 735~738

赫尔利致蒋介石电[①]

华盛顿,1945 年 12 月 17 日

承阁下及夫人惠邀余夫妇来华相晤,本人与内子同深感谢。阁下过去曾畀余以美满之协助,近承迭颁函电,嘱即返华,本人无任铭感。余在此次采取激烈行动以前踌躇甚久,但愚意终以为苟欲促使一般国民确定并赞助吾人过去在华所支持之美国政策,舍此别无他途。过去

---

① 该电介绍马歇尔使华——原注。

有人以有组织之力量说服美国人民，谓余在中国所进行者并非美国之政策，阁下业已深悉。此种有组织之诽谤行为，至余采取行动之日始告终止。美国之地位现已获得公开而适当之说明，余愿一如往时，永为阁下及中华民国与中国人民之友人。余信今后马歇尔将军赞助阁下统一中国之全部军队，使隶属于国民政府，必不致遭美国官员之反对而能获得成功。余并深信渠对阁下建立自由团结与民主政府之种种努力，以及人民所抱之此种愿望尽力赞助，必能获得敝国政府全体一致之支持。阁下及贵国政府各长官当能畀予马歇尔将军以同样之合作信任与协助，一如过去惠予本人者，此乃余所至盼者也。

余夫妇谨以最大之热忱向阁下及夫人致意。

赫尔利

《中华民国史档案资料汇编》第五辑第三编《外交》，第 609 页

格林·哈克沃斯①致贝尔纳斯备忘录摘要

1946 年 3 月 1 日

国务卿先生：

在您 1945 年 12 月 7 日的备忘录中，您要求我尽最大努力调查下列证据会否存在：

赫尔利将军在外交关系委员会证词中提及的任何官员或者其他任何国务院雇员曾告诉过共产党在中国的组织有关盟军在华登陆或行动的军事计划；

赫尔利将军提及的任何官员或其他任何人建议中国的共产党说，赫尔利大使防止国民政府垮台的努力并不代表美国的政策；

他们公开或者私下建议共产党组织在中国共产党没有给予管辖权的情况下抵制中国共产党军队与国军的合并。

---

① Green H. Hackworth，美国国务院法律顾问，1946 年 2 月当选为海牙国际法院法官——原注。

在 1945 年 12 月 5、6、7 和 10 日在参议院外交关系委员会的听证会上,赫尔利将军点了下列外交官的名:

乔治・艾切森,

谢伟思,

范宣德,

戴维斯,

富尔顿・弗里曼,

亚瑟・林沃特,及

约翰・K. 埃默森。

我们已有的是艾切森和谢伟思先生发来的有关赫尔利先生指控的函电。

在收到您 12 月 7 日备忘录后,即与身在国务院的林沃特和弗里曼先生取得联系。我又分别联络了在德国的戴维斯先生和在日本的埃默森先生,通知他们有关指控的事以及提供一个提交他们或许愿意就指控发表声明的机会。我们现在收到了他们每个人的声明;还有他们和重庆大使馆长期以来提交的无数份有关中国总体形势的报告。

上述官员都在不同程度上否认了赫尔利将军的指控。随附证词 1–7 件为相应外交官各自的声明。为了保证这些在听证会上没有"出庭"者的公平权利,声明应被放入其在国务院的记录中。

个案意见如下。

结论:

对于本备忘录开篇提出的第一个问题,我没有发现有证据显示赫尔利将军所提及的任何外交官员或者其他任何国务院雇员曾告诉过共产党在中国的组织有关盟军在华登陆或行动的军事计划;

在外交关系委员会证词中,赫尔利将军声称在 1945 年 1 月 29 日起草的一份为罗斯福总统赴雅尔塔准备的关于美国在亚洲政策的文件上,其中一段规定"如果军队在中国沿海登陆时,遇到共产党而非国军,在有助于美国登陆部队的前提下,有权武装所有的力量"。他指出

"在这点上我曾经是表示同意的"并且补充道：

　　"……但是当我看到正如奥斯汀参议员①所描绘的共产党部队全部由中国的一块领土整体行进到一个特定港口时，可以想象一下我的惊惶失措。接着我就读到一些海军军官在那里被逮捕的消息，共产党不仅知道登陆港口而且他们还知道美国最机密的计划。我竟是从中国的共产党武装了解到这一点，而非我们的职业官员……"

　　提到的备忘录明显为该日由时任中国事务处主任范宣德先生按照代理国务卿的指示"应战争和海军部长咨询回复之用"而准备的文件。该备忘录中提出：

　　"我们希望看到的是所有愿意抗击日本人的中国部队在可行的程度上被重新武装，目前中国政府与中国共产党之间不尽人意的关系使得采取重新武装中国共产党的措施是不适宜的，即便通常认为他们能够有效使用大量小型军火及破坏性材料。然而，如果要在中国沿海展开行动的话，建议我军机构应准备为任何他们确认能够有效利用来进行抗日的中国部队提供武器，并在合适的时机通知中国军方。"

　　在档案中，还有一份归入"第七点"的文件，没有日期和签名，题为"1945 年 1 月 30 日国务院致战争与海军部长文件，并转参谋长联席会议"，包含有前引段落。由此可见，除了国务院官员以外的其他人也知道这一信息。

　　备忘录和赫尔利将军所称并不完全吻合，但它指明"采取重新武装中国共产党的措施是不适宜的，即便通常认为他们能够有效使用大量小型军火及破坏性材料"。然而，它补充说"如果要在中国沿海展开行动的话，建议我军机构应准备为任何他们确认能够有效利用来进行抗日的中国部队提供武器，并在合适的时机通知中国军方。"这也可能就是赫尔利将军所指的内容。

---

① 　美国佛蒙特州参议员。

无论是当时在雅尔塔的波伦先生①，还是范宣德先生都不记得在雅尔塔讨论过这个问题；他们一致认为如果该问题被论及，也很可能是在一个军事的层面上。

所有被赫尔利将军点名的外交官员都否认曾告诉过共产党有关登陆计划或者任何他们所知道的类似计划。

这些计划，如果有的话，应该会通晓军方。他们是天然的直接当事方，也因此更可能会被通知。

其次，盟军于中国海岸登陆的可能性是广泛猜测的话题。例如参见前引林沃特先生 1946 年 1 月 2 日声明的第一标的段。

早在 1944 年 8 月共产党将领陈毅通知谢伟思先生共产党将重新占领先前在中国东南根据地的计划，并为此使用缴获的国民党武器。(1944 年 9 月 29 日，重庆(3021)〔3020〕电发，文档 740.0011 P. W./9–294.)中国共产党第十八集团军司令朱德将军也于 1944 年 9 月 22 日与谢伟思先生谈论过"美国登陆中国南部沿海的计划"。(1944 年 10 月 25 日，3093 电发，文档 893.00/10–2544.)

我并未发现任何怀疑这些外交官员将军事计划泄露给共产党的理由。

对于前面第一页所提的第二个问题，即赫尔利将军提及的任何官员或其他任何人建议中国的共产党说赫尔利大使防止国民政府垮台的努力并不代表美国的政策，我并未发现可靠证据。

据说美国军方对援助中国包括国民党之外的其他派系表示同情的说法，早就流传于共产党之中，甚至达于蒋介石本人。这种观点即使在赫尔利将军任职大使以前依然存在。举例说明，在 1944 年 10 月 24 日的一份电报中，高思大使报告谢伟思先生即将赴华盛顿国防部出差，解释说大使馆有理由相信"我们的一些陆军军官甚至可能包括史迪威赞

---

① 查尔斯·E. 波伦，时任助理国务卿，鸽派苏联问题专家，担任罗斯福总统在雅尔塔的翻译——原注。

成对中国共产党的直接援助,而谢伟思的华盛顿之行也与此有关"。

然而赫尔利将军所谈及的外交官主张的是,中国政府的基础应该扩大并纳入中国各组织的代表,并非如赫尔利将军所指控的那样,主张国民政府的垮台。他们否认曾告知共产党说赫尔利大使防止国民政府垮台的努力并不代表美国的政策。

第三个指控为他们建议共产党在没有给予管辖权的情况下抵制其与国军的合并。

涉案外交官否认他们曾做过任何此类建议或者他们曾有过任何类似的想法。他们觉得中国军力的统一是有利的,但正如目前记录所示,没有人曾建议共产党应被给予管辖权。

已经审查了大量有关中国政治、经济和军事形势不同阶段的材料。我仅使用了那些看起来与这里的特定指控相关的部分。本人并未发现任何可以让我觉得指控成立的证据。

FRUS,1945,Vol. 7,pp. 740–744

2. 魏德迈使团

司徒雷登致马歇尔电
南京,1947 年 7 月 17 日

蒋总统请我自北平返回后,于 7 月 15 日下午约见。他先与我讨论了魏德迈将军即将抵达的行程并对此表示感到高兴,然后问及我对北方形势的印象。我借机阐述了我在 7 月 10 日下午七时使馆第 850 号电中的建议,回答要点如下:

中方和美方各自从东北发回的报告一致认为形势极为严重。这不仅仅是从军事观点而言,而是因为百姓们对共产党和中央政府同样敌视。中央政府各级长官剥削百姓,中饱私囊,因此刺激了那里的分离主义情绪。我说本人强烈认为,依靠可以信赖的地方领导,给他们大量自主权,这样可以加强政府地位,平衡共产党采用同样手段所汲取的

成功。

我说,我发现华北人民因政府军在东北暂时得势而略感安慰,但其不满的严重程度并不亚于东北人民。这种不满似乎遍及全国,而且程度日益加重。

委员长说这主要是因为经济原因。我指出经济和财政的恶化只是症状。大难临头和悲观失望的情绪普遍存在,导致军队贪污日益增多,尤其是在东北。简言之,厌战心理和败相丛生正在瓦解战斗力。我微笑着责怪委员长,说他在最近的声明中只引用我关于一场新革命的提法,而绝口不谈我所强调的改革和宪政自由,并将他的声明只局限于与共党战斗一个方面。委员长好像比以往更由衷地赞同我的意见,承认别人对局势发展的看法可能比他更明了,并请我拟几条具体的建议。对此,我暂时尚未采取任何行动。

司徒

FRUS, 1947, Vol. 7, pp. 241–242

马歇尔致司徒雷登电

华盛顿,1947 年 7 月 21 日

欣闻 7 月 17 日第 1541 电所述,您有机会进行这样一次会谈。我赞同您的意见,中国现在的形势要求委员长实行有效的措施来让他的政权获得新生。为此,他应该首先将身旁那些庸将昏官统统罢免。然而,由于我 7 月 3 日中午第 821 电所暗示之原因,我觉得由我们来提出具体的书面建议是不合适的。

我想您会将这封电报给魏德迈将军一览,当然我向其保证能够及时通报所有与其使命有关的情报。

马歇尔

FRUS, 1947, Vol. 7, p. 242

司徒雷登致马歇尔函

南京,1947 年 8 月 19 日

阁下:

我有幸就美国援华这个总问题进行补充论述。

如我上次报告(1947 年 8 月 11 日第 923 份)所言,蒋总统要求魏德迈将军担任他的最高军事顾问,权力与他向您承诺的完全一样,即享有与他本人同样的权威。魏德迈将军认为难以接受这一建议,但旋即另提两人代之,而其中任何一人都为蒋所不允。当我向蒋总统提出这两位代替者时,他表示失望,表示那样将有损于中国威望。至于魏德迈将军(如您一样),蒋总统可以不经任何程序,便赋予他自己享有的一切权力。他还不知道能够有其他人能够被委以这一重任。他表示鉴于这一问题事关重大,希望您能给予支持。

魏德迈使团的中国之行使中国国内议论纷纷,从共产党人的恶毒咒骂,到自由主义者对于使团为反动派所利用的担心,再到政府中许多人的奢望,不一而足。他们仰赖我国来代替解决他们的问题,这使人又可气又可笑。但我必须承认,在政府内外有着日益增多的人士,他们的观点相当值得同情。他们承认我方论点的合理,例如中国人应自救并首先整顿国内秩序等等,但却对保守主义、封建观念、自私自利和狭隘偏见感到无能为力,那些有权影响改革的人也有相似的无奈,而这时候共产党人则迅速扩大影响。这些人中的佼佼者本不愿如是选择,又不想袖手旁观来让我们包办一切,但事实上他们置身其中而一筹莫展。我也如此。而我与他们大多数人的不同之处在于,一旦负责任的领袖和民众都开始看到希望时,我对他们的精神与心理有望施加影响。

实施逐步改革的意愿与能力,尽管悲之甚少但已初见端倪。蒋总统最近召集各省主席开会,发了一通激烈批评也允诺了某些利益并进行适当指示。此后各省税收主要用于各省所需,中央政府各部及其他机构派驻官员应在各省管辖之下。蒋总统自此与我争辩道,虽然从理论上省主席应由文官担任,但在宪法生效及军队改组以前,文官很难与

军人统治相抗衡。他又补充说经过几次努力,他明白了在目前条件下
很难规劝杰出者去接受这种职务。他正制订明确计划以便在 9 月 9 日
举行的会议上促成党政分离,并迫使国民党接受与美国政党相同的地
位。他已研究过有关这一问题的备忘录。他还在制订计划,以扩大地
方警察权力,使之取代宪兵(实际上只对他一人效忠)和特务,由地方
警察来处理有关民权事务。我指出,如果充分准备实行这种改革,就应
有及时而公开的民事审判,并对新政策及程序进行官方说明。中央与
地方的机构重叠、普通官员代表及冗员应予裁撤,以便减少开支并提高
效率。百步之行始于足下。这多半是由于中央政府素来怀疑地方官
员,以及铁饭碗制度所造成的结果。蒋委员长实行这种个人控制的手
段也达到极致。就他而言,由于他对无孔不入的共产主义感到恐惧,这
就使之变本加厉。这很可以解释,如果并非以为借口,五月间对学生罢
课采取的恐怖手段以及类似强制侵犯民权的措施。

蒋总统最近对陈立夫博士的处理表明他企图着手清除进步运动道
路上的障碍。而这种障碍的出现当然大多是由于他与这类同志长期相
处时形成的思想与行动上的习惯。两三个月前,他指使国民党秘书长
吴铁城将军免去陈博士组织部长之职,并责成他与张群院长拟定代理
人选。因为他俩同属一派,并常常为共同目的而与 CC 系合作,这就将
他们置于窘境。最后,他们提议让陈立夫博士自己指定继承人选。而
陈立夫巧妙地回答说,由于他不明白哪些方面证明他自己不能令人满
意,所以不能指望他找到合适继承人选。但问题并末了结。大约两周
前,蒋总统赴牯岭前,他派人找来陈立夫博士,责斥一番,并告诫在他离
开期间不要乱动。然而,陈之后一直极为活跃,通过扩大对政府银行、
工厂等的经济控制,来扩张他的派系势力。在所有这些行动中,他对张
院长施以危险的影响,部分毫无疑问是由于这两个派系的共同的政治
权谋,部分也是由于当蒋总统总是握有最后决定权时,院长在极端困境
中倾向于妥协或顺从。特别是来自陈博士的任何压力都是源于他与蒋
总统众所周知的关系。上周我与蒋总统会谈结束时,我曾提议让陈博

士到美国考察我们的政党,并指出他对技术和工会事务素有经验。蒋总统会心地笑道,他本人也考虑过让其到欧洲旅行,但眼下鉴于选举日益迫近,他不能没有陈。而正是出于这些原因,我才尤其希望他出国。自那以后,郑介民将军却告诉我,可能会早点安排陈博士启程。

通常那些有意某种形式上美国援华的人都赞同向各个项目派驻顾问。我个人倾向于选用我们政府的雇员,当然,应中国政府之请并经其程序加以认可。我并没有说这些人一定是我们中的最为优秀者。但尽管我们政府的薪金水平不足以吸引那些符合条件的最佳人选,中国政府却不受此限。我认识到该论点的说服力,但本着爱国和人道主义价值理念,不愿承认我们招不到第一流的人才。事实上,具备理想主义观点并接受任职正是美德之一。

行文冗长,前途困惑,谨表在下拳拳之心与襄助之意。

司徒雷登　敬上

FRUS,1947,Vol.7,pp.254-257

魏德迈讲话摘要[①]

南京,1947年8月22日

税收

近于80%的中国人民是劳苦农民,他们的收获是有目可睹的,政府官吏不难估计农民所能纳与政府的数量。贪官污吏们往往向农民索取超过他们所能缴纳的数量,此终使农民离开土地,形成匪群。

与向农民征税相形比较之下,中国的商人与富户却以不正当及诡诈的方法逃避应向政府缴纳的正当捐税。普遍都知道中国各业行店都保有两套账簿,一套记明业务的真实情况,另一套记明捏造的账目,因而他们不缴纳所应当缴纳那样多的捐税。

---

① 魏德迈中将在国民政府委员会与全体部长联席会议上的讲话——原注。

军事

我以为在战后的第一年中,将中国共产党的力量除尽或至少减至最低限度是可能的。这个可能性是根据这种假定而断定的,即中央政府将其军事力量调度得足以确保各工业地区、粮食产区、重要城市以及交通线的控制权,同时又假定中央政府能任命有高度效率、异常诚实的官吏为省主席、县长、市长以及政治经济各机构中的官员。假使能这样实行,就可以有政治上经济上的稳定,人民就不会接受共产主义思想的渗透与侵入,实际上还要坚强反抗共产主义思想。中国共产党就不可能扩张得如此之快并获得在如此广大地区中差不多没有问题的控制权。我相信中国共产党的运动不能用武力击败。今日中国正遭受一种外来思想的侵略,而非强大军事力量的侵略。我以为惟一可以战胜这种思想的方法是以另一种更符合人民意志获得人民支持的思想与之斗争。这就是说中央政府在政治上及经济上要肃清贪污无能,以求得公正和平等,并保障中国人民,尤其是农民的个人自由。要而言之,中央政府不能以武力击败中国共产党,而只有立即改进政治及经济的状况以争取人民群众忠心的、热烈的、至诚的拥护。据我看来,中央政府在共产党猛攻之下能否屹立或倒台,将决定于这种政治与经济状况改进的效率与时机。

在战争期间当我做蒋委员长的参谋长时,曾努力使所有中国军官认清重建军官与士兵间的良好关系之重要。我说明无论在战时或平时,军官必须对士兵的福利表示真挚的关心。受伤士兵应自战场撤回,由医院或救护站加以照顾。军官应在可能范围内到医院慰问。军官应当与士兵作篮球足球一类的游戏。低级军官应当知道其所领导的单位中每个士兵的名字;他们应当与士兵交谈并鼓励士兵讨论他们的问题;向士兵讲解为什么他们要作战。讲解政府的目标并鼓励公开讨论。这样就造成军官与士兵间才能发生一种互敬挚爱的情感。通过畏惧执行纪律,不如通过感情与互敬来的有效。中国士兵是朴实的、和善的和勇敢的,若是领导和照顾得宜,他们将乐于受苦和冒险,中国军官极易获得他们的尊敬与崇仰。

征兵

我已接获许多报告谓兵役的征募并未诚实而有效地施行。又如捐税一样,要农民担负最重,首当其冲,虽然在城市中有成千成万的壮丁按照兵役法规应当服役而不被征募。富人的儿子都出钱以逃避兵役;在国家危急之时,很多富人的儿子正被送到外国留学,而不留在国内协助自己的国家。

军民之间的关系

我要强调在军民之间建立及维持良好关系的重要性,陆空军的军官士兵们在与民众接触之时,都应该有礼貌的、友好的、合作与诚实的。我由许多材料知道中央政府军队初到满洲都被人民视作日本压迫的解放者而受到热烈的欢迎。今天,满洲人民与中央政府军队相处几个月之后,因为军官士兵的骄横粗暴,人民已有憎恨与不信任之感。他们任意偷窃掠夺;他们普遍以征服者的态度对待人民。在台湾亦有同样的情形,使台湾人民与中央政府离异。所有这些都是纪律问题。假如军官本身是欺诈的和无礼的,士兵自然不能独异。中央政府如果希望对抗共产党的战争获得胜利,则军民之间良好关系的建立是绝对必要的。起初,共产党军队虽也是残暴、破坏,同样招使人民痛恨,但在过去几个星期,他们采用一个完全新的作风,要求军官士兵在与民间群众的关系上特别注意。诸位由此可以明了立刻进行改善军民之间的关系是如何的重要。

军事人员的升擢,应以功绩为唯一标准。年纪较大的军官或无能的军官应令其退休解职。退休的军官应认清他们必须为年轻的军官空出职位,他们应当爱国地、贤明地接受退休。在中国军队中,将官太多,其中大多数未受良好教育且对现代战斗不够熟悉。绝不宜用将官充任负有责任的文职例如省主席、市长和县长,国防部长或许是例外。军人不得属于一个特定的政党。在 12 月 25 日宪法生效后,应准许他们投票,换言之,即允许他们行使选举权,但任何军人不得担任政府职位或为一个政党的积极活动的党员。

政府组织

我已详细地研究了政府的现行组织，我以为政府各部门的职权，自国民政府委员会以至中央各部内的各单位，亟需明确的划分。目前责任与职权叠床架屋，因而发生磨擦与无效能。在政府各部各局之内也需要一个彻底的调整计划。各处所用人员实在过多。调整计划可收节省人力及财力之效，同时我深信一定可提高行政效率。在研究你们政府组织时，我无法确定国民大会与立法院在制定法律上确切的权能，这是一例。政府各部各局的组织必须调整，职责必须明晰的规定。去年4月我发现军事委员会内有六十多个部门其职能重复，权力互相抵触。在各单位或各部门之间没有协调配合。其实在军事委员会中有些单位所处理的事务全与国防事务无关。今天在国防部中我们已将六十多个部门集合于六个总部门之下，并减少约50%的人员。实际有七万五千人以上已被淘汰。

贪污

由各方听到关于政府中大小官吏以及普遍于国家经济生活中的贪污行为的报告。由于螺旋式的通货膨胀，政府中文武官员的薪金全然不敷应用。我深信，那些现在施用不诚实方法的人，若不是因为他们所得的稀微报酬不足以应付最低生活，就决不会想出此下策。其中很多人并不是想发大财，只不过想有与他们地位相称的生活水准而已。在另一方面，某些豪富家族，他们之中有些亲戚在政府中占有高的地位，却是大量地增加了他们的财富。引用私人甚为普遍。根据我的调查我发现不少政府官吏将他们的兄弟子侄安置于政府，任职于国营或私营公司之中，利用职权不顾国家与人民的福利而谋取巨利。假如诸君对各种大银行组织及其他新设的商业组织作一调查以确定这些组织已经赚了多少钱，这些钱已付给何人或何种人的集团，那是很有趣而且足以暴露真相的。减少贪污，必须建立一套生活水准的指数，文武官员的薪金必须随物价上升而增高。我要强调我确知很多爱国忘私的中国人在艰苦的情况下维持最低生活,他们是使中国增光的人,然而,他们若知道许多既已积成巨富的人仍利用中国目前不幸的局面增加自己的财富,他们必大感沮丧。

国家财产及资源

我刚完成在英国和欧洲大陆的旅行。我对那些地区的情形作了一番考察,也像刚在中国完成的一样,欧洲人民正患饥馑。他们以极有限的燃料保持温暖、维持电力一类的公用事业并供给用水。他们每日很难得到一千五百卡的热量,那是仅足维持一个健康人的活动的热量。在中国这里却有无限的资源、粮食、原料以及人力。组织与诚实有效的行政将大有助于你们问题的解决,这应当是很明显的。

在海外的中国公民约近一千万人。当此危急之时,这些中国人许多都能在财政上帮助他们的祖国。在中国国内又有许多人在海外投有巨资。应该要求他们将所有的证券和资财作一全部的报告。据在美国的不过高的估计,他们可由这种财源中至少筹出一亿美元。从财政的意义上或从原料资源方面看,中国离破产阶段甚远。中国实际上是精神资源破了产。中国人民若真爱他们的国家并欲其强盛统一,他们就应当奋起,作任何牺牲,必要时生命也在牺牲之列。我应再一次的强调:作伟大牺牲的主要的是贫苦的人民和农民,而不起来拯救他们的国家主要的是富有阶级。

刑罚与秘密警察

我曾接到报告提到许多对政治犯或其他犯人错加或滥用刑罚的事实。在台湾有许多所谓政治犯,他们仍在狱中,并无任何控告或判决。有些只出笔巨款并依命签画犯了违反政府罪的供述就被释放了。事实上在他们心意之中他们并不感到犯了这种罪名。秘密警察遍地横行,正像在今日苏联和昔日德国一样。人民失踪,学生被捕入狱,没有审讯也没有判决。这种性质的行动不能使政府获得人民支持,只得到相反的。人人在一种恐惧心情中生活着,失去了对政府的信任。

中国经济的恢复振兴

国有制度应予停止发展。在台湾、满洲及其他中国地区的日本公私财产已经由中央政府接收。这是非常正当的手续,但政府应当尽速将这些财产加以处理,交给私人或团体经营,借以鼓励自由企业。政府中的文武在职人员不得参与投机事业、银行业及商业,这应为长久规则。

结论

政府不应对于批评感到烦恼。我想建设性的批评应当加以鼓励。这样可使人民感到他们是参与政府,成为政府中的一分子。我在前面提到了英国现有的可怕的经济情况。英国人民对政府的批评,在街头的聚会,在报章及在无线电中都可自由地表示。我以为这是一种健全的情形。政府应该指出:政府是由人组成的,人有缺陷,能做错事,然政府应当强调错误一经指出,必将采取有效的步骤来补救。政府应将有关支出及税收的消息,坦白发表,让全国人民知道,每个人,尤其是富户及大商业公司现在交付多少所得税。任何官吏或个人违法犯罪要公开宣布,并指出所定的处罚。政府个别活动的成绩或良好工作亦要依同一方式公开宣布。所有这些事情,将有助于人民方面对政府的信任。人民需要知道,也有权利知道现在进行什么。政府方面公开的正式公告也能阻止反政府者的恶意揣测和反宣传。

我知道我所讲的许多意见不合于中国的传统。但我细心地研究了孔子的哲学,我深信所有这些意见与孔子所讲述的品行的要义完全一致。我对大部分中国人民的贤明的判断和合礼的言行怀有信心。我诚恳地希望诸位能以我适才批评的同样精神来接受我的评论,就是同为着中国的利益的精神。任何事情凡有助于中国成为一个强盛快乐与繁荣的国家,我若能做到,我皆高兴去做。任何事情凡能维护中国的主权并保证中国在国际社会中有一席受人尊重的地位,我若可做到,我皆高兴去做。

追加要点:

一、中国官场一般败坏的征象。

二、委员长干涉到政府各阶层。

三、微弱的行政院。

四、促进与蒋委员长的密切关系,俾使他能鼓励与接受批评。

《中美关系资料汇编》第 1 辑,第 764—769 页

魏德迈声明[①]

南京,1947 年 8 月 24 日

正如在最初新闻发布中所应诺的,对经济、政治、军事及社会情况的调查已经无约束或无成见地完成了。

代表团所有人员力求客观与公平。为此我们作了广泛的旅行以避免受任何一地区的特殊影响,访问了满洲的沈阳和抚顺;华北的北平、天津、青岛和济南;华中的南京,上海和汉口;华南的广州,以及台湾。

我们成功地获得机会与不同经济地位,不同文化程度及不同政见的各阶级与各界人士接触,会晤了外国工商业人士及官员。我们见到了中央政府与地方政府的官员,各种政治组织的分子,其中很多坦白地批评政府,有一些的政治观点是很左的。

我们收到将近二千封的信件,其中匿名信占一小部分。这些信内所包含的建议,我们都能作有利的利用。

我们在中国的最后一周,主要用于分析所收集的无数资料,并将政治的、经济的及其他事项联系起来以达到正确的判断和结论。

意见纵使不同,但在有一点上全中国的心意是一致的:渴望和平,早日降临的永久和平,普遍存于战争破坏的中国。我希望达到和平的方法也一样容易寻到。

自从日本投降后,中国人民正当地希望享受艰苦得来的胜利果实。他们在努力驱逐残暴的侵略者的时候,忍受着艰苦与危险,并遭到难以形容的贫困。

---

① 魏德迈中将结束赴华使命时的声明——原注。

今天,在中国,我在各方面见到的是麻木与怠惰。并不设法解决当前的问题,而把很多时间和精力消耗于责难外在的影响和寻求外来的协助。

许多中国人的卑屈的失败主义,令人气馁心灰。他们在平时都是能干的爱国的,他们应该满怀希望和决心。

中国虽为多年的战争与革命所削弱与破坏,现在仍具有它自己复兴所必要的天然资源。复原须有有感召力的领导和道德,精神的苏生,这只能来自中国本身。

我固然完全了解中国内部特殊私人或集团的利益和问题,但我最深刻关切的是中国人民全体的福利。我的信念是这样的:假如中国共产党是真正的爱国,并且首先关心他们国家的福利,则他们应停止主动地使用武力强使人接受他们的思想。假如他们是诚恳希望帮助中国人民,他们最好以和平的方法去做而不用这些悲惨的日月中所表现的暴力和破坏。

同等的重要,现存的中央政府可以借罢免无能和(或)贪污的人员以获得并保持大部分中国人民的一致的热诚的拥护,这批人员现占据政府中许多负责的重要地位,不仅在中央政府,省市的机构中也是一样。

有些可尊敬的官员,他们表现高度的效率,并尽忠职守;他们依靠少得难以置信的薪金和私人财源挣扎生活,正像一些有良心的商人,他们遵守着崇高的商业道德。但是任何人不要因此误解我所重之点:即大多数人的品行是特别表现出贪婪、无能昭著,或者二者俱全。

为了恢复及维持人民的信任,中央政府必得立即施行彻底的深远的政治和经济的改革。空言已是不够,实行乃是绝对需要的。必须承认徒有军事力量不能消灭共产主义。

代表团全体人员在告别时都一致对委员长及我们曾经接触过的所有中国爱国人士所给予的一致的协助表示衷诚的感谢。所有美国人都希望并祈求中国能实现统一、繁荣和幸福,凡此都是中国人民应当得到的,而在这许多年内不公平地被剥夺了。

《中美关系资料汇编》第 1 辑,第 769—770 页

司徒雷登致马歇尔函

南京,1947 年 9 月 8 日

阁下:

我有幸简要报告一下我在北平看牙(拖了很久)期间获得的一些观感。

魏德迈将军离华时所发表的声明在其他地区引起同样普遍的反响,政府官员灰心失望,激进分子欢欣鼓舞。这样,原先魏德迈使华的消息曾引起的政府愉快的期望与自由人士及反政府集团的忧心忡忡,在魏德迈将军的严辞批评面前颠倒过来。这显然足以表明,智识阶层和各阶级中的无党派人士对政府怀有普遍而深刻的不满。

然而,学生的普遍观点具有相当的启发性,尤其是当他们被看成民意晴雨表的时候。据报,清华大学、燕京大学的反共势力肯定占 90%,更可能为 95%。但是,反国民党势力的比例也占 90%。政府支持者称北京大学反对现政府的人数比例要低得多。我猜这些数据大致反映了全国学生的想法。明显的结论似乎是哪怕更为激进和幼稚的人也本能地反对共产主义,并易于争取来支持一个真正革新的国民政府。在学生中间,蒋介石作为国民党统治的象征已声名狼藉。在多数学生看来,蒋的时代已告终结。

另一印象是,学生们阅读着苏俄式文学作品,并不加考虑地接受并引用,诸如一些关于美国的明显不实之辞。如果我们从事一项积极的援华方案,我衷心盼望能用一种深谋远虑的宣传措施加以配合。

据我所知,共产党统治区的情形是这样的。较为开化的乡绅与其说有实际不满或困苦,倒不如说因任何时候都会降临的不测而担惊受怕。至于其他百姓则被动地接受相对的经济保障和各项规章。儿童从小就多少被灌输对现政权的狂热,并相信国民政府和美国是罪恶之源。

这种情形现在尚可矫正,但随着时间的推移就会固定成形。一般认为,有较好的地方政府,并完全保证一旦共产党回来不会有任何报复的危险,就能造成对国民政府的欢迎。经济贫困仍属普遍,但人人尚可果腹。

华北民众对陈诚将军被任命为东北最高长官而熊式辉易职而感到极为满意。当地媒体有一些有关整肃军官员和其他改革的报道,让人观感良好。

李宗仁将军正博得民众信任。关于他对国民政府无足轻重的谣传看来不足置信。河北省主席孙连仲像往常一样抱怨没有给他足够的军队来对付共党。市长正积极奔走,唤起人们对未来选举的兴趣,并选派大学教授及其他人士分访南京各选区,宣讲选举。但登记选举的人数很少,这让他倍感失落。搞不明白这种冷场有多少是因为害怕,多少是因为漠不关心或蒙昧无知。

司徒雷登　敬上
FRUS,1947,Vol.7,pp.280–281

魏德迈致杜鲁门备忘录

华盛顿,1947年9月19日

亲爱的总统先生:

遵照你1947年7月9日给我的指令,谨将关于中国—朝鲜的报告呈上。

按照你的训令,国务院、财政部、陆军部和海军部的顾问同我一起在远东从事了两个月调查任务。我们到过中国和朝鲜的主要城市和一些乡村地区,曾接触到各种不同经济地位、知识程度和政见相异的人士。我们和政府官员及各界人士举行过多次会谈。收到并研究过将近一千二百件私人和团体的备忘录。

本报告将有关的资料列入附件,或可对政府的有关部门有所裨益。本报告提出在整个世界的背景上,我对于中国和朝鲜目前及预计的

局势之估计,并建议我所认为达成美国在远东的目标所应采的适当
行动。

美国陆军中将　魏德迈

代表团团员

1947 年 7 月 16 日至 9 月 18 日

波以耳上尉(James J. Boyle)　副官兼秘书,陆军部

伍上尉(Horace Eng)　副官兼翻译,陆军部

赫金中校(Claire E. Hutchin,Jr)　军事顾问,陆军部

捷金斯(David R. Jenkins)　财政顾问,财政部

石博思(Philip D. Sprouse)　政治顾问,国务院

崔克斯尔海军少将(Carl Trexel)　兵工顾问,海军部

瓦克尔(Melville H. Walker)　经济顾问,国务院

万森(Mark S. Watson)　新闻及公共事务顾问,巴第摩尔太阳报

魏德迈中将(A. C. Wedemeyer)　美国总统特别代表

致总统的报告
中　国
第一部——总论

中国历史充满了外国的侵占、横行、特权、剥削和侵夺领土的例子。外国不断的渗入与侵略或在中国,包括满洲与台湾,谋取势力范围只可解释为对中国主权直接的侵害与破坏,并与联合国宪章的原则相违背。美国和其他接受联合国宪章原则的国家,必须合力担保世界上全体人民,朝向承认人的尊严及民权的目标无阻地迈进,更应确实给予机会,以自由表达他们愿意如何掌理政务,和由谁来掌理政务。

这些目标和爱好自由人民的崇高目的,今日已为一种力量所危害,这种力量的凶险和战前十年间横行于欧亚两洲导致第二次世界大战的力量一样。方式也是相似的——雇用颠覆分子,渗透战术,教唆骚动和纷乱以扰乱正常的经济借以破坏人民对政府和领袖们的信任;不顾人民的意志而夺取政权——所有这些伎俩,都是巧妙地设计着,残酷地施行着,以造成强行集权主义观念的有利条件。这种方式已在远东,尤其是在西伯利亚邻近的地区出现了。

联合国如想在建立稳定经济与维持世界和平的工作上得到实效,这些事件的发展在联合国的议程上值得优先予以考虑与处理。过去两年的事实说明,以强大巩固的苏联力量将采取和解或合作的态度的希望为基础而实行安抚,除为一种策略上的权宜外是无济于事的。苏联在其占领或控制的国家中,借残暴的秘密警察和对各民族日益增长的政治和经济的奴役,完成了侵略扩张的工作。在苏联共产党领袖们一再证实的文件中,显示出一个明确的扩张计划,其野心之大和危险之深都远超过纳粹主义的计划。因此,为谋解决远东以及世界上其他纷乱地区所有的问题,我们必须利用每一个可能的机会来争取主动以建立并维持自由的堡垒。

中国政府的腐败和无能虽为人所皆知,中国人民大众确实是不赞成一个共产主义的政治与经济结构。有些人因愤恨国民政府的警察压迫、贪污行为与苛政,而与共产主义合流。有些人则对目前领导下的中国完全失去希望,而在失望中转向共产党。有些人仅因惰性而愿接受新的领导。

美国在雅尔塔会议中同意俄国重入满洲,其后又对国民政府停止援助,间接地便利了苏联在远东的计划。这些政策在当时是有其正当的理由的。其一,因为我们要集中同盟国间的最大力量以加速击败日本,因而减少盟国将士的牺牲。另一则是我们对一个腐败和无能而日益丧失其人民拥戴的政府不能不停止无条件的援助。此外,美国也尚未认识到苏联会对全世界战后复兴的计划的完成不予合作。我们参加这些计划,对于各国及人民不论是朋友或过去的敌人业已予以人类历史前所未有的协助。

我们和盟国,曾为第二次世界大战的目标作了巨大的牺牲,但这些目标现在并未完全达到。并且世界上仍存有一种力量,对于世界和平的危险,更甚于纳粹黩武者和日本侵略者,这是已渐趋明显。因此美国在1947年春季,就决定援助希腊和土耳其,意在保护两国正被苏联直接或授意的活动所威胁的主权。联合国组织中一些会员曾加责难,以为这是单独的和欺骗联合国的行动。从目的和原则来看这些批评似乎是言之成理。美国亦迅即宣布一旦联合国准备负担此项责任,即拟将此事向联合国提出。

因此,我们应将对于中国所拟采取的行动通知联合国。本报告的建议如蒙批准,美国应向中国提议由中国正式通知联合国,中国为促进战后的善后和经济复兴的工作,已向美国请求物资上和意见上的援助。这可以表明联合国并未被欺骗和美国并未侵犯中国主权;相反地,美国正为了世界休戚相关的远东和平及安定而积极合作。

满洲局势现已恶化至于必须采取迅速的行动以免该地沦为苏联的仆从的程度。中国共产党可能不久获得对于满洲在军事上的控制,宣布成立一个政府。然后,苏联仆从国的外蒙古可能加以承认并和中共的事实的满洲政府缔结"互助协定"。如有此情形,苏联也就可能和中共控制下的满洲成立互助协定,因其已与外蒙古订有类似协定。这对中国、美国与联合国将造成一个困难的局面。最后,它可能发展为一个共产党统治的中国。

联合国似乎可以立即设法促成满洲战争的停止,以为建立一个监护制度或托管制度的先驱。此种监护制度可由中国、苏联、美国、英国和法国组成。此项办法应急速实行,一定要由中国发动。倘有上述国家中之一国拒绝参加满洲的监护制度,中国则可请求联合国大会依照宪章的规定建立托管制度。

中国起初可能将监护制度或托管制度解释为对其主权的侵犯。但由于事态的急迫须对时局作切合实际的看法。如中国不采用这些办法,尽管美国援助,满洲将被卷入苏联的范围之内,并且或将永久脱离中国。

我们应该从全面来考虑中国经济恶化情形和政治与军事组织中的无能及腐败情形,否则对于这些缺点的看法将有轻重失宜之嫌。下列事实理宜加以说明:

中国和其他国家不同,自从日本投降以来,它一直未能全心全意致力于已被八年战争所扰乱的内部问题。在资源和精力已被耗尽而当竭其全力以应付复兴问题的时候,目前的内战更加上了一个极重的财政和经济负担。

自 1927 年以来,国民政府始终反对共产主义。当年的领袖和当年的文武官员,今日已决心防止他们的国家变成一个共产党控制的国家,或是苏联的仆从国家。

在战争期间虽然日本人提出了一次比一次更好的投降条件,中国仍愿坚决地和它的盟邦站在一起。假若中国接受了投降条件,大约有一百万日军可移到太平洋和美国作战。

蒋委员长曾向我保证,中国会尽它的最大能力支持美国的稳定远东计划。他肯定地表示:不管从美国得到精神上的鼓励或物质上的援助与否,他是决心反对共产主义,并按照孙中山先生的主义,建立一个民主政府。他又说他计划在政府中进行彻底改革,其中包括罢免无能和贪污的官吏。他说:在这方面,已经有了一些进步,但由于螺旋性的通货膨胀、经济的艰难和内战,这些目标难于完全达到。他郑重表示:在共产党问题解决之后,他将大加裁减陆军,专心致力于政治和经济的改革。我深信蒋委员长是真诚希望达到这些目标的。但这些改革需要绝对摈斥包围他的那些政治和军事派系,他在今天是否有充分决心如此去作,我不能肯定。然而要使切实的美援收稳定中国局势和抗衡共产主义危险的扩张之效,那个决心是必须下的。

倘美国采取一个政策,其目的仅在阻止共产主义的扩张而不顾到中国现在存有一个不受人民欢迎并压迫人民的政府,则其任何援助必归无效。更有甚者,美国在远东的威望亦将会受到严重的损害,而一些动摇分子亦可能从现存的政府转向共产主义。

在中国(和朝鲜),政治上的、经济上的和心理上的问题互相结合而不能分开,极其复杂而且日益难于解决。我们按照你的指示详细研究了每一个问题。在本报告中将逐一加以讨论。但我们认为必须一贯地估计到全面以免对任何个别区域有轻重失宜或不适时的援助。

下面三个美国外交政策的假定,足以说明我的调查、分析和报告的背景:

美国当继续支持联合国之完成其崇高的目标,并承认一种可能的发展,即苏联或其他国家或有不积极参加的可能。

凡已建立和我们相合的政治和经济机构的国家和人民,或有充分证明其有此愿望者,当予以精神上的支持。

对于上述的国家和人民亦可给予物质的援助,以加速战后善后并促进经济稳定,但须具备下列条件,即:

此种援助按照所定目的使用。

有继续不断的事实证明他们正采取有效的自助步骤或决心如此去做者。

此种援助应不碍及美国经济,且应与一个包括其他国际的任务和对于达成美国政治、经济和心理的目的有所贡献的全盘计划相符合。

第二部——中国

政治方面

虽然中国人民不惜任何代价一致渴求和平,但在目前情况下,和平似乎没有实现的可能。一方面是国民党,他们反动的领导、高压和腐败已使政府失去人心。另一方面是思想上与苏联结合的中国共产党,他们最后的目的是使中国成为一个共产主义的国家。根据有些报告,共产党的土地改革政策已使他们获得其一个控制的地区中多数农民的拥护,另一些报告则谓他们分配土地的残暴手段和恐怖主义已使多数农民离心。无论如何,他们已经成功地将许多乡村地区组织起来对抗国民政府。温和派处于国民党的虐政与压迫和共产党的残暴的集权主义之间。小党派缺乏有力的领导和相当的群众。由于国民政府的压制温和派,其中许多人是在国民党方面,以及小党派,都不能使它们力量发生作用。目前地方反对派之发展为分裂运动只有在政府行将崩溃时始有可能实现。

苏联的行动违反了 1945 年中苏条约及其有关文件的文字与精神,增强中共在满洲的地位,在政治上经济上和军事上影响了国民政府在满洲及中国本部的地位,使中国的和平与安定更难维持。现在的趋势指向着国民政府统治的逐渐瓦解,最后有建起一个共产党控制的中国的可能。

1947 年 4 月中旬,中国政府当局改组政府的步骤,引起了政局改进的希望。但改组所引起的变更很少。虽然蒋委员长在政府中仍然是有决定的力量。反动势力继续操纵重要的政策。从 4 月改组以来,最显著的变更就是任命陈诚将军主持满洲的民政与军政。预定的计划有在秋季举行选举,以期成立立宪政府;但在现在的情况下,我们不能希望由这次选举会产生一个代表性超过现政权的政府。

经济方面

中国的经济受了内战和通货膨胀的压力,正在崩溃与瓦解之中。

目前倾向的最可能的结果,不是突然的崩溃而是继续的、缓慢的瘫痪和国民政府威望与权力因之而低落。过去十年的战争使运输及交通设备、矿山、公用事业和工业遭受严重破坏。尽管有一些可以表扬的努力和大量的经济援助,但它们的能力总和仍不及战前能力之半。由于运输设备的破坏和华北及满洲许多地方的丧失,这些富庶地区的重要资源不复能供善后和维持中国经济之用。

在中国通货膨胀在庞大的人口中缓慢地散布着,没有引起在高度工业化的经济中所能发生的骤然失调。占中国全人口四万万五千万80%的乡村人民,拿粮食交换土产手工业品,以物易物,生活水准并未剧烈的减低。因此,在中国许多部分存在着的地方经济,大都不受城市工业的解体的牵动。有些地方经济是在共产党控制之下,有些则在地方当局的松弛控制之下。

通货极度膨胀的主要原因是国家预算长期不断的不敷。现在的税收,加上国营企业的利润,仅及政府支出的三分之一,而支出约75%,预算中日渐多的部分是靠发行新币弥补。1947年的上半年,纸币发行增加三倍,但米价上升了七倍。因此物价和政府支出螺旋上升,物价上涨比纸币的印刷更快。随着物价的上涨,预算亦有重订的必要。国民党中国目前最迫切的经济需要,即是缩减军事预算。

1947年7月30日中国在国外的政府资产总计三亿二千七百万美元。私人持有的外汇资产至少有六亿,甚或可能达到十五亿美元。但政府并没有积极努力用这些私人财产以供善后之用。在中国的中国私人资产计有约值两亿美元的黄金和七千五百万元美钞。虽然中国尚未用完它在外国的政府资产,并且依现在进出口的比率,在1949年初以前或者尚不会用尽,但其对外支付差额中的不断亏欠是一个很严重的问题。

在不切实际的官定汇率下,出口货物的价格在中国和世界市场中不能相称,工资及其他成本的增加不平衡,都严重地打击了出口贸易。虽然严厉管制贸易和汇兑,入口仍大大超过出口,一直有极不利的进出口贸易差额。

今年中国粮食的收成预计远多于去年相当良好的收成。这种粮食收成略可令人兴奋的情况,也是中国目前经济情况中仅有的几个有利因素之一。

在通货膨胀的情况下,中国和外国资本都无意于长期投资。中国私人资金都流向短期的贷款、囤积商品和资本逃避。全都是整个的投机和通货膨胀的心理,阻止了通常商业的计划,妨碍了工业复兴。

无效率与腐败的汇兑和入口统制、行使税法时的歧视、政府贸易机关管理业务的增加,以及各种工业归国营的倾向,都不利于外国在华商业。中国政府已从事改善,但一般而论其效果是迟钝的。1944 年与 1947 年之间,中国政府所依赖以阻止通货膨胀的主要办法是公开出售从美国借来的黄金,其目的在吸收货币回笼以减低对物品的需要。但在赤字不断增多的情形下,抛售黄金政策的唯一效果是略缓物价的上涨与耗费了美元的资产而已。

1947 年 2 月实行了稳定经济情况的计划。其办法为冻结工资,对几个城市主要产业工人实行有限的配给制度,和出售政府债券。这一计划的效果极其轻微,工资冻结现已取消。1947 年 8 月,为了出口和侨汇的收益,政府用外汇自由买卖来代替不切实际的官定汇率。这一项办法希望可以刺激出口,但现在决定其是否有效尚属过早。

现在已有人建议发行新银币以为将来制止通货膨胀的办法。倘若政府继续用无准备金的纸币来弥补预算的不足,白银或将被人囤积,而物价仍不断上涨。结果不会优于自 1944 年至 1947 年间的出售黄金,即,略为暂时阻止物价螺旋上涨。而且这一建议只能在由美国借来至少价值两亿美元的白银时才能实现。

在建设方面,中国已经厘订重建交通、矿山和工业的庞大计划。计划的实行已有若干进展,尤以一些铁路和纺织工业的部分复员为最显著。但由于资金、设备、有经验的管理和监督以及技术人才的缺乏未能达到具体的效果。

1947 年 8 月 1 日国府委员会通过"经济改革方案"。这是一个包括中国各方面经济建设方案的综合,但它的效果现尚不能决定。

社会和文化方面

教育是战争和社会经济解体的主要牺牲者之一。校舍、教科书和其他设备都被摧毁,大量补充的费用无法筹出。教员和其他公务人员一样,眼见到一个月薪金的购买力缩低到只等于几天配米的市价。这是整个的教育界的情形,从扫除文盲的小学到训练国家的专门人才、技术和行政人员的大学都是一样。大学还受到另外一种同样严重的摧残——传统的学术自由横被摧残。参加抗议示威运动的学生,未经审判或无煽乱罪的证据,即受到国民政府严厉有时并为野蛮的惩罚。教授,没有业务上不适的证据,即时常被解聘或拒用,明显地是因为他们在政治上是为政府官吏所反对的。与此类似的,很多刊物仅"为军事安全的理由"未经说明罪状即被封闭,且只在接受强迫改组后方准许复刊。教育和其他公共福利工作的恢复,只能在限制官吏滥用职权和国家经济稳定,足以支付这些重要活动时始可实现。

军事方面

在过去数月中国国民政府整个军事地位已经恶化了,目前军事局势有利于共军。蒋委员长,始终未改变他的主张,以为他是为民族的独立而和武装的叛变作战;也没有使他完全相信不用武力可以解决共产党问题。国民党军队兵力虽占优势,但战略的主动,则操在共产党之手。游击战术配合他们自己选择的点或面的破坏任务,这方面他们无疑地占了国民党的上风,国民党必须保卫许多重要区域,其中包括交通联络线。显而易见地,大量国民党军队从事这种防守任务不能移动,而共军的战术则使其军队有几乎完全的行动自由。国民党在满洲的地位是很危险的,他们只占有一条细长的地区。他们在山东与河北省的控制也很成问题,共军频对孤立的守军加以袭击。

要将目前的军事情势大加改善,国民党军队必须首先稳定前线然后争取主动。又政府既以将近 70% 的国家预算支持内战,则缓和目前局势的步骤必须是增进武装部队的效能,配合以社会、政治和经济的改革方案,其中包括缩减军事机构。过去虽然已采用了一些不甚有效的办法来改组和整顿指挥机构,并计划了一些更彻底的改革,但如要国民党军队有力量,则需要一个健全的装备计划和改善后勤补给工作。中国目前的工业能力尚不足以有效地支持军队的需要。中国武力现况不能有把握地应付内争或履行其国际上的义务。因此,国外的援助诸如弹药(最迫切的是弹药)和技术协助,在执行任何有成功希望的作战计划之前都是必要的。国民党现可由美国军事顾问团获得参谋方面的军事意见。蒋委员长一再向我表示,他深愿此种意见和监督的范围能扩张而包括野战部队、训练处、特别是后方勤务机构中去。

美国对国民政府扩大军事援助可能引起苏联对中共给予公开的或暗地里的类似的援助,——后一办法似乎更有可能。像 1935 年在西班牙一样,可能产生一种不同的思想冲突的战场。这个地区的这一类的发展,和在欧洲及中东一样,都有引起第三次世界大战的可能。

第三部——朝鲜

政治方面

朝鲜在政治上的主要问题为履行 1945 年 12 月的莫斯科协定。(译者注:即美、英、苏三外长莫斯科会议公报)。由四强在朝鲜设立托管制度,组织临时朝鲜政府。

依照莫斯科协定设立的美苏联合委员会,原冀实行莫斯科协定,由于苏联反对协定上所规定的联合委员会应与朝鲜民主政党及社会组织谘商,致使联合委员会于 1946 年陷于僵局。

苏联的动机在乎排除美国占领区内的极右派政党参加谘商。最后并排除极右派政党参加新政府,以确保一个共产党居于优势的朝鲜政府。

苏联反对与其谘商的理由为:右派政党曾公开表示反对托管制度。而美国当局认为:取消这些政党的咨询资格,势将剥夺大部分朝鲜人民的关于他们对于政府表示意见的机会。

　　经过国务卿马歇尔与外交部部长莫洛托夫交换照会以后,美苏联合委员会于1947年5月恢复会议,结果又因为和以前相同的论争问题,再度陷于僵局。虽然,这些照会里已经建立了一个公式,而是否允许右派政党参加谘商,尚在讨论之中。

　　马歇尔国务卿于8月12日照会联合委员会,要求联合委员会送致工作报告,或由各代表团分别送致报告,苏联政府未予答复。其后,美国代表团于8月20日递送了单方的报告至华盛顿。

　　美国旋即拟成建议,分致中国、英国及苏联,召开四强会议,以讨论朝鲜问题。经中国与英国赞同,惟终为苏联所反对。

　　朝鲜问题,其内部由于苏联在北朝鲜建立了共产党政权,以及南朝鲜共产党团体的阴谋公开反对美国,致使问题趋于复杂。(节略)

　　驻朝鲜的美国当局根据指示,力图将政府中各个部门的全部管理责任,尽速移交给朝鲜人士。为了配合这个计划起见,驻朝鲜美国当局已组织了一个临时议会。一般而论,美国当局力图在南朝鲜政府中实行朝鲜人治朝鲜的政策。

经济方面

　　南朝鲜在基本上是一个农业区。没有外来的援助,其所有各种经济资源,并不足以维持其经济。土壤的肥力已用尽,必需要输入肥料与粮食。而肥料,大部分的电力、木材、无烟煤以及其他重要的产品,以往多来自北朝鲜。

　　南朝鲜在经济上依赖于北朝鲜,以及整个朝鲜在第二次世界大战以前的年份里,依赖对日本与满洲的贸易一点,固然不能过份强调,不过三八线区分了全国,除了走私以外,阻止了南朝鲜与北朝鲜之间的贸易。削减朝鲜经济至于历年以来的最低的水平。

　　大量发展出口贸易的希望渺小。几年之内不能期望有任何大量的粮食出口,而且只有在增加人工肥料的使用以后,才有可能。南朝鲜的若干制造工业,其生产仅及战前生产的20%。目前的生产量或在减少或在倒闭之中。这种现象一部分是由于十年间的不能及时维护保养与战时滥用机器而产生的自然结果。不过,缺乏原料与重要的修配零件,管理的失当与缺乏技术人员,都是主要的原因。

剧烈的无法阻止的通货膨胀现象,尚未在南朝鲜发生。其原因由于美国占领军政府曾使政府的开支与占领军费用保持在适度的水平,以控制通货的发行;由于工厂的相互兼并与贮存的日本物资的使用,使若干工业,仍得以继续维持;由于在秋收时期的征粮,加上美国供给进口粮食,使之有足够的粮食,以保持各城市中的适量的政府配给。

许多非常足以促成通货膨胀的因子,诸如贮藏原料的消耗,公用事业和运输事业上累加的障碍,以及从北朝鲜来的电力供应线的被切断等等,同时都可能发生。因此,南朝鲜的经济前途是非常严重的。

占领军政府曾建议一个五年复员计划,自 1948 年 7 月开始。需要美国供给资金计凡六亿四千七百万美元。根据初步估计,计划中的每年复员费用将远大于救济计划中的一亿三千七百万美元之数。而此数虽曾经初步核定作为 1948 年财政年度之用,其后又减削至九千二百七十万美元。这些初步的关于费用的估计与各个计划的优点,需要仔细加以检讨。目前使南朝鲜自给还不可能。如果美国决定留驻南朝鲜,则必须在救济的基础上来支持这个地区。

社会和文化方面

自从日本被驱逐出境以来,朝鲜人民极力主张要恢复朝鲜的固有文化。对于大众教育,尤感兴趣。个人和集体努力从事扫除文盲的结果,受到美国占领军政府官员的赞扬。如果有更多的校舍、更多的有训练的教师与顾问、更多的朝鲜语的教科书,则将有更好的成效。最近美国方面的工作旨在致力于适当的与有效的成人电化教育。

南朝鲜的卫生与公共福利事业,目前实施情况与日本人统治时代相若。关于防止严重的疾病方面,且有相当的进步。纵然朝鲜人民热望改进,迫切需要大宗款项,作为改善社会事业之用,其困难仍不能立即克服。

军事方面

朝鲜的军事情况是由于政治上和经济上的纠纷而产生的。这种纠纷由于三八线上的人工的壁垒而加剧了。朝鲜的军事情况可能危及美国战略上的利益。在南朝鲜的共产党所鼓动或教唆的暴动和革命活动是一种经常的威胁。

虽然,除了最近未必会发生的一个苏联操纵的入侵事件以外,美国军队加上半武装了的朝鲜部队,是足以克服这种困难或骚扰的。

美国和苏联在南朝鲜和北朝鲜的兵力,其数目约略相等。每方的军队不超过五万人。但苏联装备和训练的北朝鲜人民(共产党)军队约有十二万五千人。其数目远超过美国组成的,并装备了日本式的轻武器的朝鲜警察队一万六千人。

由于一种非常可能的情况,即苏联将撤退其占领军,并且因此而促使我们撤退占领军,因之,北朝鲜人民军可能在军事上威胁南朝鲜。一待苏联能确知北朝鲜傀儡政府与苏联所建立的北朝鲜军队有足够的力量,经充分的训练,可以倚仗它来实行苏联的目的,而在实际上不派苏联军队来参加时,上述的这种情况,或将发生。

我们似乎应该实行的,即由美国组织,装备并训练南朝鲜的巡逻部队。其性质与从前的菲律宾巡逻部队相若。这种部队应该由美国驻军司令官统辖,并且在创始时期完全由美国人担任军官,同时拟定计划,逐渐由朝鲜军官替代美国军官,以统率军队。

这样可以有足够的力量以对付来自北朝鲜的威胁,抵抗北朝鲜的人民军。当美国与苏联占领军自朝鲜撤退时,可防止以暴力建立的共产党政府。并且可以助成一个自由的、独立的朝鲜。

第四部——结论

世界上爱好自由人民的和平目的,在今日已受到引起第二次世界大战同一凶险的发展的威胁。

在这些发展中,苏联和它的仆从国家没有表示协调或合作的态度。因此,美国不得不主动采取一些切合现实的行动,以建立与维持自由堡垒和保护美国战略的利益。

中国人民大部分并不倾向共产主义,他们也不关心任何主义,他们希望的是粮食、房屋以及安居乐业的机会。

中国

中国内部日益扩大的互相残杀的斗争,威胁了世界和平。美国多次调停的努力,现已证明无用。故显然须要采取积极办法,立即停止战争。对于这种极复杂与险恶的局势,最合逻辑的解决途径,是把它提交联合国。

一个中国共产党统治下的中国,对美国利益是有害的,这一点可以由他们对美国所认为最有关世界和平的原则公开表示的敌视与积极的反对可以看出。

共军在整个战局中,操有战略上的主动。国民党在满洲的地位是艰险的。在山东省和河北省的地位也很成问题。局势继续恶化可能促成早日在满洲建立苏联的仆从政府,最后发展成为一个共产党统治的中国。

中国现受分裂之害日增。它善后复兴的需要很大。它的最迫切需要的是政府改组和改革,军事预算的缩减和外援。

一个援助计划,如果有效地执行起来,可以支持对于共产主义的扩张的抵抗。且可有助于中国逐渐趋向于安定的发展。

由于政府警察机关的肆虐和压迫,人民的基本自由横遭摧残。苛政与贪污使人民失去对政府的信任。在实行彻底的政治和经济改革以前,美援不能完成它的目的。

虽然如此,对国民政府努力改良所得成效的批评,须顾到八年抗战所给予中国的艰难困苦,反抗共产主义的负担和它为盟国所作的牺牲。

美援计划,最好是在特殊经济和军事范围内,由美国顾问监督执行。但只有在中国请求顾问方面的以及物质方面的帮助时,此类计划才能实行。

朝鲜

朝鲜的情况,由于三八线树立了人工的壁垒,将农业的南朝鲜与比较工业化的北朝鲜分隔。因之,在政治上、经济上与心理上各个方面均产生了强烈的不良的影响。

南朝鲜的经济情势非常严重。农业衰落,其他资源亦甚少。在南朝鲜建立自给自足的经济是不能实行的。因此,美国的援助,其中投资应为最小量的,而其主要的应为在救济的基础上所需要用作支持之用的物资。

朝鲜共产党人正在南朝鲜制造社会的不安与酝酿扰乱。……（节略）

由于美苏联合委员会的会议曾再度陷于僵局,并且没有真正能成功的希望。目前,联合国似乎是最适当的中介,通过联合国在四强托管制度之下,可建立一个临时朝鲜政府。

美国或将面临一种情况,即假如苏联撤退其占领军时,关于继续在南朝鲜驻军问题,需要作决定。当苏联建立的傀儡政府及其军队已充分建立起来,足以实行共产党的目的,而无需苏联军队参加时,这种情况,很可能发生。

我们需要建立一个美国人统辖和美国人担任军官的朝鲜巡逻部队,具有足够的力量,以对付来自北朝鲜的威胁,以防止在美国及苏联撤退其占领军以后产生用暴力建立的共产党政府。

第五部——建议

兹建议如下:

为了按照联合国宣示的原则及早建立世界和平,并附带地保护现为好战力量所威胁的美国战略利益,美国应尽可能对中国与朝鲜予以精神方面、顾问方面和物质方面的支持。

本报告所建议的美国政策和行动,应由政府的有关部门与其他国际义务彻底结合起来。任何对外援助应勿使其害及美国经济。这是应予承认的。

中国

应通知中国,美国在中美两国政府代表所将谈判的协定下,有意为保护中国领土完整和便利其复兴而继续援助中国。协定中应规定:

中国迅速以其向美国请求增加物质方面与顾问方面的援助一事,通知联合国。

中国请求联合国立即设法促成满洲战事的停止,并请求将满洲置于五强监护制度之下,如不成,则按照联合国宪章置于托管制度之下。

在经济建设计划下,中国对其资源作有效的利用,且实行健全的财政政策,以便减少预算亏空。

中国继续证明其在实行迫切需要的政治及军事的改革。

在特定的军事和经济部门中,中国接受美国顾问作为美国政府的负责代表,协助中国按照原定用途,运用美援。

朝鲜

美国应继续努力,及早依据莫斯科协定,建立临时朝鲜政府。同时予南朝鲜在政治上、经济上与军事上以必要的支持。

第一部——总论　附件

给魏德迈中将的指令

你应勿加耽搁即赴中国,目的为对中国目前及未来的政治、经济、心理和军事情况作一估计。在你调察工作中,要与当地的美国外交和军事官员保持联系。在你和中国官员及负责领袖讨论中,要说明你的任务在调查事实;只有在中国政府对中国复兴之有效措施提出使人满意的证据后而且任何援助都要受美国政府代表监督的条件下,美国政府才能考虑对于复兴计划的援助。

在作估计时,希望你能摒去任何感觉以为有支持或推进不合美国对华政策的中国官方计划的现存义务。在提出你代表团的报告时,应尽可能简明叙述你对你所建议的援助的性质范围及会有什么后果的估计,和不给予援助时会有什么的后果。

当你在中国的任务完成后,要到朝鲜作一短行以便对该处情况作一估计,特别注意在朝鲜的经济援助计划及其与该国一般政治经济状况的关系。在去朝鲜之前,要和麦克阿瑟将军联络,看他是否希望你取道东京。

你可随带你认为对你任务的效率有必要的专家、顾问和助理。

杜鲁门

1947 年 7 月 9 日

第二部——中国　附件

附件一　政治方面

索引

美国对华政策节略

目前政治情况

业已采用的和计划中的改善国内政治局势的步骤

对华"不援助"或继续"观望"政策的意义

改善国内政治局势所需要的改革

美国对华政策节略

美国对华政策的基础,自从 1899 年海约翰国务卿的门户开放照会,和在拳匪之乱中他对列强的通牒以来,一直未曾改变:商业均等和维持中国的领土完整。1900 年后的最初几年俄国和日本在满洲的侵略以及第一次世界大战中日本的要求都威胁了这些原则。在这些年中,美国曾时常抗议外国对门户开放政策的侵犯,但无效果。在 1921年—1922 年九国公约明白规定国际正式同意这些原则。美国在日本向中国提出二十一条时,虽采取不承认政策,在日本占据满洲时,重申这个政策,但倘有卷入战争的危险,则美国即不拟采取更强硬的步骤,来维持中国的主权或美国的商业利益。1937 年,中日战争爆发时,美国重申它的政策,且出面调解,但九国公约签字国的会议并未得有对日本一致行动的结果。美国未曾援用中立法,因为感到实行那些规定会使中国受害多于日本。美国屡次的外交抗议证明无效之后,乃逐渐限制对日输出,而对华的物质援助,则渐次扩充。在日本控制东亚和德日可能的控制世界的情形下,美国安全成为问题,美国乃第一次准备冒战争的危险去维持它政策。结果是日本袭击珍珠港和美国参加世界大战。由于战略的考虑,盟国军力起先须集中于欧洲,而不在亚洲,中国得到了比较少的物质援助。因此引起了一些中国的怨恨,但美国则曾努力给予中国各种物质和精神的援助,并且力图树立中国的威望,俾成为大国之一。美国也曾对中国指出:中国成为一个强大统一国家的重要性,并图为此目的而努力。但在日本投降后,国共之间有广泛的内战威胁着。美国和苏联的地位都具有重要性。美国为雅尔塔协定签字国之一,1945 年 8 月中苏条约签订,予苏联以在满洲的若干权利,该约是雅尔塔协定的结果。虽然美苏两国约定使中国的领土归还中国政府管理,但苏联却利用满洲的占领妨害中国政府,并帮助中共;美国帮助中国政府输送军队至前日本占领的地区,这样它便处于未明白宣布的内战漩涡之中。当此之时,杜鲁门总统派遣马歇尔将军到中国向两党调停,并声明一俟中国走向和平与统一,美国即准备予以援助。中国各党派间最初成立的协定逐渐被破坏,内战重起,规模日大。自 1947 年 1 月美国调停努力终止以来,美国对华的援助一直停止,希望中国内部情况改良,庶能展开对中国善后和经济稳定的发展作有效援助。

　　从海约翰门户开放照会直到 1941 年,美国对华政策的效果并不是维持中国的领土完整或保证商业均等;列强间彼此猜疑或为 1900 年后十年间中国的幸免瓜分的惟一因素。当 1937 年,日本的侵略威胁到中国领土完整和商业均等的时候,美国一如过去,看出外交抗议无济于事。直至美国感到自己的安全和利益受到严重地威胁的时候,美国才最后准备冒战争的危险来保护它的安全和利益。中国因此得免于日本的统治和控制。美国调停的努力暂时止住了内战,但在调停后期,当国民政府占领共产党占据的重要区域时,战事又先后蔓延至各地。尽管中国政府在美国调处终止之后,曾加强力量以摧毁共军,但除在山东省外,国民政府军队在内战中,最近并未得到大的成功。共军已有占领全部满洲之势,他们的力量在该地已日益增长。国民政府辖区经济继续恶化。从这点来看,我们可以说,美国的调处努力是对中共有利,相反地,不利于国民政府。

目前政治情况

中国现在正有内战、日益恶劣的经济情况,社会的不安和在此种情形下不可避免的心理反应。人民之间,都不惜任何代价一致希望和平。但由于共产党明了政府经济日更困难,再加上共产党最近在满洲的军事成功,国民政府和中国共产党之间,在可预料到的将来,似乎没有任何和平解决的可能。国民政府已颁布总动员令,目的在巩固权力,并建立力量以摧毁中共的力量;它并且被用以压制一切不是共产党的反对派,这是有害于政府的。

中国政府现以蒋介石委员长为领袖,且为他所领导的国民党所统治。国民党领导权的反动本质、它的统制的高压性质和文武官员中普遍的腐败,从人民对政府的信任和支持而言,使政府受严重的损失。现在普遍相信,在目前情况下,除非国民政府厉行改革,它将经缓慢逐渐的过程而告瓦解。

中国共产党自称在主义上是与苏联的共产党相结合。他们宣称他们的最后目的是在中国建立一个共产主义的国家。中国共产党在其控制的区域中,经常地鼓动反美情绪,把美国描写成以奴役世界为目标的帝国主义国家。他们分配土地的残酷手段和对基督教传教工作的压迫使乡村区域中很多人成为他们的死对头。一些资料说,共产党的土地改革对占乡村人口多数的贫农有利,因之他们拥护共产党;另一些则说共产党的恐怖手段已使大多数农民对它疏远。在地方政府,不论信奉什么主义,只要是有能力的、诚实的、仁爱的,该地即无叛变。不管他们是用劝说或是威胁方法,共产党在许多区域组织许多农村对抗国民政府,已经成功。

在中国要求建立民主政府的中间路线党派,现处于国民党的虐政、压制和中共集权主义的残暴之间。他们很多是国民党党员,其意见温和而富有建设性,如列入政府政纲,则被中国民众接受的可能性非常之大。困难在于这些意见未能大胆和有信心地提出来，并且目前不能与不可调和的极端分子相对抗。各小党派现有的领导和党员，都不足以反抗威胁而提出一个强有力的政策，在目前情况下，势难寄以厚望。现在各省对于国民政府的反抗，尚不能成为一个重要的因素，但在国民政府行将崩溃时，分裂运动或将会发生。

苏联的行动严重地削弱了中国政府在满洲的地位。苏联不顾 1945 年中苏条约及其有关文件，阻挠中国政府恢复统治满洲的努力，并未按照这些文件的规定给予"道义上与军需品及其他物资之援助"，也没有允许中国政府自由接管大连和旅顺的民政。反之，苏联在满洲，以适时的撤退苏军来援助中共，并且直接或间接地使大量日本交出的军事配备供中共之用。苏联在新疆西部和在蒙古人中的阴谋更与中国政府为难。简言之，苏联没有表现任何尽力帮助中国政府之处，反而采取援助满洲中共的行动。结果加强了中共在满洲的地位，而使国民政府在满洲和中国本部的地位在政治、经济及军事各方面受到影响，使中国和平与安定的实现更加困难。

业已采用的和计划中的改善国内政治局势的步骤

当马歇尔将军离华时，他曾声明说民主中国的形式业已在新宪法中规定了，但中国政府将这种形式实现到何种程度，当视其实行的措施而定。在 4 月中旬，中国政府宣布改组国府委员会，不久又宣布改组行政院。从国府委员会人选的才能上看，已表明政府曾尽力任命国民党中一些最能干、稳健和进步的分子，无党派的人选也具有同样品质。其他党派中参加政府的只有青年党和民主社会党，但他们的人选是无关重要的。在国府委员会中也为共产党和民主同盟保留出席位，以备他们将来愿意参加之用，但这主要是一种政治姿态而已。但是这个委员会可能的效果，大部分已为同时产生的国民党的新政治委员会所抵消。这个政治委员会的主要人物是陈立夫，政治委员会在控制国民党及其政策中所发生的重大作用，从 CC 系（陈立夫和陈果夫领导下控制国民党的有力右翼）地位和力量的跟着更加巩固中可以看出。改组后在张群将军领导之下的行政院也引起了类似的希望,但是 CC 系是和张群及他的同僚极端反对的。CC 系的政治阴谋,军事及经济发展的速度与蒋委员长的控制都使行政院受到束缚,它的应付迫切问题的有效行动的努力,归于无效。结果政府只是有限度的改组,不能促成任何重要改变。一般讲来,政府及政策仍为原来的几个人所控制;在这种结构内,蒋委员长仍然是中国政府政策主要的决定力量。

从上述的改组以后,政府中有了很少的变动。最重要的或许是任命参谋总长陈诚将军继熊式辉将军为东北行辕主任和将满洲军政民政统一于他的指挥之下。这个变动表明国民政府努力纠正其在满洲地位的弱点,但事情已经太迟,并且不足以实现其希望的效果。

预定的步骤有在最近数月内按照新宪法,在国民政府统治下的区域中举行选举,以为组织立宪政府的前奏。但在内战,国民党不允许各小党派自由组织竞选和国民党 CC 系控制全国民政府区域的种种情况下,选举结果似不可能立刻产生一个能代表人民意志的政府,或成立一个比现政权较民主的政府。虽然如此,选举仍不失为向代议政府的大道迈进一步。

对华"不援助"或继续"观望"政策的意义

现在要是建议对华不援助政策就是主张美国陆海军顾问团从中国撤退,也就是等于使中国政府失去根据地。取消美国的援助而不取消苏联的援助一定终将使中国受共产党统治。这将在亚洲的其他部分发生影响,降低美国在远东的威望,并会使苏联势力的伸张和政治扩张,不只在亚洲,而且在世界其他区域都更为容易。

采取"观望"政策可能会使蒋委员长终于要实行真正改革,因而可使美国展开其有效的援助,并且这些改革的本身就是对共产主义的挑战的最好的答复。但是这种政策的收效不可避免地比较迟缓,它会让国民政府的瓦解过程继续一个相当时期。在瓦解的某一阶段中,国民政府的权威和控制可能微弱,并遭受掣肘,以致在政府现辖的各区域中会发生分裂运动。这时,显然可能出现一个中间集团,能在它所控制下的区域内建立稍许安定。于是美国对于这种集团或集团的结合,只要它们表明有能力巩固对于相当部分国土的控制,并且它们的政策和美国的政策相符合,就可以予以道义上与物质上的支援。不过,这只是一种对于中国事情将来可能发展的推测而已。这种政策到一个时候,会使蒋委员长向中共寻求妥协,但是,他似乎不会这样做的,除非他的地位削弱到这样的地步,以致共产党只有在条件能够确保共产党在政府中占优势地位时才愿意接受和解。最坏方面的情形是:在国民政府继续瓦解的过程中,可能会有一个长期濒于混乱的骚动,其结局是中共成为统治集团,倒向苏联。

改善国内政治局势所需要的改革

一般言之,改善国内政治局势的改革应有下列措施:(一)实行有效率的政治;(二)保护人民基本自由,免受专横压制;(三)民政不受军人的控制;(四)谋致人民福利。这些措施之中,可包括以下几点改革:把国民党从政府中完全分出,使蒋委员长成为国家领袖而非党的领袖;改组国民政府,包括行政院和国府委员会的改组,使负责任的人士不分党派可以参加;在政府中,划清职责以增进效率,培养主动性,防止政府的事务及政策为一人所独揽,鼓励能干及进步而现在不愿在政府中服务的人士进入政府工作;加强监察院以实行罢免及惩罚贪官污吏;废止现存的秘密警察制度,停止由军事机关逮捕平民;迅速公开审讯被捕之人,并充分实行人身保护状的权利;停止对教员学生施用武力及威胁,对纯因政见关系而被解聘或开除的教授与学生予以复职复学;实行土地改革计划,以减轻农民高利贷和租税的负担,并供给他们土地;分散政府的权力使能有更高度的地方自治和地方人士参与行政;免去现役军人在政府中的文职;公布关于财政政策及其实施的全部报告以及政府收支详细资料,其中包括全国、省、市预算的报告。

第二部——中国　附件

附件二　经济方面

索　引

财政金融
　资本的减耗
　财政及货币现状
　国际收支状况
　稳定通货问题
　白银借款计划
　财政顾问
工业
　煤
　电力
　铁路
　船舶
　海港
　纺织
　肥料
　钢铁
　水泥
　农产
美国在华商业所遭遇的问题
加强中国经济应立即采取之步骤
关于美国经济援助的研究
　预算亏空
　经济建设计划
　中国私人投资问题
　进出口银行
　对国际收支的援助
　国会的援助

财政金融

中国已到了恶性通货膨胀的情形,在现行货币制度停止它的作用以前,这种恶化能继续多久,是无从估计的。在过去六个月中,物价两次剧烈上涨,每次上涨后都有几个星期的暂时稳定和调整。如米价及美金黑市价格的变动(这是整个金融局势中两个最好的普遍性的指针)所表示的,中国近来通货膨胀的历史是一部日益猛烈的变动而中间介以比较稳定的短期的历史。

中国的恶性膨胀是一种正统的通货膨胀,发生在一个以农业为主的国家里,和在一个城市工业社会中类似的通货膨胀比较,它需要一个更长的发展期间,这种循环性的物价上涨是最先发生于大城市,然后经由各小城市而逐渐波及于乡间。也有一些由政府银行为政府所核准的用途举行贷款而引起的信用膨胀,但这种信用膨胀充其量只是一个次要的因素,无论在数量上或在影响上,都无法和纸币的洪流相比较。

财政部和中央银行中的政府人员因为对于每次危机不能免于个人责任,所以在他们之间很容易发生惊慌。但是难于向蒋委员长及国民参政会、立法院等机关解释这种恶性膨胀是由多年来预算不平衡和瘫痪了的经济而产生的,并且在恶性膨胀中物价上涨是要发生的。因为个人常须负担责任,代人受过(一部分是由于政治原因),所以没有人愿意采取可能因之引起物价上涨的补救办法。这种行政上的惰性使局势更加严重,使预防或减轻物价波动的实际办法越发困难。例如,一万二千元法币对美金一元的外汇官价,从 1947 年 2 月 11 日一直维持到 8 月中旬,但美钞的黑市价格已跳到四万元。在 2 月和 8 月之间,有很多机会,改变或放弃上述官价比在 8 月去做更加容易些,但是行政上的惰性的力量太大了。目前,变更业已实现,但累积起来的失调现象,外汇投机者操纵市场的机会(这些投机者是世界上最灵敏的投机者)以及没有便于中央银行维持市场的行政机构,终久要结合起来使危机益趋严重,迟早将再引起一次物价大波动,如早行调整当不致如此猛烈。

资本的减耗

由内战及恶性通货膨胀所引起的中国经济解体,使资本发生大量的减耗,减耗的主要方式是资本的脱离生产和资本逃避到美国、香港、欧洲及南美各地,此外,有形资产的破坏,资本设备的滥用和保养的忽略,以及动力设备的过度负荷等,也使资本发生减耗。就实际情况而言,几年以来,中国的经济是靠着并且继续靠着消耗日本在华所累积的储存物资,战时由美国供给的美金购买的物资以及联总和剩余物资来维持的。恶性通货膨胀及内战所造成的不安定的局势,更加强了中国迅速消耗现有资产,不注意保养和补充的传统倾向。

资本减耗的长期后果对中国经济的影响是非常严重的。由于生产和折旧统计数字的缺乏,资本减耗的程度很难估计,在估计中国建设的需要时,这一因素是必须加以考虑的。内战长期继续所引起的资本减耗,使中国的恢复极为缓慢和困难。其结果所产生的贫弱并依赖他人的中国,会使投资在长期间所得的利润不佳,在制定美国资力在亚洲各国的分配计划时,这个结果也是应予注意的。

财政及货币现状

1947 年度预算支出原估计为法币九万四千亿,收入为七万四千亿,5 月 7 日通过 1947 年度新预算为十八万亿。但物价继续上涨,政府支出继续增大,新预算无疑的将再行修改。税收及公营企业的收入合计约为支出的三分之一。因此发行纸币是预算筹款的主要方法。纸币的增发连同生产停滞甚或降低,使物价上升,而物价的上升又引起政府更多的支出。这种循环相因的情形在中国已经很显著地延续了好几年了,在过去十八个月中,达到恶性通货膨胀的阶段,物价增涨的速度超过货币增发的速度,1947 年的前半年,通货发行只增加了三倍,但生活费却增加了五倍,米价则增加了七倍。由其他各国的经验看来,通货膨胀的过程都是有限度的,但在中国,因为 80% 的人口生活在比较自给自足的农村经济中,这种限度较之他处更有伸缩性。对于在国民政府权力分散,再回到地方割据,并发生城市经济崩溃以前,过去六个月的趋势能继续多久一事,对它企图作确定的预测,显属不智。那时,中国可能进入一个混乱时期而这个时期或要经过一代之久才会出现。现在有强有力的共产主义运动,它使中国不至于再回到 1911 年到 1927 年时期内的军阀政治的单纯形态,但中共是否有统一全国并迅速控制全国的力量和技术,那是值得怀疑的。

中国政府的收入

(全部收入和支出,各种收入可占国库每月收入百分比)

月份 1947 年	收入及支出 (法币兆元)	税收 (百分比)	公债收入 (百分比)	银行垫款(通货 发行百分比)	其他收入 (百分比)
1 月	1.2	17.9%	2.9%	70.9%	8.3%
2 月	1.0	22.1%	7.4%	66.2%	4.3%
3 月	1.5	19.5%	0.6%	73.7%	6.2%
4 月	2.0	19.9%	0.1%	53.4%	26.6%
5 月	1.9	22.3%	4.4%	49.8%	23.5%
6 月	3.1	18.2%	9.5%	62.8%	9.5%

资料来源:财政部长俞鸿钧供给。

东北流通券、台币及新疆币流通量(单位十亿元)

月份 1946 年	东北流通券(中央 银行在东北发行)	台币 (台湾省银行)	新疆省 银行纸币
6 月	4.5	3.7	6.2
7 月	6.0	4.0	6.6
8 月	10.1	4.2	7.1
9 月	15.0	1.2	8.5
10 月	18.8	2.8	10.0
11 月	22.9	4.0	11.4
12 月	27.5	5.0	13.0
1947 年			
1 月	36.2	5.7	14.8
2 月	40.2	6.4	16.8
3 月	47.5	7.0	18.0
4 月	55.9	7.5	—

| 5 月 | 64.4 | 8.9 | — |
| 6 月 | 74.6 | — | — |

资料来源:财政部长俞鸿钧供给。

中国通货发行及物价指数

月份	流行通货	较上月增加	批发指数	较上月增加
1946 年	（兆）	（百分比）	（上海）	（百分比）
1 月	1.15	11%	92	4%
2 月	1.26	9%	175	89%
3 月	1.35	6%	255	45%
4 月	1.53	13%	258	0
5 月	1.80	17%	380	47%
6 月	2.11	17%	372	97%
7 月	2.16	2%	407	9%
8 月	2.38	10%	428	5%
9 月	2.70	13%	509	18%
10 月	2.98	10%	536	5%
11 月	3.30	10%	531	99%
12 月	3.73	13%	571	7%
1947 年				
1 月	4.51	21%	686	20%
2 月	4.84	7%	1066	55%
3 月	5.74	18%	1120	5%
4 月	6.90	20%	1847	64%
5 月	8.38	21%	2845	53%
6 月	9.94	16%	2993	17%
7 月	11.46	15%	3116	5%

资料来源:财政部长俞鸿钧1947年8月"提交魏德迈代表团之财政金融统计"。

国际收支状况

中国政府所有的外汇资产,在对日战争胜利时达到最高峰,以后即开始减少,1945 年 12 月 30 日,中国政府及中国人民所有黄金及短期美汇总数估计约为九亿四千九百万美元,其中属于政府者为八亿三千五百万美元;此外,中国私人所有的长期外汇资产至少也有二亿二千万元,到 1947 年 6 月 30 日,中央银行的外汇资产减少到三亿二千七百万美元,其他国家银行的外汇资产共有一亿二千三百余万美元以上,私人所有的黄金及短期美汇则较 1945 年所估计的一亿一千四百万美元大有增加。有些私人的户头,虽因支付进口货物而动用了一部分,但因私人收贮黄金美钞以及资本经由香港或其他方式逃到国外,故这种动用数目业经补上而有余。1942 年国会所贷黄金售于中国人民者达一亿五千万美元,其中大部分仍在私人手中。据估计有美钞五千到七千五百万美元在中国为私人所有,其中很大一部分系中国人民所持有。因低估出口货值、高估进口货值而引起的资本逃避及侨汇的转往他处无疑地为数极为巨大。据在南京的美国财政部专员最近所作的比较可靠的估计,中国人在国内及国外所有的黄金及巩固的外汇约值五亿美元。有人估计中国私人的外汇资产高达数十亿美元,但在美国的私人资产可以断定确属中国人所有的,则大致和上述五亿美元的数目相近。

中国政府估计 1947 年下半年度的美元收支差额约在一亿零六百万至一亿二千万美元之间。如依这个较大的消耗率来算,1947 年末中央银行的外汇资产将被提用得只剩二亿零六百万美元,1948 年底或 1949 年初即可全部耗罄。

甲表

中国政府外汇资产,包括存款、现金、投资、期汇净差及申请外汇保证金

1947 年 7 月 1 日	百万美元
美元	177.3
英镑	21.9
港币	12.0
卢比	0.4
黄金	85.7
白银	29.4
合计	326.6

(以上各项十万元以下奇零并于接近之十万元数字内,故总数稍有不合)

乙表

国家银行所有美元数量

1947 年 7 月 1 日	百万美元
中国银行	94.8
交通银行	16.6
中国农民银行	2.4
中央信托局	4.6
邮政储金汇业局	4.2
合计	122.6

资料来源:财政部长俞鸿钧供给。

中国国际收支状况

（1947 年 9 月至 1948 年 9 月财政部暂估单位百万美元）

付方

进口货物:	百万美元
原棉	100
米、麦、面粉	40
煤及焦煤	2
第一类进口货物	24
第二类及特别限额	215
第三(甲)类进口货物	30
自备外汇进口货物	100
合计	511
经批准用财务费用	55
政府支出:	
军用汽油	31
军火	10
债务费	35
工业供应	20
外交费	25
总计	687

收方

出口货物	200
汇款	100
外人在华用费	25
慈善事业汇款	14
资本归还	100
总计	439
逆差	248

资料来源:财政部长俞鸿钧供给。

　　有几个理由可以说明中国的美汇至少可支持一年,也许可以支持十八个月以上。最近中央银行关于今后十二个月中中国国际收支的估计预测,除因政府进口货物及国外支出耗用外汇一亿二千万美元外,往来账项下亦亏一亿二千万美元。此项估计系根据新外汇政策实行后出口及侨汇可能增加的相当现实的假定而作的。这种亏空的一部分可用联总结束后的救济物资(Post-Unrra Relief)三千万美元来抵补。因此,中央银行的外汇在未来十二个月内减少的净数约为二亿一千万美元,官方外汇资产将只剩一亿一千七百万美元。这自然是一个少得相当危险的数目。但无论如何,它表现官方的外汇资产还没到完全耗尽的程度,还不曾触及私人的大量外汇资产。

　　国际收支的全貌还应计入走私和资本逃避两项目。如果新的条例及最近与香港的协定不只是有暂时的作用,则进口走私和资本逃避的数量可不致超过一亿一千万美元。此数应可由出口走私和侨汇走私以及私人在外国的资产的减少数量互相抵销。

　　如前所述,私人在外资产约为五亿美元。国民政府从不曾极力设法动用这种资产以偿付输入之用。财政和经济情形继续恶化,国民政府动用的能力越发减少。一般经济情形的重要改善无疑地当从这种资产流回中国并逐渐供日常使用开始。中国人私人不愿以外汇投资于中国工业的发展最触目的例子就是淮南煤矿。该煤矿为已开采的华中各煤矿中最好的一处。因此,在华北产煤区域因军事失利或与该区域的交通被切断时,淮南煤矿遂居重要地位,淮南煤矿在南京以北约二百英里,位于津浦铁路的终点,如增加资本设备,每月现产九万吨的产量还能大为增加。该矿80%属于中国建设银行公司,该公司为孔宋所有,拥有广大的利益和许多外汇资产。抗战胜利后政府贷给该矿法币作为复员建设之用,并由资源委员会垫款一百万美元购买必需的交通器材。但中国建设银公司却不肯用任何外汇资产重建该矿,也不肯用外汇以谋发展。由此可见,中国建设银公司的态度只能用短见、自私以及对国民党中国前途无信心来解释。

上述的估计说明中国政府在政府的户头上有充分的美元可以支付进口计划至少一年,甚至十八个月之久。结论是政府缺乏支付必需的进口货物所需的外汇并不是一个急迫的问题,但是如果中国生产及输出商品的能力以及它阻止侨汇他流的能力每况愈下,则这个问题或将更形尖锐。因此,主要问题不是垫付必要的外汇以弥补中国国际收支的亏欠,因为在没有发动力量纠正这种亏欠情形之前,这种办法当须一再为之不已;问题在于树立消灭亏欠的条件和从本国及国外得到建设及发展所需要的资本。

稳定通货问题

从1942年起,中国政府就设法获得美国的财政援助以稳定中国的法币。1945年,中国要求美国贷款五亿美元作为法币准备基金。但此项提议为美国所拒绝,理由是中国所有的外汇资产(包括1942年的贷款余额)已敷此项基金所需,又除非中国政府财政政策改变,任何稳定通货的企图都将徒劳无功。在1942至1946年间,中国政府为"稳定经济",共用去四亿美元,按法币二十元对美金一元的比率,售出大量的储期至多三年的美金储蓄券和十年内还本的公债,又由中央银行向民间出售价值一亿五千万美元的黄金以求稳定物价。这一类的稳定通货的措施始终受美国的批评,认为这是使有价值的外汇资产遭受无谓的消费,而中国人则一再没有根据地说制止通货膨胀的措施可有成效。同时,发生了几次关于将美金证券和债券以及黄金特别优待地售给幕内人物的丑剧。最著名的例子是 1945 年 3 月在重庆和 1947 年 2 月在上海的黄金案。

从抗战胜利时起,发行新货币问题曾作过不断的讨论。最近主要的方案是发行银币以为稳定通货的过渡步骤。但在目前的财政情势下,发行新币甚至采行任何稳定通货的过渡手段,都非其时。其他国家的经验告诉我们,在恶性膨胀达到某种程度之后,必须任它自由发展然后才能有效地改革和稳定币制;时机掌握的错误常是代价巨大而且反使通货稳定迟缓。

白银借款计划

过去三个月中,中国政府曾提出由美国借贷白银的方案,它提议由美国借予价值二亿至二亿五千万美元的白银,用以铸造银币在中国流通。依照计划,银币将依法币的一定比价而发行,最后将用以代替纸币。

本方案主要的缺点是中国政府仍继续用发行纸币的办法,来弥补预算。除非中国政府决心完全收回流通中的纸币,用银币来代替,此后不再发行纸币,否则银币将被收藏,恶性膨胀仍然继续。但是,美国或中国主张银币计划的人,却都不曾设法打破这种难关。

白银借款计划主要是根据下述四种理由:

(一)中国过去曾有过一种比较稳定的银币制度,一般人民心理上很重视这一事实。

(二)过去一年中美国的银价由美元九角跌到六角四分,将白银借给外国,当为美国的白银生产者所欢迎。

(三)战时对印度的白银租借的历史,开了出借美国存银的先例。

(四)美国的存银对它本国是没有很大用处的。

在中国真正进行解决预算问题以前,上述稳定通货的白银借款计划是不能予以郑重考虑的,在纸币之外发行银币以为辅助货币,对物价的影响,并不能多于向民间公开出售同样数量的银条或金条。当纸币贬值时,银币由于它的金属成分而将被窖藏起来。反之,如果将纸币完全收回,并且永久用银币来代替,中国政府就要完全靠税收和公债应付国家预算。

对中国作白银贷款,势将其有财政贷款所有的若干性质,银币将出售于民间,以资收回纸币。因此,这些银币即将离开中国政府之手,一如 1942 年中国政府向美国借款所得的黄金,在 1945 到 1946 年间出售于民间,但并不曾被中国政府作为外汇资产来使用。因此,白银借款的偿还的希望是非常之小的,这种白银借款如果没有物质资财作担保,便无异是一种对中国的美元的赠礼,美国国会是唯一有能力作这种赠礼的机关。在目前情况下,赠送白银对于中国极少裨益,反有被滥用的最大危险,故要尽先考虑其他援助方式。

财政顾问

多年以来,国民政府雇用外国财政顾问,这是利用外国技术人员的整个政策中的一部分,是以私人契约雇用的。在计划及监督中央银行的外汇运用上,美国顾问曾作过很有用的工作,但是除了一两个特殊的例外情形,这种顾问通常对于财政及金融政策,并不发生重大的作用。雇用以私人资格应聘的外国财政专家发生了许多困难问题。其中最主要的就是避免卷入中国政治漩涡的困难,以及中国政府常为某种特殊企图而利用美国顾问对其本国施以压力,但也有些顾问例如杨格博士能避免这两种困难,并对中国政府作忠诚有用的服务的很好的例子。由于中国经济危机的加深,和对外国财政援助的要求日益迫切,上述的两种困难也日甚一日。

美国官方代表被派到中国当顾问的人所遭到的主要困难之一,就是中国政府中越来越显著的国家主义的倾向。美国所建议的任何政策都会在反对侵害中国主权的理由下遭到反对。除非两国政府对官方顾问,在政策上的责任,有明白议定,否则美国的财政顾问可能被吸入中国系统之内,而遭遇到以上所述,中国政府雇用的私人美国顾问所遭遇的两种困难。

工业

中国主要的运输交通、矿山、公用事业与工业在十年战争中遭受了严重的破坏,在满洲,日本人所办理的工业与动力设备被苏联掠夺。全面的可靠的统计虽然缺乏,但根据联合国亚洲及远东被害区工作团的报告估计,58%的棉纺织业、90%的机械与轻金属工业、70%的煤电力、钢铁业的生产力都丧失了。中国政府资料说明,50%的纺织业、25%的机械与轻金属工业的战前生产力已告恢复。煤业恢复到53%,但由于矿山被共产党破坏与占有,以及缺乏运输工具,而受到阻碍。电力已恢复60%——在上海可能将近100%——但目前是处于岌岌可危的状态。日本投降后,利用联合国善后救济总署所供给与由支线支道所拆运来的器材设备,恢复了三千八百十六公里的铁路,但是属于应急性质,用临时性的木桥与不合标准的材料构成的。运输的缺陷是经济恢复的一大障碍,但在华北与满洲政治局势解决以前,只有华中华南的交通线可作永久性的恢复。日本投降后,除去原可使用的五万公里公路外又有两万公里的公路多少修复了。美国联总供给了两万辆载重车、六万公吨公路设备。10%的电信交通线已恢复了。中国得到了八十万吨船只(战前一百三十万吨)。据报导长江非常缺乏客船及附有载客设备的货船。海港在战争中遭受严重破坏急需大事修复,但在现在情形难予扩充。水泥生产(复原工作中主要的原料)现在恢复到战前产量的30%。战前钢产不及五万吨,但大量铁砂采出运到日本。现在虽没有正确统计数字,但钢铁产量不及战前。

很显然的,虽有联总与美国的帮助,中国的交通与工业复原的努力,并没有完全生效。劳动力与原料费用的高昂,动力燃料的缺乏,由国外运来的重要修配零件交货迟缓,以及有实际技术知识的合格监督人员的极为缺乏,都是障碍,而通货膨胀与资金缺乏,尤其是复原的主要障碍。但是,现在对中国工业前途与物质幸福的严重的威胁,是华北与满洲大部资源的不能为国家所利用。如果这种情形发展达于极点,它将构成一种对中国工业化前途的灾难。

煤——中国是世界主要煤藏国之一,煤是中国最主要的自然资源。根据国民政府的统计资料,主要煤藏如下:

	百万公吨
焦煤	2,728
无烟煤	46,001
烟煤	188,167
总计	236,896

外加四十七亿三千八百万吨褐煤。煤藏多半在华北,尤其是山西,在满洲与中国西南也有。

根据中国的报告,1937 年煤产总计为三千二百万吨,其中满洲产一千二百万吨,北方各省一千一百万吨,其余区域九百万吨;战争期间,全中国产量差不多达七千二百万吨;由于共产党破坏矿山与运输,1946 年产量只有一千五百万吨,1947 年前半年为八百五十七万七千吨。

在中国除去满洲与台湾外,煤实际上是唯一的动力来源,又是水上运输、工业制造,维持必要公用事业与取暖烹调的燃料,因此煤的不足不仅阻滞了经济恢复,而且为人心不满,疾病与不安的一因,又煤的出口对于中国的外汇关系重要,阻止煤的出口对于日本及其他远东国家的经济恢复亦有影响。

满洲煤矿的完全丧失对于中国是一个重要的打击,而华北资源的再行丧失关系更为严重,没有中国北部各省的煤源,中国不能希望实现大规模的工业化,而大规模的工业化是使中国经济平衡,建立自由富强的国家的惟一希望。

运输工具的缺乏是和缺煤有关系的。华北的开滦煤矿是中国剩下来的最大的煤矿,由于缺乏车辆不能将每日出产运到秦皇岛(及上海)与天津,以致堆积了五十万吨的煤。现在这个每天出产一万五千吨的煤矿,经常处在共产党军事行动的威胁下。在目前情形下,它的丧失将是一个很大的不幸。

中国大部分的煤矿由资源委员会经营,该会曾委由外国顾问作过调查,拟就复原计划。它从美国借到一百五十万美元,又通过联总得到大批设备与器材,其中大部还没有装置起来。首先被注意到的矿山是河南的洛阳附近的伊洛（Yilo）和中福（Chungfu）矿、江苏的万通（Hwantung）矿、湖南的湘潭矿、江西的萍乡矿及台湾北部的煤矿,但复原工作很慢,完成需时。安徽省私营的淮南煤矿根据发现有新矿藏,正在计划开采如前面所述。其他计划恢复和发展的煤矿都是位在政治不安定的华北,目前不可能进行。这就说明了在目前情形下保护和保有开滦煤矿的重要性。

电力——中国电力设备约有一百三十五万瓩,其中实际能利用的约九十万瓩,很多毁坏陈旧。自从战争以来从联总得到许多装配好的二千瓩或较小的发电机,其主要目的在于恢复工业。主要的电厂和电力系统是在上海、平津区、青岛、广州、南京、汉口、台湾与满洲。

而满洲由于共产党军事行动,大部已不能利用。除去上海电力公司外,汉口的自来水公司、电力公司、南京电力厂、天津两个电厂都是国营的,由资源委员会经营,该会已订出恢复和发展冀北、青岛、上海、广州和台湾的电力系统的计划。电厂的恢复固属需要,但扩充计划则应该同预计的工业的发展及动力需要的增加慎重地配合起来。在上海电力极为缺乏,现有六万瓩的电力负荷,不够供应,正待增加电力供应,而装设增加电力供应的设备,需时四年,在这期间电力的缺乏可能增加到十万瓩,甚或超过十万瓩。上海电力公司曾计划建立一个新的有效的主电厂,大量供应附近地区内电厂的需要。从国内或国外投资的立场来看,这是一个需要和值得投资的计划,但须要给予特许权,并且关于借款的付息还本,要有适当的保证。在台湾发展工业有许多优点,如居于航运要津,有丰富的自然资源,具有适当的运输事业,有知识并且勤劳的人民,有便宜的水电,还有电力设备可以发展,尤其是如果肥料和其他工业大加发展的话。现在有很大部分的电力由于线路及电力站的破坏而未能利用。在华北,须先解决政治困难,然后对电力系统,才能作永久性的改进与扩充。

铁路——中国铁路是国家专营的,由交通部管理,可以分别如下:

区域	公里	已通车（由国民政府管理的公里）
满洲	11,336	1,647
华北	5,749	2,362
华南华中	8,837	6,199
台湾	3,925	3,925
海南岛	289	
总数	30,136	4,133（按此数应为14,133之误）

从1937年7月日本发动战争起，至1938年10月止，中国实际上失掉全部铁路，或沦敌手，或由于中国自己的焦土政策的结果。在日本投降时，在中国本部有铁道八千七百七十二公里通车，在满洲约有一万一千公里通车，但以后在中国本部有三千六百四十九公里，满洲有九千三百五十三公里被共产党占有或破坏。

自日本投降后，利用联总供给及支线支道拆运来的铁路器材与车辆，在中国本部恢复了三千八百一十六公里的铁路，但多半是应急性质，用临时性的木桥和不合标准的材料构成的。

运输的缺陷是经济恢复的一个主要障碍，但在满洲与华北政治局势解决以前，在这些区域的铁路的复原除应急性质外，是不可能的。陇海路的情形也是这样，虽然自黄河改回旧道后，陇海路可以认为是华中而非华北的干线。所以计划的铁路恢复方案限于长江以南的铁路，重要的南北大动脉粤汉铁路，连结广州（九龙）与汉口（干线一千二百四十二公里，支线一百零六公里），浙赣路，从杭州到株州（干线一千零七十六公里，支线六十八公里）的重建，差不多已全部完成，这条铁路可以与粤汉路连结起来，此外又有从衡阳到桂林和都匀的湘桂黔铁路，该路的重修至少一部分可利用重修其他两条铁路所节省出的材料。

据估计这个计划费用甚高，达于一亿美元以上，其中包括保养必需由外国人的路线材料、车辆及铁路设备。由借款来增加对于这些铁路的投资的一个大困难是繁重的设备资金，现在的腐朽设备已完全不能应用，财政调整中已经指出将由国民政府负担因战争所受的损害。

船舶——沿海与内河船舶的不足，是中国国内贸易以及国外贸易萧条的原因,这种贸易是国家统一与富强所依赖的。但是,假如民族主义与国家专营不是中国政府的政策的特色,纵然有内战,情形还是可以改善的,但现在不许挂外国旗的船只像战前一样地从事中国沿海贸易,同时以前的重要通商口岸,如汉口,也不再对外国船只开放。

1937 年 7 月,日本对中国发动积极侵略的时候,从事中国贸易的各类船只总数四千零八艘,毛吨数一百二十八万六千吨,其中三千八百五十七艘,毛吨数五十七万六千吨,是在中国政府注册的,由于日军封锁与占领中国沿海及港口区域的结果,所有航海船只与一部内河轮船,连同七千四百五十艘帆船,三万只渔船都丧失了。船厂与修理设备也都失去了。

战后中国从英国租借了六万吨的船只,又获得到许多船只,差不多全部是从美国获得的。国民政府购买而由招商局经营的船只有一百三十七艘,毛吨数二十八万三千吨,由中国私商所有并经营的计一百十四艘,毛吨数二十五万三千四百吨。公私共有海轮一千零十七艘,毛吨数六十二万八千九百吨,江轮及小船十七万九千八百九十三吨,两者毛吨总和八十万八千八百十五吨。其中很多船只是陈旧的,维持经营费用很大,因之总数不敷目前需要。据报长江缺乏客船与有载客设备的货船。同时船舶修理与船坞设备也非常缺乏。台湾基隆港船坞与修理设备的恢复,将可以供应一部分的需要。现在恢复正常船运的一个主要障碍,是成本较高,主要是由于煤价上涨,与海员与搬运工人的工资高效率低。

海港——1937 年 7 月后全部中国海港被日本占领,除华北与满洲外,很少修理改善,甚至少有适当保养。因此,在战争结束时,临水建筑与货栈都呈失修,有一部分遭受破坏,有些地方、尤其是台湾的海港与河道,被沉船所封锁。

1946 年初,中美工程师曾调查并计划恢复改善若干海港设施。计划中有些部分似乎是不切实际,不宜实行的,尤其是广东黄埔港与华北塘沽港的计划。比较切合实际而且容易实现的如广州内港计划,与海河水利委员会所提的改善海河河道与入口道的计划,所需要的经费和器材,似乎此较容易得到。全部海港计划应从经济上,并配合中国整个经济复兴计划谨慎地重新审查与制订。

塘沽新港计划——四十余年以来,到达华北商业与交通中心的天津的航运,利用两种船只,其中大部分航运是利用沿海小轮船,在高潮时通过大沽港,随潮驶往塘沽或大沽,或沿海河直达天津。其余吃水深的船只,则在大沽口外停泊,利用沿海驳船卸货或载货,货物虽少损失,但常常受气候影响而耽误时日,因此有修筑一个深水海港的要求。直隶湾在秦皇岛以南,由于沿岸水浅与流入湾内的河道泥沙成分很重,因此没有天然的深水港,也不宜于建筑合乎实用的深水港。

日本人在海河口北边曾从事筑港,以水闸与海河连系以便运煤与盐往日本。现在交通部所设立的塘沽新港委员会,已将日本人原来的计划,扩充为一个正式的深水港。原来计划包括挖建一个有防护的深水海港,建筑水闸连到海河,并修筑石砌防波堤长凡一万六千八百公尺(十英里),通过泥滩伸到深水处,那时候估计需要三千万美元。由于地基都是软泥,现在业已判定,修筑石砌防波堤所需的石头,远较原来的计划为多。而就是原计划所需的石头,已超过铁路的运输能力。因此,塘沽新港委员会建议用钢管代替,然而由于地底太软,这种代替办法,能否适用,还是疑问。在这种情况下,工程的困难和费用的浩大,是人所共知的。无论如何所需增加的八万吨的钢,将需要更多的费用与外汇。这种计划的总费用可能要超过五千万美元。管理上的困难和费用也可能很大。海港和航道的泥滩将无限止地淤积,需要不断地挖泥。又海港与航道因位于两条淡水河流的出口处之间,没有适当的水流以供冲刷,因此,结冰情形可能很严重。在管理水闸时,也要遭遇淤泥与冰块的困难。完全依靠水闸使船舶驶往大沽与天津,假如不是有极大的害处的话,由于费用太大,也是不大妥善的,因此有必要使海河入口航道畅通;而由于这个航道通常可使大部分的运输能以最低的费用通过,塘沽新港计划中巨大的管理费与资本就势必由深水船负担。

若以建筑新港的费用的一小部分改善海河河道与入水口,则将予到达塘沽、大沽与天津的大部分船只以极大的便利。在这一方面,我们可以一提的是,现在有两个政府机关,一属于交通部,一属于水利部,相互矛盾地争相从事于同一基本问题,努力为平津区谋出入港口的便利,这说明有必要成立一个协调机构。

纺织——除食品外纺织工业为中国最大的消费品工业,对于恢复经济与供应衣服的需要,也是很重要的。中国现代工业的发展,首先从纺织开始。战前,在中国、包括满洲在内,有六百万机器纱锭与五万部电力织布机,其中二百一十万个失掉,一百六十万个毁坏但还可以修理。据估计现在约有三百万纱锭正在开工,再过一年又有四百万纱锭可以开工。但这样数目仅能供应一部分需要。棉花产量也逊于战前,主要由于华北政治紊乱。1946 年至 1947 年与 1947 年至 1948 年棉产情形及其预测均见于后列的表中。在这方面中国曾得到大量帮助,主要是联总所给的衣服、棉织物与原棉,总值一百十五万美元,及由出入口银行所得的美棉贷款。以前日本人的工业(占战前中国棉纺织业的一大部分)已由国营的中国纺织公司接管经营。自日本投降后,该公司的盈利构成政府重要财源。根据这个公司的章程,中国政府的目的是把该公司所经营的纱厂出售给私人企业,现正在为着这个目的估计它们的价值。美国棉织业界现调查投资在这些纱厂方面的可能性。但由于中国现在政治与财政情形的不安定,美国纺纤界无疑地将要求对于中外合资经营企业的经济管制,盈利与债务的支出或偿付,公正地评定捐税款项,并担保维持充分的生产等等,予以保证。

1946 年至 1947 年及 1947 年到 1948 年中国棉花供应消费概况及其预测:

1946 年 8 月 1 日至 1947 年 7 月 31 日	单位千包(每包五百磅)
1946 年 8 月 1 日货栈与纱厂存棉估计	750
1946 年 8 月 1 日至 1947 年 7 月 31 日联总运到棉花	258
1946 年 8 月 1 日至 1947 年 7 月 31 日外商运来棉花	568

国内棉花:估计 1947 年 9 月 30 日前可供应各厂应用,	
其中大部分在 7 月 31 日已运到	800
	2,376
1946 年 8 月 1 日至 1947 年 7 月 31 日纱厂消费量	1,500
存货	876

1947 年 8 月 1 日至 1948 年 7 月 31 日中国棉花供应消费的初步预测:

1948 年 7 月 31 日能供纱厂用之国内产棉估计(大部分在 7 月 31 日前交到)	1,100
纱厂集中地点或乡间所能利用的棉花总数量:	1,976
需要量:	
1947 年 8 月 1 日至 1948 年 7 月 31 日纱厂消费量	1,750
应留备次年用之纱厂及其他存货	600
	2,350
1948 年 7 月 31 日前之需要进口量	374
联总运到棉花	124
商人或其他方面输入棉花	150
还需要输入的棉花	100
第三季配额	97

肥料——化学肥料在中国是非常重要的,中国是一个以农为主的国家。80% 以上的人口是农民,其中大多数农民只能勉强生存,实际上没有购买力或改善他们悲惨生活的能力。要想真正改善中国经济情况与生活水平,主要要增加农业生产。而增加土地和农民的生产力最有效的办法,莫过于施用肥料。向来所用的自然肥料是不足以恢复土壤肥沃力的,所以生产是很不够的,以豆饼用作肥料,又是浪费,不如用豆饼喂饲牲畜。牲畜的副产品,奶、蛋、肉,可以大大的改善人民的营养与健康。使用化学肥料有很好的理论根据,虽然对于中国农民说,化学肥料价钱太贵,但收获量也将会增加三、四倍。实际上的问题是如何在款项上作适当的调整。

战前台湾每年要消费三十万吨的化学肥料,在华南,约有十五万吨的肥料用于植水稻和甘蔗等每年收获三次而土壤肥力逐渐消失的地区。但大多数中国农民并不了解化学肥料的好处,在中国如果像在日本一样地使用肥料的话,则估计每年将需要一千一百万吨。但实际上由于化学肥料对于农民来说,成本过高,加之中国内地运输方法原始,交通不便,并且不容易得到如此大量的化学肥料,所以只能用这估计需要数量的一部分。因为世界上化学肥料的供应不足和中国需用外汇采购,亦不可能输入它所需要的大量肥料。

私营的永利化学公司,在南京附近有一个工厂,有年产三万吨硫酸钲的能力。现在已扩充到年产六万吨。这个公司得到进出口银行一千六百万美元的借款,计划在湖南湘潭设立一个年产九万吨硫酸钲的新厂。

全国资源委员会在美国顾问的帮助之下,曾从事调查,拟订每年出产化学肥料七十万零五千吨(其中计硫酸钲四十八万一千吨、硇精化钙一万二千吨、磷肥二十一万二千吨)的计划,并曾请求进出口银行贷款五千万美元以便实行这些计划。这些计划为恢复与发展台湾现有五个工厂并将该五厂战前年产磷质肥料与氮素肥料三万四千吨能力增加为1949年年产七万五千吨。又计划在台湾设立两个新厂,一个年产十八万一千九百吨硫酸钲,一个年产十七万吨磷肥(磷酸盐)。同时又拟在广州设立一个年产二十七万八千八百吨的硫酸钲厂,台湾因有廉价电力可用故地点更为相宜。设立磷酸盐厂的计划,需要再加考虑,因为目前磷酸盐矿石是很缺乏的。海州所产的磷质矿石,质地不佳,由越南与由圣诞岛输入磷质矿石的拟议,也不是满意的解决办法,因为建立此类永久性的工厂需费较巨。据说日本人曾在中国发现过大量的磷质矿藏,但一直到现在为止,还没有找到。今后显然应积极探寻此类矿藏。

钢铁——在中国采铁炼钢已有几千年的历史,但由于技术落后,一直没有很好的发展。关于战前中国铁工业情况的资料很少,铁砂产量颇丰每年可达二百万公吨,主要是辽宁龙烟铁矿(译者注:龙烟铁矿在察哈尔省)与长江流域的大冶铁矿所出产的,其中大多数都运到日本去炼钢。1936年中国本部年产生铁十五万五千吨,大部用土法冶炼,在满洲年产生铁四十七万五千吨。全国钢的产量每年不到五万吨,战争期中,在自由中国,钢铁工业由于制造设备小而幼稚,因之产量不多。1944 年仅产铁四万四千吨,钢一万三千吨。1945 年,钢产量降到八千吨,但现在略有起色。中国政府乐观地希望 1947 年份钢铁产量能达到二十万吨。

资源委员会曾委托美国顾问作过关于中国铁与钢潜在量的调查。中国铁矿矿藏虽然相当多——如果完全发掘,可炼钢三万万吨——但对于像中国国土这样大、人口这样多的国家来说,实在不能算多。在美国,这个数目还不敷六年之用。因此,继续努力探寻品质较好的矿藏,和更仔细地勘查现有的品质较劣的矿藏,是非常重要的。后者是很多的,而且也可以增大中国建立大规模的钢铁工业的可能性。

根据这个调查的结果,资源委员会即计划于长江流域,在长江南岸、汉口以东长江下流一百三十五公里的大冶设立炼钢厂,并请美国贷款三千五百万美元,以完成这个计划。这个第一个工厂最初计划每年出产三十七万五千公吨钢轨、钢铁装制零件、钢板、钢块、钢条、钢架、铁棍、建筑用钢铁器材、钢片与洋铁板。其次又拟在北平设立出产三十万吨的炼钢厂,重庆设立出产八万吨的炼钢厂,广州设立出产约二十五万吨的炼钢厂。在这个调查中,满洲与台湾都没有考虑到。不过在对于大冶设厂问题作最后决定前,应该再加研究,并且考虑是否可以设在台湾,因为根据在大冶设厂的计划,它是要从海南岛输入铁砂的。

水泥——在中国水泥工业最近几年才发展。在中国本部,1937 年的产量是一百万吨。1946 年产量只有三十万吨,此外从外国输入的有六十万吨。水泥对于工业建设、修筑海港、铁路、公路、建筑工厂等等都是重要的因素,并经拟定发展水泥工业的计划。很幸运的,中国有很丰富的水泥原料。资源委员会计划恢复发展在台湾高雄、竹东、苏澳的三个水泥厂。苏澳位置很坏,而且曾被轰炸,损毁很重;华新水泥公司计划在大冶设立新厂,同时恢复华北水泥公司,将其产量从每天生产二百吨增加到每天生产五百吨并发展湖南水泥公司,使其每天出产达五百吨。资源委员会所提出的后两个计划还需再加研究,台湾各厂所需的二百七十万美元的资金业已得到:从联总得到一百六十万美元,从进口银行得到五十万美元,从加拿大得到二十六万美元,从资源委员会得到三十四万美元;大约等于这个数目的,外国的原料与设备的定单业已发出。现在台湾每年的水泥生产量十五万吨可敷本地之需要。到1948年6月,希望增加到年产六十万吨,其中三十万吨供本地需用(包括扩充水电的需要),其余三十万吨可以输出。

华新水泥公司正在大冶的战前工厂旧址,建设一个五倍于以前的新式工厂,计划每天可出产水泥一千吨(战前的工厂,在日军逼近时,迁到自由中国的辰溪),所需机器的大部分已向阿理斯查尔摩斯公司(Allis-Chalmers)及其他美国制造公司定购,又从联总得到水泥混合器,卷钢片、掘土的设备,及其他零星资材的援助。但是,他们现在还希望从进口银行得到二百万美元的借款,以便购买三公里半架空电车道、运货工具、采矿设备等等,俾得以完成计划。

农产

据美国农业专员的估计,假定现在麦收的情形没有变化,本年中国冬麦农作物的收成有希望比去年很好的收成的产量更多一些,但是分配情形的恶劣将至少使中国五个可能有灾荒的区域食粮极为缺乏。必须着重指出的是,自从抗战以来,中国存粮比平常为少。所以在存粮积起来以前,潜在的危险是将继续存在着的。

最重要的缺粮区域按照它们的重要性排列,大致如下:

(一)从汕头向南到广州三角洲的广东沿海地带:本区平时就是一个大的缺粮区域,6月初东江、西江和北江流域发生水灾,珠江海口和三角洲,以及汕头周围的韩江地区,预计将是缺乏食粮的中心,据早期的报告,第二季稻作物播种的情形还好。

(二)湖南南部衡阳附近各县:湖南的其他区域大半有良好的收获之望,但该区去年发生饥馑,6月中旬又遭水灾。6月水灾所造成的湖南南部的损害如何,还不十分清楚,损害的情形可能估计过高,假如有此情形,省内供应如果分配适当,可能就满足需要而有余。不过如果别的地方出较高的价格吸收,湖南省内的适当分配是很成问题的。

(三)广西北部区域,即湖南南部缺粮区域延长的部分:根据联总的报告,本区饥馑现象一部分是由于沿海城市米价高涨,大量输出的结果。

6月初,广西省西江流域从南宁到梧州一带,有十万英亩的农田遭受水灾,据报告本区的第一季稻作物业已被毁,但是广西其他地区的收获情形尚称良好。

(四)河南有两区,一在北部,接近河北省边境;一在东南部黄河改道区域。北部缺粮区域包括林县、汤阴和临漳,显然系受冬季小麦旱灾以及战争之害所引起的。关于本区的消息,是根据尚待证实的报告而来的。

河南东南部因为是在近年来的黄泛区域,所以缺乏食粮,许多地方从黄河离开山东旧道以来,就没有收获什么,本区也包括安徽北部的一部分黄泛区域。

(五)据联总的报告,鲁西和鲁北,特别是接近黄河的地方,也缺乏食粮,近河北省边境的德县一带特别缺乏。黄河回到鲁西北的旧道以后,从黄河附近低地和河道移出的人口,也需要食粮。

(六)最近报纸上报道,苏北徐州的南北一带有水灾,沛县和宿迁据称完全被淹。本区和鲁西南的一些地方,去年麦秋雨季,正是内战的战场,毫无问题,需要救济。江苏北部水灾对于农作物实际的损害,尚在估计中,所以对于所需救济的可靠估计,目前尚未能确定。

目前正在或预料将要缺乏食粮的个别区域尚有:

(一)热河南部的山岳地带。

(二)东北方面,大连以北辽东半岛的一些县分。

(三)山西的零散区域,包括大同一带。

(四)察哈尔的怀来地区,秋收以前,将要缺乏食粮。

(五)河北省的零散县分,据联总报告,缺乏食粮的各县为:满城、定兴、容城、清苑和宁河。

（六）福建中北部的宁德县,预计将发生饥馑现象,福建沿海的一些县分,也缺乏食粮。

（七）联总预料澎湖列岛将有饥馑现象。

（八）贵州南部,江西南部,广西西南以及四川省成都盆地沿河一带的个别水灾地区。

假如夏季的收成不好,华北将发生普遍的缺粮现象,特别是山西、河北和山东,但至目前为止,据报告华北的农作物情形,除上面说过的水灾区域外,至少可达中等年成。

在 7 月末 8 月初期间,沈阳以南的辽河下游,据估计有一千二百万市亩(二百万英亩)遭受水灾。早期的报告初步指出,本区内有一百万人以上受到这次非常严重的季节性水灾的影响。水灾和东北其他区域分配不良的结果,可能使本区发生饥馑和食粮不足的现象。但是满洲全部,一定可望有食粮生产过剩。本年国民政府占领区也将有多余的食粮,虽然远比共产党占领区的数量为少。

由于利用了台湾南部过去种植甘蔗的一些土地,台湾稻米的耕种面积和产量,似已恢复战前的数字,据联总从事农业善后人员指出,因为这是远东大产米和输出区域第一个恢复到战前的水准和重量,所以是很重要的。

美国在华商业所遭遇的问题

在我们访问过的每个地方,都同美国商人开会交换意见,从这方面,和从上海天津美国商会提出的备忘录里,得到很多关于中国局势的宝贵资料,美国人的代表强调的表示,在目前情形下,除非附有严格的条件,保证任何借款,都要符合美国政策的目的而作有效的运用,则美国不宜对于中国再作财政上的援助。在远东美国工商协会(The Far East-American Council of Commerce & Industry, Inc.)和国民对外贸易协会(The National Foreign Trade Council, Inc.),1947 年 6 月 17 日提交国务院的联合备忘录中讲,它们坚决支持下述程序:就是从现在开始,美国政府可能供给或者备中国政府用的任何政府款项,不论目的是在于救济或者为一般的建设,须以对于经手,使用目的和支配,加以严格管理为条件。

美国商人指出,现在的中国政府,对于从事经济改革的努力,毫不热心,而希望依靠外国援助来解决中国问题。美国的商人觉得,假如对中国政府供给大量款项作为财政援助该款用途之控制仍然在中国政府手里,适足以影响中国必须的改革的实现。举例来说,他们认为1942年五亿元贷款的基本缺点,就在这里。

下面是美国商业目前所遭遇的主要问题。

他们的申诉包括:进口和外汇管制的执行,而特别着重关于分配进口限额的方法,取得进口许可证的迟缓和缺乏效率,以及颁发进口许可证的机关,歧视外国公司,优待新设的中国公司,其中包括"特权家族"所组织的公司等措施,进口管理部门和海关低级职员普遍贪污的现象,已是尽人皆知的事实,合法的企业受到法令的限制,但是禁止进口的货物,只要纳贿,就可能而且实际上输入中国。经过香港的走私,极其普遍,有一定的用费和手续已成为固定的制度了。

从中国对于世界的商业关系,以及保持中国政府历来最重要的财源之一的观点来看,维持一个富有效率而且廉洁的中国海关,是有很大的重要性,在战前,中国海关行政的效速和廉洁的声誉,是全世界无比的,相反的,现在低级官员普遍贪污的现象,据说在过去九十四年中,没有一个时候比目前更厉害了,像1843年到1853年贿赂腐化盛行,因而设置总税务司的情形,也许可以和现在比拟,造成这种现象的基本原因,就是海关人员的薪给太少,他们起码的薪给每月约为法币一百五十万元左右,工作六年以上的人员,现在每月大约可以拿到法币二百万元(按目前市价折合,等于美金五十元),这些数目,对于一个有家庭负担的人,根本不敷生活的必需费用。在随时都有贿赂的机会下,普遍贪污几乎是不可避免的结果,同样或者是更坏的情形,也在中国其他税务机关存在着,提高海关人员的薪给,不仅对于恢复海关的廉洁比其他任何方法更为有效,而且毫无问题的,可以使国民政府得到大于这项支出多少倍的收入。

海关贪污最普通的方式,据说就是交纳所谓"运动费",即进口商人可使他的案件和货物通过海关处理迅速所花的费用。还有一种不太普通的办法,就是更改应收关税税款数目,这种税款是要交到国库去的,在这一方面说,海关的成绩是比较好的,征收关税的行政费用约在9—11%之间,据说财政部直接税署,收税的行政费用高达60%。

为了中国的商业关系,几乎任何可以举办的改革,都没有比采取恢复海关的效率和廉洁的制度更重要的了。

美国商业界还很关心,在中国经商的利润,不能经由正当的外汇途径汇回美国。他们着重的指出,假如中国希望得到外国资本协助其工商业的发展,就必须规定办法准许美国投资者把合法的利润,汇回美国,国民政府最近在原则上已经承认这件事情,不过强调目前形势的危急性,以及中国现有外汇存库稀少,没有允许汇寄利润出国的能力。

美国商业界另外一个主要的不平,就是中国各种捐税执行上的差别待遇,特别是营业税和所得税,在现行所得税法和施行细则上,有一个技术条款,按照该项规定,许多美国公司交纳的所得税要比中国商人多。而且还有一些美国公司仍要交纳过分利得税,但是假如它们是按照中国法律登记,而不是按照美国法律的话,就不必交纳,美国商业界主要的不平,在于所得税实际上只向一小部分中国公司征收,并且就是征收的话,征收的数目,是在向地方税务人员行贿后,由双方商定的。反之,美国公司就要完全按照法令纳税。

在上海的美国商业机关特别注意国民政府贸易机构的活动,尤其是中国主要的输出商品,例如猪鬃和桐油,经由中央银行附设的中央信托局,和在纽约州立案的世界贸易公司输出,世界贸易公司还担任政府和私人购买物资的代理人,把它的产品运往中国经由中央信托局出售,1947 年上半年中,上海向美国输出的33%,都是发往世界贸易公司的,这一途径的发展,将使已设在中国的美国贸易公司和公司代理者的地位,趋于低落。中国政府最近决定8 月 1 日,撤销在华盛顿的中国物资供应委员会,假如不是把它的业务移交给世界贸易公司的话,这个决定当为美国在华商人所欢迎。鉴于美国商业和政府官员,对于上项业务移交所怀的关切,国民政府可能对于世界贸易公司和中央信托局的拟议的业务,有所修改。

加强中国经济应立即采取之步骤

在以严格的无差别待遇的进口管理之下,经由通常的私人途径,办理国际贸易,是非常急需的。中央信托局应该脱离国际贸易,它的业务也应该加以限制,在进口管制制度下,再由中央银行和各指定银行密切合作加以管理,外汇市场自由,是可以刺激私人出口商的。所有的口岸,包括汉口在内,应该对外国船只开放,最少也要暂时开放。严格管制走私,也是恢复国际贸易的重要步骤。

中国首先应力谋恢复政府的财政收支平衡,以求稳定通货。除非政府业已采取量入为出的办法,任何以发行新币稳定通货的计划,不论是纸币也好,银币也好,都是不成熟的。最后的目标,在于限制通货流通数量和向中央银行借款。中央银行管理法币发行的情形,应该详细公布,这些办法可能减缓物价上涨的速度,保全法币作为国家货币的地位,以及阻止各省当局发行地方货币的任何企图。

用公开而诚实的方法,把政府所有的在大陆上以及在台湾的工厂和专卖事业,拍卖给出价——最好是外汇或黄金——最高的人,可以改进经济情况,这种办法可以发生一种目前所缺乏的刺激,因而促进生产。出卖工厂以后,可以减去国家预算中津贴政府企业的支出,减少假公济私的职员的数目,使政府预算获得大量财源,并能有助于抑制物价的上涨。禁止官吏担任私营企业的董事也可以加强公务员的纪律。

利用以上的办法,与由捐税和公债以增加收入,走向预算平衡,是可能的,就是在现行税法之下,严格而正确的执行,仍然可能增加收入,商品投机利得税是可以增加的一项新税,假如稳定物价和限制货币发行具有成功的希望,当可鼓励人民购买政府公债,和收回逃往国外的资金,这样可以大有助于政府平衡预算,改进田赋征实的效率,可以增加收入,并能减轻负担,如果田赋征实和征兵的负担过重,则政府在农村的地位,就要很快的降低,厘金——地方通过税——的复活,和军人以徒有其名的价格从事征发都应当严加限制。

政治的无能和贪污,麻痹了经济,并削弱了中国军事力量,应该尽可能的快快肃清,行政方面的惰性,要用委付执行权力的办法来克服。

关于美国经济援助的研究

预算亏空——通货膨胀是中国的中心经济问题,最迫切需要的援助,就是要能够先制止货币贬值,然后从事通货安定,通货膨胀的主要压力,是由于预算亏空要依靠发行纸币来弥补日见增加的军费。减少预算亏空,需要中国政府在两个主要问题方面采取彻底的行动:(一)减低军费,把军事计划,限定在经济能力以内(包括美国可能给予的适当援助),以及致力消除军队中的没有效率和贪污现象。(二)增加政府的收入,可以加征新税,不过要从提高征收现行捐税的效率来入手。

以上的改革不是轻而易举的,所要采取的方法,势将影响许多地方军事将领,并要大刀阔斧的铲除税务官吏,以及对税务人员发给可以维持生活的薪给,这些措施不是很快的可以完成的,但是除非在这方面积极致力,任何解决中国经济问题的方法,都是没有成功希望的。

在解决这些问题上,美国的援助,最好是派遣有经验的顾问在预算和税收方面为中国服务,以及派遣军事顾问人员,协助发展和监督一个有效率的军队后勤工作,我们认为,美国政府不应该为弥补中国的预算亏空,而给予财政援助。除非这些基本办法首先付诸实行,也不应该为了建设计划或者减轻中国国际收支逆差的压力,而给予任何大量的财政援助。

经济建设计划——本代表团没有从事拟订一个中国经济建设计划,不过我们深切的感觉到,国民政府需要切实的制订一个可以实行的经济建设方案,最切要的就是国民政府的军事和经济机构,以及国民政府与各省政府和私营企业之间,在制订和推动建设计划上,要进一步的和衷共济,中国自己的力量应该先行动员起来,解决自己的经济问题,然后才能保证,请求外国援助是合理的,并且能够有效的付诸实现。

为了配合马歇尔计划,曾要求欧洲各国制订自己的经济建设计划。假如同一原则亦应用于远东,就要遭遇很多的困难,因为中国缺乏一个协调的经济建设方案,并且缺乏制订方案的人材和中心组织。

本团因此建议,国民政府应该设立一个高级设计和检查的机构,谨慎的而且公正的审核有关各部、会、署、省、市地方当局,以及私人企业所提出来的各种计划,目的在于制订一个包罗一切分别先后的方案,在这个基础上,把中国可以运用的资源,用在最需要的计划上去,这是美国经济援助的先决条件。这样的一个设计和检查的机构,要衡量所有任何计划的经济条件,和它自行还本的可能;审查它在技术上是否可行并估计所需的经费;把这些计划,同其他各部的重要的有关系的计划,密切配合,例如电力和运输计划须比某一个先完成或同时完成;决定筹集资金的方式,并说明其数量,或是为经费的关系,加以修正;最后在全部的优先顺序里,确定它的地位。

这样的机构和程序,对于一个密切配合而有效的经济恢复计划,我们认为是必要的,这个机构在美国经济顾问的有效利用上应该占第三位(财政部和军政部占前两位),美国经济顾问还需要有合格的技术人员加以协助,这些顾问人员不必有给予财政援助的权力,他们的任务在于协助完成一个可以付诸实行的计划;保证尽可能的把中国的资源,用在最切要的经济建设计划上去,并且担保,在需要美国经济援助的场合,这些方案是健全的,和送交美国加以考虑。

中国私人投资问题——在通货膨胀和财政不健全的情形下,中国的投资家是不愿把他们的资金投放在长期生产事业上去的,通货膨胀下,短期放款的利息,每月高达15—30%,私人的资本,为了避免通货膨胀的影响,还用在囤积货物和投机方面,现在流行的心理完全是一种通货膨胀的心理,不会把力量用在较长时期的经济建设方面。这也是一个重要的理由,中国政府必须采取一定的步骤,从事财政改革和稳定通货,以作为经济建设的先决条件,因为经济建设是需要招揽大量中外私人资本。

进出口银行——1947 年 6 月 27 日,国民政府向进出口银行申请总额约达两亿七千万美元的借款,以供若干建设计划所需美金之用,以后又要求两亿美元棉花信用借款,对于中国局势,有关于进出口银行借款的一般问题,我们的意见如下:

在向进出口银行申请贷款的时候,中国当局似乎没有充分顾到应予考虑的每个计划在经济上和技术上合理的条件,很显然的,中国当局先决定了申请借款的总额,然后给每个划分配上一个数目,加起来等于拟借的总数,虽然国民政府曾经聘用一些有名的美国工程顾问公司,调查中国在运输、矿业、电力和海港发展各方面的需要,这些公司所作的研究——中国在申请进出口银行借款时,业已提出作为根据——都显示有一个基本的缺点。即在国民政府指示之下,所拟定的计划在使中国,在纯工程技术的观点上,获有设备可和目前美国最好的媲美,而不是按照当地的需要,偿还投资的能力,以及利用当地资源来拟订的。例如中国为粤汉铁路,最初申请信用借款四千二百六十五万四千美元,随后就减到三千七百五十万美元,而这条铁路的最初建设费用大约不过二千万美元,摩里逊克得逊公司(Morrison Knudsen Company)作这个调查时所得到指示,很可以表现中国政府的设计人员,要得到最好的近代交通和工业设备的愿望,所以他们的调查,不是作为考虑申请借款的充分根据。一个借款的申请,应该提出关于这条铁路运输前途的实际估计,它对本区商业和生产的贡献,国民政府如何设法筹集建设过程中所需的法币经费,在建设过程中由联总供给所需的桥梁器材、路轨、枕木、火车头和车辆有多少,国民政府据以履行本路现有债务的财政计划,本路和中英庚款委员会的协定的现状,即按照该项协定,英国政府贷款建筑本路的中段,并且约定建筑中段所需要的一切器材都要向英国购买等等。据我们所知道的,中国政府在申请粤汉铁路借款的时候,是没有提供任何这类的资料,作为根据的。

本代表团深刻的认识中国政府为国有和国营企业请求进出口银行

协助的情形。这一点,在台湾特别显著。在台湾除煤矿、茶叶、菠萝外,资源委员会独自或和省政府共同掌有并经营着该岛的全部重要工业。资源委员会掌有并经营着各种不同的工业,例如:电力、炼油、制糖(该会有二十五万英亩的蔗田),水泥制造、造船、机器工厂、人造肥料以及造纸等,并且在大多数的场合下,为这些企业谋取进出口银行借款。资源委员会所拟发展的工业形态,是很明显的,它希望得到美国的经济援助,供给在美国购买原料和设备所需的外汇,并于必要时雇用外国技术人员,协助运用所得的设备,但是不希望美国管理和控制。拿资源委员会所属中国石油公司所经营的高雄(Takao)炼油厂作个例子。国民政府拒绝美国石油公司取得它的股权和参加经营,却请求进出口银行贷款,以供给所需要的外汇,并且雇用外国技术人员协助经营。在请求进出口银行信用贷款失败以后,很显然的,国民政府自行筹得所需要的外汇,以使这个炼油厂开工显然没有困难,不管国民政府作些什么声明,如何欢迎外人在华投资,但是事实上目前在中国的广大范围的工业,都趋向于国有与国营,由美国经济援助,特别是进出口银行借款的立场,这里发生一个政策问题,因为进出口银行的信用借款,目的是尽可能的援助私人企业,固然,从美国政策的立场言,在对政府所有的或经营的企业借款时,不宜过于教条或完全无伸缩性。譬如铁路贷款,在中国应该给政府贷款,此外还有其他类似的例子。在目前情形下,资源委员会经营着各种重要工业,只有纺织工业是个例外,但大部分纺织业的生产,又由另一个政府机构,中国纺织建设公司掌握——因此要慎重考虑,每个计划在中国以及美国私人企业所发生的影响。

个别向进出口银行申请贷款,必须由中央银行保证一事,对于考虑各省当局或者私人企业,可能提出的小规模的有价值的计划,增加不少的困难。为了使中国建设计划更有效的配合,对于各省市以及私人所拟的地方性的计划,必须设法加以资助。

在内战和通货膨胀的现状继续发展,中国的投资者本身对中国局势缺乏信心的时候,向国外银行借款,一般来说是困难的。在进出口银行借款的法定条件中，任何借款，必须具有偿还的合理保证。纵令个别计划从适应中国基本需要的立场来看是可取的，但在中国法币的价值和国民政府的一般信用，或者外汇的地位日见降低的时候，偿还的保证是没有的。除非采取一些有效的办法，以促进中国财政和货币的进一步的安定，否则很难看出普通银行借款能有偿还的充分保证。中国急切的希望，是在目前没有内战，因而不受共产党攻击或破坏的区域，进行个别的建设计划，但是目前在中国，还没有一个工业区域，不受通货膨胀和法币贬值的影响。

中国经济建设计划所需要的借款，大部分都是十五年到二十年的长期信用贷款，进出口银行是否愿意作这样长期的借款，是很成问题的，据我们的了解，它的政策在于多作比较短期的借款，主要的是特为购买美国制造的物资和设备的出口商一类的信用贷款，无论如何，很明显的，进出口银行借款不能用于任何建设计划中，在中国购买原料和支付工资的法币开支。

根据上述，目前在中国只有很少的计划，合于进出口银行借款的原则，要是情形改善以后，特别是财政和币制稳定，以及更切实的拟订经济建设计划的时候，进出口银行借款的机会是可能增加的，尤其是在美国和中国私人企业的计划方面。

对国际收支的援助——另外一个稳定中国经济问题的必要的途径，是和中国货币的对外价值有关，和制止它的贬值，并造成使法币的汇价得以稳定的条件有关。外汇稳定可能需要美国的援助，不过据我们的意见，除非采取确切的步骤，实行财政改革，恢复中国人民的信心，除非中国的生产增加到其输出扩充到接近输入（包括侨汇在内）的时候，稳定经济是不大可能的。另外，还要着重指出中国经济、政治和军事问题的相互关系，以及需要预算，建设和货币方面援助的次序。

目前中国支付进口货入超的问题，是严重的，即使在限制进口货的条件下不包括联总的进口在内，进口已经大于出口和侨汇的数倍，每年动用在国外的政府外汇资产，约二亿美元。预料政府现有的外汇资产，按照目前动用的速度,到 1947 年底约剩二亿二千万美元左右,到 1948 年底或 1949 年初,差不多就要用完了,希望最近实行的部分进出口连锁制度,以及其他的方法,可以有增加出口与改善中国外汇地位的结果。不过,无论如何,中国在国外的官方外汇资产总要有若干月的期间,继续减少。因此,在稳定货币借款以前,应有过渡办法。即予以相当的援助,支付中国的一部分的重要工业进口物资。例如原棉等等,以免过分消耗中国政府的外汇资产。

国会的援助——为了美国的目标和利益,需要对中国予以积极的建设性的援助,以阻止经济情况的恶化,借以发展和支持一个在政治哲学上和政治目标上和我们相一致的政府。这个建议,不仅是符合目前的世界局势,而且符合美国与中国在历史上的关系。根据上述的理由,由进出口银行给予中国以所需的财政援助,不能达成这个目标。现在所需要的是一个统一的援助计划,国会应该对它的军事、经济和政治方面的意图,加以说明和授权。

对于保证有效的运用给予中国的援助的一些主要的先决条件,业已加以说明,兹特建议,美国政府在获得履行这些事情的具体证明,以及继续改进的坚定表示后当依国会的授权予中国以财政援助,使该国经济建设所必要的计划得早日实行,俾最后能达到通货稳定。这种援助的数量,以及执行的具体方法,应该由国会,根据美国政府主管机关的建议决定。但是关于运输、电力、煤业和人造肥料方面的重要建设计划,最好在 1948 年 7 月 1 日以前就开始。虽然相当数量的稳定通货的援助,则应稍迟才能给予。换言之,对中国给予一整笔的财政援助是不切当的,这同时说明了应由国会支持一个为期至少 5 年的援助计划,在这计划中,如果援助可以按照预定目的作有效的用途的时候,即可予以援助。

国民政府所提出的建设计划,应该在美国经济和工程顾问协助下,由政府审核和计划机构决定其先后进行的程序。对于这样提出的和同意的任何个别计划,我们认为应有适当的规定,使美国人员可作财政和技术上的监督,以保证所给予的援助能作有效的运用。

第二部——中国　附件
附件三　社会和文化方面

继续不已的战争,使战前中国推进社会和文化的大计划,不能不停顿下来,自国内革命以迄日本侵略战争那些年间,所得到的微小成就甚至也不能保持。在那些年间,为解决中国大量文盲问题,刚开始的初级小学和成人教育工作,不仅失去了校舍,教科书和教师,甚至与学生的联系也失去了。目前通货贬值,不能恢复校舍和设备,也不能用适当的待遇鼓励教师,中学的情形,也不见得好,虽然中国对学术仍然普遍的尊重到使西方不可想象的程度,但大学在困难中进行的情形,是使人失望的,多数的大学,原来都在中国东部,由于日本的侵略而逃亡,丢掉了校舍、图书和设备,在战争期间,它们在内地城市,把很少的力量集中在一起,苟延残喘。战争结束后,它们急忙的回到原来校址,只见图书馆和实验室都已损失,甚至连校舍也毁坏了。社会的捐助和其他基金,为数太少,并且没有什么利息,因而教师的薪给和学生的奖学金都已损失殆尽:过去可以供给一个学生全年的费用,现在只能买到一本练习簿,在这种情形下,很多的大学又把它们贫乏的力量集中起来,以便继续,但成效不大,教育机关所以仍然能保有相当的地位,主要的由于教师们忠于职守,他们所得薪给绝对不足维持生活,依靠零星出卖自己的财物,或者利用闲暇时间,找点零星的工作,以维持生活。像这样高尚的爱国精神,实不多见。

除了上面列举的困难以外,最近大学教育又遭遇到另一种困难。学生的坚强的政治示威,遭受了严厉的处罚,不仅传统的学生们的言论自由被置之不顾,而且更严重的,自由主义的公开辩论的自由的原则,也被置之不顾了。教员们因为政见不同而被撤换,在此情形下,国民党政府宣称犯罪者实际所犯者,不仅是具有反对派的思想,而且有煽动行为以为它的镇压逮捕举措辩护。但是事实上这类镇压行动,在自由的国度里是没有的,并且不经过公开的法律审判程序,被害者,即行失踪,这简直是不可容忍的。大学被迫在这种黑暗环境中苟延残喘,乃是现在在中国高等教育界主要的悲剧之一。

专门人才和技术人员的遭遇,是时代的标志。不仅个人的收入,因通货膨胀而减少。而且订阅在正常情形之下借以保持和增进知识的专门杂志和报告,都极难获得,美国新闻处图书馆,已尽力补救这种严重的缺乏的现象。除了少数可贵的例外,报纸大多数都成了党的机关报。报馆自由发表言论,就有被政府"为军事安全的理由",而勒令报纸停刊,而以改组更易主持人为复业的条件的危险。大学里的出版事业已经停止了。除了在严密监督之下带有为政治的目的集会而外,其他各种文化性的集会非常之少。而且是不定期的,在这方面已经没有如平常时候公开的交换意见的机会了。

在任何地方,长期社会混乱的影响,都是不好的,不过一个高度文化的国家,可以依靠个别的学者,维持一个时期,但在一个国家中如只有少数优秀知识分子,而这些知识分子又和广大未受教育的群众之间,存在着很大的距离,则一种新的教育上的间隔是极端严重的,因为教育普及乃是人民走向有效的自治所必要的。

已经实行的恢复教育的各种步骤,主要是属于地方的,因此因地而异,全国性的计划是有的,不过要从文字变为实际行动,首先需要远超过中国现在可能担负的教育经费,一个正在战争中的国家,大部分的收入,都消耗在无尽无休止的军事需要上面,发给民政部门的经费,很可能用在食粮和其他确属急需的用途上,而不会用于教育。所以国民政府重开学校,购置图书校俱设备,以及改善教师待遇等等的计划,是没有经费以促其实现的。过去曾受外国教会慷慨资助的大学和中学的情形也大致相同。那些学校现在对于其将来的前途,也感觉飘摇不定。

教育方面,还有其他的动荡情形,过去的一些原则,现在都要重新考虑——例如是否继续派遣中国学生到美国去留学呢?(除为了训练教师应迅速回到中国学校来的教师是例外)还是劝曾在中国教过书的美国人很快的再来中国担任教学工作呢？现在有一个日见普遍的看法，以为在现阶段上，用在派遣学生到美国去的费用，可以更有利的用在聘请教授到中国来，最少在未来的几年中，与其把中国学生送到美国，还不如在他们成年以后工作的环境里，加以训练，更为适宜。

中国的教育指导及监督机构，和学校遭遇同等的困难，最好在工作开展中，来恢复它，不过这件事情，和恢复学校一样，必须等到有了经费以后才行。

第二部——中国　附件
附件四　中国国内的军事情势及军事援助的建议

目录

军事情势

战略的重要性

军事的支援和协助

　　物资援助的计划

　　汽车零件供给计划

　　增购军需装备

　　弹药的补给

　　完成八又三分之一的空军大队计划和扩充军用航空运输

　　中国制图计划

　　船舶的让与

　　对日占领

　对中国军队的军事建议

军事情势

自从马歇尔将军离华后，中国国民政府的全面军事情势已见恶化。1947 年 3 月，当国民党军占领延安之后和政府开始全力攻击共产党时，国民党军参谋总长曾声称三个月内即可摧毁共军主力部队。正像以前类似性质的判断，他所说的从未实现。国共之间的战斗继续未断，主要的在满洲、河北和山东。

共军在满洲的作战,实际上已使该区国民党军在军事上陷于无能,而且必须采取迅速行动以阻止满洲变为一个苏联的仆从。共军作战继续地胜利可能使整个国民党军在满洲的地位难以保持,国民党军在满洲,现仅控有一狭条指形地带。现在,雨季已过去,中共似乎要向这条国民党军凸出地带的两侧展开攻势,同时,在别的省份里如河北、山东和热河,共军的游击活动和袭击也要加强,以便牵制国民党军其余的兵力,阻止国民党军在河北、山东诸省的游击活动,袭击与增兵,并截断国民党军重要的交通线。国民政府很少根据这种发展努力改进其地位。蒋委员长已指派一个能干的司令官陈诚将军统帅满洲的军队,但鉴于补给及能干的部属缺乏的严重继续下去,他能否整顿成一支强有力的统一的军队,是可怀疑的。

国民党军总数约有一百五十万战斗部队加上一百万后勤部队对抗不到百万的共军战斗部队及民军,支援他们的后勤部队数目不详。可惜对共军兵力比以往知道得更少,因为现时没有适当的外籍观察家同他们一起,中国方面关于共军的补给、装备、伤亡和兵力的情报,是完全不可靠和不确实的。

共军成功的基本军事理由是他保持了主动,以优越的兵力,攻击他们自己所选择的地点,主要的任务就是破坏。另一方面,国民党军以防守为任务,被迫到只等于对零散区域和绵长的交通线作周边防御,如此分散的防御实难有侧翼策应和互相支援的机会,因此本可以用作攻势的兵力,反不能移动,共军的追击,很少遇到有力的抵抗,国民党军的退却总是过早的,所谓"战略的撤退"一语已完全失去意义。

蒋委员长从未放弃他是为国家的独立而同武装叛乱的军队作战的主张。他徒持武力克服共产党的努力,虽已告失败,但仍然没有完全使他相信中国的共产党问题能以武力以外的方法来解决。很不幸的,目前的方针,成了对共产主义逐渐扩张的一种鼓动。

蒋委员长修改他的现行方针是必要的,因为特别就所涉及的广大区域而言,仅凭使用国民政府所能预计用于战场和支援的兵力,甚至连同将来的外援在内而要将共产党全部平定是不可能的。为了使国民党区域内的人民愉快与满足,因而忠诚于国民政府的社会、政治和经济的改革应与改善目前军事情势的办法同时进行。

总之,中国的军事形势似已主要的由共产党支配着,他们在满洲、山东及河北获到军事上基本的成功,主要的是由于他们的打了就走的游击式部队轻捷与有效力,由于他们专以破坏为任务,而采用与国民党军专以防守为任务的相反的战略,由于国民党军高级指挥当局的措置失当与无能,由于国民党交通线的缩短,由于国民党陆空军装备和补给的普遍折耗及空竭,由于来自南方的军队与战区的行政当局的磨擦日益增加,并由于声名狼藉的国民党军与当地居民脱节,致使共产党获得胜利。

战略的重要性

任何苏联的势力范围与力量的更进一步地扩张,都有害于美国的战略利益。在战时要是存在着一个不友好的中国,将使我们不能得到重要空军基地作为轰炸前站之用和不能沿亚洲海岸得有重要海军基地。中国如为苏联所控制,或者成立一个亲苏的政权,则将使许多不冻港和空军基地供作敌用。我们自己在日本、琉球与菲律宾的海空基地将受到比较短程足以消减实力的空中轰击。而且,贝加尔湖以东西伯利亚的工业与军事的发展可能使满洲全区多少能够自给自足。

反之,一个与美国友好或同盟的统一的中国,不但可供给重要的海空军基地,而且从它的幅员与人力来看,也是美国的一个重要盟友,虽然它的不良的交通和现代工业的缺乏,会使它的贡献不能立刻奏效。

在分析满洲和华北的战略重要性中,一个重要因素是这两个地区在新生工业的形成上所起的任务,这种工业新生足以补充西伯利亚或中国的经济,在此经济中该二区的在制造武器与军火上,开发煤铁的资源上,以及开设兵工厂与机器工具厂都具有潜在力。从积极意义上,其重要在于中国需要这些地区,以补充它的经济,在消极意义上,其重要在于,这二地区不能为苏联所得。

共产党在中国的成功,固然可以使苏联借扩大一个倾向并同情于苏联的政权而满足苏联的利益。但长期内战使政治与经济的混乱加深,而这种混乱的继续,也会产生一般相同的结果。这似乎很适合于苏联所采取牺牲中国而逐段向前扩张的方式,这种方式已经产生苏联并吞唐努乌良海与外蒙古的结果。

中国的军事问题是与心理的、道德的、政治的及经济的因素错综相缠。在使国民政府得到军事的成功上来说,美国对于国民政府道义上的援助,其重要不下于物资的援助。但须在政治上和经济上同时厉行改革。美国支持中国向联合国请求立刻采取行动,以促成战争的停止,可以作为一种先驱的步骤,进一步的阻止共产党在满洲建立政府。

军事的支援和协助

为了改进当前严重的军事情势,国民党军首先需要稳定前线,然后再取得主动。政府既以约占全国预算 70% 的经费来支持内战,故又应设法缩小军事机关而使其更精锐与更有效率。

过去曾有一些不甚有效的重整指挥机构的措施,其他将来彻底的改革亦在计划之中,但欲求中国军队精锐尚需一个完善的装备计划和后勤补助的改良。中国现有的工业能力尚不足有效的支持现代军队,因此军火的外援(最迫切的是弹药)和技术的帮助在执行任何有成功希望的作战计划之前都是必要的。

美国对华有条件的军事援助的目的应为促成国民党的军队的改组,重行获得群众对军队的信任,确保国民党军能有效的抵抗共军的继续向国民党中国的进攻,并帮助中国建立稳定的局面。这种援助当适合于促成一个政权的出现,而该政权当沿着美国认为满意的方向发展,同时担任阻止黩武的共产主义逐渐伸张的作用。这样的一个对华军事援助计划必须是我们对特定国家军事援助的世界政策中整个的一部分。

在美国对国民政府作军事援助后,苏联对中共可能或明或暗地予以类似的援助——后一方法似乎更有可能。美苏之间的紧张关系于是可能增加,甚至和现在在欧洲和中东区域一样。

对华军事的支援和协助主要的通过三种方式,或三种的方式同时采用:即物资的援助,顾问的援助或由美国人员直接参加作战,最后一种因有背于美国现行政策故不能采取。无论何种方式,中国应首先请求美国援助,并应将所采步骤通知联合国。

我们已考虑过中国人为改进军需物资情形,本身所能做的事。咸信他们无法自助,因为他们工业的能力根本不足,然而他们可以以受监督的物资援助为基础来完成一项详细预备的后勤计划来帮助自己,他们更可用以下的方法来自助:表明达到稳定军事线的真诚愿望,改良指挥,整编军队,将军队总数缩减到一个国民政府以可得到的外援所能支持的数目,并完成必要的社会、政治、和经济的改革。

拟议的物资援助计划包括:

完成白崇禧将军汽车零件计划

增购军需装备

弹药的补给

完成八又三分之一的空军大队计划和扩充军用航空运输

中国制图计划

船舶的让与

汽车零件供给计划——一万六千辆汽车,大部分是卡车,现因缺少零件而不能开动。如议定办法使中国人能依尽可能的有利条件购买这些零件,则完成此项计划可以大有利于中国的军队及运输制度。由于国民政府与美国外援物资清理委员会所订的合同,美国政府在道义上实有完成这一计划的义务。该合同应由剩余物资存货中供给所需要的零件。现在美国政府已经单方面的废止这个合同,因为所需要的剩余物资存货无法得到,也没有供给该项物资的合法途径。

增购军需装备——将近二年前,三十九个师的装备计划完成以来,很少有过补给。因此在军备上匮乏之处很多,其影响不利于国民党的军事工作。应当为中国成立信用借款以便中国购买必需的军备,实行陆空军的受监督的重整计划。没有这种帮助,在战时和战后所买美国装备因为缺乏补给零件,不能继续使用,现在或将很快的变成毫无价值的。

在许多情形下,依靠炮兵已经有一种困难了。炮兵常是最消耗后勤补给的,在流动情况下活动受到限制,并使国民党军过份的小心怕大炮被敌人俘获,可是,在少数场合中,大炮是很有用的,即当共军向国军阵地拼命作大规模的攻击或当他们力图守住阵地以抗国军的攻击时。在目前的运动战中,迫击炮、自动武器与步枪对于两方都是最有价值的武器。

弹药的补给——在 7 月间,美国海军在青岛遗弃的三百三十五吨弹药,已为国民党军所获得。然而国民党军队继续抱怨缺乏各种型式和各种口径的弹药。倘不由外国补充,在最近将来缺乏的情形当更形严重。美国有帮助中国政府得到弹药的道义上的义务。

完成八又三分之一的空军大队计划和扩充军用航空运输——中国空军中现存的主要缺点为缺乏适合的后勤补助制度,缺乏适当的保养或供给制度,缺乏一个缴还的制度,和缺乏供给及保养的设备。这一切的缺点是由于中国经济的危急情形加上八又三分之一空军大队计划的尚未完成的事实所形成。为补救这些缺点,中国空军需要为其第一、第二级队得到供应物资,各式飞机得到保养,八又三分之一空军大队计划的得以全部完成,该计划内有勤务单位的配备,整个训练计划的配备(包括飞机的零件和训练的帮助),并对两个外加的空运大队(C-46)的初步运输装备。国民政府解决其军队的主要的后勤问题所作的任何切合实际的努力一定要充分的利用空运。因为许多区域中,空运是仅有的唯一的交通工具。

中国制图计划——由于在中国缺少可用的美国材料,所以这个依特别协定而进行的计划已将范围缩小,仅绘制台湾的地图,这样的一个计划在乎供给已经或可能卷入冲突的区域的最新式的战后地图。故对美国实有战略上的价值。这也可供给中国自己领土的最新地图，并因此对中国有军事上的帮助。现在的计划应当扩大包括其他战略上极重要的区域。

船舶的让与——海军部计划无代价的让与供给中国约一三七艘船舶及浮坞等，连同组织并保持一个海军所必需的计划、蓝图、文件、和其他有关这些船舶的材料以及其他有关技术的材料。这些船只所用的修理、装备等费和任何物资的让与皆将由中华民国以现金偿还。这些船舶中的九十三只现在已依租借法案交予中国，并将依照海军租借协定规章（Naval Lease Agreement Charter）的规定予以收回，然后依第五一二号公法重行让予，该法授权国外物资清理委员会将九十七艘同型的船舶让与中国海关使用。但在海关计划中尚有几只船有待移交。依第五一二号公共法案的船只移交可作为援华计划的一部分加以完成。

对日占领——中美之间有一协定，特定中国担负中国的占领军的后勤补给，但也承认中国需要美国予以一些外加支援。直到今日，中国从未依这协定采取任何行动，将来似亦无意采取行动。这个协定于1949年6月30日到期。

对中国军队的军事建议

国民党陆海空军现可通过参谋总部由美国陆海军军事顾问团获得参谋方面的军事建议。蒋委员长一再向本代表团团长表示，他深愿此种建议和监督的范围能扩大到包括野战部队、训练所、特别是后勤机构中去。

军事顾问团在现行的训令之下，除了帮助开办学校和对于处理船舶和飞机作有限的技术方面的顾问外，他们的活动仅限于在中国军队的最高级的组织中，他们是不准直接的协助行将参加内战的军队的实际训练工作的。

在美国"袖手旁观"政策已成为过去的基本假定下，关于我们现在军事顾问的任务仅留有两个选择或行动方向，即继续现有规模在国防部与总参谋部提建议，或者扩大这种建议的范围。如果采取后者，则有数种行动途径可资实行。

一个数目很大的从事战斗的军队,由于人员和配备的丧失和士气消沉已经失去他们的效能,现有很多个师应该撤退下来,重新整编和训练。顾问任务的范围尚可予以扩大,以便对于这种种训练加以援助。

如果美国以任何方式牵入对中国共产党的实际战斗,它将受到严重的责难。虽然,上面所指的建议对于战斗部队间接的提供意见,但这种建议应在作战区域以外进行之,以免受到批评,谓美国人员实际参与内战。

关于在美国和在中国训练技术专门人才的顾问仍应继续。此外不但美军顾问团,而且中国的实业家,对维持已受训练和正在受训练的专门人才的核心的保存也应加以考虑。

现在有两点应由美国的顾问人员加以考虑:第一、征兵应在公平的基础上进行,富家或权势之门以及贫人的儿子都应在应征之内。现在的情形不是这样;第二、应当发展官兵之间的良好的关系使其互相尊敬而成为同志。

结论

中国的军事情势是严重的,共军在满洲和华北操有战术上的主动。

国军在满洲的地位是艰危的,在山东和河北等省的地位很成问题。这种情势的继续恶化,可能在满洲成立一个苏联的仆从政府,最后并会产生一个共产党统治而有害于美国利益的中国政府。

在中国这种互相残杀的斗争的扩大,威胁着世界和平,应当采取积极步骤以立即制止战争。

苏联在远东的目的是反对与危害美国在中国的利益的,因为他们的目的是要逐渐扩张苏联的控制与势力范围。他们在中国的目的的实现足以威胁美国在战略上的安全,时间对苏联是有利的。

苏联达成它的目的的工作,正由中国共产党积极的予以协助,由中共的行动和宣传证明它是苏联外交政策的一个工具。

唯一的重振中国人抵抗苏联的目的的有效基础是通过中国现有的

贪污、反动和无效能的国民政府。

国民政府无力支援它在战场上现有的这样大的军队。

为了防止国民政府为共军所击败,必须于特定的军事部门中,在美国顾问监督之下对国民政府予以充分和迅速的军事援助。

美国对华的军事援助应为道义的、物质的和意见方面的。这种援助应为我们对其他某些国家军事援助的世界政策的完整的一部分。中国应首先请求美国供给这种援助。

美国对中国陆海空军的军事援助,如有适当的监督,可对逐渐使远东稳定、减少共产党统治的中国的可能性有所贡献。

建议

兹建议于下:

为要防止满洲变为一个苏联的仆从,激励对共产党扩张的反抗,并对中国的稳定逐渐实现有所贡献,美国应尽早对中国予以道义的、意见的和物质的援助。

劝告中国请求联合国立即设法促使满洲战争停止,并请求将满洲置于五强监护制度之下,如或不成,则按照联合国宪章置于托管制度之下。

劝告中国设法减缩全国预算中的军事费用,同时并增进军事部门的精干与效率。

中国应继续证明,迫切需要的军事改革正在进行。

中国依美国的建议和支援,提出并实行完善的装备计划和改进的后勤补给。

订立使中国能从美国购买军事装备和补给(特别是汽车的主要零件)的办法。

对中国获得弹药的努力立即予以协助。

迅速完成八又三分之一的空军大队计划,并考虑中国空运的扩展。

将中国制图计划的范围扩大到可行的范围。

船舶让与中国计划,应随着中国使用船舶之能力以同样速度来完成。

取消对日占领的计划但须得到中国国民政府的同意。

军事顾问和监督的范围加以扩大包括野战部队、训练所,尤其是后勤机构。

《中美关系资料汇编》第 1 辑,第 770—825 页

司徒雷登致马歇尔电

南京,1947 年 9 月 20 日

近几个月来,中央政府的政治、军事和经济局势如前所料(参见使馆 5 月 29 日第 1180 号电)继续恶化。现在,由于对魏德迈使团可以带来大量财政军事援助的希望破灭,加上共产党又展开军事行动,两者交相影响,使得中国人在危机时代恐慌的趋势进一步加强。

国务院也许已注意到,中国重新努力,以获得军火补给;大使馆虽已声明,军火问题取决于〔华盛顿〕,但他们还是不断来询问此事进展如何。最近,政府高官还发出一系列不加掩饰的建议,显然是想使大使馆相信,如果美国援助不能很快获得,中国便须向苏联寻求援助。甚至有人向我直称,苏联大使不久返任,可能被请来调停内战,而且他也会乐于接受。

虽然大使馆并未忽视中苏缓和的微弱可能,而且正密切注意这一局势,但大使馆认为这些言论主要是为了影响美国,其次也反映了中国领导人中的一种失望情绪。国务院也会明白,在目前情况下,在根据魏德迈将军的报告与建议采取任何行动之前,副总统和行政院长在报纸上与苏联调情,与 1942 年 1 月孙科博士致《纽约时报》函的策略差不多。当然,全局中还有一个附加因素,那就是中国愈发担心美国将远东政策的重心逐渐由中国移向日本。

目前,政府最为关注的是刘伯承大举侵入安徽和豫南,这一攻势始于 8 月 12 日前后,此后便声势日增。关于刘伯承的最终目标有许多猜测,有的说要在汉口与芜湖之间某处渡江,南进福建或广东建立共产党

根据地,或甚至与印度支那的胡志明建立联系。看来刘伯承除骚扰更大地区以便进一步迫使政府从重要地区调遣军队追击他以外,似乎尚无其他具体目标。

政府已从鲁西南撤出三个师去追击刘伯承部。同时,政府声称,被围困在山东黄河三角洲的叶剑英,也已向西南方向移动,并已在东阿附近渡过黄河,兵力大约 4 万人。8 月 28 日使馆第 1823 号电的预测变成了现实,而且最近政府对待山东的乐观态度也证明是盲目的。

东北的军事局势仍然平静。陈诚到达东北及其所进行的军事改革,对整个军队和市民的士气有良好效果。然而,共产党在东北的第六次攻势发动在即,而且似乎只是等待道路更为干燥而已。这一季度中由于遇上往年所没有的大雨,使得道路泥泞的时间很长。陈诚的改革是否有足够时间消除熊式辉和杜聿明控制时所造成的腐败,这是令人怀疑的。另外,正如 8 月 20 日使馆第 1760 号电所指出的那样,即将来临的共产党攻势似乎将与华北共产党的军事行动相配合,以便将国军充足的换防部队或增援部队拖在关内。最近刘伯承在华中和叶剑英在山东的活动也逐渐可以证实这一说法。共产党电台广播声称,"解放"长江以北的攻势业已开始。不过共产党似乎难以在可预见的将来顺利地达到这一目的。但是,这一军事行动无疑将进一步在全国尤其是在华北撼动中央政府的经济政治组织。

眼下中国,经济形势和其他方面一样,最使人沮丧的特点就是公然依赖有如天降的美国援助,以便把中国从危急形势中解救出来,同时缺乏应付这些困难的自助和自救精神。8 月 17 日采用"官定"公开市场汇兑率表明了这方面的一个可喜转变,但采用欠成熟和考虑欠妥的银币计划,期待中国的开支逆差将由美国以某种方式补偿,面对与日俱增的恶性通货膨胀仍旧麻木,明显反映了一种依赖外援的主导倾向。需要外援固然似乎理由确凿,例如,以外援解决部分支付逆差,如果政府方面表现出实施大胆果断政策的迹象,〔援助〕就会无限加强。

判断"官定"公开市场汇兑率对中国支付平衡的影响,尚为时过早。因为问题主要在于政治压力是否会抵销外国顾问的影响,外国顾问正确地希望抑制美元黑市汇率。不过,制定这一措施仍是走向正确方向的一个步骤,只是稍嫌过迟。中央银行每月损失外汇三千万美元,二千万元用于商业进口与出口所得之间的差额等等,另一千万元用于政府进口及海外开支。外汇平准基金委员会在第一个月的工作中,其收入除应付商业进口支出外稍有富裕,但除非能维持此种趋向,否则中国现有的外汇资产 2.6 亿美元,包括 4500 万英两白银,尚不足维持九个月。

任命魏德迈使华以及魏德迈使团在中国出现的消息,重新点燃了对美国援助的希望,并对 7、8 两月的价格上涨暂时起到了控制作用。但 9 月初,上海批发价已上涨到 20% 以上,虽然眼下夏收呈现出至少是相当不错的迹象,米价涨幅超过三分之一。继 5 月 29 日使馆第 1180 号电以来,批发价又上涨了 85%,米价则上涨了 50%。

到 8 月底,法币通货比 5 月底增加了 137 亿元或 64%,比年初增长了 270%。1947 年的头 5 个月一直维持着这样高的通货膨胀率,从年初始,预算赤字与通货膨胀几乎同步上升。而预算收入还不足 1 至 8 月的 16.5 亿美元支出的 40% 的程度。并且,鉴于价格飞涨和目前的军事局势,在这方面恐怕还要导致进一步恶化。

总体看来,政府外境继续恶化,行政低效无力。现在,中央政府就像一个重病患者,连继续活下去的信心都开始减弱了。

司徒

FRUS,1947,Vol. 7,pp. 289–292

3.司徒雷登使华

司徒雷登致贝尔纳斯函

南京,1946 年 7 月 21 日

阁下:

我有幸向您报告最近赴牯岭递交国书时与蒋总统的会谈情形。7

月 18 日,马歇尔将军和我在沃尔顿・巴特沃斯①及罗伯特・史密斯先生②的陪同下,于傍晚抵达庐山,并随后与蒋总统夫妇共进晚餐。互致问候时,我对蒋总统说,希望他尽量不要将我视为一位美国官员,而是他个人的一位老友,一个一直努力为中国服务的人。我认为我的现职只是暂时换了一种形式,来达成此愿,并协助马歇尔将军的特殊使命。我希望他自己也尽可以让我一效微力。听我这样说,他的反应看起来十分友好。

餐后,各位先生齐聚一堂,蒋总统即询问马歇尔将军对最近事态的看法。马歇尔将军相当坦率地指出近于无休止的内战迹象以及在他看来一些政府方面的过激行为。稍后,他非常直白地谈到了昆明两次不幸的暗杀事件③及其对美国舆论的恶劣影响。总统显然有些尴尬,事后马歇尔将军说道,他当时曾犹豫是否当着中美双方的面这样直截了当地指出来,却是蒋总统那时问的一些问题自己招致的。就个人而言,我很高兴此番对话这般进行,而且马歇尔将军谈吐如此直率。依我之见,现在中国的问题基本取决于此一个人的心理。

次日晨,我们举行了一个简单而庄重的递交国书仪式,马歇尔将军和另两位美国代表亦出席。我被告之蒋总统下午会接见我,之后我们相处了约一个小时。他先是询问我对基本局势的看法,我则坚称在倾听他高见前不敢冒昧谈论。然而,在他的一再坚持之下,我表示将以他的旧交和中国的挚友身份一吐己见,如有外交失礼之处也希望他指出。随后,我谈了对 5 月 1 日返华以来与日俱增的内战危险及正在产生后果的深切担忧:通货骤膨、物价飞涨、百姓疾苦、共党宣传以及一个分裂的中国正给予俄国掠食者以良机。我谈及政府在知识分子和老百姓中的影响正在丧失,暗示着他虽尚有个人威望但并不能弥补整个政府和

---

① 美国驻华使馆参赞,品秩为公使。

② 驻天津总领事。

③ 指"李闻血案"——原注。

党信誉的丧失。最近的暗杀业已引起广泛恐慌，全国上下都将之视为钳制政治思想和行为的开始。紧接着，我提出自己的解决方案。

我渴望看到国民党领袖们真正具有崇高的爱国思想和为民主政府及独立中国而临危不惧、忘我奋斗的英雄精神，并由委员长领导党复苏既往的革命改革。我了解他本人对此矢志不移，并躬身笃行。我完全相信，中国各阶层人民希望在他的领导下，实现国家的团结、稳定与和平，并在此种愿望尽快地实现后，建立真正的民主政治。必须进行内部改革，以消弊除害。这些弊害已臭名远扬，破坏了中国的内外信誉。同时，积极制定社会立法，以造福于民众。对付共产主义运动最好的也许是唯一的办法，就是实行土地及其他方面的改革，它将比共产党所鼓吹的改革更加得利，而且能避免暴力、专制手段及外国对共产党可能施加的影响。

我提出三条紧急举措。首先，以中央政府名义公开谴责暗杀事件，并保证知识分子只要不使用武力就不必因民主政治之下的党派分歧、政见不同或者其他活动而感到害怕。其次，取消对无数报刊的禁令，这些报刊遭受打压，名义上是因为它们没有办理注册手续，但人们普遍相信这是由于它们不同意政府的政策。再次，如果可能的话，立即召集政协综合小组会议，作为结束训政建立宪政之始。

蒋总统当即表示原则上完全同意我的看法。他随后用了相当时间为他对付共产党的政策辩解，并问我对中国历史的了解是否证明他的这一信念：历代王朝及其统治者，其成败无不取决于在对付政治叛逆和其他有组织的暴力对手时，运用恩威并施这一原则。他引用了一句相应的成语，并提醒我，他已成功地以这种两面手法击败一系列对手。他不能容忍武装的反对派。一旦共产党放弃武力，他绝无消灭和迫害之意。他也承认反对党为民主政治之必需，并一直愿意共产党成为合法政党来完全自由地宣传他们的政治思想和经济政策。

我接着说，在我看来，共产党所以对放弃武力而成为合法政党之步骤犹豫不决，主要是他们确实担心：无论委员长本人的政策如何开明，国民党内反动分子对共产党是置之死地而后快。这一点也许部分地成了共产党宣传的口实,但在很大程度上确实如此,这也许不无道理。我表示,如果他同意,我愿就此向共产党作出个人担保,尽力使他们得到保护而不必疑惧。我指出,共产党方面对我已有友好表示,我也与共方某些要人相识已久,他们曾建议我访问延安。委员长立即劝我造访延安。我答曰,就我看来,时机未到。一旦时机成熟,我会期待他的具体建议。

分别时,他让私人秘书①护送我回去。这位年轻人恰好是我从前的学生,并具有中国学生传统的尊师之礼。接见时他也一直在场。于是,我继续与他谈论了上述看法,希望他提醒蒋总统重视这些问题的迫切性。我要他为我讲讲话,这些话在中国人际关系中常常以间接方式来传递。他回去后当晚就借机作了转述,因此,委员长在翌日晨赶在我中午离开之前再次约见了我。

谈到出版自由,蒋总统要我相信,他极愿实行。在政府统治区,只有共产党出版物例外,直到或除非他们停止使用武力。我表示这种立场合情合理。倘若并无其他限制,我现在所寻求的:方案即应获得结果。他指出,召集政协及其综合小组在程序上有一些技术性的困难。但他保证下月或九月底即可召开类似会议。然后,我们再次就昨天所讨论的诸种其他问题进行商谈。临走前,他再次劝我到牯岭消夏,这样既可与他就近联络,又可以疗养身体。

当然,我迅速将这些谈话报告了马歇尔将军。我的经验使我确信两点——第一,我感到蒋总统的态度让我不再因现在的官职而担心与他难以自由交谈。他依旧欢迎我提出建设性意见,即便是坦率而善意的批评。我曾多少受困于身为一名美国政府代表与他交谈的礼节及其所允许的自由度。这些担忧现在已经烟消云散了;第二,显而易见,交谈中他极其敬慕马歇尔将军,甚至有时怀有个人好感。马歇尔将军交

---

① 沈昌焕——原注。

谈中的坦率,常常不中听,并非削弱而是增强了蒋总统的敬意和保持友好关系的愿望。对此,我丝毫也不奇怪,但确实如此。如您所悉,整个局势极为混乱,几近崩溃:军事冲突加剧、经济通胀恶化及与各种相关集团的失序——他们在绝望时往往有意无意地制造这种骚乱。另一方面,如您明鉴,利害重大,需要我们全力以赴。我们拥有的是蒋总统强大而爱国的领袖地位,大多数中国人民怀有的与我们美国人的共同的期望,以及他们对我们援助的渴求,甚至希望我们干预他们内政。当然,完全有可能在他们坠入失望之渊时,某个党会煽动反美情绪,一旦失控,势必危险。

以我个人来说,在下由衷地赞同我国政府之对华政策,并愿在我的任职内坚定不移地予以执行。既然马歇尔将军现已付诸实施,我会全力配合之。

蒋总统请我向杜鲁门总统代致问候并祝健康。谨藉此机会顺致您与总统以崇高之敬意。职为新任,长篇累牍,引以自荐,日后从简。

司徒雷登 敬上

FRUS,1946,Vol.9,pp.1388-1393

司徒雷登致贝尔纳斯函

南京,1946 年 8 月 7 日

阁下:

在第一份报告中提及,自我从牯岭递交国书返回之后,中国国内经济、财政、军事、心理等等事态的发展以及有关美国舆论的报道,使我非常担忧,以致于我取消了原本赴北平善后的计划,在咨询马歇尔将军后,于 7 月 27 日再赴牯岭,以最大之真诚向蒋总统传达我的意见,并尽可能更加强烈地促使他进行政策改革。

不幸的是,那天上午一到牯岭我就染病,只好卧床数日。不过,还能够通过两位值得信赖的中国年轻人与他保持联络,其中一个是他的私人秘书,也是我从前的学生。事实上,这样也就能更详尽的讨论诸种问题并让我可以做出一份本该在首次私人拜访时提出的更加完备的建议。这样他也有时间来考虑我的说法。

8月1日下午,我有机会与他坦率交谈。我向他解释了此行匆匆的缘由,然后指出,在我看来持续数月的国共谈判显然没有达成充分协议的希望。如果不加制止的话,未来就将和过去一样,只不过是无谓的拖延。我列出本人认为最实际的观点,并揣摩蒋总统的心理加以提出。我强调继续这种无异于不宣而战的内战,他将得不偿失;希望他珍惜他现在的最大资本,毫无意义的消耗会使他的资本丧失殆尽。我详细论述了这两种优势:一是他的个人威望和忠诚的民族立场,这赋予他凝聚包括共产党人在内的绝大部分中国人民的能力,在他所高举的启蒙和改革旗帜下,在他所激起的国民党原所具有的爱国热情和自我献身精神中,中国人民将团结在他的周围;二是美国政府和人民与所有中国人民所共同抱有的对中国的殷切心愿,并将一如既往地全力协助将之实现。

谈到具体建议时,我提议成立一个分别由国共双方各二人或二人以上组成的非正式委员会。当然,政府方面代表由他指定。我表示,如果他赞同,我愿列席这一委员会,努力促成协议,打破僵局。倘若协议能为国共双方接受,代表五党派的 10 人综合小组即可依此成型,并从速采取步骤召集 40 人的国府委员会,这将是组成计划中联合政府的重要一环。同时,他应发布停战令,延安也随之发布。我告诉他,我已将整个提议告知马歇尔将军,后者已表示完全赞同。蒋总统表示完全同意我的建议,但鉴于共产党在北平附近袭击美国海军陆战队,在马歇尔将军回到牯岭,带回较多的此一事态发展的消息前,最好先等等。我表示,在这之前医生也不会允许我下山,委员长幽默地补充说,他也不许。

马歇尔将军 8 月 3 日到达,他和我于次日晨将整个形势认真研究了一遍。当其时,在澄清对美军的袭击之后,蒋总统依旧有可能从事件中抽身出来,明确授权执行我的提议。

即便有重复之嫌,我也想在此归纳一下蒋总统对共产党的看法,因为他个人的性格和心理关系重大。他不相信共产党的奋斗目标,详尽阐释他与共产党打了 20 多年的交道,曾试图以他认为可行的方法寻求国共共处的切实基础,但终未成功。中国共产党以微妙的方式从苏俄获取援助,他坚信这使中国的统一更加困难。他的秉性以及他对国家实际境况的切实认识,使他不赞同其幕僚的观点,即以武力来根绝或者至少是打压共产党,他虽然有时对此颇表同感。他似乎这样认为,通过表现得不愠不火,会使他们很快陷入一种困境,不得不自己寻求美国的援助,我们届时就可以更为强大的地位来促成和谈。必须提及的是,他已经利用谈判的失败,以军事优势占领多块战略要地。他总会说是由于对方违反了协议,要做到公平公正;而周恩来将军的言行也如出一辙。

蒋总统也许为款待我而用心良苦,他确实为我的健康操心,劝我充分休养,待康复后再离牯岭,而且,他也希望我放松一段。

在我抵南京的当晚,周恩来将军和他的一位同事与我共进晚餐,直到午夜才离去。周恩来花了较长时间讨论了安平伏击海军陆战队的事件,但其解释难以令人信服。他矢口否认事件受命于共产党总部,也不承认试图在美国引起舆论从而导致我陆战队人员从该地撤出。但他非常明确地表示中国共产党坚决反对美国给国民党军队的援助。

我将蒋总统认为组成非正式小组的先决条件告诉他,并在奔赴牯岭前,和他进行了讨论。这些条件本质上包括:

1. 苏北共军撤至陇海路以北;

2. 共军自胶济路撤退;

3. 共军自承德及热河省承德以南地区撤出;

4. 共军须退至东北北部两个半省内地区;

5. 共军须撤出 6 月 7 日后所占一切地区;

6. 放弃地方行政尤其是苏北地方行政,但共产党原先占领各城市时建立的党部可允许保留。

周恩来将军称不会考虑这些被他形容为独裁专断、单方行动的提议。我提醒他,蒋总统毕竟为中国合法政府的首脑,无论如何,就他来说这是终极条件。一旦拒绝,内战蔓延,势必使国家与人民灾难深重。周恩来尽力争辩道,政府须对此负责,而非共产党。他还坚称这些条件没有一条未在马歇尔将军的会谈中讨论过,完全属于悬而未决的事项。他试图坚持说,这些要求从6月29日即临时停战期满前一天起就有所增加。但是,周的当然意图是,要共产党甘心完全接受第六项条件存在困难,他们似乎真的害怕这样的结果。

我努力避免给人以这种印象,即我完全是政府的说客,又不断澄清对于旷日持久的敌对状态不可避免而产生的痛楚。我们正期待马歇尔将军不日内从牯岭归来,从而商讨下一步的日程。

与蒋总统及共产党方面的商谈,使我们至少得以了解两党的分歧是多么地难以调和,我并未能使时局得以改善。

我将在与马歇尔将军商讨最新的举措之后,随时报告。

司徒雷登　敬上

FRUS,1946,Vol.9,pp.1465–1468

司徒雷登致贝尔纳斯函

南京,1946年8月30日

阁下:

我有幸提及本人于1946年8月7日发出之第33份报告,自呈文伊始已取得了某些细微之进展,苦于缓慢。例如,我于8月1日向蒋总统建议成立非正式小组,以为联合政府肇始之准备,只是到昨天,我方得知政府代表名单:国民党秘书长吴铁城和内政部长张励生。他们已于今日赴牯岭领取训令,明天或可返回。共产党的两名代表早已确定为周恩来和董必武。因此,我希望小组能在9月2日会谈。

小组所讨论的问题大致限于国府委员资格及否决权等细节。根据去冬达成之协议,国府委员会由40人组成,其中20名由政府任命,其余20名由共产党、另外两个少数党及无党派人士代表分摊,但后者尚由蒋总统指派。共产党将获 8 席、9 席抑或是 10 席,而且怎样才能确保原先之协议不致违反呢? 此似为共产党之主要顾虑。他们视政协协议为生命线,并寻求保障以反对任何篡改。或许三分之二多数的否决权能向共产党提供这种保障。无论如何,若双方真正寻求解决,所涉问题似并不太难。假使他们能够而且确实达成协议,可由所谓综合小组(10 位组成人员分别由各党派两名代表加无党派两名党派任之)加以实施,随即可以有计划地实现国府委员会的召集工作。接着便可作为一种临时议会性质的机构,以筹备国民大会,并于 11 月 12 日通过宪法。

与此同时,马歇尔将军和我仍努力谋求停战方案。马歇尔将军 8 月 27 日离开牯岭之际,蒋总统表示,一旦共产党停止进攻,战事即停。我们使出"釜底抽薪",问他如果毛泽东当真发布一项三四天的停战令,他将做何安排。马歇尔将军今日即赴牯岭,主要抱此想法。周恩来将军也致电延安,以确定毛先生对此提议的反应。如果这行不通,我们将采取任何政治途径范围内之步骤,再次敦促蒋总统协助尽早实现停火。共产党方面看来确实急于停战。

还要向您报告一个多少鼓舞人心的消息。正如我于 1946 年 7 月 21 日第 1 号电文所述,经与政府领导人提出,征服共产主义最有效的方法,若非唯一方法的话,是比共产党为人民谋取更多的福祉,并进行深刻的内政改革。宋子文博士昨日向我披露了一些仍严格保密的土地改革文件。主要方案是以谷物而非货币向大土地主征购土地。他还告诉我正在执行中的反贪新举措等等。一俟和平实现,一党政体结束,我们可以期待更多诸如此类的改革和建设发展。

同时我们必须以上述之精神努力冲破目前的障碍。

司徒雷登　敬上

司徒雷登致贝尔纳斯电

南京,1946 年 9 月 4 日

由于周恩来似乎没有准备,五人小组今天未能开会。他昨日下午从上海返,即派代表王炳南来见我,重申了他们发表的公开声明,以实现此共同之效果,即首先由委员长发布停战令的保证,并取消先前的"五项条件"。问题在于,虽未对我明确表示,周现在将这两点作为参加五人会议的前提条件。王先生还说,周希望来看我之前先去拜访马歇尔将军,我意识到周现(下午六时三十分)正在马歇尔将军那里。上个礼拜,周恩来曾向我保证说,尽管他对这几点尚有疑虑,但这并不妨碍他和同事(董必武)及秘书(王炳南)参加五人会议。或许他接到了延安的指示,或者在上海或此间已开过会议。或者这是一种策略。无论如何,我只能等他来访,除此之外避免任何公开评论。司徒

FRUS,1946,Vol.10,p.116

司徒雷登致贝尔纳斯函

南京,1946 年 9 月 18 日

阁下:

我有幸提及本人于 1946 年 8 月 30 日发出之第 76 份报告,目前国共立即停战无望。

在之前的报告(1946 年 8 月 7 日第 33 份)中,我曾表示非正式五人小组有希望于 9 月 2 日开会。周恩来将军 8 月 29 日曾再次向我保证,他和同事准备参加会议。但随后他表示,鉴于政府官员发布的至少四项有关声明、我们剩余物资转让协定的签订以及其他在他看来威胁性变化,他深感不安。

9 月 5 日与他商谈了 3 小时之久,马歇尔将军和我均在场,似乎宣告了我们打破僵局努力以失败告终。在我们即将休会时,周在我们谈话中发现了新的价值,他随即建议由他起草一份电报向延安请求新指示,并在第二天送交我们过目认可。这便促成我们与周的又一次会谈,

经过某些改动,我们同意他的电文内容(使馆第 1432 号电,1946 年 9 月 6 日)。

同日马歇尔将军赶赴牯岭,9 月 10 日返,并携回了他与蒋总统商谈的备忘录。经过一番努力,马歇尔获得条文的某些修改,这些修改将促成停战令。备忘录的某些条款已较不苛刻,或者说已经由政府军的军事成果而自动解决。但是在某些问题上,周将军可能会觉得有附加要求之嫌。周恩来将军与马歇尔将军就条文诸点详细审议后,又和我进行了一次长时间会谈。会谈中,我尽最大可能劝其像曾经许诺的那样出席非正式五人小组,并保证说,到那时——也只有那时——我们才能有效敦促政府加快实施停战,这显然也是他所寻求的。周以他惯常的洞察力和雄辩力来解释为什么他不能也不应被要求这么做,而且即便他出席了,也并无任何保证说即刻停战。他提出一个对案,要求马歇尔将军的三人小组开会,解决军事问题,进而发布停战令。马歇尔将军并不看好这点,因为这不过是要重蹈那个持续数月之久并最终在 6 月份业已破裂的拉锯谈判。

于是,9 月 13 日我答复说,我们都觉得,就主张政治先行和恢复军事磋商这一点上,我们并不十分反对他的建议,无论何时,我们都将准备与他进一步协商,或在其他方面不遗余力地予以协助。我正告周将军,中国的命运在某种意义上取决于他的决定。当天下午,他的代表返来安排第二天的访谈,这表明重新恢复谈判也许尚有一线希望。

9 月 14 日,王炳南先生代表周恩来再次来访。他显然因政府精心策划的大举军事进攻而激愤万分。他详尽论述说,一旦这些行动计划付诸实施,势必对共产党人产生灾难性后果。他还谈及许多百姓日甚一日的苦难,表示了共产党解决这些苦难的愿望。我回答时,再次力劝参加非正式小组会议,指出即使会议无法获取关于国府委员会席位和否决权问题的协议,但至少可以向政府证明共产党人的诚意。这样马歇尔将军和我就能够再次努力,以停止敌对行动。而且,会议可以提供就各种争论进行心平气和的讨论的机会,在这一环境下,共产党可以提出其全部观点。我还指出,如果不愿在我的住所举行商谈,周将军可以让我们作为他的客人到他那里进行讨论。王先生又问起美国政策是否会改变。我向他保证说,到目前为止还没有。我们两位外交使节至少在目前仍具有全权。我表示,如果他们担心委员长玩弄计谋,我们可以官方身份承担保护义务。王再次要我从政府两位代表那里获取担保,让他们允许在国府委员会中有 14 位"共产党控制的席位",以便共产党方面否决对政协决议的任何修改(参见在下第 76 份报告)。当然,我一直将事态发展告知了他们两人,并已转告了其立场,即召开五人小组会议恰恰是为了商讨此类问题,而预先从中获取一项保证也就使会议本身变得没有必要了。但我还是请来两位政府代表。我发现他们如先前一样态度坚定,并且言之凿凿。

此时,周将军已赴上海,临行前向我许诺一旦 14 票否决权的保证能达到五人小组的原先目的,并导致马歇尔将军的三人小组讨论停战,他即可返京,他还送交马歇尔将军一份正式要求:无条件召开三人小组会议。此外还有两件很长的备忘录——一份关于立即停止冲突的备忘录,一份抗议美国转让剩余物资以援助国民政府军事行动的备忘录。

9 月 17 日,王炳南先生来听取两名政府代表的最新答复。我再次耐心向他解释,为什么从共产党利益出发,他们应该利用我们的调停努力来参加五人小组。最后,他似乎表示同意,只要保证马歇尔将军也能支持我的观点,即有信心以五人小组开辟一条通向渴望已久的停战之路。我提醒他,这是获取和谈的唯一方式,但我们无法在日期或具体程序上做出担保。不过相信这是有希望的一步。当日下午,马歇尔将军自牯岭返回,立即表示同意我的这种声明。第二天,我将此转告王先生,他答应与上海的周将军联系,以此为基础回来参加五人小组会议。

此类持续不断的会谈以及我前面报告中提及的,说明我们力图劝告政府,最近是花更大气力劝共产党,在接受调停所耗之时间及精力。此间,共产党显然首先关注停战。他们参加五人小组的争论和前提多变不一,但这不是他们强调的重点。另一方面,尽管近来他们的军事处境日益恶化,但仍旧坚持在国府委员会中维护政协决议、修改宪草及以联合政府为目标,以之作为民主政体之先导,并实行军队国家化。这种拖延和时常矛盾的策略,主要是由于长期经验而造成的不信任、疑虑以及生存的本能,还是由苏联训练启发下的一个实例,以此来寻求暂时停战,直至他日能够用暴力夺取政权? 我自己较倾向于前者。并且,到目前为止,尚未发现相反方面令人信服的证据。当然,后者也不可等闲视之,也许两种策略兼而有之,既准备小心翼翼地加入民主进程,又企图实现夺取政权建立共产党专政的最终目标。

但不管怎样,不该过于严厉地指责政府领导人,只因为他们自己对共产党方面的诚意或者在意识形态对立甚至是长期宿怨、根深蒂固的猜忌及双方都具有的权力欲之下进行合作可能性的猜疑。最可能的是,政府意欲结束"训政"时期,并且无论共产党参加与否,都将于11月12日召开国大,通过民主宪法。政府也认识到根本改革的必要,正制定根本改革的计划。但这些计划之贯彻并不如目前与共产党作战那样顽强坚定。也许这要由我国友好而严格的督促来推动执行。

最近,我们的行动方针是鼓励双方,现在尤其是共产党方面,采取走向宪政的既定步骤,并尽一切可能协助;之后再促使尤其是政府方面实现停火。我们要避免给共产党代表以任何认为我们或政府终止谈判努力之借口。对延安甚至南京共产党部那种虚假粗鲁的谩骂及大多是无中生有的宣传,我们一概保持缄默,甚至还在他们日趋险境的时候继续竭力帮忙他们。

司徒雷登 敬上

FRUS,1946,Vol.10,pp.201-205

司徒雷登致贝尔纳斯电

南京,1946年9月19日

在9月17日的记者招待会上,南京中共发言人王炳南宣称,除非政府接受中共恢复三人小组会谈的请求,否则没有商谈的理由,周恩来将军也无从上海返回之必要。

　　王否认中共接受任何苏联援助,并且将来任何时候也不会接受。他声明共产党的先决条件是停战协议,政府在国军士气和经济条件不佳的情况下是不能取胜的,而政府现在一意孤行要尽可能地以武力解决〔争端〕。

司徒

FRUS,1946,Vol.10,p.209

司徒雷登致贝尔纳斯函

南京,1946年9月25日

　　阁下:

　　我有幸汇报马歇尔将军和我调停内战的最新进展。共产党代表王炳南近日每天来此。9月20日,鉴于他对内战蔓延的忧虑以及保证继续和谈以真正停火的希望,我再次向他详细解释:只要政府认为共产党对参加五人小组抱有诚意并致力于成立联合政府,那么即可召集三人小组以达成军队调整协议,并颁布停战令;我们相信蒋总统同样怀此意愿;也会尽一切合适的办法促进其实现;只有在这一意义上我们可以做出"保证";最后,我们之所以如此强烈地劝说共产党这么做,实际上就是保证他们不会失望或受骗。他似乎终于为之所动,仅仅要求我保证这一解释也获得马歇尔将军的认可。我照办了,并于次日转告了他。他表示他即派人赴上海,亲自向周恩来将军转达我们的意见。

　　次日上午,他将一封周将军的信面呈马歇尔将军。这封信随后转送给我。王先生与马歇尔将军讨论一番后,即来我处报告了全部情况。他重申军事局势极其危急,必须立即采取补救行动,并要我作出反应,我仅表示对此后果深感遗憾,由于我们的建议无人理睬,我们无力帮助获得和平。那么周将军的观点就可以理解了,其函随附。

　　对于他们此种与己利益明显有害无益的行为以及周将军及其同事前后矛盾的态度,似乎只有两种可能的解释:

1. 这是一种典型的恐惧症或多疑症;

2. 这是一种蓄意的企图。鉴于美国并非有意要给予的合法政府〔所应享有〕的利益,企图消除美国的参与。随着美军的撤退及其他物资援助的停止,他们想通过俄国求助安理会或者让俄、英联合美国一起进一步调解。

也许他们目前的执拗行为是这两种因素综合所致。来源于前者而体现于后者。也许这种行动方针自马歇尔将军使华后就有某种机会主义色彩,并继续是一种拖延策略,这在目前不利的军事局势的情况下有所恶化,期待在他们政治宣传、华莱士〔辞职〕事件等等的影响下美国政策有转变的可能。

蒋总统预计本周返京。我们将在与之磋商后,采取进一步行动。

司徒雷登 敬上

FRUS,1946,Vol.10,pp.223-224

司徒雷登致贝尔纳斯函

南京,1946年10月7日

阁下:

我有幸向您报告国共矛盾的最新进展。既然我先前的报告(1946年8月30日第76份、9月18日第139份及9月25日第154份)已经介绍了繁琐乏味的程序经过,尤其是使馆也一直将公开声明和有价值的媒体意见通报给您,想来已非常完备,在此不加赘述。

马歇尔将军和我考虑在蒋总统返京后,向他提交一份供他公开发表的建议草案。公开信以一种宽容平和的口气敦促共产党恢复和谈,并规定细致明了的停战条件。同时我们还决定联名致函周恩来,请他返回南京。我们将努力以最温和友好的态度来表述。

9月27日,马歇尔将军将拟好的信呈交给蒋总统。起初他明确表示赞同,但建议改动草案,表示想在占领战略要地张家口后再停战。这种意向在随后的磋商中逐渐明朗。据悉委员长的某些反动幕僚强烈怂恿他采取这一行动方针。同时,周恩来答复说,若不停止进攻张家口,他拒绝离开上海或参加任何谈判。

马歇尔将军对政府显然想占领张家口而后停战的意向无法容忍。作为调解人,一方要求停止对张家口的进攻,另一方则置他的劝阻于不顾,决心占领张家口。他通知蒋总统,他将被迫要求杜鲁门总统立即将其召回,因为这一状况有损于他本人及美国政府的公正。我也只能勉强同意——这是他不失体面的唯一方式。我本人对调停努力深为担忧。但只要和谈一日不破裂,我终将满怀达成协议的希望。

经与马歇尔将军协商,我提议共产党代表接受以下四点,以作为我们要求政府停攻张家口的基础:

1. 国府委员会中,共产党控制有 13 名席位的否决权(参见本人 9 月 18 日第 139 号报告及使馆 1946 年 10 月 3 日第 1580 号电);

2. 军队撤出苏北;

3. 国大代表名单托交给马歇尔将军或我,以便我们相机转给政府;

4. 撤消对大同的包围。

三天后,来自上海周恩来的答复是对四点全盘否定。但同意一旦停止对张家口的进攻,他即回南京参加三人小组或五人小组。

此间,蒋总统、马歇尔将军、我本人及其他有关人士之间磋商频繁,并在 10 月 6 日上午两个半小时之久的商谈中达到顶点。最终所谈结果见于致王炳南先生的一份备忘录,随附,以及蒋总统经马歇尔将军代转周将军的答复。谈判如常艰难,局势危若累卵。一想到马歇尔将军坚持要求召回而产生的后果,我就不寒而栗。而他与蒋总统都体现出了真正伟大之所在。前者坚持道德原则,预见到他不作为会让我们的国家荣誉留下永远的污点。后者自豪而自负,有感于其本人与政府威信的丧失,深知对人民所负之道义,因而控制起初的冲动,礼貌地听取马歇尔将军的分析。这次最后会谈,在业已结成的友谊和彼此崇高的敬意的基础上,开诚协商,努力寻求共同解决问题的最佳方案,这也是我渴望已久的协商方式。对此,我幸慰万分。

一回到家,我就派人约请王先生,他赶来的神速似乎表明共产党希望有所进展。我把备忘录的内容告诉了他,他答应立即转达周将军。第二天,我以书面形式转交了答复。

司徒雷登　敬上

司徒雷登致贝尔纳斯函
南京,1946 年 10 月 9 日

阁下:

我有幸向您报告,10 月 8 日上午共产党代表王炳南前来向我通报了延安对我们建议(参见本人 1946 年 10 月 7 日第 176 份报告)的答复。尽管已经使馆 10 月 8 日第 1613 号电发回,为方便起见,特概括如下:

1. 休战应无时间限制,不然,据过去经验,不会令人满意。若政府军不撤到原先防地以表示政府诚意,则方案似乎仅系一种策略。

2. 共产党希望召集三人会议或五人会议,但所讨论问题不应仅限于蒋总统 10 月 2 日函中的两项。那些有关休战状态下的问题,会有军事胁迫之嫌。

3. 共产党方面对 10 月 2 日的声明尚未答复,是因为共产党希望获得马歇尔将军和司徒博士阐明和平局势的消息。而最近的建议表明,局势并无多大进展。周恩来将军将准备书面答复,但认为并无回南京之必要。

这实际上是完全反对。我立即报告了马歇尔将军,他即当面起草了联合声明(已于昨天发布)。您会知道声明的形式是完全客观公正的,从而使我们有可能恢复调停角色,如果共产党重新考虑他们的态度的话。为了帮助他们重新考虑,当日下午我们邀董必武、王炳南两位先生会谈,竭力讨论他们的异议,劝他们避免终止一切和谈努力的悲惨结局。但唯一明显的结果是,他们同意将商谈的内容报告周恩来。

今晨,马歇尔将军尽量不声不响地前往上海,以最后一搏,劝说周将军返回南京。这确是整个调停过程中极其谦逊而友好的行动。这一壮举表明,他在结束使命前不遗余力、尽其可能。不论结果如何,这都将给中国民众以伟大的印象。这对帮助证明共产党是否真正希望合作达成中国的和平、统一和民主,也是极有价值的。

司徒雷登　敬上

FRUS,1946,Vol.10,pp.330-331

司徒雷登致贝尔纳斯电

南京,1946 年 10 月 9 日

使馆 10 月 5 日下午 1 时第 1601 号电已对国务院 9 月 27 日下午 8 时第 803 号电所提的第一个问题做出回答。

第二个问题及其答复如下:

问:国民党是否如中央社所宣称的那样,毫无保留地接受了政协决议。我们认为,政协遭到国民党中委的强烈反对,但我们想知道共产党指责国民党有条件接受政协决议的根据。请尽力探究此种保留的性质,无论是公开的还是潜在的。

答:二中全会闭幕后,虽然中执委 5 月 16 日发布宣言,保证"全面履行"政协协议,非国民党方面却普遍认为,尽管国民党形式上接受政协协议,但并非有真正付诸实施的意图。从纯法律意义上说,中执委是批准了政协协议,但有一种说法流传广泛,即中执委以含糊其辞和自相矛盾的语言对协议进行总体上的认可,但却在实际上反对政协通过的某些关键条文。事实上,人们较多的接受这种说法:只是出于蒋总统的个人呼吁,二中全会才被迫名义上对协议加以批准。自那时起,委员长在公开言论和私人谈话中都一直声称赞成政协方案。

这可以追溯到 1945 年 10 月最初的国共谈判,追溯到杜鲁门总统对华声明后,马歇尔将军衔命使华并斡旋召集政协,并进而联系到这一点:政协并无执行 1 月 13 日停战令的法定权力,因为国民党中央执行委员会才是政府最高决策机构。二中全会上中执委的批准,从本质上说,是使政协协议生效。

显然,随着政协闭幕,有理由对国民党右翼分子蓄意阻碍协议之贯彻表示担心。政协协议公布不久,在重庆庆祝政协的群众集会上就发生了一场据说是 CC 系煽起的骚乱。2 月 22 日,重庆的共产党报馆亦遭冲击。此类事件在西安也时有发生。在那里,左翼刊物由于发行部被袭击而暂时停刊。

二中全会于 3 月 1 日开幕。会议的第七、八两天,政协决议正式提交中执委。会议充满了对政协决议的激烈抨击。而且对国民党政协代表特别是孙科、王世杰、邵力子、张冲等进行剧烈的人身攻击。尽管这些抨击表明了对整个政协协议的不满,认为是对共产党无原则的让步,但会议对政协之第五项协议尤为关注,因为它容忍了在 1936 年五五宪草基础上的修正原则。

这些抨击导致了 3 月 8 日开始的党内非正式讨论,以图解决分歧。讨论的中心围绕着三个法律问题:第一,国民党希望修改政协关于国大并非实体而仅为召集全体选民之名义机构的决议;第二,国民党希望修改政协关于行政最终向立法负责的决定;第三,国民党希望修改政协关于准允各省制定地方法权力的决定。

政协综合小组与政协先草审核小组的联席会议经过多次审议讨论,于 3 月 15 日就上述 3 点,达成有条件协议。非国民党方面同意修改政协协议,俾国大成一实体,但关于所赋之权力有待进一步磋商。也同意删除政协协议中行政院对立法院负责之条款。但修改后的二者关系,及删除后的行文表达,有待于进一步磋商。最后,同意修改政协关于省宪的协议,而以"自治政府"代之。但是,上述有条件的协议承认:首先,国民党应保证不再有修改政协协议之进一步要求;其次,国民党将上述有条件协议予以公布,并公开责成其党员贯彻。

3 月 16 日,中央社公布了这些协议概要,但立即遭到共产党和民盟的非议。因为在中央社所加以概括的新闻摘要中,协议承认赋予国大选举召集权和动议、复决权,立法院也不对行政院监察,也没有独立的省宪。而且,中央社也没有提及联席会议关于不再修改和予以公布的两项协定(这两项协定可能在中央社公布消息的前一天晚上做出)。

3 月 16 日,共产党及民盟的政协代表向孙科递交一份对中央社发表错误新闻的抗议。政协助理秘书长(公认为与 CC 系有联系)解释说,中央社所报道的消息是,3 月 15 日晚讨论前,由他根据国民党中执委的要领起草的。这份稿件被误转到中央社。此后,国民党政协代表也对此误会表示歉意。但中央社并未就先前错发的协议消息发表更正声明。从此,共产党频繁地猛烈攻击国民党对整个政协方案的诚意。

3 月底 4 月初,政协综合小组召开了一系列会议,使解决悬而未决的法律问题获得一些进展,但很难在行政对立法负责问题上达成任何牢固协议。根本症结在于,国民党企图修改政协协议,改“内阁制”(行政明确对立法负责)为“总统制”(总统被赋于至高权力,并无类似美国政府有关监察和制衡权力的约束)。同样,政协地方省宪的概念也与国民党高度集权的国家统治的愿望格格不入。对于这一问题,政协综合小组 4 月 9 日实际上在相持不下的僵局中休会。

除了有关纯政治性问题之外,尚须注意政协综合小组会议期间由满洲所左右的整体形势。溯及 1 月 10 日最初签署的停战协定,规定中央政府以恢复主权为目的,“调遣军队进入东北”不受停战条款限制。但共产党继续将军队输至东北,主要由陆路经察哈尔和热河,其由经海路从山东半岛到辽东半岛。同时,东北的俄国人显然对中央政府恢复主权横加阻碍。而中国共产党则至少享有俄国心照不宣的宽容和支持(使馆 3 月 11 日第 464 号及 4 月 10 日第 655 号电)。同时,共产党的报刊电台则比以往更明显地显露出亲密依附于苏俄亚太问题的党政纲领,这就使中央政府完全有理由怀疑中共的最终企图。

4 月 9 日以来,政协综合小组并无进一步会议。有关解决履行政协协议的任何政治问题也无明确进展。

马歇尔将军使华详细绝密报告的第一部分已于 10 月 1 日交信使

带回。报告的后续部分在完成之后会相继发出,与上述内容相同,但更为翔实。

司徒

FRUS,1946,Vol. 10,pp. 341-345

司徒雷登致贝尔纳斯函

南京,1946 年 10 月 15 日

阁下:

我有幸向您提及本人 10 月 9 日第 182 份报告,并简要汇报我们调停工作的最新进展,马歇尔将军已做详细报告。

就预期而言,马歇尔将军访问周将军的上海之行毫无结果,但它向世人表明了我们不遗余力致力调解的诚意,从而间接激励着少数党首领和其他人士效法斡旋,以避免最后破裂。在他们显然就要成功的时候,不幸的是,张家口陷落与国大召集令的发布恰恰在同一天(10 月 12日)。前者在情绪上激起强烈反响,而后者则引发蓄意争论,即总统是否有权在不与其他党派领袖协商的情况下决定国大日期。蒋的单方面行为反映了独裁专横倾向,而共产党利用了这种情绪,将小党派拉向自己。

但蒋总统向我解释说,早在去年秋天,他曾就决定于 1946 年 5 月5 日召开国大。当时没有人质疑过他作为政府首脑有此权力。1 月份召开政协时,又胜利认可了这一日期。到 4 月 24 日,国大筹备工作显然尚未完成,他即宣布延期,并通告了其他各党派代表,他们也默认了。7 月间,他宣布召集日期是 11 月 12 日,根据已达成的协议规定,官方应提前一个月发布公告,他在 10 月 12 日就确立了此日期。在他看来,所有这些与他最初的声明并无冲突,而且也在认可的权限内。但当我向民盟一位疑具影响而且宽宏大度的领导人加以解释时,他辩驳了这一事实,并清楚表明,这些显然属繁文缛节的问题,在他们眼里是生命攸关的原则问题。

　　这一事件说明了意见不一、长期激烈讨论的问题本质所在。当然，这些细末微节争吵的背后是意识形态的对立和权力的争夺，而私仇党怨又加剧了纷争。但这倒使我们难以判明：这些在疑惧和严重对峙情况下所争论的细节，是共产党不愿合作的原因吗？还是某种更为重要的东西？完全可以有更多的推测，但是，有多少？又是从何种渠道而来？

　　这期间，马歇尔将军和我与几个少数党首领不断磋商，也与蒋总统协商。他准备以马歇尔将军所拟建议为基础，再向共产党发表一更促和平的公开信。孙科博士也在上海奔走，以最后的努力来挽救时局。

司徒雷登　敬上

FRUS,1946,Vol.10,pp.370–371

司徒雷登致贝尔纳斯函
南京,1946 年 10 月 17 日

阁下：

　　我有幸向您评述中国基本政治局势，主要涉及共产党问题及作为指导进一步美国政策的背景。以下篇幅中，我将大量引用纳撒尼奥·佩弗博士[①]应我的请求在口头报告后写下的备忘录。在广泛周游及与中国知识界各类人士——多是他的旧交——广泛接触的基础上，佩弗博士形成了自己的观点。他的概括实际上是对我在有限的机会中所观察的目前思想趋势的确证。但是，就我看来，也有某些乐观的积极因素，得以在某种程度上抵消了他的极端悲观主义。

　　1.也许最为严重的特征是通常所说的诸如政府完全腐败和无能。它比我们在报刊上所看到的介绍更为恶化。社会动乱，通货膨胀，贪污成风，拉帮结党，平庸无能，无视百姓疾苦，以及显然具有法西斯手段的滥杀无辜。这在知识阶层中激起普遍的恐惧和愤慨。那些大权在握的

---

　　① Nathaniel Peffer,纽约哥伦比亚大学国际关系教授——原注。

人大多是武将而非文官。

2. 此种状况在所有有识之士中自然产生失望和悖离。更为不幸的是,新政府原本背负着民众过高的期许。日本投降后,敌占区人民热切欢迎政府代表的光复。但当他们受到普遍的敲诈勒索和社会不公时,期望转为震惊,再变为痛苦的失望。那些并未受惠于国民党统治但却依旧支持国民党的人们,主要原因是厌恶共产主义。另一方面,甚至很多人甚至表示两恶之间无以选择。人们普遍认为,在共产党建立政权的地方较之国统区,"压榨"减轻,而且更为积极地去改善贫民阶层的生活。压迫和暴力催生和伴生出的这种事态令许多人是如此厌恶,以致于他们更倾向于去将就那些已知的微疵。

3. 政治动乱在经济和财政方面所致之后果极为严重。除非迅速获取和平与稳定,否则会导致政治和经济的混乱。而物资短缺是削弱民众士气,滋生不满情绪和颠覆活动的潜在因素。

4. 共产党近来一直进行猛烈的反美宣传,今后可能更甚。这些宣传多属无中生有,其企图在于使我们撤军,而这也是非共产党方面对美国政策的普遍情绪。佩弗博士所言不无道理:

"美国正丧失其在中国道义上的声誉。一种反感情绪正在产生。国民党党徒及那些所谓反动分子怨恨我们没有积极帮助他们消灭俄国支持下的共产党。而实业界,知识界和文职人员中的较大阶层也不满我们,因为我们给予政府充足的援助使得政府自以为能为所欲为,而没有给政府施加足够的压力使其改变作风和手段。非共产党激进分子认为我们的支持既使内战无法避免,又扶持坏人当政。那些极左分子则愤愤不满,确信我们扶持一个法西斯统治,以作为实现我们帝国主义目的的工具。虽然对我们的指责因人而异,但都在指责。我们第一次处在不满和怀疑之下。如果人们听到目前有人提起美国是中国的友邦,那么这往往有一种潜在含义——这或者是来自要我们充分援助军事装备来打败共产主义的那些人之口;或者来自要我们以我们的压力来敦促国民党改革的那些人之口。美国第一次开始在中国人心目中承担新角色,这一角色意味着道义上声誉的丧失,从失望到公开的反美情绪,对此不应忽视或低估。"

与上述悲观论调相反,一些令人消释疑虑的特点也不容忽视:

1. 我感到政府本身从未像目前这样充满绝对正直和真诚爱国理想的分子,最高层机关尤其如此。但这在各级机关中也屡见不鲜。在年轻职员中更为显著。在这方面已有扎实的进步。体制和公认的社会水平都是以往任何朝代所不能比拟的。当然,推翻最后一个封建王朝,打碎全部国家机器,培养百姓的共和国公民意识,向官员灌输民主所必需的公共义务新概念的过程难免产生现时的弊病。而实际上自民国建立以来就发生的日本侵略,则如雪上加霜。最近的内战又导致庞大的生活开支和巨大的通货膨胀,使得多数人无法靠薪水度日。人身安全无以保障也是一个有影响的因素。蒋总统声称,他最近处决了11名贪污犯,但并无明显的"儆百"作用。这使人们想起一句法国谚语:"宽恕一切才是理解一切。"在诸类问题上,政府也都制定了专门的计划,并在政权更加巩固后改善民生。蒋总统的人格,他的笃信躬行和坚定不移,他那表里如一的高尚情操以及他即使现在仍在人们心目中所保持的威望,这些都是极为重要的积极因素。当然他也具有因军事生涯的习惯和性格而造成的弱点。但他继续执政既是当前棘手局势的需要,也是目前时局最大的唯一的依赖。

2. 从某种意义上说,目前盛行的对政府的批评和普遍不满,仅仅是长期内乱的表现,这或许可以视为中国人惯于否定。古代社会模式阻碍着团结统一,也是革新过程中的个人奋斗的桎梏。民主政府大概总是被百姓说得一无是处。因此,只有激发公民的组织意识和表达意识,才是对中国新生民主政治的校正。而目前的努力,部分意义上正是唤醒幼稚意识的开始。

3. 一旦和平实现,安定确有保障,经济形势一定会迅速改善。中国百姓只需官方稍稍干预,就有一种神奇般的恢复力。政府已详细制定了诸类计划,如改善铁路、高速公路、航空和航运的运输,新能源及农业工业的发展,等等。

4. 至于反美倾向,我并不想对佩弗博士的正确估计质疑。近几十年,中国国民意识的逆向面就是排斥情绪。每个中国百姓都潜在地存在这一情绪,无论任何一国挑衅,都会随时很容易地在群体或个人中引起激愤。这对我国并非杞人忧天,佩弗博士的综述是一及时警告。事实上,我怀疑他所采访的那些人是否——也许是无意识的——被这种感情所激愤。几乎所有中国人民在其祖国的危亡关头都如此渴望我们的帮助,以至于他们极易产生剧烈的突变。但我的感受则不同。自去年秋天我从日本监狱获释,到我去年 11 月离华赴美前,以及今年 4 月底返华以来,我第一次了解到,中国人民对我们正为中国所做的和将继续做的努力,是如此感激不已。此种真诚友情,无论在多次私人交谈和私人信件中,还是在报刊评论及许多微妙暗示中,都可略见一斑。如果说,目前有一种潜在反美情绪即将爆发,那么同样可以说,同样存在着增进传统友谊和以往两国关系中产生的继续友好合作愿望的充实根据。但是,事态要求我们极为谨慎地考虑我们的政策和手段,这种政策和手段将在未来数月后有所展现。

司徒雷登　　敬上

FRUS,1946,Vol. 10,pp. 387–390

司徒雷登致贝尔纳斯函

南京,1946 年 10 月 31 日

阁下:

我有幸继续报告几个少数党及无党派领袖试图进行的和平协商。周恩来将军在上海已数周之久,以示退出马歇尔将军和我的调停,孙科博士和另外几个政府代表也赴上海参加商谈。最后,周将军被说服与所谓第三方人士一起返京。据透露,在此之前,他机敏地取得两位少数党领袖对一项协议的签字,该协议把他们与共产党的行动绑在一起,要么参加要么抵制联合政府及国民大会。

　　会议在南京继续,马歇尔将军和我与他们保持联系,但谨慎避免出面卷入这场纯属中国人解决自己问题的努力。如同不止一次的先例,行将达成协议时,政府攻占了朝鲜边界上的安东①,从而招致了共产党强烈情绪化反应,而不参加进一步的协商。

　　一天下午,周恩来将军来拜会我,看起来格外心神不宁、神色憔悴。他言语无力,失去了他那特有的活力。在讨论过程中,他逐条评论蒋总统10月17日公开信上列出的八点,每点都挑出错来,尽管至少有三点是由马歇尔将军迫蒋总统做出的确确实实的让步。谈话给我的印象是:他丝毫没看到政府态度的善意,也没看到美国斡旋者的善意。在日益增多的怀疑和不信任气氛中,一切对于他都扭曲变形。

　　大概第二天,他又拜访了马歇尔将军。马歇尔将军礼貌地留他共进午餐。谈话主要偏向于军事问题,在我看来,与任何总体性框架一样无法达成共识。

　　于此同时,第三方几经修正,提出了他们的建议,并于10月28日递交给政府以及共产党代表。数小时后,因周将军对其中几点的反对而撤销。蒋总统10月29日热情地接见了这些代表,表示他们作为调停人,应限于他所提八条或共方的对案,而不应提出自己的解决方案。

　　政府利用现在的拖延采取军事进攻,旨在摧毁共方根据地以削弱共方军事势力。这显然有悖调停精神,增加了美方的尴尬。他们毫无疑问会辩称旨在使共产党理智些,从而可能导致共产党参加联合政府。此外,他们同样怀疑共产党的诺言,决心避免重复无效的1月13日停战令。但尚无迹象表明,久经失败、挫折和困难锻炼的共产党人会屈服妥协。他们的军事力量依然大致完整,就是退至险峻崎岖的山地,他们仍能进行骚扰性的游击战争。

　　政府显然不管其他获承认的党派参加与否,都打算如期召集国大。所有一切似乎表明,调停时期已经过去。假如这样,将有赖于蒋总统及

---

　　①　即丹东。

其属下同意结束一党训政,建立真正的民主制度,时不我待地进行内部改革。兹有诸点,可强调如下:

1.整编政府军,减员增效,以防将来共党侵犯,平定各种地方暴乱,普遍维持和平与秩序。

2.在已收复的共区及当前共党毗邻区内,切实改善地方行政。如能做到此点,并激励了地方权益,就能最有效地克服共产主义,开始实现民主制度。

3.实行以上两点是经济复兴的必由之途。中国人只要给予他们一定的安全,毋需政府多大帮助,就能进行自己的经济活动。中央政府可采取极其有利的措施,如土地改革,厉行税制,发展交通和技术等等。

如能实现以上诸点,那么最终将共产党作为一个政党纳入政府也不无可能,或许可以将其武装部队部分复员,其他则并入国家军队。假如杜鲁门总统12月15日宣布并由马歇尔将军始终坚持贯彻的政策终归失败,那么,我们至少可以自慰。我们已尽了我们的最大努力。我感受到马歇尔将军在好似无休止的交涉过程中所表现的耐心、机智、理解的同情、直率而又建设性的批评以及总体技巧。我本人参加调停不长,贡献微薄。但我深深感到,我们已做了一切尝试来促使共产党合作,他们或者不能或者不愿在任何可行的安排下合作。他们也真的尝试了并确实感到他们屡次让步却屡受挫折,认为政府领袖应负破裂的大部分责任。二十年的深仇和疑惧,加上中国传统中所缺乏的大规模自愿合作的精神,以及共产党的纪律训练,混合而成一种自然的结果。

以上所述,主要鉴于美国的政策有根据发展的局势进行重估的必要。与马歇尔将军及大使馆同事商讨后,不久当就该问题的重要方面提出进一步建议。

司徒雷登　敬上

FRUS,1946,Vol.10,pp.457-460

司徒雷登致贝尔纳斯函

南京,1946年11月13日

阁下:

我有幸向您汇报自我上次呈文(1946年10月31日第232份报告)后,所谓第三方面(包括民盟、青年党和无党派领袖)连日来积极调停国共纠纷,他们与马歇尔将军及我经常保持接触,我们则力所能及地鼓励他们。后来,其中几位11月6日访问我,承认他们过去三周的努力未能奏效,要马歇尔将军和我再次参加谈判。我回答说,共方对蒋总统10月16日经由我们交给周恩来将军的正式函件至今尚未答复,说明他们完全忽视我们。而我们只在国共双方都表明愿意我们调停时,才能参加。因此他们离开时,决定劝说共产党予以答复。

次晚,他们把周将军和王炳南先生领到大使馆寓所。周将军说了很多为何未予答复的借口,并否认有任何反美情绪。他谈了信的问题:他不能接受蒋介石的"八点",但也不愿反驳,从而谈判破裂。我建议由他发表一简短而和气的信,指出在政府和第三方代表的敦促下,他返京商谈一切有关事宜。中国人尤为注重书信的形式和语气,这使得情况复杂化,次日他们为这封短信斟酌了一整天,到晚上6时才完稿。英文译件送给马歇尔将军,原件到11点钟才送给蒋总统。

同时,蒋总统告诉我,由于临近国大召集日期,他决定听从我们的建议,无条件发布停战令。我建议他顺带发表一个和解声明,旨在争取第三方,如果可能的话还能争取中共也参加国大。11月5日,他送给我两份这样的英文稿,请马歇尔将军和我改到满意为止。该文稿只是简单地将自我辩护和对中共的批评掺杂在一起,言语挑衅,冗长拖沓。删了几段之后,我们觉得还是重写为宜,马歇尔将军亲自为之。我们将拟稿送交蒋总统的时候,他解释说,在其原稿中他试图说服他的文官,尤其是他的武将,来同意发布停战令,几乎没有其他人赞同这一决定。除了有关待拟宪法那一段外,他只做了几点文字修改就接受了我们的拟稿。

　　11 月 10 日,他请我建议第三方领导人交出他们的代表名单以防国大开幕延期。第三方则抗议时间太短,诸如此类,然而当晚及翌日,各方都积极努力争取达成一项解决办法。经过众多会谈之后的最终结果是宣布国大延期 3 天(11 月 15 日)。青年党和民盟的一部分表示参与的意愿,正在提交其代表名单,共产党态度则较以往更为顽固。国大将以"预备状态"开会两周。

　　周恩来将军和王〔炳南〕先生 11 月 11 日下午会见我,当晚会见了马歇尔将军,他们的意思是前往延安前辞行。会谈气氛相当沮丧,因为〔周恩来〕他表示看不出有解决问题的任何希望。他对蒋总统及政府领袖们极为失望,而且他如此顽固地追求程序上的细节,以致对我奉劝应集中注意两个真正关键的问题——停战和起草真正代议制宪法——的呼吁无动于衷。他一再说蒋总统是"将绳索套在共产党脖子上"或"用匕首对准我们的心脏",所以他担心如果同意了任何只解决局部问题的提议而产生的后果。政府必须完全接受原政协决议,并以此基础行事,否则一切枉然。

　　他唯对美国政策是否改变表示疑虑。我答道,没有什么比美国的政策还要清楚的了,将恪守总统 1945 年 12 月 15 日的声明。他引用了两份出自美国官员声明的报道,想说明我们为应付苏联威胁而支持中国政府,并想知道共和党最近的胜利是否意味着外交政策的改变。我重申了我国政府屡次表示对中国和平统一的愿望,以及我本人对中国民主改革,开明自由及消除普选的贪污和无能现象的关注。我指出,要达到以上目的,中国必须具有一个强大的反对党,而共产党能对此作出爱国主义的贡献。我告诉他,我曾为此与蒋总统辩论过,蒋也由衷地赞许我的观点。我提醒周,假如美国援助的计划能富有成效,势将有利于整个中国。又指出,假如由马歇尔将军负责进行军事改组,将完全保护共产党及其占领区。这时,我因故离开片刻,他即问我的中国助手,有无可能取消美国军援五年的整个计划。后者回答,这很简单,假如政府联合共产党同此要求。这表明,周将军及其同志们为了与不共戴天的国民党进行内部纷争,不惜牺牲整个国家利益。这一点在他们最近的反美宣传中也有体现。长期最终的谈判似乎是因为共产党的态度而将彻底破裂。周将军表示,代表团中将有一人留下以代表共产党,但他的撤离意义重大。我问他,他的撤离是表示对前途失望还是为了返回报告并请求新指示,他沉默片刻,回答说两者兼而有之。

　　以上报告选取了最近许多讨论内容,所以未免过长,然而它旨在令目前将共产党拉进联合政府的努力所出现的晦涩气氛拨云见日。无论何故,这可能看起来——至少是眼下——不大现实。停笔之前,我还想以更为欢快且富于建设性的一句话收尾,即我们无需悲观,而且我相信美中关系尚有许多可能的转机。

司徒雷登　敬上

FRUS,1946,Vol. 10,pp. 535-538

司徒雷登致贝尔纳斯电

南京,1946 年 11 月 19 日

　　当周恩来拜会马歇尔将军,请求解决交通工具时,他说他的行程不应被解释为共产党方面停止和谈,而是短期返回请示并跟进信息。他补充说会留董必武作为中共代表团的团长,南京有 40 人,上海有 10 人,并希望不久就会恢复谈判。

　　与此相反,周近日在两个单独的场合对美国记者说,实际上他返回延安就意味着谈判终结。

司徒

FRUS,1946,Vol. 10,p. 553

司徒雷登致贝尔纳斯电

南京,1946 年 11 月 24 日

　　上周政治形势的突出特点就是 11 月 15 日召开的国民大会。大会业已举行了四次全体会议,主要有众多代表发言,以及为下周可能提出的宪法草案而预先准备。虽有大量幕后操作,但却并非预想的那般明显。大会的实际进程只有些微混乱。孙科博士[①]临时主持大会,无力控制那些同时想要发言的人,难以维持会场秩序。代表们显然被西方新颖的麦克风所吸引,争着发言,以武断的口气提出离题的问题,如争取妇女平等、蒙古自治、主席团内增加西藏人选等等。只有委员长能够控制这些无关的或过分的热情,他前排就坐,不时向大会执行主席传递字条。

然而,却也并非一无所成。政府所提程序最终未经大改即获大会通过,即便执行起来尚有困难。在推选主席团的方法上产生过分歧,最后的解决办法是按代表比例产生主席团。主席团55个名额中已选出46名,余下的5名留给中共,4名留给第三党派,前提是他们将来愿意参与进来。

第一天开会后,青年党的100名代表被提名,但尚未参加大会讨论。民社党代表的参加正在交涉。看来民社党行将出席,但张君劢本人也许不参加。其他的第三方人士一直未参加。大公报的编辑胡霖是唯一的例外,他作为无党派代表参加了第一天的会议之后,回到上海在报上发表社论攻击大会的一党性质。他认为,政府意欲通过与政协原则大相径庭的宪法。

周恩来将军11月19日返回延安,同日发表讲话,表示在三个条件下可以恢复谈判,即召开新的党派会议,组成联合政府及召集新国大。

国防最高委员会协同国民党中执委,宣布改组行政院,扩充至18个部,有7到8名无任所部长。人们对新政府的组成有很多猜测,并有委员长可能兼行政院长之说。委员会通过了一个宪法草案,准备提交国大。内容尚不清楚,据说是政协草案和"五·五"宪草的折中。行政院和立法院已通过此宪法,不日内可能提交大会。据报纸上的消息说,在最近召开的绥靖区会议上,委员长表示五个月内军事上消灭共产党,

---

① 时任立法院长——原注。

五年内政治上消灭共产党。这一消息震动极大。宣传部长随即发表声明指出,所谓委员长讲话,愚蠢之极,不值一驳。

11 月 22 日,共产党发言人王炳南来访,希望劝阻政府不要进攻延安,并劝马歇尔将军留华。

同时,有关军事准备的传说日甚一日。共产党人似乎认为政府将进攻延安。据使馆武官透露,大批军队正在那里集结。普遍认为进攻会取得毫无疑问的胜利。11 月 19 日,共产党发言人对使馆官员表示,一旦延安遇袭,共产党军队将从政府军后背还击。他指出将在西安地区甚至华中,渗透并开展游击战争,并例举了 1944—1945 年间政府溃败时,共产党将军王震的军队就成功挺进了河南和湖北。

司徒

FRUS,1946,Vol. 10,pp. 561-563

司徒雷登致贝尔纳斯函
南京,1946 年 12 月 21 日

阁下:

我有幸报告延安对马歇尔将军要求(参见 1946 年 12 月 2 日在下第 305 份报告)的答复,以及由此进行的磋商。

我们认为这实际上表明了共产党结束美国调停的愿望,进而放弃和谈的打算。因为,他们肯定明知两项条件不可能为国民政府所接受。同样值得一提的是,这两项条件与起初由共产党公布并由董必武先生所强调的三项条件(参见第 305 份报告)有某些不同。政府不会答应所提的恢复 1 月 13 日军事位置的新要求,中国目前交通运输完全瘫痪,部队事实上的调遣将不可避免地导致混乱和需要长久的时间。

马歇尔将军征询我的意见,我提议考虑一项美国的政策,概括如下:

1. 在马歇尔将军指导下,改组政府军,裁军裁员,训练、装备部队,提高素质。这一切将以不足以侵犯共产党而仅系自卫措施和维持地方

和平与秩序为前提。当然，区分进攻共产党还是剿匪、或是从事自卫，相当困难，但并非不可能，而且也相当值得。如果共产党确实想寻求保护，那么，他们对由马歇尔将军控制国军将会再赞成不过。至于他们是继续其破坏和游击战争，还是满足于其独立的地方政权——这看起来是他们最为关心的——只能让时间来说明了。条件将因时因地而异。我认为，相比之下，这一程序较能导致共产党与政府的合作。

2. 坚持在民政尤其在地方民政上厉行改革。这是最终战胜共产主义的唯一出路。我方应提供大量包括预算，税收及其他财政事务方面的有权威的顾问。这就需要机智、恒心和具体情报。我觉得，这种受欢迎的帮助和真正不断改善的潜在可能，都是不无希望的。正如在军事上的努力一样，这将是一项重大的对华援助，并会在这一领域里有助于世界稳定。

3. 继续促成共产党重新考虑他们目前这种不妥协的态度。毫无疑义，和谈大门会保持向他们敞开。

宋子文博士12月7日来访，讨论了延安的答复。稍后王炳南先生也因同样目的前来。我告诉王，我们只能认为这一答复无异于中断和谈。王承认我们的看法，但坚持认为共产党确实希望和平解决，希望美国调停。我强调，在此种情况下，最佳方案应是双方都同意恢复会谈，而非强调任何条件。

随后，蒋总统约见，他希望了解我们对延安答复的反应。经讨论，他坦率表示，一旦俄国对其西部边境的关注减弱，它在东亚活动的危险就会增加。因此，共产党问题必须以某种方式在半年内解决。他深感这是他对中国人民而且也是对世界和平事业的责任。并且也相信能够在六个月内粉碎共产党军事力量。他重申，如无这种想法，他实际上就是坐视人民痛苦而有负于人民。他视任何解决共党问题的进一步企图都不可能，尽管他严守向共产党敞开大门的许诺，并想方设法实现这一目标。他渴望美国支持，相信美国的援助对阻止全球性的危险也是必要的。但即便不能获取美国支持，他也将独立自主、责无旁贷地继续奋斗。他要我请求马歇尔将军作为他的私人顾问继续留华。我表示这不可能。而且在任何内战的情况下美国援助都不可能。这使蒋总统窘迫不快。

后来我又几次见到蒋总统。蒋总统自己举棋不定,与其反动下属亦有冲突,不知是动用武力全面摧毁中共武力,还是听从我们的建议,将其军队限于自卫及维持地方治安,并全力进行建设性改革和复兴经济。

司徒雷登　敬上

FRUS,1946,Vol. 10,pp. 651–652

司徒雷登致马歇尔函

南京,1947 年 1 月 23 日

阁下:

我有幸向您做出目前对中国政府与共产党之间恢复和谈可能性的看法。政府最近提出正式建议,准备派一个代表团去延安。这似乎并无障碍,政府领导人最近也没有妨碍中共对此做出反应的歧视性言行。但中共方面很快答复,如果政府同意以前提出的两项条件,可以在南京恢复谈判,否则派代表团去延安一无是处。然而,在南京的中共代表并不打算就这样结束谈判,而是希望为将来的和谈扫清障碍。尽管看起来令人惊奇,但我相信他们真的这样想。

他们变得越来越有信心,认为在将来的几个月里,政府会被迫重开和谈,那时他们就可以实现其要求。因此,等待是对他们有利的。这不光是因为政府财政经济的恶化更趋明显,百姓怨声载道,他们还指望美国的对华政策更为消极以及三月的莫斯科会议做出有利于彼的决定。我还觉得前几个月,中共明显地急于停火,而现在他们倍受军事形势的鼓舞。也许这与其说是因为中共军事形势的改善,不如说是由于腐败无能的政府官兵士气低落导致政府的军事失利。不必因为中共提供的数字就怀疑政府没有公布其真实损失。中共强硬姿态的另一解释是——假如我的推测是正确的——他们开始意识到在最初的政协决议中，他们在军队整编方面的让步太大，所以决心不再被蒙蔽。如果真是这样，那么政府领导人就因没有遵守那些协定而且也未迫使共产党遵守而更加大错特错了。

关于黄河工程及其所达协议的争吵集中体现了谈判的错综复杂和难以捉摸。中共一直坚持以 5 个月为限，在此期间，他们可以黄河归故之前疏散故道上的居民，他们一直猛烈指责政府——多少是有道理的。共产党无疑受到自己根深蒂固的猜疑和党派军事考虑的影响。而政府在许诺过的赔偿方面不负责任，完全从其军事考虑出发，而非人道主义。政府的工程师们坚持迅速关闭水坝，这从纯技术观点看是明智的。这些人主要关心的是他们的专业声誉和生计。埃哲顿①将军和他的美国助手论证说应推迟两个月，理由为政治问题，而非技术风险。蒋总统最后把期限划在 2 月 15 日。埃哲顿将军感到，他的忍耐已至极限，威胁要撤去联合国救济和复兴总署一切援助。1 月 20 日经过数小时激烈讨论后，董必武先生同意延迟三个月。确实，他指出他必须获得当地农民的许可，必须说服政府反对工程师们的劝告，但在写这封信的时候，总体尚颇有希望。

正如我在以前的一份报告中主张，只要蒋总统能以目前的精力和体力继续执政，他将依然是政府决策中的决定性力量。蒋断言能对付他那些反动属下，这无疑是正确的。在这一意义上说，周恩来将军在最近的声明中说蒋介石本人是头号反动分子的提法，就有几分道理。他意志顽强，加之军事训练和秉性习惯，使他在政策上毫不妥协，而非恰恰相反。与其他人相比，他也许更为恐惧和希望所驱使。他盼望完成民族的重任，并一直为中国的民主建设而努力，希望成为以自由和天下为己任者的领袖。其顽固执拗主要根源于一种恐惧。他的希望在于那些上述同胞的响应和来自美国的援助。当然，后者主要——而实际上

---

① 美国联合国救济复兴署（UNRRA）中国处主任埃哲顿（Glen E. Edgerton）少将——原注。

完全——指物质援助,并且,在他的心目中,这种援助最终将造福于中美两国。如何向他提供合理的建议,使其接受并付诸实施,如何激励他的斗志而又不违中国的利益或更为重要的国际义务,如何在维持总体友善态度的前提下,平衡好同情的友谊与明智的拒绝,这有待于美国政治家微妙而大胆的创新。

司徒雷登　敬上

FRUS,1947,Vol.7,pp.24–26

司徒雷登致马歇尔电

南京,1947年1月29日

委员长昨夜要我给他打电话,无疑想预先弄清楚我今天下午约他见面的目的。我与他的交谈是一般性的,然而谈话中的如下内容也许是有趣的:

我问他军事形势和政府改组计划。

关于前一个问题,他说在苏北的陇海线以南地区已全部收复,他们希望在一周内控制整个苏北。我问是否有进一步扫清铁路沿线的计划,因为这条铁路贯穿了山东省。他回答说那要花时间。他给我的印象是其他地方军事形势没有重要的发展。

至于改组政府,他指责中共联合(多)〔少〕数党派,阻止他们参加政府,而后者亦对此表现得漠不关心。我告诉他,您对中国事态的任何进展表示强烈关注,希望他随时通知我形势发展情况。

司徒

FRUS,1947,Vol.7,pp.27–28

司徒雷登致马歇尔函

南京,1947年3月19日

阁下:

我有幸向您报告,改组政府的计划在中国政治和社会关系的迷宫中缓慢前进。蒋总统一直不懈地为此努力,但在各方面都遇到了阻力。给小党派和无党派领袖以职务,对于改组计划尤为必要。前者相当合理地坚持要求他们的成员在国家和省级政府中担任实质性的职位,但由于经济困难和个人罅隙,这意味着撤换目前占据要职的人,如果保留中国传统的话,还有他们大部分的部下。而且让那些更有能力的人愿意代替去参加这个不得人心而且前途黯淡的政府也非易事。那些无党派人士或多或少有这样的顾虑。张君劢博士即是如此。他领导一批人从民盟中分裂出来,在自由主义和进步的基础上组织了民社党。他主要负责起草去年十一月制定的宪法。他被提名担任司法院院长。他非常适合这个职位。但他犹豫不决,担心他自己党内的嫉妒和疏远。一旦共产党主宰中国,他就会前途无望。因此,与担当正式责任相比,他宁愿写写说说。

国府委员会的体制将要改变,以便由 12 名国民党成员和 12 名其他代表组成——青年党、民社党和无党派人士各 4 名。但五院院长是当然的委员,这实际上给了国民党 17 个名额。如果张君劢任了司法院院长,让青年党的人担任另一个院领导人,那样总计国民党 15 人对其他党派 14 人。对非国民党方面来说,这种安排似乎相当公平。

国民党中央执行委员会在 3 月 15 日召开例会,一周以后可能结束。这次会议的主题是选举国府委员会中的国民党委员。这次中执会设想停止党治,强调终止国民党享有的特殊权利,使之与其他被承认的政党平起平坐。

行政院副院长翁文灏向我透露,在国民党内部的各集团间重新分配内阁职位,无疑将引起混乱,这比顺利和有效的交易更困难,反动的 CC 派正变得更积极,甚至更有力量。比较自由化的政学系与它联合,推翻了宋子文博士。但是,几乎不能指望这两个互不相容的集团会长期协作。

蒋总统处于进退两难的困境。考虑到共产党拒绝在任何可行的条件下继续和平谈判,政府决定——可以理解——在许多中心地区将被发现的共产党人遣回延安,根除他们的宣传人员和颠覆活动。以后那些与和平努力有关的事宜由我们转达到延安。但在执行这些指令时,特务行动制造了另一种恐怖主义。特别是在自由主义者和学生中,许多人被逮捕或者恫吓。最突出例子是在北平,据胡适博士证实,当地方特务获悉驻扎在那里的军调小组就要撤走时,即组织了一起对通县(通州)的突然袭击。北平当局很担心在北平市也有类似的间谍活动及产生的后果。另一方面,如果政府切实保护言论和出版自由、人身保护法等等原则,就像在宪法中和蒋总统以前在许多场合真诚承诺的那样,共产党就会利用这些特权来打败他们的宿敌。因此,政府认为自己是为了自身存在和民族独立而战,与肆无忌惮的反政府武装殊死搏斗。但在这一过程中,反动分子不断掌权,他们利用权势,排斥打击异己,而自由派们却受到恐吓而不敢做声,没有有效的组织。

中央经济委员会的会议,将建议作最后的努力,说服共产党为恢复经济实行合作,允许重开津浦和平汉铁路。如果他们同意,这有可能导致恢复和谈。如果不同意,占优势的情绪是用武力扫清这两条铁路线的沿线地区。这次会议赞成起草经济改革的全部方案。

福摩萨是当前局势的一个悲剧性例证,她从高效但却是帝国主义的日本统治下接管过来,国民政府本可以向岛上居民表示,来自大陆的同胞有能力给予他们一个自治而有益的政府。然而这个机会却被毁灭了。到处罪恶横行,治理失当。尽管误解和利益冲突在任何情况下都不可避免,但是,由于粗野和愚蠢已经将事态弄得糟糕,可能超过了一般个人渎职的程度,更不要说因为迫切需要增加财政收入而过度开采自然资源。CC 系反对政学系所支持的自己的成员陈仪省长。在这一事件中,我较同情 CC 系,他们毕竟是在党内谋求控制,谋求对蒋总统的影响优势。

我痛苦地意识到许多客观的关于福摩萨的报告和那些到了蒋总统手里并影响他决策的并不一致。在这方面与在其他问题上一样,我不断地试图超出外交礼仪,扮演一个友好的非官方劝告者的角色。

蒋总统请我就您在莫斯科会议上坚持提出把中国列入外长会议议事日程的立场,向您表示由衷感激。值得注意的是,在中国涌现出自发而广泛反对该提议的声音,尤其是许多"左翼"分子反应特别明显。杜鲁门在给国会的信中建议向希腊和土耳其贷款,这对政府领导人和他们的同情者有一种令人感到放心的影响。至于弄清这究竟如何最终影响共产党的政策为时尚早。但我倾向于那种观点,即这两个声明有利于使他们最终心甘情愿地重开和谈。如果计划中的政府改组加强了美国进一步援助的可能性,以便使政府能立刻恢复经济力量和成功地进行实际的改革,这种观点可能会更加可信。

司徒雷登　敬上

FRUS,1947,Vol.7,pp.69-72

司徒雷登致马歇尔函

南京,1947 年 3 月 26 日

阁下:

我有幸就美国在当今中国政府的状况好转或可能好转的时候,给予援助一事,向您提出一些建议。一般认为,至少必须具备两个先决条件。一是政府停止一切对共产党的攻击行动,二是政府本身进行有效改组,以鼓励进行剧烈的改革和建立真正民主体制继承进程的愿望。

内战发生了新的变化,共产党从去年年底起一直坚持他的那两项不切实际的要求,并开始发动军事和其他方面的进攻,指望数月内就能削弱政府,以便在对他们更有利的条件下恢复和谈。直到去年年底,他们还真诚地希望停战。从那以后,他们一再发动进攻,随着财政和经济形势迅速恶化,政府要么屈服,要么采取有力措施,防止受威胁而崩溃。但在铁路线恢复运行之前,经济无法恢复。政府估计这大约需要三个月。即使这个估计正确,而且随后共产党愿意重开谈判,从军事装备的消耗、财政问题和人民的不满增加等角度看,政府能在斗争中维持多长时间,尚无法回答。

在写这份报告时,政府的改组仍未确定。国民大会的选举于3月24日晚结束。无论结果如何,蒋总统将以更甚于前的姿态成为领袖人物。在所有这些不断争吵和讨价还价中,在个人和党派的妒嫉或野心下,他使自己不容置疑而且是策略地取得了有利的结果。在我看来,他并非或者并不愿作一个独裁者,一般认为,他是唯一可以博得众人尊重并团结在其周围的人。确实,不管什么政策,只要他真正要实行,都会推动其落实。因此,由于他赞成建设性的改革,这些改革就可以最有效地付诸实施。不能指望其他人或集团维持国民党的团结和与小党派的统一。他有自己的缺点,但却真诚地根据民主原则为他的国家谋幸福。在完成这个任务时,他盼望与美国全面合作。并且他也一直是这样的,这证明给中央政府实质性援助是正确的。因此,可能值得花时间考虑进一步采取一些行动。

军队改组　中国的一切问题或迟或早都要触及到这一点。不大量削减军费,就不能平衡预算,也不能提供任何足够的基金,用于实质性的改善。所有行政机构的改革、铁路和其他公共事业、国会的礼仪等等,都处于遭到敷衍塞责、毫无头脑的军官干涉的危险之中。更积极的办法是建立规模较小的军队,训练和装备良好,有充足的食物、衣服、医疗和薪水,配备迅速机动的设备。它能镇压其他地方的暴动和边境骚乱。年轻的和经过现代化训练的军官与应征入伍的士兵能够一起被灌输对其职业的全新概念,一起受到爱国主义和职业观念的激励。为了贯彻那种改组,需要美国的训练人员。这也是防止共产党的最可靠的办法。共产党军队会被吸引到国军之中。美军顾问团所拟的有关计划无疑极其全面,令人敬佩。但是,除非最近的将来政治方面能够稳定,否则已有的良好开端会被荒废。随着美国指导改组的军队加强,正受到训练的未来的军官应主要致力于中国和世界的和平。美陆军顾问团长约翰·P.鲁克斯少将看来在考虑在北平一所军校内进行陆海空军的联合训练。

如果未来数月里,政府的进步改革效果明显,而共军的抵抗依旧受挫,就可以确信,中国政府有可能经我们同意,向共产党领导人提出建议,停止仅系破坏的游击战争,参加新的联合政府,直到12月宪法生效,或立刻成为被承认有充分权利和保障的政党为止。在建立起真正的公民投票制度期间,某些地区可能暂时保留地方政府。美国控制军队整编会得到充分保证。如果共产党拒绝劝告——不论是以事实上的或公开宣称的理由——他们的武装力量和所有被揭露的阴谋活动,都可以被当作扰乱和平,秩序和破坏恢复经济对待。同时,公开解释政府的意图,号召所有热心从公的人民拥戴政府,以逼迫共产党人及其军队放弃以前的信仰。

铁路　在政府控制的地区及某些由此延伸的地区,有多少铁路需要修复,有一份封存着的详细计划。这是交通部的美国顾问 E.C. 贝利上校按我的请求提供的,贷款应专门用于特殊的铁路线,以及支付铁路设备和其他需要。协议应包括足够数量的美国顾问和审计员。

稳定通货　这可能最容易实现,只要在适当的时候与国际银行合作。

发展生产　这对国民经济当然是重要的,可以鼓励进出口银行援助一项专门的计划,在私人或半私人的财政投资的基础上,由政府出一部分,这些方面已经拟定了指导原则。在最初阶段,美国在任何程度上的参予都将富有成效,并会受到普遍的欢迎。

教育贷款　作为对华援助的更有远见和更基本的计划,此种援助非常有益。在战争年代里,教育设施和设备的破坏到了悲惨的程度,政府为在最近的将来恢复这一切,能做的工作很有限。现在的教育部长对我谈到这个问题的严重性,我感到了他的呼吁的全部分量。剩余物资协定已提供了教育援助的直接间接利益,但其不足之处是缺乏必需的美元。中国青年聪明、敏感,无论是作为一种建设性的因素,还是作为一种危险的激进因素,中国青年都很明显。

福摩萨　自从中央政府从日本手里接收后的18个月里,这个岛的管理混乱是毫无疑问的。唯一有希望的标志是岛民坚决抵抗,并对省主席将军及其下属进行广泛的批评。在写这个报告时,争端正变成 CC 系和政学系之间肮脏的争斗,省主席将军属于后者。危险在于即便任命了较好的军官,并批准了一系列的局部改革,也不会带来通盘的改善。如果仍是进一步的腐败和混乱,后果不堪设想。醒悟的岛民或多或少处于反叛的状态,巨大的经济潜力被浪费。在日本人统治下,每年的海外贸易高达 225,000,000 美元。一种可能方案是把它当作经济特区对待,雇佣一个美国组织或其他外国顾问,帮助发展自然资源。这多半可以在签订对日和约之前确定,或者成为对日和约的一部分。显然,从经济利益出发,本地居民的意愿以及根据历史环境实行开明的民主原则是至关重要的因素。通过这种方式,美国的贷款至少可以保证得到部分清偿。如果能灵活地制订计划,不伤害国民政府领导人和他们的群众,不伤害岛民的感情,受到双方的欢迎并非是不可能的。

以上建议都是尝试性的和初步的打算。如果在原则上赞成,您是否认为值得向他们提出更详细的办法。

司徒雷登　敬上

FRUS,1947,Vol.7,pp.84-88

司徒雷登致马歇尔函

南京,1947 年 5 月 21 日

阁下:

我有幸向您报告在中国有关重启和谈的最新近况。

对目前学生和工人的示威,存在着多种解释。政府认为,已发现一个总部设在上海的共产党组织,名为"行动委员会",其职能为煽动骚乱。谣言流传说,陈立夫博士一直在煽动学生,旨在为难当前的教育部长[1],也可能包括新任行政院长和内阁。蒋总统以这个谣言为共产党迫使国民党丧失名誉并分裂的一部分。学生示威大部是由于对生活状

---

① 朱家骅——原注。

况不满和深深地失望,这一切都被学生中间受过训练的共产党代理人利用。但粮食风潮和工人罢工很容易自动爆发。在任何情况下,他们都是经济上贫困和政治上不满的征兆。有意义的是所有这些行动都直接指向政府。政府怀疑他们是被人利用以达到颠覆性目的,因而作出让步。当局首次开始承认局势可能会失控。到处都有反美情绪的潜在倾向,激进派指责我们使政府继续打内战,忠臣们指责我们不关心这个国家的危机。

与此同时,在上海和北平,甚至很有可能也在其他地方,正形成一些团体,它们被组织起来呼吁国共双方停战,重新以和谈来促进和平。时机似乎已经成熟,这些主张深得人心,而且任何类似运动都有可能得到广泛的支持。这是与前面提到的那些或多或少的暴力、自我为中心的或被煽动起来的抗议相区别的。

5月20日国民参政会开会。民盟代表已保证出席。几乎可以肯定会通过动议来结束冲突,以谈判来获取和平。

蒋总统和行政院长都忧心忡忡,但也情有可原。前者同我谈话之前总是急于询问您是否有何表示。我明天要去汉口,仅离开三日,但他们每个人都要求我赶紧回来,甚至提出此行可否推迟。这说明形势紧张。

土世杰博士已从华盛顿召回,以便商讨有关贷款和信用的总体要求问题。细节一经敲定,他便会返美。在我看来,他对中国的问题以及我们美国人真心相助的困境都有全面公正的理解。

司徒雷登　敬上

FRUS,1947,Vol.7,pp.137-138

司徒雷登致马歇尔电

南京,1947 年 6 月 19 日

今天傍晚,蒋总统请我去见他。他一开始就说满洲形势极其严峻,不久就会失陷。共产党在俄国人的帮助下,已经越来越强大。四平街的激战尤为惨烈。他预料该城的陷落就意味着将失去长春和吉林。他说,对于您在军队运满和其他一些问题上所给予的帮助,他深表感谢,并觉得现在的满洲形势应立即向您报告。他也寻求您对未来政策的建议。委员长曾犹豫告诉我形势危急,并希望能有所好转。他本人是在三天前才充分意识到问题的严重性。这两天就做出有关整个满洲的决定。失去上述城市,将会波及沈阳等等。与俄国人达成关于大连的谅解,已非可能。俄国人坚持派往那里的市政官员必须与已经建立的苏军指导下的共产党政权合作,并拒绝允许国军在那里登陆——所有这些都违背了中苏条约①。

只有依靠武力才能让中国人可以获得他们在那里的权益。共产党的人数和装备持续增多。他们的军队减员恢复起来很快。国军的损失则不能填补,而且装备不断减少。共产党的战术酷似俄国对付德国的方式。满洲失陷将会威胁华北,并危及全国。蒋希望能尽快向您报告所有情况,请我一旦得到您的答复就通知他。谈话结束时,他询问了我的看法。我答复说,对于他来说,采取紧急措施的时刻可能已经到来,他应组织一个经过精挑细选的班子一起工作,并将为人尊重、办事负责的人士组织起来,削减一切对紧急时期无关重要的花费;向人民发布宣言,如果共产党拒绝最近的和平建议,应让他们对中国人民负责;如果共产党希望维护在立宪政府下刚刚出现的民主生活方式,他们就应一起工作,从危险中解救国家,为此,所有的人都应为共同的目的奋斗,贡献他们所能作出的力量和财富;政府应尊重公民的自由,危机时期需要政府以极大的勇气和无私的态度厉行改革,通过所有这些方式,政府才能赢得民众支持,否则,政府将不得人心,为人民所唾弃;我一直认为,那种革命的计划会吸引有识之士,特别是学生和其他左翼分子;他应以最简洁的手续分担出一部分责任(例如军事事务);他本人应游历全国,发表演讲,唤起民众团结在新的运动周围;有人民的支持,他不必因

---

① 1945 年 8 月 14 日在莫斯科签署的《中苏友好同盟条约》——原注。

共产党的军事力量或其他行动而担惊受怕,而可继续敞开恢复和谈的大门,失望和失败情绪瓦解着那些为国献力人们的斗志。而在这样意志坚定、开明进步的领导下,可以激起他们新的希望和努力,最终,我相信这一方案将赢得美国及世界各国的充分同情。最后,他说他早就开始考虑同样的问题了。

司徒

FRUS,1947,Vol.7,pp.191-192

司徒雷登致马歇尔函

南京,1947 年 10 月 29 日

阁下:

我有幸向您评述中国局势,也许多是记录本人当下的印象,而并非由于这里的局势发生了什么实质性客观变化。评述的大部分是重复大家已熟悉的东西。

共产党　没有任何迹象表明他们的战斗力和士气降低。毋宁说正相反,他们似乎有相对良好的军火、金钱和其他必要物资的供给,自信有继续战斗两三年的能力,并估计到时能控制长江以北地区。他们正稳步地改良组织和训练,官兵同甘共苦,为理想而献身战斗,抛弃一切自私的野心和个人享受。很少或者没有迹象表明莫斯科供给他们物质援助。当然,他们的目标和手段非常相近,意识形态也彼此共鸣,这是毫无问题的。而美苏裂痕日益扩大,后一点将会愈益明显。现在对美国的仇视超过了以往的反蒋叫嚣。报告表明,青年学生之类的党员在无保留地亲苏和同情共产国际方面超过他们的老一辈领导,这些老一辈人中一定程度上还保留着因外来侵略而产生的民族感情。青年人争辩说,既然美国能帮助国民党,为什么俄国不应当帮助他们。另一方面,考虑到对公众产生的不利影响,共产党的正式宣言则矢口否认任何此类的援助或联系。大量可靠的报告说到共产党人的行为惨酷无情,举动恐怖,尤其在新占地区如是。毫无疑问,他们正推行破坏性战略,直到打垮现政府为止，其后他们才会同意采取暂时妥协或联合，使他们得以扩张其控制，从而达到将中国全部赤化的目的。我充分相信，他们的统治将采取固定的共产党模式的警察国家制度，限制思想或行动的自由，野蛮屠杀，以及对那些被视为前进道路上的挡路的人进行剥夺。

国民党　国民党内充斥腐化和反动势力已是尽人皆知，无须再说。然而，必须铭记的是，一党统治永远会导致腐败。在国民党当政的全部时期中，其内部分歧从来没有停止过。生活费用的日益增长使中国局势更是雪上加霜。前途渺茫中产生的失败主义情绪桎梏了一切创造性努力。即使这样，最高领导层中具有高度正直品质的人物大有所在，他们在逆境中英勇奋斗。政府内外也有许多类似的人物。

其他党派　各少数党相当令人失望。纳入政府的那些人士贡献微薄，忙于为自己的党员捞取一官半职。民盟的共产倾向仍令人生疑，充当自由主义运动核心的前景渺茫。我目前主要担心的是，政府在对民盟鲁莽的迫害中，将进一步使自己声名狼藉。而民盟则获得主张开明宪政人士的同情，更加左倾，并从事地下活动。

另一愈益明显的因素是共产党人的渗透，不仅渗入民盟；而且渗入政府内部。北平破获的共产党支部就是一可怕的例证。在其他城市，由于发现文件而被捕的人士中，差不多有两个是政府雇员。但由于使用新的活动计划并得到同伙与民众的配合，很难大量侦破这种人。其罪恶影响将会继续增长。

这个国家的最大希望在于受教育的青年。应当扩大这部分人，以便囊括那些一度是热诚爱国、后来对恶劣现实丧失信心而变得有些愤世嫉俗的学生，可望他们在较好的环境下复燃业已失去的热情。假如实施我们考虑的那种美国援助，这些青年人就会成为我们的"突击队"。如果我们能将美国的军事财政援助在民主原则下引向和平、自由和经济复苏运动，包括使人民负责参与革新其政府的运动，这就可能赢得青年们的民心，使他们消释对美帝国主义的怀疑，成为一支巩固这一虚弱政权的可靠的反苏力量。学生阶层具有强烈的民族感，而现在则更为警觉。中国百姓天然是倾向民主而非倾向共产主义。彻底清楚地解释我们的目的,可以有助于唤起他们的精神觉悟。学生过去是,现在仍是革新政府和改善民生运动的富有活力的核心。辛亥革命及最近的抗日战争都是如此。而且将来可能仍然如此。民主青年与共产青年的各自信念互相竞赛,而当代哪一方青年赢得胜利将在很大程度上决定着中国命运。值此公开竞赛行将进行之际,如果我们真正相信民主生活方式,相信它同当今最强的对手的竞争能力,我们就无所畏惧。如果我们在这一过程中不能战胜共产主义意识形态及其伎俩的话,其他方面也就不必说了。这一高层次挑战也将对亚洲其他各地发生深远影响。

　　我去年 5 月从美国返华,顺访南京并向委员长致意时,他询问我对时局的看法。我回答说,情况比我从美国报纸上看到的更糟,但我相信,如果他能像起初参加国民党时那样,具有进取和无私的热情,全心全意领导一个新的革命运动,就像他自己原先也是青年中的一员那样去集合当代青年人,形势是会改观的。集合号可以是在改革、统一和建设性的努力中所表现出的爱国忠诚,也可以是那些唤起阻挠这一切努力的叛逆行为。就目前形势来说,他虽然做起来不易,但我仍认为,在我们的帮助下,这个有点幻想式的解决办法最终是最切实际的。

司徒雷登　敬上

FRUS,1947,Vol.7,pp.343-346

司徒雷登致马歇尔电

南京,1947 年 12 月 22 日

　　12 月 20 日,张治中将军告诉我,委员长在当日邀他共进午餐,只有委员长之子蒋经国随侍在侧。张说,他规劝委员长不要进行这场旷日持久而又徒劳无益的战争,他已在这场战争中失利,社会的、政治的和经济的灾难正威胁着国家。他劝蒋说唯一的出路就是恢复政协决议,当委员长争辩说,他不能主动建议重开谈判时,张称他有理由相信共产党是乐于对此建议做出反应的。于是委员长当即要他谨慎促成此事。张还说，在他的印象中这还是第一次，委员长静听他的主张，并没有加以辩驳。

和我交谈时，张回忆了当初他们与您赴东北时与周恩来的一段谈话。他曾向周建议，让俄国斡旋东北问题。但周立即强烈回答说，这决不可能，那样会使问题更趋棘手。

张将军还告诉我，在与委员长谈话前，他到南京的苏联大使馆，谋求他们帮助劝说中共恢复和谈。他正告苏联，中国不会被苏联拉去反对美国，而中国持久的困境与灾难也对苏联无益。他还向他们表示，他坚信美国在援华过程中并无反苏打算，是苏联对此猜疑，而有所误会。他说苏联人为之所动，并询问他有何主张，他答道苏联可以敦促中共停战，另谋上策。

张委托我将上述情况转告您。同时因为尚无眉目，他要我严守秘密。但有希望在下月报告事态进展情况。

我们认为，这表明政府处境进一步恶化。共产党人将全面取胜，不能想象他们目前会接受和谈。当然，也许共产党人会同意谈判，指望以此阻止美国广泛援华的方案，并遏制我们所实行的任何类似方案。张与苏联大使馆的接触引起了我们的关注，尤其是，我们很难相信他是在没有权限的情况下采取这一步骤的。

司徒

FRUS,1947,Vol.7,pp.412-413

司徒雷登致马歇尔电

南京，1948 年 2 月 24 日

委员长的秘书沈昌焕今天证实，苏联武官罗申将军已提议苏联在华调处。他说在罗申出发前不久，中国情报人员截获了苏联发给南京苏联大使馆的电报，并成功地进行了破译。据沈说，这份电报命令改变对华政策，在国民党和共产党之间努力作出某种安排。如果可能的话，苏联会进行调处。

因此,正当罗申拜访了张治中并将分手的时候,他表示苏联愿意安排与共产党和平解决,中国人并不吃惊。沈非常强调地说明,张治中接下来的活动并没有得到委员长的同意。

沈认为,苏联采取这一行动是其更大的世界性部署的一个组成部分。他说,苏联正在朝鲜建立傀儡政府。他认为,苏联希望在满洲造成同样的局面。这样再包括外蒙古,就在东北亚形成了缓冲带。沈坚持说,不论是委员长还是其他任何重要的中国政府官员,都不希望或不相信这时能与共产党和解。

国务院请转莫斯科。

司徒

FRUS,1948,Vol.7,p.112

司徒雷登致马歇尔电

南京,1948 年 2 月 26 日

外交部长①通知我,中国政府同意任命罗申少将为苏联驻华大使。根据本地 2 月 25 日的新闻报道,2 月 22 日达成任命的协议。显然有关这次任命的会谈至少自 2 月 18 日以来一直在进行(参见 2 月 18 日发自莫斯科第 5 号电,国务院第 319 电转)。

国务院知悉,罗申将军离华去莫斯科之前,据报告他几次与中国军官在南京讨论国民党的内战困难,并表示希望和平。在他临行前进行的告别会谈中,据悉他向中国政府官员提出苏联有调处可能。在座的有邵力子(国府委员)和张治中将军。但当时政府公开否认苏联存有这种态度。而政府官员在与美国大使馆官员的私下谈话中则承认实际上已提出了和解方针,并有证据表明,张治中至少是经委员长默许,向苏联人了解在停止中国内战方面,需要采取什么步骤。为获此结果,至

---

① 王世杰——原注。

少委员长没有制止张治中的行动。

尽管共产党迄今未遇多少困难，就获得了他们在满洲所有的军事目标，但完全可能的是，在占领沈阳之后，他们自己至少希望暂时停火。在此期间，他们可以巩固在满洲的地位，为在适当时候加紧南进做准备，同时否认共产党在长城以南的战争负责。还有，在苏联扩张的这一阶段，我们可以确定苏联政府如何通过在满洲建立傀儡政府，完成在东亚由它的卫星国组成的缓冲带。满洲在战略上位于朝鲜和外蒙古之间。因此，我们相信，罗申返任大使，可能意味着苏联准备调处。

另一方面，中国人同意对罗申的任命，未必意味着中国政府打算立刻寻求苏联的调处。但是，我们觉得，这也许是可取的办法，如果中国政府确信它在满洲的军事地位已没有指望的话。满洲的总司令卫立煌表示，他在满洲保持立足点的能力完全视美国立刻大规模提供军用物资的意愿而定。政府在南京同样强调了它对美国军事援助的要求。当我们确信，对援助的这些呼吁是基于真实和迫切的需要时，我们感到，他们可能在此时提出考验我们在目前和未来的意图。如果请求美国给予的特殊类型的军援没有很快到来，相信政府可能利用罗申将军这个渠道，接受苏联调停内战。以前委员长毫不动摇地反对与苏联打交道，反对与共产党恢复谈判，没有理由认为他已改变了主意。但可能的是在这种形势下，委员长为压力所迫而采取这一方针，这种压力产生于结束内战的愿望。对战争的厌倦正在蔓延，支持要求和平的层次增加到高级文武官员，在高级军人的圈子里也普遍地期望和平。它不像以前那样存在于表面上。军人集团日益坚信，除非美国能向他们提供有效的军援以扭转局势，政府不会在内战中取胜。到目前为止，美国没有仔细考虑那类援助。我们觉得，军人集团有可能竭力影响委员长，寻求与共产党和平解决。

我们希望重申我们的信念，决定整个形势的因素，正如政府所理解的是军事。我们认为，委员长本人仍然相信，军事解决是可能的。他坚定地认为，他会控制沈阳、长春和吉林。

　　正如我们理解的那样,目前政府可能正从苏联的新方针中取得好处,以寻求我们对军事层面打算作清楚的承诺。同时,看来政府正有意给我们一个选择行动路线的迹象;如果我们不提供它直接需要的军事援助,它就开始执行这条路线。

　　根据对待尖锐批评的一贯做法,委员长在过去两个星期一直在牯岭沉思。我们有足够的理由相信,当他回到南京时,他将动手改变政治和军事体制。现在预料他返京的时间是 2 月 27 日。一旦了解到这些改变就知道他的行动方式了。

　　国务院请转莫斯科。

司徒

FRUS,1948,Vol.7,pp.117–119

司徒雷登致马歇尔函

南京,1948 年 3 月 22 日

阁下:

　　我有幸报告中国政治形势的最新进展。

　　你最感兴趣的多半是我所了解的最能代表委员长想法的报告。他对军事形势的迅速恶化和随之而来的问题不抱幻想。事实上他对形势作了如下概括:“既然和平不可及,战争不可胜,奈何?”他对您的美国援华的态度表示困惑不解,但又说,从他与您在华之交往,以及他对您的性格和目标的全部观察,他相信,您的计划是友好的和建设性的。我当然向他保证,这完全正确,并再次解释了我对您离华后所持的一贯立场的理解。他承认他没有接受您的劝告,但事实也证明共产党是无法与之妥协和合作的。

　　他说他确实希望改革,但不知如何下手。他请求我毫不犹豫地帮助他。我已经了解由他周围的一些中国人起草的此类建议,其中一些是我本人在各种场合提出的。我在此附上一份粗略的译稿,仅供参考。完全可以理解,他们不敢把建议送交委员长。但是如果他们当真递上去了,而委员长还依然纳谏的话,我将继续以相似的观点来规劝他。

只要援华计划得到国会赞成,我将以此条款为基础,或多或少提出专门的建议。我仍然强烈地认为,他们首先需要我们的劝告,然后在他们自己贯彻这些劝告时,提供足够的物质援助。巴尔①将军在军事方面正在发现并完成的工作证明了这个看法,同样的证据将始终证明相同的真理。

委员长提出的中美反共条约的问题,我并不鼓励。在任何情况下,都可据此看透他目前的心理状态。

关于即将到来的国民大会,他认为不管多么困难,大会都将如期召开。他被选为总统是预先作出的决定,但他并不完全相信这对国家是最好的选择。另外一些人,特别是政学系,一直在讨论由他任总理。他的声望在全国从未如此之低,现在在政府和党内也是这样,但是,没有人能提出任何一个在力量上能与他匹敌的人选。巴尔将军希望他减少在军事事务中的指导,给他时间去广泛公布国家和政府的政策,将作战的细节留给一个能胜任的总参谋长。委员长似乎在副总统人选上举棋不定,正在看其他候选人的反对理由,但表示美国人看好李宗仁却并非十分了解。

这些和其他细节关系到政治、经济和军事趋势,我们大使馆的人正如实地作出报告。但是,由于美援前景较为明朗,我愿再次表示相信,只要明智计划和执行,这就能有助于完成我们期望的一切。对我们国家的友好感情和他们对我们意图的信任是普遍和深刻的。反美情绪偶有起伏,是由于一时起因,并很容易消失。即使在共产党人中这也仅系一种蓄意煽动的武器。中国各阶层的绝大部分人不想让他们的国家共产化。我得到的印象是,共产党军队在其现在控制的地区使用残忍的手段,加强了人们对共产主义的某种敌意。同时政府领导人终于开始认识到,他们与共产党竞争的方法是无效的。他们在军事行动和争取民众支持中都在迅速失败。他们不能赢得人民,就无法赢得战争。因

① 美国陆军准将戴维·G.巴尔,任职驻华美军顾问团——原注。

此,他们自卑和恐惧,并更加准备响应切实可行的劝告。美援或许足以作为一种催化剂,它将恢复领导人的希望和自信,进而改善民众的士气。现在人们普遍存在进行进步改革的意愿,其主要价值多半是表明对他们来说是必要的新的觉醒。知识分子和无党派自由主义者中间的运动迄今既没有明确表达,也不代表公众舆论的任何密切结合或实际分量,但其中预示的东西可指望进一步受到鼓励。委员长人格具有这些振奋人心的能力。我记得您一再对我评论说,他做正确的事总是太迟。现在也许太迟,但多半不完全是这样。无论如何,因为上面提到的理由,我仍感到一定程度的乐观,并热切盼望关于国会的行动的报告。在中国即将发生的事,作为全球性的问题,远远超出了抵抗共产主义的范围。我们正帮助这一幅员辽阔、人口众多的民族,消除一切古代政治模式和社会模式,消除严重妨碍宪政实施的内忧外患,使中国适应现代趋势。他们有伟大的传统,决不是堕落的民族。他们中许多人具有最优秀的人品,具有巨大的潜力。与物质援助相比,他们更需要同情和理解,以及坚定但却是善意的指导。只要政府加倍努力改善现状,只要知识分子最终与政府密切相处,关心国事,并且由我们来管理美国顾问团的人员使用资金和装备,我相信,他们可以改变目前的趋势。一旦如此,恢复必定卓有成效。这些都是老生常谈。但是,有迹象表明,美援也许在中国前景无望之际出现,我感到有了令人振奋的希望。在任何情况下,我都将尽力协助计划成功,不论您的指示何时到达。

司徒雷登　敬上

FRUS,1948,Vol.7,pp.163–165

司徒雷登致马歇尔电

南京,1948 年 6 月 9 日

在 6 月 5 日的使馆会议上,巴杰①讨论了他对目前中国军事形势

---

① 西太平洋美国海军司令,海军中将奥斯卡·C.巴杰——原注。

的看法,并表示确信,共产党占领满洲和华北,会使苏联在远东的战略优势增加到威胁美国利益的地步,如果美苏之间爆发战争,苏联的东方防线会是坚不可摧的。他还表示相信,国军现在缺乏阻止共产党占领满洲和华北的能力,主要是因为缺乏有效计划和有力领导。而提供高水平的美国计划参谋人员,会使形势转向有利于国民党。他得出结论,认为他有义务向参谋长联席会议报告这里的形势,并建议向中国政府指派美国计划参谋,参与指导政府的反共作战行动。

6 月 8 日,巴尔接到魏德迈的电报,要求驻华军事顾问团说明军事、政治和经济形势,并介绍美国参予国民党军事规划的情况。魏德迈的要求提出"为陆军部长①准备简要的介绍,以在参院委员会前作证"。

我们从以上的报告中得出结论,参谋长联席会议正变得关心政府在华北的军事地位变化,关心共产党不久将占领华北和满洲的局势。我们汇集了巴尔和巴杰的建议,可能会被参谋长联席会议赞同和接受,他们知道华北在美国战略需求中的军事意义,同样清楚事实上政府的军事缺陷主要在于以南京最高参谋部未能理解执行适当计划的路线为依据。我们知道巴尔和巴杰提出的行动的含义,如果中国形势的恶化被制止、并转向对我们有利的话,同意采取此种行动是必要的。巴尔组建"田野小组"的建议可能会因以同样目的来派遣战略性助理武官的方式被削弱。

司徒

FRUS,1948,Vol.7,pp.282–283

司徒雷登致马歇尔电

南京,1948 年 6 月 10 日

我们打算警告在华美人注意军事形势恶化,及那些不愿在共产党控制下的美国人应在交通尚正常时撤离,鉴于中国政府已得到上述情

---

① 肯尼斯 · C. 洛伊尔——原注。

报并且惊恐万状,我们意识到,可以利用这一情况,来推动中国政府采取必要的措施,改善华北的军事形势。我们觉得美国的总体责任,是要支持中国政府,这比提醒单独美国人的责任要更为重大,而这种提醒在我们看来在任何情况下都可能被忽视。

因此,我于6月5日会见委员长,告诉他我们对华北军事形势恶化的关心,并决定劝告我们的公民从该地区撤出。然而我们知道中国政府会反对我方的那种行动,因为那会严重损害国民士气,因此我说要在与他协商之后再采取上述措施。如果他能说服我,他将采取我们军事顾问巴尔那些必要和有可能稳定华北军事形势的措施,那么我就推迟发布这一通告。蒋立刻表示,他完全愿意并且全部接受我们对军事问题的建议,并会给予美国人全权去制订和监督,授权制定者派员确保实施。他询问我有何看法,我提醒他美军顾问团有命令的限制,并且我们不愿承担完全不属于我们的义务。他对此表示理解,并询问我们在这方面的政策是否可以重新考虑。我答复说,当然有重新考虑的机会,如果有更多的证据表明现在提出的劝告正付诸实施,机会就会增加。

然后他问及军事领域的具体建议。我说,作为总统,他应该把对军事行动的日常指导委托给巴尔将军密切协助的国防部长,他们应向你报告主要问题。我还提出,应为各战区建立自治和独立的指挥部,以便使指挥渠道合理化和系统化,这些指挥由司令部指导和控制。蒋赞成这两个建议,并同意考虑充分授权指挥华北和满洲的最高司令。

6月6日,傅泾波会见蒋。蒋反复重申,他期待美国人的建议,特别是在军事问题上。他说他深知政府现状非常严重,他仍试图为国家尽最大努力,但感到业已衰老,精力不如往常,并担心完成不了什么大业。他表示他期望与美国人密切合作,他没有直接说,只是暗示政府中有影响的分子反对那种政策。结束谈话时他说明,他有自己的理由尽可能保持与美国的直率的和信任的关系。

从以上和其他我们报告过的与委员长的谈话中,可以看出,蒋坚定不移地决定保持坚定的反共立场。他承认没有我们的援助,他无能为力,他不仅心甘情愿地接受我们的援助,而且接受我们的劝告和指导。我们相信,他的这些态度完全是真诚的。但他在政府的内部集团中遇到巨大的困难。这些集团主张不惜任何代价结束内战,并坚决反对与美国合作。我们已报告了这种情绪的不满程度,它确实在有影响的人中间存在。当对战争厌倦达到那种程度时,毫无疑问这种情绪会产生,并确信政府的事业是失败的事业,认为我们既缺少主意,又没有能力向政府提供其生存所必需的足够和合格的援助。

尽管我们情报详尽,但有许多迹象表明,那些拥护和平,主张与共产党联合的人为了撤换委员长并通过谈判结束内战,已经开始实行一项计划。我们相信这一计划确实存在,但说不上这种威胁迫在眉睫。如果他们作出这种尝试并取得成功,几乎肯定会导致转向地方自治,损害现政府的稳定,并可能会加快共产党完全控制中国。在这种形势下,我们确信,我们必须向蒋提供由他认可的必要的支持,除非我们准备坐视共产党在中国的影响极度扩大,并接受不远的将来整个国家被共产党控制。我们充分了解,美国的资源有限,我们到处承担义务,我们知道此种行动的危险性,我们还感到,如果我们不提出选择方案,即系渎职。

参见 6 月 9 日我们第 1044 号电。

司徒

FRUS,1948,Vol.7,pp.288-290

司徒雷登致马歇尔电

南京,1948 年 8 月 10 日

中国局势持续恶化,前途黯淡,对政府十分不利。我们相信,对我们来说,是审时度势决定我们进一步行动方针的时候了。

现做如下概述:

1. 军事方面:战场上共产党节节胜利。他们掌握着主动权,保持着攻势作战的全部优势。而政府军看来缺少作战意志和能力。有许多关

于投共的报导,但却未曾听过共产党军官投向政府军方面。除少数分散的城市中心如北平、天津及交通线外,华北、西安以东和长江以北的绝大部分地区都被共产党所占据。共产党目前看来要肃清鲁境的残余国军,作为向南京发动全面进攻或者先向平津地区发动总攻的前兆。在华中,分布于长江以南的共军在农村加紧活动,制造混乱,其意显然在于进一步削弱政府,准备未来的大战。在华南,虽然共产党游击队活动较少,但可以从容行动,政府没有军队与之对抗。

这是一幅黯淡的图景。人们或许指望能设法改变这一局势。然而政府毫不理会合理的作战建议,坐失军机。这多是由于政府及军队领导无能堕落,由于蒋总统任人唯亲而非任人唯能。在分配急需的军需供应时,有作战能力的人,如傅作义,则名列榜尾,几乎要他们自力更生。而早就确立的训练计划和补充军队计划,不是没有执行,就是执行太慢,实际上对未来数月的紧急局势不起作用。军事局势的危急一目了然,但看不出有应付这一局势的意志和能力。

2. 经济方面:通货膨胀仍然迅速地呈螺旋上升趋势。物价已到了天文数字,其上涨之快,使政府来不及印出每天所需钞票。结果,以物易物就日益成为一个定规。

3. 心理方面:在连年战争与破坏之后,如今,包括国共区域内的上下层人民的最大要求是和平。鉴于绝大部分人看到目前情况下没有一线希望,这一要求也就更加坚决。失败主义情绪盛行全国,甚至部长阶层也是如此。人们几乎毫无例外地相信,如政府不大加改组,恢复聊以度日的生活水平就毫无希望。因此,大家几乎不顾一切代价渴望停止战争,有着压倒一切的和平愿望。然而,蒋总统所求的则只是军事上战胜共产党,没有人能够动摇他的决心,实现和平。

4. 蒋总统本人:普遍都在批评蒋总统领导无能,但却没有人能提出谁能取代他。是他维持着这泱泱大国,没有他,中国的崩溃将是不可避免的。但是,与他的长期相处证明,他不再能够标新立异,推行改革,也不能撤换庸官选挑能将。除非他能够团结一切力量扭转目前趋势,相当时期以后他将不可避免地被唾弃。然而,蒋总统是有策略计谋的人,并且,有证据表明他正试图寻求一种办法,一边继续与共产党交战一边防止中国地方割据的再现。他派前行政院长张群去华北、西南活动,提出地方自治以换取地方继续效忠南京。我们有理由相信,张群此行并非徒劳。有一种改组国民党的积极而剧烈的运动,使自由主义分子在政府中占有更多的位置。现在表明,在翁文灏院长领导下,政府正勇敢地致力于经济、财政改革,这一改革不久即可公布:但是,除非这些计划中的有力措施能产生奇迹,从而维持蒋总统与国民党的统治,我们将会看到与共产党有某种妥协或者发生地方分裂,或是两者一并出现,而这最为可能。

虽然目前某种形式的联合政府似乎很可能,但我们相信就美国立场来说这是最非所愿的。我们这样说是因为包括有共产党在内联合政府的历史,很清楚地表明了共产党用政治手段控制整个政府及进行获取某种国际承认的能力。我们怀疑一个共产党政府在可以预见的将来除联合政府外还能够借其他方式获取全国政权。因此,我们愿建议:美国应谋阻止联合政府之组成。欲达此目的,最好的方法是继续给予和增加(如果可能的话)对现政府的援助。但局势的恶化已到近乎崩溃的地步了,也许靠我们的援助来改变事态的发展已为时过晚。为了保证成功,看来我们要担负起军事、经济和政治上的重大责任。鉴于我们必须大规模地担负指导中国的事务,这种规模事实上会使我们卷入我们力所不能及的义务中去。

如果事态的进展极可能导致与共产党和解,那么,我们相信,应当在划界而治分散联盟的基础上运用我们的影响安排停战。这种划界将尽可能将中国的大部分给没有共产党参加的一个或数个政府治理。一旦蒋介石本人表示和解姿态,则华北、东北、西南等地方领袖势必更为热衷。而中国西部或者与委员长一起崩溃,或者作为蒋下台阶梯的一级。那时,当我们确信地方派能够继续与共产党抗争并肯定能维持自己统治时,我们就应义不容辞地支持这些地方派。他们将为未来全国民主运动东山再起提供一个政治上的滩头阵地。当然,谁能充当这一角色有待于事态发展而定。但我们相信,一旦这一情况出现,我们应准备立即行动以鼓励将会出现的并肯定会坚决反共的任何人士。

一旦果如所料,国民政府的崩溃会导致地方主义的出现,那么,我们可以指望在这种崩溃后的一段时期将没有敌对行动。但不能指望这种纯地方主义的努力会自己消除中国目前的经济困境。这正是我们能发挥影响之所在。由于目前共产党控制区经济不佳,若我们能从经济上加强地方政府,我们可望能防止赤化。非共产党地区一时的经济繁荣,或者,那怕是暂时缓和,都将奠定中国的反共属性,并相应削弱共产党地区老百姓对共产党的同情,进而发展壮大非共产党地区,到时将东山再起,消灭中共军事力量。因此,我们最主要的问题是,这一相对和平的时期一旦到来,我们即应将我们对国民政府的援助转到羽翼未丰的地方集团。我们认为时机未到但这种情形不久将会出现。请参见后续第 1473 号电文。

司徒

FRUS,1948,Vol.7,pp.405-408

司徒雷登致马歇尔电①

南京,1948 年 8 月 10 日

我已同意发送上述第 1472 号电文,这是我与使馆高级官员的一致看法。我完全赞同他们的时局分析,但对其在时局分析基础上所得出的关于美国应取的行动方针的结论则不敢苟同。

我相信,如果极有可能产生某种形式的联合政府,那么,对我们来说,是否可以认为这将一定符合美国利益。我们已往过多地卷入道义上的责任,现在又深深地卷进所承担的义务,这就使得我们无法回避这一问题:是努力帮助还是竭力阻碍联合政府的实现? 当然,其他一些国

---

① 第 1473 号电文——原注。

家与共产党联合的教训应引以为戒,共产党那种玩弄权术篡夺政权的娴熟手段也不可低估。但我们也不能忽略有共产党参加的联合政府的有利之处,这些联合政府业已得到国际承认。我们同样要认识到,不能指望现政府或任何反共联合体以军事或其他手段彻底根除赤患。

中央政府分崩离析成一些地方政府,这使得我们援助非常棘手。几乎每一地方政府都需要由一位或更多的强大领袖支撑,如果他们真正反共,会立即面临尖锐的财政问题,这些财政问题会使其他问题更趋复杂,最终将有助于共产党的渗透。并且,或许因为自然缘故或许因为政治阴谋的缘故,这些政府必将发生领袖的更迭。他们也将既以诱人的条件换取我们的援助又以我们的援助与对手甚至与共产党讨价还价。所导致的经济及其他方面的困境将加重现在的不满情绪和失望情绪,也使反美情绪火上加油。而共产党则坐收渔利。当然,如果分崩离析在所难免,并且,如果能维持一个名义上的中央政权的松散联盟,我们会在某些程度上通过这一名义上的政府提供帮助。

如果这是我们所希望的,看来我们有两种选择:

(1)我们向国民政府提供彻底的军事援助(包括军事指导)以促进大规模改革,并在改革过程中规定进一步的援助。这将更多的介入中国内政,也许所花费用要远甚于目前。同时,也要对由此引起的剧烈的反美情绪及其直接后果有所准备。到时公共心理中将不再是共产党问题,而且共产党必定会有效地利用这种反美情绪。通过这种方式,我们也许能粉碎共产党的军事实力并获得某种解决。但这并不是我们干涉的结束。

(2)我们将继续促成和协助打开和谈之门,继而帮助改组军队、恢复经济。我们将坚持以一定的民主保护措施为条件,包括言论自由、出版自由、选举自由等等,避免少数派控制、秘密警察等专权方式。我们敢肯定,共产主义的阴谋权术将会昭然若揭、毫无市场。积极提倡公民意识教育,推行文化交流,提高民生,这些将进一步有助于民主思想的传播,并且也会一般地加强中国对美国生活方式的自然向往。那时,无论在意识形态斗争中还是在国际冲突中,中国就自然理智地成为我们的伙伴。

对比这两份电文,您可以看出,就美国在中国严重分裂时所应采取的方针,我们是有分歧的。然而,我们一致认为即便这一危机尚未来到,但已不会太远,我们应该着手应对。当此特殊时刻,极难精确,但我们尤盼,如果形势照此发展,国务院能告知总体方针以指导我们工作。

司徒

FRUS,1948,Vol.7,pp.408-410

司徒雷登致马歇尔函

南京,1948 年 10 月 14 日

阁下:

我有幸地向您报告中国内战的最近进展,以为使馆无线电报中事实描述或分析之补充。

总的说来,政府正陷入极度惊恐之中。军事形势不可收拾。共军已在数量上超过国军,加上他们战斗有术、士气高昂,明显能够随意攻取任一城市。而国军的缺陷除了战略不当外,主要是缺乏战斗意志。他们在作战中毫无斗志,不求进攻但求防守,持续可见或集体或单个地向共产党投诚。在长春,只要交给共军一支步枪就可以让国军六个人安全逃离。有一支全副美式装备的共产党纵队开进济南。财政问题甚至比军事更尖锐。以无异于警察国家的方法来控制物价和汇率,这种企图将不可避免地破产。此种迹象正日益受到关注。我们在认识所及的范围内努力支持政府有计划、有勇气、下决心去进行财政改革。他们的各种对策大概也千方百计设计出一套方案,但即使有最善良的意图和最有效的控制,他们却无法阻止收支失衡。政府目前每月有五六千万美元的赤字。这种军事与经济的互相影响使得百姓生活困苦不堪,从而引起了不满或绝望。在写此信的时候,最危险的因素也许是食物短缺或者百姓买不起。长期困苦的中国人民的忍受能力很强,但一旦日常生活所必需的吃烧无从着落,就会发生暴动并罪恶横行。

政府尤其是蒋总统遭到尖锐的抨击,比以往更加不得人心。可能是第一次如此指名道姓地抨击他们,指责他们无法提供保护和最基本的生活条件。这实际上已不是什么道义的或政治理论问题了,即便知识分子眼中也如此;这种不满情绪甚至在南京政府各级官员身上也显著扩展。

李济深将军由香港给我发来一封私人信件,我们的总领事馆已将其内容传至。信的大意是,他声称在以后数月中将宣告成立一个新的联合政府。由他任主席,毛泽东任副主席,已故冯玉祥将军本该为武装部队的总司令。据称,李将军要我将此消息向您转告,敦促美国政府与蒋介石断绝关系,支持即将成立的新政府。正如我以往所言,此运动的意义在于人们对和平普遍的渴望,不管和平如何获得,也无在乎对现领导是否厌恶。一旦蒋政府被推翻,共产党肯定会马上建立新政府,并逐步统治全中国。然而伴之而来的,是地方领袖的长期抵抗,将会让无助的百姓陷入混乱、骚动和倒悬之中。

更使美国进退维谷的是,美国援助着一个不得人心的政府,这仅是在不适当的程度上支撑着这一政府。这不仅在共产党及其追随者当中激起愤慨,也在中国的其他人士中引起了敌意,他们责备我们,认为是我们使这一不明不白的战争漫无止境地拖延下去成为可能。到处潜藏着反美情绪,那怕轻微的火星都能燃成熊熊烈火,在政府失控的任何时候任何地方,势必产生严重后果。倘若目前能够组织有识之士举行投票选举,结果也许是 100% 的反对现政府。这样,我们随时都可能发现我们遭受这样的指责:我们支持一个不代表人民意愿的独裁统治,违反了自决权利这项民主原则。

所有这种极为消极的气氛,也正是当今中国人民的精神状态。我仍相信,百姓对政府的敌意主要是因为政府无能。如果政府能为人民提供某种形式的稳定和经济恢复,那么,大部分人民会同心同德地拥戴它。而其中的有识之士也将通过宪法程序纠正充分认识到的腐败与混乱。总之,他们将目前的结局归咎于国民党然后才是共产主义或任何其他革命运动。在这种沉闷而又盲目、绝望的心境下,他们认为目前是历史上最灾难深重的时期。

问题的核心当然在于庞大的军费开支、军官无能、士兵厌战。对这一问题若没有美国的支持,无论那个政府或者委员长本人都难以整顿。一旦军事指挥胜任,军需供应充足,有可能在某一地区清除好战的共产主义,并在美国的影响下进行政治经济改革。如果这一点证明确实可能,必将意义深远,它将表明民主力量战胜共产主义意识和策略的巨大优势,或者,它更能够导致和谈。可是,如果因为美国全球政策的缘故认为这种政策不可取,或者似乎不切实际,那么,我们不久将面临这样的抉择:是否撤出我们的陆海军人员及军事设施、中断进一步的实际上是使共产党统治得利的经济援助对美国利益较为有利,还是像现在一样按兵不动,努力通过别的非武力程序缓和势态。

在势态变化产生新政府之前,是否应与国共两党扩大外交政策,避免将来撤出中国的灾难性后果? 这一过程除了物质上的损失外,还有信誉的损害以及连续的中断。潜在的危险日益迫近,尤其是在青岛,并且如果沈阳和天津间的战斗继续不利于国军,那么华北美国侨民的命运也将受到严重影响。

司徒雷登　敬上

FRUS,1948,Vol.7,pp.492-495

司徒雷登致马歇尔电

南京,1948 年 11 月 15 日

在最近与委员长的几番谈话中,他正认真考虑将中国内战问题作为对世界和平的威胁而提交联合国。我还有理由相信,宋子文正力劝蒋采取这一方针。我认为,蒋之所以有此打算,是因为国民政府难以使公众理解共产党叛乱其实是外国侵略。至于中国人对共产党统治的扩张漠不关心,在很大程度上是由于他们认为这些赤色力量是中国人而非外国势力的代理人。蒋认为,将这一问题提交联合国,也许会迫使苏联采取方针,与中共融为一体。如果联合国准备考虑中国问题,也许会作出努力来实行停战,从而暂缓他目前的军事危机,求得喘息之机。

既然目前军事态势继续恶化,共产党即将控制全国,蒋以为,在这一阶段中,通过联合国将苏联扯到中国舞台上,国民政府并无所失。

我可以预见对这一举措的反对:(1)美国对国民党的广泛援助,包括军援,可能被苏联在联合国用来作为攻击美国的根据;(2)苏联人也许认为这正是好机会,把自己打扮成"把中国从反动的国民党和美帝国主义的统治下解放出来的新民主主义力量",并趁机公然寻求中国民众支持;(3)联合国已因西方世界的一些重大问题而负担沉重,也许难以承受复杂的中国问题所加给它的额外负担。

无论如何,既然委员长已明显在考虑此事,盼望国务院提出意见,以备再次提出此问题时使我有所遵循。

司徒

FRUS,1948,Vol.7,pp.570–571

司徒雷登致马歇尔电

南京,1948 年 12 月 16 日

12 月 13 日上午,张群作为委员长特使前来访我。他说,委员长从各方面获悉,人们希望他从执政的位子上引退,美国人也有此意。因此,委员长希望在此问题上听我的意见和忠告。我们交谈了两小时,张一直以中国式的交谈方式兜圈子,直到最后才表露了此行的意图。他强调说,要委员长引退的是美国。我最后回答说,大多数美国人民当然有此印象,这就是,绝大部分中国人民感到蒋总统是和平的主要障碍,应该从权力统治中引退。而中国人民的所想所愿正是美国拟定政策的基础因素。张群又说,据委员长说,美国既不相信中共与俄国有紧密联系,也不相信俄国是中共的后台老板。我回答说,就我看来,美国相信中共与俄国在目标和手段上是有密切联系的,中共执行着与俄国相同的政策。但这并不是说,美国就认为苏俄军队和技术人员实际上参与了中共的内战。我继续说,美国政府和人民所希望的是建立和实行中国的自由与独立。现政府应该朝此方向努力,让中国人民明白政府的这一方针。国民党不论与哪一方谈判都应立足这一明确原则。如果国民政府能够以这些原则来激励中国人民,在与专制主义威胁的艰难战斗中获得中国人民的支持,那么,国民政府必将在自由中国的任何地方得到美国政府的同情和支持。我表示,一旦中国的和平得以实现,人权与独立得以维持,假如国民党要求继续抵抗的话,它势必得到所有的非共产主义世界的支持和同情。

针对让外国出面调解目前局面的建议,我反复强调,这须由中国人自己作主。是实现体面的和平还是激励中国人民继续抵抗专制肆虐,这须由中国人抉择。美国关注的是,中国人民期望什么、愿意支持什么。我表示,政策方针不应立足党派基础,支持或反对蒋介石,或他的党,或他的政府,政策方针应超越政党,着眼于人民的权利和国家的独立。

张群表示理解并将慎重考虑我的意见。我说,他应该行多于思,他以及政府内外的其他中国领导人都应从速地干一番建设性的事业。

司徒

FRUS,1948,Vol.7,pp.651~652

司徒雷登致马歇尔电

南京,1948年12月29日

我相信有必要向您表明,在将来援华政策问题上,我与我的高级同僚的观点并不一致。我的观点已经由12月21日绝密第2598号电表达。而他们深信不疑的异议如下:

在目前军事处境中,任何组成的联合政府都将不可避免地为共产党所控制。我们不仅领略了欧洲的共产党政权或为共产党所操纵的政权的本质,事实也证明中共与其他国家的共产党并无本质区别。证据包括 1943 年毛泽东主张盟军以欧洲战争为先,太平洋战争为后;最近毛泽东、刘少奇亦声称与俄国结盟,诋毁美国(参见使馆 11 月 21 日第 2273 号电及 12 月 6 日第 293 号航空件);最近中共封锁了在沈阳的美、英、法国总领事的通讯联络。

因此可以设想,一个由共产党统治的中国政府必将有损于美国利益,并最终得不到美国的道义的或物质的支持。恰恰相反,美国政策应采取修正后的非道义的立场。这一立场应不妨碍我们对华的真正民主力量和抵抗领袖提供道德支持,不妨碍继续非战略性物资的私人商业活动,不妨碍美国对华的商业、教育和精神投资获得有力保护。

我们可以这样说,目前的援华方案,至少是大米和小麦,应该继续下去,只要能够救济中国人民并借以表达我们对他们的基本同情。然而,这种继续援助又有违于援华法案的初衷,其第四条规定"……旨在鼓励中华民国努力维护真正独立和主权完整,旨在维护并加强中国个人自由和自由结社的原则……"①

此外,我们绝不应忽视这一事实:对一国人民的援助就等于对一国政府的援助,应该明白。在四年战争中,我们试图将对苏联人民的帮助与对苏维埃政府的帮助区别开来的努力一直没有成功。战后初期,美国计划用于改善波兰、南斯拉夫及其他卫星国人民生活的援助实际上是加强了共产党政府的统治。这很值得我们引以为戒。中共在国家结构、政党组织、新闻限制、国家化方案以及对外贸易垄断等方面都如出一辙。毫无客观理由令人信服这一点:美国的经济援华会有助于中国人民而无助于共产党政府。而且,即便给予这种援助,也并非出于美国的过剩物质,而应从美国复兴西欧计划中分派。所以,美国继续对华援助应限于纯粹人道主义范围,仅对一些非官方的救济组织如红十字会等提供帮助。

我们必须准备应付来自虚假环境或共产党政府的奉承讨好和娴熟

---

① 省略为原电如此——原注。

的政治宣传,所有这一切是为了求得美国的经济援助而却是苏联所无法提供的。我们应立场坚定,保持正确的关系,保护美国的现有利益,并保有鼓励中国自由人士的空间,同时等待有利于我们的时机。

司徒

FRUS,1948,Vol.7,pp.695-697

司徒雷登致艾奇逊函

南京,1949 年 3 月 10 日

阁下:

我谨请求授权我与中共高级领导会谈,以讨论美利坚合众国与中国共产党之间的一些问题,以期彼此更多理解。至于这一会谈何时安排、如何安排,当然由我决定。

中国共产党日益表现出它的反美情绪。随着它向沿海和内地的扩张,这种反美情绪会通过多种形式表现出来,其对美国的攻击也将不仅限于持久的谩骂式的广播。中共的反帝宣传的措词有些则是克里姆林宫所怂恿的共产党路线的表现。但毫无疑问,我们对国民党的军事和其他方面的援助也是一个因素。甚至大多数知识分子,无论他们是否同情中共,也对美国的援助甚为愤慨,这既因为他们对政府已大失所望,也因为是我们的援助延长了中国内战。中共对美国的敌视很大程度上是因为他们具有对所有非共产主义信仰的猜疑心理:这种猜疑心理渊源于共产主义意识形态,而且也是中国人的独特个性。总之,我还没有看到任何一个党派像中共那样疑心重重。而这种疑心看待外部世界总不免有先入之见。因此,美国的诸种行动只要涉及到中国,他们就认为反动透顶。我相信,中共对美国的攻击除去全部的宣传目的外,也还有许多天真的误解因素。假如能够消除或减弱这些误解,必将能为遗留问题的解决开辟道路。从积极意义上讲,如果美国的民主影响能继续渗透到共产党中国,减轻其独裁势力,必将对亚洲和其他地区的稳定起重要作用。

　　我希望我不仅作为美国官方代表与共产党接触,而且也作为一个久居中国、致力于中国的独立和民主进步、致力于为造福于中国人民而联络两国关系的中国人民的朋友与共产党接触。无论他们怎样将我等同于好战的帝国主义分子而对我不加信任,我希望我以前的活动以及我与中共许多人物的个人交往是不会被他们所忽视的。

　　一旦接触,我将首先提醒中共,美国对中国的友好感情源远流长。美国政府和美国私人慈善事业或机构一直对中国善意为怀。1945年12月与1946年12月,杜鲁门总统两次发表声明,以及马歇尔使华,也都说明了这一点。中共不能对此做出美国自私卑鄙的解释。从那以后,美国政府一直未改初衷。但是,她对苏联合作的经验以及对其他国家共产党的策略和目标的观察,不能不影响到对中共的看法。我们有所顾虑,就像中共对我们有所顾虑一样。我们担心中共会建立一个独裁政府,在那里,言行受到限制,新闻与信仰毫无自由,使用高压手段,打击异己。美国政府认为,中国人民享有选择并采取任何形式政府的充分权利。而在一个专制体制下,人民是没有自由表达他们思想的机会。这一专制体制所带来的并不是"解放"和"新民主",而是凶狠残暴的专制政府,一种趋向没落的少数人统治。一旦这一制度在中国建立,必将通过共产主义战略所提倡的暴力革命走向"一个世界"。或者,共产主义继续在全世界掀动暴力反抗,导致混乱,这都将给美国安全和世界和平带来威胁。美国政府将呼吁支持首先组织起来的反抗组织,这些组织将唤起中国人民维护国家主权和个人自由,并利用一切可能的方式自己拯救自己。一旦如此,我相信美国将以一切力量帮助恢复中国人民的解放。当然,这必然会带来人类的苦难和经济的破坏。因此,目前应努力消除彼此的怀疑和误解,为了共同利益而互相合作,这对各方都极其有益。美国人民的顾虑也只有在中国实行基本自由和建设性的友好对外政策时才能烟消云散。我密切关注着中国人民的幸福事业,期望着中国真正的民主进步的政治进程,也正是这一点驱使我为我所热爱的中国作出最后努力。我相信,美国人民除了希望中国独立、和平、经济恢复和民主以外,别无他求。

以上是我的大概意思。我想以非官方的身份向中共传递上述想法,而不是作为最后通牒或威胁的形式提出。我希望以一种友好的态度来陈述这些观点。如果这些观点具有说服力,也许会使中共在某些方面得以接受。相反,如果我的努力毫无效果,恐怕就应放弃任何通过谈判获得解决的希望,而应谨慎考虑此种局势下我们应采取的其他方针。

我个人认为,我们应大力倡导中国的民族主义和基本自由,在这两点上下功夫,以作为与共产主义战斗的武器。民族主义能够在中国的有识之士乃至中共中间引起较大反响。鉴于对俄国的疑惧,中共一定不会对此低估。无论是从历史上看还是从我们的对华政策上看,中国的民族主义都是有益于美国的。关于自由的出版物也许更为重要。中共很大部分要依靠对舆论的控制,而他们自己则一直宣称要争取出版自由。若他们拒绝出版自由就会违背民心,暴露他们的专断企图。我们突出这两点,就能与共产主义的反动专制战略形成对比,并将在亚洲其他国家产生影响。以此表明我们所依靠的不仅仅是财富和军力。如果必要,在晚些时候我们就可以采取这一方针。我们通过这种思想和信息的交流,也就不担心俄国对中国的赤化了。

马歇尔将军离华两年来,中国政府的地位和美国政府的威信持续下降。而我则几乎不能扭转这一不幸的趋向,为此我非常惭愧。但是,为了美国的事业,也为了中国的自由事业,我将愉快地尝试这一最后的努力。我并不幻想我或其他某个人能影响中共的政策,使之具有较大范围的宽容因素,那只是一种天真的空想。但是,鉴于目前问题的迫切性,此番努力是值得的,它至少使我们探明我们应该采取的措施的程度。

为了尽快举行会谈,请早复为盼。

司徒雷登　敬上

FRUS, 1949, Vol. 8, pp. 173–177

艾奇逊与杜鲁门谈话备忘录
华盛顿,1949 年 7 月 11 日

总统同意司徒大使应该在白皮书发表之后回国。

总统还认为大使在回国前应访问广州,这是重要而合适的。他认为如果大使与驻在国政府失去联络之后很久才回国,在国内将是难以理解的。

司徒

FRUS,1949,Vol. 8,pp. 780–781

4. 军事干预

宋子文致蒋介石电①
华盛顿,1945 年 8 月 18 日

渝,密。主席钧鉴:昨晤国务卿,今晨见总统,长谈一小时半。总统对莫斯科谈判,极为健谈。彼谓美国政府当进而请史太林②保证对中国全部,尤其东三省门户开放原则之维持。彼对职与史太林所谈中共问题,尤为关切。苏方已告总统各协定大概,并说明苏联完全以国民政府为对象,一切援助亦集中于国民政府,此点总统认为最关紧要。继询职与史太林十一次谈话以后感想如何,职谓大致短期内苏联当能尊重协定,不助共党,不与国民政府为难;但过此时期,须视中国局势情形而定,如中国强盛,则苏联不致乘机;否则,恐不能实践诺言,故中国问题为:如何在短时期内,使内部巩固,军事力量加强,金融财政均有办法。总统谓正与彼意相合,并谓美国必尽力助中国走上富强之路。职即询美国以后如何在经济协助中国? 彼谓:租借法案现已不能进行,各国均

---

① 行政院院长宋子文向国民党主席蒋介石报告与美国总统杜鲁门商谈中国战后问题经过的电文——原注。

② 斯大林——原注。

系一律拟改用其他方式援助,请与对外经济局长克罗来商洽,美已决定方针助华,因中国为美国在远东唯一可靠之友人,并盼中国能成为欧亚之间唯一强国。职谓:雅尔达①方案中国虽未参加,但已依照实行。开罗会议时,罗总统允供给中国六十师军火,此项军火早应运华,因运输困难未交,此与援助英苏情形不同,不应同样停止,仍应照交。总统即嘱国务卿查明原案再议。继谓:在中国及台湾之日军军械,应全归中国。职谓:日本本土所有军火,亦宜交与中国。此点总统表示同意。国务卿插言谓:总统原则上可帮忙,但今日尚不能肯定。职谓:日本海军尚有一小部份存在,中国盼能有所得江防及海防船只。总统谓:无问题,并可由美国酌拨船舰。美国原前准之军舰八艘,总统拟提出国会,虽租借法案已不适用,应仍照交与中国。关于军械事,拟请钧座同时与魏德迈一洽。最后谈及赔偿问题,总统谓中国抗战八年,苏对日作战仅数日,向日本要求赔偿,中国自应居首位,其次为菲列滨②,再则为美国,至苏联不应要求;五外长会议,美当注意东三省敌人财产之处分等语。职辞出后,国务卿见告:英国将派兵至香港接受日军投降。彼个人对此,原则上不反对,因香港最后如何处置,系另一问题。职告以香港在中国战区之内,日军应向中国战区最高统帅投降。谨闻,余续陈。职子文叩,未巧(十七)。

《中华民国重要史料初编——对日抗战时期》第七编《战后中国》(一),第25—26页

艾奇逊致杜鲁门备忘录③

华盛顿,1945年9月14日

主题:援华武器装备及建议

陆军部长④与海军部长俱赞同余下列主张:吾人应该进一步援助

---

① 雅尔塔——原注。

② 菲律宾——原注。

③ 迪安·艾奇逊时任代理国务卿——原注。

④ 亨利·史汀生——原注。

中国发展其武装力量,使其得以维护内部之和平与安全,并对包括东北及台湾在内的光复地区施加足够之控制。职等认为通过适当之安排,提供上述援助将会对增强美国之利益有所裨益。而上述援助的实施安排,应包括中国为其受援之装备及服务以某种形式进行支付。再者,于处理该问题时,必须明确美国对华提供军事装备之援助并不旨在促使"兄弟阋墙"之战,或者是对任何不民主政权之支持,此点至为重要。

并有必要听取参谋长联席会议以下建议:在物资装备可用及美中政府之间已做适当安排之情形下,应确定合适援助之准确数目。目前观感以为,中国处于和平时期不应保有数量庞大之陆军或空军,最能满足伊需求者,应为一支人数较少但却训练有素、装备精良并可有效转移之陆军以及小而精悍之空军。对华援助数目之确定还务必考虑到美国剩余物资装备的其他重要用途,包括转移部分剩余物资装备予法军及南美国家之益处,尤其是顾及军事基地使用权之获取以及查普特佩克法案①之履行。有备于此,战争及海军两部尚需数周方可对需求外之剩余物资装备加以确定。还有一点甚为重要,即援华物资装备之种类。详细研究表明最佳方案应为将美国援助集中在那些特殊、较重、并且中国在可预见的将来尚无办法制造之装备,而将其力所能及者留待中国自己解决。

如果总统愿意,此次便可晓明中国政府:考虑到装备提供之支付安排,三十九个师的方案将予制定。在进一步咨询魏德迈将军之后,并当各个相关美国机构考虑过该问题并且吾人援助装备之规模可以确定之时,吾方决定于三十九个师的方案之外还有何种援助可予实施。至于中国空军,魏德迈将军已提交计划给参谋长联席会议。至此战事将尽,魏德迈将军业已就此必要之计划进行修改被征询了意见。中国政府可被告知,在适当安排下,美国将为中国一支适当大小之空军提供装备物

---

① 1945年3月8日签订,国务院条约及其他国际法案系列第1543号,或数据60(第2部分)1831——原注。

资,至于构成细节有待更为完备之方案以确定。

至于美军顾问团,职等理解总统已在原则上同意其组建。顾问团之确切规模、编制和职责取决于其规格及性质,也取决于美国决定援助中国武装力量之规模与编制,还取决于委员长与魏德迈将军以及受命于此的美国海军梅乐斯上将协商产生的更为细致之安排。至于顾问团之规格与性质,拟将军官事先解除现役,然后接受中国政府任令,似较经由美国政府组织和任命更为妥帖。

任何由现役军人组成之美国顾问团,唯有总统于紧急权限下方可任命。因此,在此特权终止后,此类顾问团体必须经由立法程序才能继续存在。

委员长业已邀请魏德迈将军率领该顾问团。目前似不应作出任何承诺,总统就此事等待参谋长联席会议之建议。如果该问题被提及,总统可以告知宋子文博士他将进一步就顾问团领导人选磋商并尽快解决。

考虑到总统可能需要,现将目前可向宋博士作出之口头声明内容随附。宋博士已就此事相询,方好回重庆复命。彼急欲本周末离开华盛顿。

迪安·艾奇逊

FRUS,1945,Vol. 7,pp. 559-561

杜鲁门致宋子文口头声明①

华盛顿,1945 年 9 月 14 日

美国准备援助中国发展适度之武装力量,使其得以维护内部之和平与安全,并对包括东北及台湾在内的光复地区施加足够之控制。上述援助的实施安排,应包括中国政府为其受援之装备及服务进行偿付之财政义务。

---

① 关于美国对华军事援华的一般事项——原注。

　　鉴于蒋委员长有关中国内部的政治困难将由政治方式解决之历次声明,应予明确的是美国所提供之军事援助不得以用作"兄弟阋墙"之战,或者是对不民主政权之支持。

　　美国所能供给援助之准确数目,须由美中两国政府议定,并取决于中美军事机构的详细研究结果。就目前情形而言,双方就供给装备物资以完成三十九个师的方案达成适当协议,美国可以供给某种海军舰艇,尤其是适于沿海和内河防务的船只,并为装备一支规模相称之空军。且俟我们更进一步征询魏德迈将军之意见,并将该问题提交参谋长联席会议和美国其它相关机构考虑,并对所能供应之装备数目完全确定之后,我们当可决定于三十九个师的计划之外是否尚有何种援助可予实施。

　　美军顾问团之确切规模、编制和职责,取决于其规格及性质,也取决于美中两国政府之间议定中国受援武装力量之规模与编制。至于顾问团之规格与性质,拟将军官事先解除现役,然后接受中国政府任令,似较经由美国政府组织和任命更为妥帖。

　　任何由现役军人组成之美国顾问团,唯有总统于紧急权限下方可任命。因此,在此特权终止后,此类顾问团体必须经由立法程序才能继续存在。

　　建议蒋介石委员长在魏德迈将军协助下,立即制定关于战后中国武装力量之计划,及对所希获得之美国援助作一估计,并告知本政府其有关财政及其它行政措施之打算。

FRUS,1945,Vol.7,pp.561-562

范宣德致艾奇逊备忘录[①]

华盛顿,1945 年 9 月 20 日

　　主题:由美国军队占领中国城市。

---

　　① 范宣德时任国务院远东事务司司长,艾奇逊时任副国务卿——原注。

一份 9 月 14 日《纽约时报》的新闻报道称:"魏德迈将军谈及正在考虑中的计划将包括美国占领北京、东北局部,还可能包括诸如天津、福州这样的其他城市……"①并引用魏德迈将军的原话说:"动用美军的目的在于维持这些原先由日军占领地区的秩序,并为中国中央政府的管控提供便利"。

《纽约时报》9 月 16 日继称魏德迈将军为了解释他的前述声明,着重谈及美国的使命并非"城市开放"而是帮助中国人重建他们的城市和港口。回顾早前魏德迈的报告,他主张可能动用美国军队以至(中国)内部状况"稳定"。

9 月 20 日来自重庆方面的一条新闻报道称:"一位中国政府的发言人说,如果当前的计划落实的话,美国军队将参与对中国特定城市的占领"。

本人并未获悉任何关于这些陆军计划的官方信息。我所知道的是美国陆军的"勤务部队"将赴上海。

如果美军占领中国城市是旨在维持秩序以使状况"稳定",那么有理由相信,或至少必须估计到,他们将准备着去镇压破坏秩序的因素。那就可能会是关乎内政的因素,或者是由非国民政府的部队(共产党或者诸如此类)企图控制一个或多个城市而造成其对秩序的破坏。一幅由美军来镇压中国内部冲突的图画,当然并不美观。更有甚者,美军将陷于下列两难的抉择之中:(1)为阻止非国民政府部队(很可能为共产党)占领某个城市而动用武力,或者(2)拱手让给非国民政府部队(很可能为共产党)。即便有人保证说很可能美国军队既做到了"维持秩序"又没有发生上述任何一种局面,但我认为发生的可能性还是依然存在的,不得不有所警觉。职建议,为了上述目的,合理而便捷的措施应该是在必要条件下运用魏德迈将军的飞机将中国人的军队输送到这些城市,而非动用美军来"维持秩序"。

---

① 省略为原备忘录如此。

我将此事禀告,并建议您设法取得麦克洛伊先生①有关陆军对此的准确声明,在他们正式决定动用美国军队占领除上海之外的中国城市"旨在维持秩序"时,应提请总统注意。

FRUS,1945,Vol.7,pp. 566–569

范宣德致艾奇逊备忘录

华盛顿,1945 年 9 月 27 日

主题:由美国军队占领中国城市。

我内心所虑,正如本周二②于地图室告诉您的,以及本人 9 月 20 日有关动用美国军队占领某些中国城市以维护"稳定"的备忘录中指出的那样。您会想起有一位陆军军官在解释地图时谈及会派海军陆战队的一个师驻天津并占领津京地区,另一个师驻青岛,其中一师抽调一营驻烟台。您也会记得还有位军官适时刚刚提及有报告称中国共产党部队正在集结,欲图占领青岛,还有报告称中共军队于华北津京一带集中。

如果确信这些美国海军陆战部队的部署事实上已在进行,余请以备忘录呈于总统。然而,职依然相信若要采取措施,则以非正式的口头方式告之总统为妥;或至少应询问麦克洛伊先生相关事宜。魏德迈将军目前正在此间,应有机会觐见总统。职以为,总统应准备以此事相询,除非存在动用美海军陆战队采取此等部署之压倒性理由,则应以中国军队占领,来取代原计划。

FRUS,1945,Vol.7,pp. 570–571

艾奇逊致范宣德备忘录

华盛顿,1945 年 9 月 28 日

〔主题:由美国军队占领中国城市〕

---

① 约翰·杰伊·麦克洛伊,助理陆军部长。
② 9 月 25 日——原注。

我在麦克洛伊先生离开前曾就此事与其交谈两次。第一次,他告诉我此乃一个庞大计划的残余部分,该计划曾考虑要派美军进驻包括目前正由苏军占领的数个港口。彼未见该残存计划有若许好处,当适时废止。

翌日,他又电告我说已与魏德迈将军相商。彼言将军强调说中国华北附近尚有四百万日本侨俘,其中半数武装,必须予以遣返。将军认为,尽管也将用到其他港口,但主要的遣返工作将通过目前计划派驻美军的这些港口来实现。最为关键者,当属对港口的绝对控制以及让遣返有秩序地进行。麦克洛伊称将军进而指出,因所述港口附近最易发生政府军与地方武装之冲突,所以美军进驻将强化国民政府之地位,并有助于防患未然,乃委员长所中意者。麦克洛伊已请魏德迈将军与你取得联系。

迪〔安〕·艾〔奇逊〕

FRUS,1945,Vol.7,p.571

艾奇逊致德雷西函①

华盛顿,1945 年 10 月 9 日

我亲爱的德雷西先生:

我已收悉您 10 月 3 日的来函,其中您表示了对美国海军陆战队派驻华北的担忧,并询问促成吾海军陆战人员被派往该地区的有关政策。

包括海军陆战队在内的美国武装部队进驻中国的行动,是按照参谋长联席会议的指示实施的。这些行动旨在协助中国政府完成集中、缴械并遣返在华日本人的任务。据估计,这一行动将最终遣返大约四百万的在华日本人,其中一半为敌武装士兵,另一半为敌平民。显而易

---

① 休·德雷西(Emerson Hugh DeLacy)时任美国国会华盛顿州民主党众议员——原注。

致华盛顿州众议员的函件,是在 10 月 8 日在京的魏德迈将军答复中国事务处助理主任(庄莱德)问询信息的基础上草拟的。

见的是,日本投降的时候,在华美军数量并不足以完成这项巨大的任务,并且中国缺乏自西部向华东运兵的能力,这些都构成了实现该任务所难以逾越的障碍。因此,在该区域附近可以动用之美国海军陆战队各分队被派赴华北。美国海军陆战队进驻华北有望大大加速对华北日本人集中、缴械并遣返的任务。在下相信,我们同我们的中国盟友完成吾人之使命愈早,则吾武装部队返回美国的日期也愈早,此理昭然。

余愿向您保证,吾人在华之武装部队乃为在下前陈之意图,而非为援助任何中国派系或集团之目的。

诚谢惠函。随时恭候赐教。敬白。

迪安·艾奇逊

FRUS,1945,Vol. 7,pp. 577–578

范宣德致艾奇逊备忘录

华盛顿,1945 年 10 月 16 日

众议员麦克·曼斯菲尔德昨日造访我处,表达了其对美国海军陆战队派驻华北之忧虑。余递给他一份您致德雷西众议员有关这一主题的函件复稿,彼阅毕后奉还。显然,该函所陈述之解释未能令其满意。

我识得众议员先生已有些时日,因而彼能促膝而谈。彼言运用美军飞机以输送数量众多之中国国民政府的部队似乎还算合理,而动用美国海军陆战队驻防华北城市确实不甚明智,然则任何使得海军陆战队滞留华北的举措在他看来才是最为不智的。

彼由之联系起驻在东北的俄国部队,担心苏联于美国海军陆战队留在华北的情况下,可能会重新考虑其已然向中国政府表示之于十一月末以前自东北撤回军队的决定。他表达了希望海军陆战队尽早撤回之意愿,并指其应于十一月末之前撤离。彼又言自己没有找到任何中国军队何以在那个时候仍不能开往华北以设防城市并接手日本军队缴械及遣返各种问题之理由。

注:您可能看到或听说了蒋介石昨日刊于报纸上有关海军陆战队

之声明,他说陆战队员一俟中国政府军前去换岗即可撤离。

建议佛瑞斯托①先生或者帕特森②先生发表类似声明,未尝不失为一个良策。如您首肯,似可致电两位其中之一以为建议。

FRUS,1945,Vol.7,pp.580-581

哈里曼致贝尔纳斯电

莫斯科,1945 年 10 月 17 日

众议员曼斯菲尔德有关美国在华政策的声明被 10 月 16 日的《消息报》国外新闻版报道,发稿日期 10 月 11 日,发稿地纽约。报道翻译如下:

曼斯菲尔德在众议院称远东政策不甚明了,号召我们从中国撤出所有的武装部队。他说在中国、印度、缅甸和朝鲜保有武装力量并无依据,而且既然立即撤退美国的军队是符合其利益的,那么对亚洲大陆的海军据点加派增援就毫无道理可言。目前在俄国控制下的东北正潜伏着革命之火迅速燎原的巨大可能;新疆的革命运动已发展数月;山东和河北还有美国军舰不断运送海军士兵登陆;香港的前景尚未明晰;而在其他许多地方也是如此。曼斯菲尔德称美国军队留驻中国的事件愈久,美国被卷入中国内部问题的可能性就愈大。

曼斯菲尔德继称美国在华驻军还在继续加强。海军部队在青岛登陆以及五艘驱逐舰逡巡于烟台港,首先,业已使美国陷入危险的境地,因为这有可能会促使俄国人拒绝履行苏中条约规定在三个月内从东北撤离其军队的规定。其二,如果中国爆发国共内战,美国或许不能保持中立。需要提醒的是山东、河北两省比其他各省距离俄占东北为近。而此两省中有数量巨大的共产党,他们可能并不管蒋介石和毛泽东之间达成何种协议都决定维护其独立的地位。曼斯菲尔德警告说"尽管

---

① 詹姆士·佛瑞斯托(James Forrestal),美国海军部长——原注。

② 罗伯特·帕特森(Robert P. Patterson),美国陆军部长——原注。

蒋介石不容置疑地怂恿这一政策的继续",但海军的登陆以及美国驱逐舰派驻烟台完全是对中国内政的无理干涉。

FRUS,1945,Vol.7,pp.581–582

国务院、陆军部、海军部协作委员会报告
华盛顿,1945 年 10 月 22 日

美利坚合众国对华政策,特别是关于美国训练并装备中国武装部队之军事责任:

国务院、战争部、海军部协作二级委员会就远东事务报告

问题

旨在回顾美国对华总体政策,特别是对军事与政治关系的考量。

这些回顾将决定美国给予中国武装部队何种援助以对其进行训练及装备。

该问题之事实陈述

参见附件"A"①。

讨论

参见附件"B"。

结论

美国在远东的目标为:

保障美国及其领土之安全,维护国际和平;及创造一个有利于建立美国及其公民与远东地区的各国人民之间贸易、文化互惠关系之政治环境。

在华此等目标之实现赖于一个稳定政府领导下的友善、统一、独立之国家,现实说来,该政府必须获得中国人民自由意愿的支持。

旨在推动中国发展的进程,美国应采取以下政策:

支持并援助中国国民政府朝着同我们远东政策的基本目标相一致的方向发展;

---

① 附件 A、B 均未录入——原注。

仅就以下诸目的为中国发展包括海陆空部队的现代武装力量提供援助和建议:(1)维护中国的内部和平及安全,包括东北光复地区和台湾,又(2)依靠中国占领朝鲜和日本所需之义务之完成;

一旦美国政府确定中国之武装部队被用于支持与美国总体政策相悖之政府,或是陷于"兄弟阋墙"之战,或是表现出对外侵略之威胁时,将立即中止我们支持中国武装部队发展之援助。

由一个统一并负全责之政府领导下的中国以及其政治稳定的实现程度,将是美国一直以来向中国提供经济、军事或者其他援助之基本考虑依据。此等援助的持续与否也依据该基本条件适时予以重新审视。

参谋长联席会议应就以上简述之政策对中国武装部队的需求进行调查、报告,并就美国为这些武装部队之发展和维护所应提供援助的性质和程度向战争部长和海军部长提出建议。

无论是通过我们已有的在华外交、领事代表还是通过那些军事及海军使团或者其他可用之途径,国务卿应组织与军事援华程度有关之中国政治状况及动态的长期或适时研究并报告。在此研究、回顾及报告的基础上,本政府应适时重新审视继续对华提供军事援助的程度,以及进一步深化之条件。

所有对华援助的条款及条件都应由美中两国政府共同确立。美国援华举措还应包括中国通过财经或其他方式支付的规定。

我们认为本报告应公之于众或通知其他外国政府。然而,我们还应就该政策的执行情况和步骤充分告知相关政府。

建议

特此建议如下:

a. 本报告应提交参谋长联席会议以征求军事方面的意见;又

b. 在征得国务院、战争部、海军部协作委员会对上述 5 至 12 条同意的情况下,本报告应发送参谋长联席会议及国务、战争、海军各部以指导其对此报告之相应执行。

蒋介石致钱大钧电①

重庆,1946 年 1 月 4 日

上海。钱市长:美海军司令巴贝②将军何时离沪回国,望代为慰问。彼对协助海运我军北上,实于中国裨益非尠,而且有时使彼受人误解与为难,更令余时抱歉仄,务希代为嘉慰。如其回国时,可代我夫妇酌送中国土产,以示谢意为盼。中正。子支府机。

《中华民国重要史料初编——对日抗战时期》第七编《战后中国》(一),第 171 页

资源委员会:《查察美军物资之接收及储运的报告》③

重庆,1946 年 1 月

美军在华物资移交我国,分别由中国陆军总司令部后勤司令部及航空委员会负责接收,前者为美军后勤部所移交,后者为美空军所移交。

一、接收美军物资地区类别及数量

1. 美军后勤部移交物资

地区 / 吨数类别	滇省				黔省	湘省	桂省		合计
	昆明区	开远及蒙自区	云南驿保山区	霑益区	贵阳区	芷江区	南宁百色区	柳州区	
军械弹药	6,196	507	1,655	15,333	8,016	1,834	14	21	33,576
化学兵器	134	—		15	425		5		579
化学弹药	1,375	—	—	1,384	491	—	—		3,250
工程器材	1,070	—	10	12	7	1	5		1,105
通信器材	3,800	—	150	600	480	25	300	50	5,405
卫生器材	346	12	476	128	115	32	30		1,139

---

① 钱大钧时任上海市长,该电嘱向协助海运国军北上之美巴贝将军致谢慰问——原注。

② 丹·巴贝(Dan Barbey)美国海军中将,时任第七舰队司令——原注。

③ 资源委员会运务处重庆区办事处调查接收及储运美军物资的报告——原注。

续表

地区 吨数 类别	滇省				黔省	湘省	桂省		合计
	昆明区	开远及 蒙自区	云南驿 保山区	霑益区	贵阳区	芷江区	南宁百 色区	柳州区	
被服装具	6,244	4	675	545	178	55	104	191	7,996
副食品	3,000	—	100	2,500	925	1,000	15	600	8,140
油料	4,000	2,300	600	2,700	600	59	10	64	8,263
机器	500	—	—	—	—	—	—	—	500
合计	26,665	753	3,666	23,217	11,237	3,007	483	926	69,954

2. 美空军移交物资

美空军物资昆明区约有二万余吨,因接收尚未完毕,报告亦未汇齐,尚无正确统计,仅就已查知者分列如下:

(一)航空器材　　六,一五〇吨;

(二)通讯器材　　三,三〇〇吨;

(三)械　　弹　　三,八〇三吨;

(四)卫生器材　　一〇〇吨;

(五)车　　辆　　二,七〇〇辆;

(六)油　　料　　数量待查;

(七)被服给养　　数量待查;

(八)气　　系　　数量待查;

(九)工程器材　　数量待查;

(十)飞　　机　　完整者五八架,破坏者一五〇架;

注(一)除1、2两项所列数字外,尚有大小各型式汽车共一三,一五六辆(尾车二,四一九辆未计在内);

(二)在贵阳美军后勤部有医院设备及药品共四百五十吨,交由联总驻华代表转交我方行总接收分发亦未列入上项表内。

二、收购美军废品地区及价值

美方遗留之废品,主要者为汽车及汽车材料、工程器材及各项材料等,均由中国陆军总司令部后勤司令部奉令作价收购,其地区及价款如左：

　　（一）昆明区　　　国币八四,〇〇〇,〇〇〇元；

　　（二）霑益区　　　美金一五〇元；

　　（三）贵阳区　　　国币一〇〇,〇〇〇,〇〇〇元；

　　（四）柳州区　　　美金一九,八四五.五四元；

　　（五）云南驿区　　国币三,九〇〇,〇〇〇元。

以上共计美金一九,九九五,五四元,国币一八七,九〇〇,〇〇〇元。

三、接收程序及处理情形

　　1.美资之来源及分类

　　据闻美资依照来源,分：（一）租借法案；（二）阿尔发装备；（三）英金镑借款；（四）加拿大借款；（五）剩余物资五大类。惟美方移交时,并未分列清单,是以接收部分亦无法分辨。

　　2.接收办法

　　中国陆军总司令部后勤司令部为准备接收美军物资起见,特成立美资接收委员会,内设二处：（一）一般物资接收处；（二）车器材接收处。其性质为监收机构,其实际签收则由后勤司令部所属各兵站分监部库所等单位负责。

　　3.接收手续

　　美方预备通知单八份,双方会同查看物资后,即在通知单上分别签字盖章,以四份交美方带回,四份由我方存执。上项交接,自上年九月二十日开始,十二月十八日大致完毕,一般情形良好,美军亦表满意。

　　4.接收后之处理

　　接收各项物资,其原已在库内者,先由后勤司令部会同总库负责人员加封,派人看管,再会同逐库启封,清点造册。其原存放露天者,在可能范围内,移运入库保管。此项工作进行尚为迅速。在昆明霑益各地视察结果,除笨重者如桥梁器材无法入库,及炮弹等以数量过多,并在短期内即将运送各部队者外,其余器材大致皆已入库。

5. 接收时所感到的困难

美军撤离,时间匆促,是以所移交物资只能照其所备清单立即签收,不能逐件清查,更不能开箱点验。倘我方要求逐件验收,美军辄以焚毁破坏要挟(有一小部分被服食品因此遭其焚毁),情势所迫,只得依照美军办法签收。惟美方所备清单系事先造妥,待命移交,在待命期间,为支应需要,如航空器材、汽车配件及被服口粮等仍照旧收发,点交时未予改正,是以签收与实收数量殊难符合。其有出入颇大者,如霑益库接收汽油,签收单共列四十万余加仑,经查点结果,只有三千余加仑。举此一端可例其余,只得于逐项清点查对后,在签收单上注明,用备查考,以资补救。

四、接收美资所发生之盗窃案件

美军物资行销于昆明及各地市场,多为服装食品,最近美军供应品渐少,现行销于市面者,均为囤户购藏,经多方之调查,其中交易多系辗转购获,往往经四、五次之周转介绍,追究颇为不易,是以地方政府虽严令查禁,仍难绝迹。谨述其发生、处理及防范如次:

1. 盗窃案件之发生:盗窃案件之发生约有三类:

A. 美军串通其雇用华籍职员,盗窃物品向商人脱销,其最大一次为上年十一月上旬在昆明三公里半之美方 D 库盗窃服装五卡车,后经美军与关总司令麟征会商警卫办法,盗窃之案遂以减少。

B. 在美军将撤离而尚未移交期间,盗窃之事最为盛行。闻昆明之第十九空军招待所于将移交前夕,附近居民聚集百余人公然冲入行抢,并将无线电台拆毁;又昆明市区内之状元楼仓库接收未久,即有武装土匪抢劫,经驻守士兵开枪防卫,幸未得逞,事后该处物资即移运其他安全仓库。此次视察该库围墙弹痕犹历历在目。

C. 驻库守卫士兵或有纪律欠佳从中盗窃,经后勤司令部与防卫部队妥商警戒注意改善后,情形尚为良好。

2. 盗窃案件之处置

我方接收美资,先后发生盗窃案件十九起,均经后勤司令部分别派员彻查,就地移送司法及军法机关严予究办。贵阳一地在美军管理时期,曾失去大小汽车五十辆,自我方接管后,商请黔省府侦缉,已寻获十八辆,窃犯并已移送法院讯办。

3. 盗窃案件之防范

关于防范接收美方各仓库之盗窃案件发生,除已充实警卫力量,慎选操守廉洁之保管官兵外,并由后勤司令部于报章刊登启事,奖励检举,以增耳目,而资防杜。

五、美军焚毁物资之真相

在美资未移交我方前,闻各地区美军有自行焚毁物资情事。据美方声称:其所焚毁者系属:(一)军事秘密文件;(二)不堪应用之物品;(三)不堪供用之被服及副食,至有用之物品绝不焚毁。惟经调查,其所焚毁物品中亦有不属于以上三类者,如:(一)秘密军用品;(二)不适于我方使用或免可使用而不易长久维持者亦多遭焚毁,如其中有飞机一百五十架经破坏后按废料移交我方,每吨以美金一百元计值。美军破坏飞机系先以大锤将发动机捣毁,然后将机身悬空坠地。又停放羊街之飞机,并用坦克车撞毁机翼及尾部,我方接收后正分别拆除零件,加以整理利用。

六、储运计划

后勤司令部为便于储运接收美资,特参照过去美军在公路线对汽车部队所采用分区指挥管理办法,于昆明、霑益、贵阳、芷江各设指挥所。沿公路重要站点设立分所,估计每月可运转一万吨,其程序以械弹为最优先,并预定先以四千吨运渝转济华北、二、三千吨运贵阳、芷江接济湖南,二千吨运柳州转济广东,其中并有一部分弹药、卫生及通讯器材遵令东运,配发部队使用。

七、查察结果

此次接收美资为数庞巨,种类繁多,且因美军返国急促,不允会同逐项清点,常使我方措手不及,清理防范两感困难。幸接收人员皆尚努力,措施允当,霑益各库现已清理完毕,至堪嘉尚。谨就查察所及,撮志结论如次：

1. 美军移交各库，以战时收发频繁，堆放零乱，并以数量庞巨，仓库不敷，多有露天置放，风蚀雨浸，极易毁损，宜早移运入库，以利保管。

2. 美军所建仓库，率皆临时搭盖，多失保固期限，雨季即届，难期安全，故存放物资最好能于雨季届临前分配处置，以防万一，而免损失。

3. 美军移交物资品类繁杂，后勤司令部技术人员较少，只能负保管之责。至如何妥善利用，中枢尚须调集各部门专家分别研究，详定办法，以期物尽其用。

4. 接收美资中有非属军用者，如文具类中之打字机、打字纸等，有非属军用者，如重工程器材之开山机、筑路机、测量机仪器，以及通讯及卫生器材等，各机关皆有急需，宜为斟酌分配以济盈虚。

5. 接收美资中有不能久存者，如面粉、糖、米、一部分药品、水泥、饼干、口粮等，皆须短期内迅予处置，以防霉损。

八、建议事项

1. 此次接收之美军物资，亟须有专门技术人员查点清算。又我国战后经济建设亦待向外洋输入大量物资、器材，宜设有专管机构，拟于行政院或最高经济委员会下设置国外物资委员会，专司国外物资之申购、分配及储运诸事项，以利统筹，其目前办理接收美资之机关，并向国外物资委员会负责。

2. 各机关向国外采购物资，统由国外物资委员会先加审核，如国内已有储存，应尽先利用，以节财力。

3. 此次接收美资中，其性质属于某部门专用者，应尽先拨交其保管使用，如械弹交军政部，航空器材交航空委员会，工程器材交交通部，其余通用器材，各部门依其需要向国外资物委员会申请配用。

《中华民国史档案资料汇编》第五辑第三编《外交》，第 529—535 页

中美订售军用剩余物资合同①

1946 年 8 月 30 日

立合同 中华民国国民政府（以下称中国）
　　　 美利坚合众国政府（以下称美国）

兹因对日战争军事行动业经停止，美国在西太平洋区内物资已属剩余，堪以售与中国，计有移动物资，原购价约达美金五亿元，及固定装置约合美金八千四百万元（其中半数以上早经声明系属剩余物资），而美国国会依照修正一九四四年剩余物资法案已予核准变卖，并经授权国外物资清理委员负责处理。西太平洋区内剩余物资法案所载定将该项物资在他国妥为处置，以期建立发展国外市场，并增进美国与他国间相互有利之经济关系，并在不致酿成垄断及阻碍正常商务之条件下迅速处理，爰由双方议订条款如左：

第一条　让售物资

本合同订立之日，美国所有在中国、冲绳岛、关岛、萨班岛、梯宁岛、安臬维笃岛、马扣司岛、桂耶林岛、乐斯民格罗斯岛、余里西岛、马具罗岛、马金岛、梅奴斯岛、百列留岛、芬许哈文岛、硫磺岛、卫克岛及劳含岛等处之剩余物资，除飞机未能解除武备之战斗用具、船只暨他项航海设备及中国领土以外之固定装置外，概由美国售卖，由中国承购，但须予以限制如下：

一、何项物资为美国所剩余，应由剩余物资法案所规定之美国持有此项物资之机关单独决定之。

二、凡业经订约或承允出售或移转之物资不在本合同让售之列，此项物资之详情于中国请求时当由美国适当代表供给之。

第二条　所有权之移转

甲、本合同第一条所售之物资，经向国外资产清理委员声明作为剩余物资处置后，其所有权只须有下列两项情形之一即认为业已转与

①　译文——原注。

中国：

一、物资已由美国实物交付并由中国接收者；

二、物资移交通知书送达中国逾六十日者。

上述之通知书一经书面递送中国上海物资供应局或其继承人，即当认为已经递达，其内容如已将物资名目、地点大概说明，亦当认为充足。

乙、物资所有权在依照本条甲节移转中国之前，美国当继续保管，并当与美国自有之性质相同之物资予以同样之照顾、保护。

丙、物资所有权在依照本条甲节移转中国之后所有损失、照顾、保管、保护、维持等等一切责任概当由中国负担，即如储藏上应付之租金及他项负担，并因所有权关系而发生之各种损害要求亦包括在内，概由中国赔偿料理，与美国无涉。

丁、中国应取必要步骤确保其所有人员在中国境外保管或授受承购物资者能遵守一切物资所在地点美国统辖机关之法令、规章，并当于物资移去后六十日内将保管或授受人员之非美国籍者一律遣回本国，否则美国得代中国办理遣送，其费用由中国负责。

戊、物资所有权移转之前，美国主管机关当将准备移交之物资任承购人验看。

第三条　物资之处理

甲、所有承购物资之储藏、包装、修理、装卸、运输等事应由中国筹划、支付，所有物资并应自本合同订立之日起，二十二个月内完全撤清，或则于中国获得所有权后六个月内撤清。此项期限以后届者为准，如届期中国不能撤清，则美国得代中国移去、毁灭或用他法处置之，其费用由中国负责。

乙、物资供应局深信对于处理物资之执行如获专家之技术协助，实于中国大有裨益，爰拟雇用殷实可靠之美国商行一家或数家公司华员在物资供应局指导之下统办物资之包装、整理，由各岛装运至中国，并在中国卸运至储藏处所，凡有该商行所需之人员、设备、扶协资源及其他协助中国应予供给,俾于规定期限以内得以完成移运事务。

丙、美国所欠中国法币款项应依下列办法即速拨付美金三千万元,俾中国得用以移运承购物资。

(一)美金二千五百万元拨存美国特别存户作为中国特别存款,规定适当支用限制办法、担保美国籍船只之租用、付款及由本合同发生之其他美元之欠款。

(二)美金五百万元拨存另一特别存户,规定支用限制办法,担保(一)本条乙节所订雇用工程商行之费用,(二)美国在本合同下所支费用之拨还,(三)关于移运事务贴补美国各机关供给中国之服务及材料费用,(四)修理所售物资需购之材料、零件用款以二百万元为限。

一俟移运完毕,上述两存户内之未动用余款应即归于中国,如上项存款不足支付移运费用,则中国应按所需款额另行筹拨。

第四条　物资之配销

中国应尽量利用信誉确立之商业配销机构转售本合同内承购之物资,设在中国之美国销售人应得同等之标购机会,中国亦应承认寻常配销惯例对于特种牌号之货品,如果可能当仍拨交向来经理该牌货品之商家销售。

第五条　保证

美国兹保证对于所售物资之权利,惟对于物资之种类、尺寸、重量、数目、品质、性格、价值说明状况或适用情形不复另立保证,以后如果发现售与中国之物资与中国所予之酬报相差过巨,则两国政府当共同商议,在代价内予相当之调整。

第六条　酬报

甲、中国兹特声明,迄本日止,美国所欠中国之法币及台币余额准予免偿,此项余额乃美国在华军队借支法币、台币总额减去下列两款后之余数:

(一)美国在本合同订立日止已付各款包括本合同第三条丙节所订付款在内。

（二）中国所欠美国各款订明在法币欠款内冲销者共计美金七千四百万元如下：

子、加尔各答存料价值二千五百万元。

丑、霍根（Hogan）计划约六百万元。

寅、小船计划共约二千八百万元内价值一千二百万元之船已经交货，其余一千六百万元待交。

卯、美军华西剩余物资售价首批付款五百万元。

辰、其他零星物资售价约一千万元。

乙、中国当拨付美国与美金五千五百万元相等之款如下：

（一）拨付二千万元相等之数完成在修正一九四四年剩余物资法案第三十二（乙）条下中美两国间所订关于研究教授及其他教育事业之合同。

（二）三千五百万元相等之数以为美国政府在中国之费用（每年以不逾二百万元之相等数为率）及购买与改善美国在华所需地产之费，此项地产由两国政府洽定价格后，中国承允迅予拨交承管。

第七条　其他条款

甲、关于在华固定装置、气象台、交通业务设备之根据本合同售予中国者，中国保证当另订合同，按照所商方式程度继续维持运用该项业务设备。

乙、中国当尽力确保所有移运物资原系美国出品极易认明而目下不在美国之内者，决不使其在原形或相仿形式下输入美国，惟寄交美国某人或商行修正后复重出口者或美国军队人员寄回自用者不在此列。

丙、货价内无关税、货物税或其他政府征收之款项，如有此项捐税征收或应缴款项，中国当在购价以外另行支付。惟美国声明目前并无任何捐税应付美国政府。

丁、本合同之订立对于中美间战帐之最后清结并无妨碍，中国当即在华盛顿进行是项清结之磋商。

戊、美国主管机关当将可以拨交之废料随时指明其数量、地点，中国分别接收之后,其所有权即移归中国,不另给酬。此项废料亦当受本合同第三条之约束。

己、菲律宾各岛上之物资如于满足菲律宾共和国政府及其国人之需要后,且已满足其他订约国政府之需要,则所有剩余物资应提请中国于三十天内决定接受与否,其价格暨条件由马尼拉国外物资清理局决定。

　　一九四六年八月三十日立

　　　　　　中华民国政府行政院院长宋子文(签字)

　　　　　　美利坚合众国政府国外物资清理委员麦克勃(签字)

补充合同译文

立补充合同 中华民国国民政府(以下称中国)
　　　　　 美利坚合众国政府(以下称美国)

为一九四六年八月卅日所订让售剩余物资合同第六条(乙)节第二项规定拨付三千五百万美元相等之数,以为美国政府在中国之费用(每年以不逾二百万元之相等数为率)及购买与改善美国在华所需地产之费,中国已于上述条文内承允将该项地产俟价格由两国政府洽定后迅予拨交承管,而美国已经选定所欲收购之地产数处,爰再订定补充条款如左:

　　第一条　地产价格由双方认可之估价员三人议定之,由中国提出一人,由美国提出一人,其余一人任主席者由此二人推举。地价议定之后,中国应即按价迅将所需之产业移交美国承管,此项产业包括下列各项,但并不以此为限:

　　甲、南京西康路十八号,面积十英亩;

　　乙、天津日本总领事馆;

　　丙、青岛山海关路九号;

　　丁、汉口德华银行;

　　戊、台北复兴街现由美国租用之产。

第二条　中国应按双方议定价格协助美国收购及移转下列各项，但并不以此为限：

甲、南京上海路七三——七五号；

乙、南京上海路八三号；

丙、南京上海路八四号；

丁、上海霞飞路一〇八二——一一六二号，面积四英亩半；

戊、青岛沂水路现由美国领署租用之产；

己、昆明复兴新村五五号；

庚、重庆两浮支路一八五号；

辛、重庆中山路二一三号；

壬、重庆美领署东首两浮支路产业一块。

一九四六年八月三十日立

中华民国政府行政院院长宋子文（签字）

美利坚合众国政府国外资产清理委员麦克勃（签字）

《中华民国史档案资料汇编》第五辑第三编《外交》，第535—540页

国防部致行政院代电①

南京，1946年12月17日

国防部代电　（卅五）运材字第五五一九七号
中华民国三十五年十二月十七日

行政院院长宋钧鉴：案据联合勤务总司令部呈称：查本部在昆明、贵阳等处接收美军用车一万五千余辆，大半均需添配零件整理，同时所接收之合用配件为数极微，迭经商请美军总部拨给所需配件以便修复。今年三月间，美军总部特派安诺德中校赴第四补给区实地检查破坏车辆之结果，认为确实，并将所需配件开列清册要求美军总部拨给，经魏德迈将军允诺，由租借法案项下照拨，分批运沪，首批材料日内即将抵

_____

① 关于请拨款订购美军汽车配件事——原注。

沪。现美军总部正式通知,以租借法案已经停止,此项将到之物资应作为美军专案售与本部(附呈美军第一次备忘录一件),经本部运输署署长郗恩绥、供应司司长钱立向美军巴克利上校等交涉,随时到沪举行会议,讨论订购办法如下:

一、出席人员巴克利上校、耳贝中校、安德森中校等七人;

二、拟定合同草案(附呈);

三、议定十二月十日以前订约并付款,否则自行留用或径行标卖;

四、此项物资系专案售与中国国防部,与其他剩余物资无关;

五、全部价值为美金一八〇万余元,其价格系照美国政府向原厂所出价格转让,如43×7轮胎每套仅合美金二八元,零件每磅平均为美金六角五分。

理合附呈美军第二次备忘录一份、总价目表单一份、合同草案一份,恳即转请行政院专案拨付美金一八〇万元交中央信托局代付等情。查接收美车缺乏轮胎、配件情形,业经报请钧院鉴核在案。此项配件,美军虽允以最惠方法及最廉价格相让,惟订约期限甚迫,逾期则留以自用,倘失之交臂,则此后虽有三倍之外汇亦难再行购到。当于十二月九日呈请主席,奉国民政府亥文侍黄字第三一八三号代电开:所请准饬行政院专案拨发美金一八〇万元,交上海中央信托局,俾便订购美军汽车配件一节,应予照准。除交行政院速拨款交中央信托局代付外,希知照。等情。查现限期已过,经本部屡与美军商洽,允展期数日,时期急迫,理合检呈原件呈请钧院于万分困难中迅赐将此案所需美金一八〇万元立即拨交上海中央信托局,俾便订约购买,并乞核示祗遵。职白崇禧叩。亥勤运材。

附呈(一)美军第一次备忘录一件,(二)合同草案一份,(三)美军第二次备忘录一件,(四)总价目单一份。

陆军顾问团驻沪团部来件备忘录译文

日期:三十五年十一月八日

文号：AG 四○○. 一二○三又三七号

致：马尼拉租借法案补给团主任丁天勇少将（译音）

一、兹奉南京陆军顾问团团长训令略开：关于根据租借法案移交中国政府之汽车配件及保养材料事，业经定夺。此项物资均留在马尼拉，依照租借法案规定，目前碍难移交，惟须就中国政府与美国政府另订合同得照剩余物资手续，以出售方式售与之。

二、此项合同迄未订立，而中国政府虽表同意互相立约，惟在合同未完成前，一切物资处措事宜暂毋庸议。等因。奉此。相应函达查照为荷。

上尉副官维利福特

合同草案

本合同于中华民国　　年　　月　　日就美洲联邦国授权国外剩余物资清理委员会中国及东亚清理委员会（以下简称售方），得照一九四四年剩余物资条例第四五七条第七八项将美国所有之剩余物资配售中国政府指定之代表联合勤务总司令部（以下简称购方），兹遵双方合同拟就下开条文，售方与购方互表同意购进联邦美国剩余物资一批，经议定条款如后：

第一条　物资售与。附件。SPB-3 一式系本合同依照条文开具所有物资之一部份，由售方同意出售，并由购方同意承购。

第二条　所有权。物资所有权一俟本合同发生效力在价款付清下即属于购方。

第三条　交货与运输费用：

（一）自履行本合约之日起十四日内在上海就各物资之所在地就地就物交货，任何剩余物资一经船到中国上海时，购方当于接到通知书之七日内提货，并将物资存留船上所需之费用照付之。购方亦应与轮船公司照上述之原则签订合同，在交货时购方须签证，该证式样一份，注明"Exbibit…"附后参考。如期限已满，售方可在购方负责一切损失之下代购方保管，因此取得留置权，再者因之而产生之售方或任何个人或任何公司、行号即有对于该物资之留置权。

（二）购方须负责自行筹备自物资所在地至购方目的地点卸货及运输，并付清上述之一切费用。购方负责自行采询运费及其他有关装船之消息，购方同意对于本买卖将来不能使用售方所得之一切预测费用，并且售方亦不供给船期之情报，如有购方需求售方雇用之个人供给船期之情报，则该个人为购方之代理人，不得视为售方之代理人。

第四条　标价与付款期数。标价系美国政府获得该物资之原价，加上自美国装船至中国上海照百分之廿五运费，付款则用美国法定美金。

第五条　捐税。此价不包括任何捐税、国产税或其他任何特税，如事后发现须缴纳任何捐税或国产税或其他特税，应由购方负责偿付。

第六条　出卖品。除另有规定外，所有物资均就物资之当时状态出售，事前亦不给样品，美国不作保证、承认或表白说明或包含如物品种类、尺度、重量、品质、特性、说明或条件，亦不说明其用途或目的。

第七条　出卖品就地交货。除另有规定外，所有物资均就物资之所在地交货，购方负责付款，自行搬去。自履行本约日起限廿一天将物资去清，过期后而使联邦美国遭受之一切损失均由购方负担。

第八条　检视。购方可于履行合约前，于办公时间赴物资所在地检视物资，惟因检视而引起劳力及运输等费由购方负责。检视后不得申请更改合约。

第九条　不得将物资运入美国。如购方拟将物资运入美国，购方须注意 FLC 第八条规则所列禁止人口之货物。

第十条　无其他可能列报之契约。本合约不得有美国国会议员或国会之代表或驻扎委员会之股份，或享有或购置物资之权利或其他类似之情形，因而赚收利润者。惟本约之购方如为公司，则不在本条解释之列。

第十一条　杂项。因本约而间接或直接引起之所有权利之要求，可由购方付款之责，并须允许不损害售方。

第十二条　法律之解释。自有效日起,本合约依据美国联邦法律及哥伦比亚地方法律解释之。

第十三条　官用语文。此约英国语文为官用语文。

第十四条　纠纷。如施行此约有任何纠纷发生时,由东亚与中国海外清算委员会申请科经区委会核定后裁判之,区委会为终结决定。

第十五条　本合约所用"区委员之名称"包括其继任者及其受权代表人。

第十六条　补充条款。本合约经修订后可包括购方企购已宣布为剩余物资之物资。

兹双方全权代表人于本约同式六份上签字以守信约。

联邦美国、美国国外清理委员会

中国及东亚区区委员端纳皮台维斯

《中华民国史档案资料汇编》第五辑第三编《外交》第564—568页

范宣德致马歇尔电

华盛顿,1947年2月7日

所附为"美国对华政策"备忘录一份。此备忘录建议如下:

我们继续鼓励中国通过咨询和协议的民主方法达成统一。

我们保持一种建设性和同情的(区别于苛求的)态度,以决定给予经济援助的先决条件即中国状况改善程度这一标准。

我们避免任何形式的对华军事援助,这将用于或怂恿内战。

我们在华保有一个适中的军事顾问团,并基于此目的,支持一个总体的军事及海军使团法案在国会通过。

我们根据此总体之军事及海军使团法案的情况,来决定是否就在国会通过军事顾问团法案采取行动。

在任何有关对华军事装备供应的法律授权上,国务卿就处置此等装备之时间、型号及数量享有最终决定权。

我们继续中止目前在 $8\frac{1}{3}$ 空军大队计划下额外军事类装备的

交付。

我们同样放行〔售〕予中国之159艘商船，前提为中国具备有效地使用它们的能力。

FRUS,1947,Vol.7,pp.793-794

中美两国订立美国转让海军船舰及装备之协定①
南京,1947年12月8日

关于依照美利坚合众国第七十九届国会第五一二号法案转让海军船舰及装备之协定。

兹因一九四六年七月十六日美国第七十九届国会第二期会议第五一二号法案授权，依中华民国政府之请求，将溢出美国政府海军需要而为数不超过二七一艘之海军舰艇转让中国，其中包括足供容纳依该法案授权而处置之任何舰艇之浮坞，该项舰艇之使用与维持暨该项舰艇官兵训练所必需之器材，以及其他海军协助之供应转让方式为售卖、交换、租借、赠送或以现金、记帐或其他资产相易。至应否具有保证或其他条件，则由美国总统决定之。

复因中华民国政府经向美利坚合众国政府请求转让某种特定海军舰艇及浮坞，并对其组织与维持一海军机构供给某种技术上之意见与协助。

爰经相互议定如下：

第一条　美利坚合众国政府将使构成本协定一部分之附表（甲）中所列之海军舰艇与浮坞转让于中华民国政府。

第二条　依据本协定第一条规定而转让之一切船舰及浮坞之所有权，应自移交之日起，属诸中华民国政府。此项移交将在相互同意之时间，不迟于构成本协定一部分之附表（甲）中所订之日期，照现状就地为之，无须偿付或转拨款项，并以依照美利坚合众国政府所订格式之移

---

①　译文——原注。

交证书证明之。自上述船舰移交后，凡因关于此项财产之转让或因关于中华民国政府利用并使用该项财产所引起各种类别及性质之任何及一切索偿、要求、损失、伤害、开支及费用，不论其性质如何，亦不论其是否由于契约或侵权行为，中华民国政府应使美利坚合众国政府及其官员、代理人、仆役与雇员不受损伤，并应予以赔偿。除上述规定之一般性不受限制外，凡因转让依照一九四一年六月二十一日美利坚合众国与勃福斯公司协定所制造或出产之勃式四十公厘炮或同样之炮于中华民国政府而引起之任何及一切索偿、要求、开支、伤害及费用，中华民国政府应使美利坚合众国政府及其官员、代理人、仆役与雇员不受损伤，并应予以赔偿。

第三条　（甲）美利坚合众国政府依中华民国政府请求，对于不在中华民国政府所控制之地区内照现状就地转让之任何船舰，将在该项船舰所在地或附近地区，就现有便利之范围内，于交付一切有关费用及开支时，供给修理、改装、配置、装备该项船舰所必需之工作、服务及器材，中华民国政府对于此项费用，将照本协定后开规定，迅予偿付美利坚合众国政府。

（乙）美利坚合众国政府依中华民国政府之请求，对于依本协定所转让之任何或一切舰艇与浮坞之使用及维持，以中华民国政府依照本协定后开规定迅将有关费用偿付美利坚合众国政府为基点，于美利坚合众国政府认为适当时，将就现有器材之范围，随时供给该项器材。

（丙）关于（一）舰艇及浮坞之转让；（二）修理、改装、配置、装备及供给使用与维持所需之供应品及（三）中华民国政府海军机构之组织与维持。美利坚合众国政府在其认为适当之范围内，并不背保密类别时，经中华民国政府之请求，将（一）无偿供给计划、蓝图及文件；（二）无偿供给技术上之情报与意见并（三）在移交时，无偿参加并签订每一船舰之共同点验财产目录。

第四条　为供给款项以应付中华民国政府依照本协定第三条之规定所负之义务起见，双方同意，一切现存于美利坚合众国政府之款项，原备支付一九四六年六月二十八日美利坚合众国政府与中华民国政府延长协定之租借船舰之使用费及开支而不需且不必应付美利坚合众国政府依照该协定之条件对中华民国政府所供给之工作、服务、器材与供应品而随时开出之妥贴证明帐单。中华民国政府同意，依美利坚合众国政府随时之请求，再提款项存于美利坚合众国政府，由该政府保持，以备支付该项帐单。若中华民国政府未能应美利坚合众国政府随时之请求提交存款，则在所请求之存款未提交以前，美利坚合众国政府应解除其再行供给工作、服务、器材或供应品之义务。

第五条　不论本协定载有任何规定，除因该项海军船舰、浮坞之修理、改装、配置、装备、供应及训练使用该项船舰、浮坞中国人员之必要，由美利坚合众国政府经海军部长允予延展期限外，中华民国政府应于转让之日起，一百二十日以内，将依照本协定而转让或供给之每一船舰及浮坞自不在中华民国政府控制下之地区移去。如在此项期限或美利坚合众国政府所允予之展延期限内，未能自移交地区将船舰或浮坞移去，中华民国政府应丧失其对于该项船舰或浮坞之一切权利、所有权及利益。美利坚合众国政府应将该项船舰或浮坞予以彼所独自认为合宜之其他处置。

第六条　中华民国政府未经美利坚合众国政府之书面同意，将不放弃依照本协定所供给之任何船舰或浮坞或装备及供应品之实际持有权或转让其所有权。依照本协定或其他办法所供给之海军情报及海军装备，无论属于任何保密类别，将依照美利坚合众国政府所加之保密类别必要条件，妥予保护，事前未经美利坚合众国政府之书面同意，中华民国政府将不对他国政府或未经授权之人士透露之。

第七条　在本协定或其延长之有效期间，除经美利坚合众国政府与中华民国政府相互同意外，中华民国政府不得延用或接受美利坚合众国政府以外任何他国政府之任何人员之服务，从事于有关利用与使用依照本协定所转让之船舰及其他小艇任何性质之职务。

第八条　本协定应于美国第七十九届国会第二期会议第五一二号

法案满期时终止。但无论何时,如美利坚合众国政府决定继续转让舰艇或供给器材与协助不复符合公共利益时,该项转让即应停止。

第九条 本协定生效时,一九四六年六月二十八日美利坚合众国政府与中华民国政府间根据租借法案第三条(丙)款之协定中规定对中国海军协助之部分,应以本协定之适用条款代替之。

第十条 本协定自签订之日起生效。

为此,下列签字人爰经正式授权,于一九四七年十二月八日,即中华民国三十六年十二月八日,在中国南京签订本协定中文、英文各两份,以昭信守。

美利坚合众国政府代表驻华全权大使司徒雷登

中华民国政府代表外交部部长王世杰

附表(甲)〔略〕

照会(一)

径启者:关于本日签订之"美利坚合众国政府与中华民国政府关于依照美利坚合众国第七十九届国会第五一二号法案转让海军船舰及装备之协定",及该协定第二条下述一句:自上述船舰移交后,凡因关于该项财产之转让或因关于中华民国政府利用并使用该项财产所引起各种类别及性质之任何及一切索偿、要求、损失、伤害、开支及费用,不论其性质如何,亦不论其是否由于契约或侵权行为,中华民国政府应使美利坚合众国政府及其官员、代理人、仆役或雇员不受损伤,并应予以赔偿。双方了解,各种类别及性质之索价、要求、损失、伤害、开支及费用,不论其性质如何,亦不论其是否由于契约或侵权行为,其应由中国政府负完全责任者,仅以自上述船舰移交后因关于该项财产之转让或中华民国利用并使用该项财产所引起者为限。

关于该协定第二条之末句,本大使兹经授权奉达阁下,因勃福斯炮之转让于中华民国政府,勃福斯公司可能有所索偿,此为美国海军部所知此种性质之惟一索偿。相应照达,即希查照为荷。

本大使顺向贵部长重表敬意。

　　此致

中华民国外交部部长王阁下

一千九百四十七年十二月八日

中华民国三十六年十二月八日

司徒雷登(签字)

(二)

　　径启者:接准贵大使本年十二月八日来照内开:[司徒雷登照会略]

等由。准此。本部长兹欣然证实上开来照所述之了解,中国政府可予同意,相应照复,即希查照为荷。

　　本部长顺向贵大使重表敬意。

　　此致

美利坚合众国驻中华民国特命全权大使司徒雷登阁下

中华民国三十六年十二月八日

王世杰(签字)

《中华民国史档案资料汇编》第五辑第三编《外交》,第586—591页

外交部致翁文灏呈①

南京,1948年10月12日

　　谨将国防部何部长与美国魏德迈将军来往电各一件抄呈钧阅。

谨呈

行政院院长翁

外交部美洲司谨呈
十月十二日

　　照抄国防部何部长致美魏德迈将军酉冬坚凤电

　　华盛顿。中国大使馆顾大使转魏德迈将军勋鉴:密。贵国军事援

华一亿二千五百万美元,陆军兵工部门配款四〇一五万美元,为海陆空军各部门最高额。原价枪械一项,能照剩余物资价格购得,以维补给。本部与贵国白吉尔海军上将商购械弹及增购弹药两案,实为最低限最急需者,经与贵国白吉尔将军、巴大维将军、司徒大使协议,按一九四五年 SNL 计价,并同意由贵国海军免费代运,兹准顾大使电告贵军部对此两点尚难同意。目前中国局势至为危急,美援贷款不敷支配,而前线待补孔急,阁下对中国局势至为明悉,协助素且热忱,敬请转商贵国国防部长准仍照一九四五年 SNL 计价,由海军免费代运,实深感荷。中国国防部部长何应钦。卅七。酉冬。坚夙。印。

第一〇三号　九日

急。南京。外交部请转国防部何部长:极密。酉冬坚夙电敬悉。经即转魏德迈将军。顷接复函,译陈如下:中华民国国民政府所需要之军火及军用器材详单,美陆军部经已收到。此项军用品接济,吾人亦认为急不容缓,现正努力搜集主要项目,以供贵国政府需求。关于此项军用品之可供应数额、价格及运输问题已告杨将军。余个人当尽棉薄,务使对华军用品计划之实施力免稽延。魏德迈将军又称,请转告何部长,美陆军部对援华案仍当继续予以同情考虑,并于可能范围内最大协助,等语。顾维钧。

《中华民国史档案资料汇编》第五辑第三编《外交》,第 680—681 页

翁文灏致王世杰电稿①

南京,1948 年 10 月 14 日

极密。

巴黎大使馆王雪艇兄:密。第四六及第五八号电均悉。总统返京后弟已迓与面谈美援方针,并签陈意见,一俟核定,当可电复。据朱世明、严家淦二兄自美归国密告:美方对吾国军事深恐将士不肯奉命作战

---

① 关于美国以军援运用不善拟派高级将领来华常驻事——原注。

极为关念,且恐照此次军援情形,吾国运用不善,迄少实效,故有派高级将领来华常驻之议,可见此时军援实关首要。盼兄商洽时特为注意为荷。弟翁文灏。西寒。

《中华民国史档案资料汇编》第五辑第三编《外交》,第681页

王世杰致蒋介石电[①]

华盛顿,1948年10月28日

密(表)。外交部密呈总统蒋、翁院长:廿四日总统两电敬悉。今日马卿再度约杰餐晤,长谈两三小时,彼态度甚好,但亦表示忧虑。兹摘陈谈话要点:一、七军三师军械事,彼云该械一部分可能于十二月一日到达中国境内,顾使所称仅可于十二月一日自美起运之说似不确,彼今日已去电催询,彼对我近日军械大受损失,表示惋惜。二、彼对军援表示原则上不反对,惟谓须研究所谓军援者其内容为何,并谓美国极以不能得到中国军官认真合作为虑。三、关于麦帅事,杰告以如麦帅赴华任长期工作,则杰在未与政府商讨前不能表示意见,但如麦帅赴华作短期之行,考虑如何为我急助,当能振我军心,惟此亦系杰个人意见。马卿谓,前次询问并非本人之意,并谓前任盟军驻意统帅克劳克CLARK[②]将军或较适宜,彼愿考虑其人。四、关于平津美侨撤退事,彼将停止发通告以免影响人心。五、关于美国驻华大使今后人选,彼一再询杰意见,当时商讨详情容面陈。六、马卿密告彼决于十二月底引退,即令杜鲁门当选,彼亦决不留职,将荐国务次卿罗夫特继任,并谓此事盼我暂勿外泄,言时甚诚恳。对总统特嘱致敬。窃计彼负责尚有两月,上述军援诸事拟俟杰抵京详陈,如有必要,届时再与电商。目前最要者在军事形势之挽转。职王世杰叩。

《中华民国史档案资料汇编》第五辑第三编《外交》,第683—684页

---

① 关于与马歇尔商谈美援等问题事——原注。
② 克拉克——原注。

对日战争胜利以后美国供给中国政府的军用物资和服务

华盛顿,1949 年

壹

（一）中美合作所协定项下的：

项　目	（单位美元）
依照协定第十七条训练中国学生四十名费用总数	200,000.00
陆上基地装备	585,045.18
建筑工程及保养费	79,304.37
兵工器材	14,284,067.80
通讯	14,746.58
被服	2,309.60
无线电器材	1,320,664.26
气象学上全年用信号设备	957,782.27
医药设备	159,493.57
航空器材	67.25
家具与装置	63,448.82
总数约计(从日本投降之日至 1946 年 3 月 2 日止)	17,666,929.70

（二）1947 年 4 月至 9 月美国海军陆战队在华北放弃与移让的弹药：

（1）美国海军陆战队第一师在 1947 年 4、5 两月间在平津区域放弃下列弹药：

种　类	单位数
火箭、高级爆药 AT2.36 英寸	3,646
火箭、高级爆药 AT4.50 英寸	300
二零毫米弹药	9,493
三七毫米弹药	4,993
六零毫米迫击炮炮弹	47,678
八零毫米迫击炮炮弹	20,916
七五毫米钢炮炮弹	5,577
一零五毫米榴弹炮炮弹	64,538

一五五毫米榴弹炮炮弹	18,726
一五五毫米抛射药	10,725
手榴弹	55,529
枪榴弹	23,038
毁区爆炸药弹	47,438
黄色炸药（单位磅）	29,787
M12 抛射药	2,420
爆药筒	3,020
杀伤地雷	1,014
反坦克地雷	2,636
步兵枪弹　三零口径	2,195,370
四五口径	94,100
五零口径	225,515
榴弹支镮	8,592
轻便火焰发射器	35
火焰发射器圆筒	302
五百磅重炸弹	62
爆破药	3,248
炮破信管	16,975
信号弹	13,174
爆破管	32,913
爆破信管（单位呎）	100,500
射击机	2,575
导火信管	460
锥形装药	288
导火绳（单位呎）	366,200
爆竹式 M-11	1,200
M-1 点火筒	3,000
凝固汽油（单位加伦）	12,751
炸弹信管 AN,M-23	48
炮弹,散弹枪 12GA	9,000

点火信管 72,581

(2)移让中国海军的弹药:

(甲)从青岛机场弹药库移交,归入(租借)账的(这批弹药原从移让中国的船只上移存青岛机场的)

种 类	单 位
3"150	1,246
四零毫米	6,592
二零毫米	169,560
五零口径	38,150
四五口径	250
三零口径	99,000

(乙)随船只移让的弹药,归入(租借)账

种 类	单 位
3"150	1,781
四零毫米	37,767
二零毫米	208,835
五零口径	80,255
四五口径	29,520
三零口径	157,414
二二口径	55,560

(丙)在上海转让的弹药(原由美国专船运沪作为训练的补给用的),归入(租借)账

种 类	单 位
3"150	250
四零毫米	100,000
二零毫米	150,000
三零口径	20,000

(3)西太平洋舰队陆战队,于1947年5月19日起至9月13日止,曾将不适用的弹药堆放青岛沧口飞机场附近各处工事中,事前均经通知当地中国卫戍司令部。美军所放弃的弹药如下:

种　类	单　位
一零五毫米榴弹炮炮弹	24,665
八一毫米迫击炮炮弹	30,903
六零毫米迫击炮炮弹	28,042
七五毫米榴弹炮炮弹	9,337
一五五毫米抛射药	6,485
一五五毫米抛射药	929
榴弹(杀伤手榴弹)	27,575
榴弹(其他各种手榴弹)	13,640
榴弹(枪榴弹)	9,650
爆药筒	1,810
步兵枪弹(三零卡宾枪和来福枪)	1,488,490
反坦克地雷	372
杀伤地雷	686
锥形装药40#	634
锥形装药10#	200
各种榴弹支镢	4,272
各种三七毫米炮弹	1,035
火箭、高级爆药AT	321
各种照明弹	911
射击机(压力式)	980
射击机(拉动式)	1,410
射击机(推进式)	340
射击机(放泄式)	1,040
点火信管(不透水的)	102,000
点火信管(摩擦式)	55,000
信号弹(地面用的)	1,010
手榴弹信管	7,725
霰弹枪炮弹	720
导火绳(单位捆;五百呎)	280

(三)根据第五一二号公法移交的美国海军舰艇(赠与的):

PR 4

DE 6

DE 47

PCE 867

PCE 869

AM 257

AM 258

AM 259

LST 537

LSM 155

LSM 157

LSM 285

LSM 457

LSM 431

AM 260

AM 266

AM 273

AM 276

AM 246

AM 274

AM 286

PC 1247

PC 1549

PCM 20

PGM 26

PGM 12

PGM 13

PGM 14

PGM 15

SC 648

SC 698

LST 755

LST 1030

LST 993

LST 716

LST 717

LST 1017

LST 1050

LST 1075

LCI(L) 514

LCI(L) 517

AG 124

LCT 512

LCT 515

LCT 849

LCT 892

LCT 1143

LCT 1145

LCT 1171

LCT 1213

AOG 42

AFDL 34

LCM 25

LCVP 25

AM 287

AM 216

YMS 339

PC 490

PC 492

PC 593

PC 595

SC 704

LSM 433	SC 708
LSM 442	SC 722
LSM 456	SC 723
LCI(L) 233	SC 735
LCI(L) 631	AOG 22
ACI(L) 417	AFDL(C) 36
LCI(L) 418	ARL 41
LCI(L) 630	DE 102
LCI(L) 632	DE 103
LSF 557	DE 104
	DE 112

以上一百三十一艘船,其原购价共计:一亿四千一百三十一万五千美元

贰　第五一二号公法

第七十九届国会第二次会议——会议纪录第五八〇章——众议院报告第五三五六号

法案——为援助中华民国,增大和维持其海军机构并为其他目的由

第一节　美国国会参众两院兹特授权总统如次:

不管任何其他法律的规定如何,总统若认为下列措施系有裨于公共利益,或足以协助驻华美军完成任务撤退回国,或足援助中华民国政府更有效地保障或增加其领海内的航行安全,随时均可供给中华民国以总统所认为适当的海军服务、训练、设计和技术上的意见;并以出售、交换、租借、赠与或移让(无论有无担保,为交换现金、信贷或其他财产的移让)等方式,或在总统所认为适当的其他条件下,将下列财产给予中华民国:(1)各种超过美国海军本身需要的舰艇,但根据本法案其总数不得超过二百七十一艘;(2)足以容纳根据本法案所处理的任何舰艇的水上船坞;(3)为运用或保养根据本法案所处理的舰艇,并为训练此项舰艇的船员所必需的器材。但是,在根据本法案处理任何主力舰,

任何类型的航空母舰、巡洋舰、驱逐舰(护航驱逐舰不在此列)或潜水艇之前,总统必须每次先行取得国会的授权;凡属机密或最机密性质的任何情报、计划、意见、资料、公文、蓝图或其他文件,均不得以本法案为依据,径行予以处理或移让。

第二节　本法案授权总统,或经中华民国的请求,或经总统认为有裨于公共利益时,派遣美国海军及海军陆战队人员协助中华民国处理其海军事务。此项被调派的军官人数,不得逾一百名,被调派的士兵人数,不得超出二百。但是,美国海军或海军陆战队人员,不得参加中国军队、飞机或军舰的任何演习或航行,以训练为目的而举行者除外。本法案授权海军部长对于调派赴华人员发给必需的额外补助,借使此项人员因其调职而增加的生活费用,获得适当的调整。在调派期间内,此项官兵的军饷和各种的补助金,应照其在美国海军或海军陆战队服役时所应得者如数发给,在寿险、退休和其他方面的年资计算上,并应适用同样条例,与在美国军队服役无异。

第三节　本法案的规定,自制定之日起五年后停止生效。

1946 年 7 月 16 日通过

叁　行政命令

授权海军部长将某些船只和物资移让中华民国并给予该国某些其他援助

第七十九届国会曾于 1946 年 7 月 16 日通过法案,即第五一二号公法,其部分内容规定如下:

"不管任何其他法律的规定如何,总统若认为下列措施系有裨于公共利益,或足以协助驻华美军完成任务撤退回国,或足援助中华民国更有效地保障或增加其领海内的航行安全,随时均可供给中华民国以总统所认为适当的海军服务、训练、设计和技术上的意见;并以出售、交换、赠与或移让(无论有无担保,为交换现金、信贷或其他财产的移让)等方式,或在总统所认为适当的其他条件下,将下列财产给予中华民国:(1)各种超过美国海军本身需要的舰艇,但根据本法案其总数不得超过二百七十一艘；（2）足以容纳根据本法案所处理的任何舰艇的水上船坞；（3）为运用或保养根据本法案所处理的舰艇，并为训练此项舰艇的船员所必需的器材。但是，在根据本法案处理任何主力舰，任何类型的航空母舰、巡洋舰、驱逐舰（护航驱逐舰不在此列），或潜水艇之前，总统必须每次先行取得国会的授权；凡属机密或最机密性质的任何情报、计划、意见、资料、公文、蓝图或其他文件均不得以本法案为依据，径行予以处理或移让。

"第二节　本法案授权总统，或经中华民国的请求，或经总统认为有裨于公共利益时，派遣美国海军及海军陆战队人员协助中华民国处理其海军事务。此项被调派的军官人数不得逾一百名，被调派的士兵人数不得超出二百。但是，美国海军或海军陆战队人员不得参加中国军队、飞机或军舰的任何演习或航行，以训练为目的而举行者除外。（下略）"

中华民国业经请求美国将某些特定的舰艇和水上船坞让与该国，并且对该国海军机构的组织与维持，提供某些技术上的意见和协助。

该国所请求让与的舰艇，确系超出美国海军的需要，而对该国让与此项舰艇和给予上述意见与协助，亦属符合上述1946年7月16日法案中所规定条件与限制，并属有裨于公共利益。

因此，本总统根据上述1946年7月16日法案所授予的权限，并以美国海陆军统帅的名义，颁发命令如次：

第一节　在上述1946年7月16日法案所规定的条件和限制下，授权海军部长：

（一）将上述舰艇和水上船坞移让中华民国，无须索偿。

（二）依照本节（一）应行移让的舰艇和水上船坞加以修理装备，凡经海军部长认定为运用和保养此项舰艇所必需的器材，亦应随同移让。以上所需一切费用，均应由中华民国以现金偿还。

（三）在海军部长认可的条件下，将有关此类舰艇和水上船坞的设计、蓝图、公文和其他数据供给中华民国，并对该国海军机构的组织与维持,提供技术上的情报与意见,但以不属于机密或最机密性质者为限。

(四)训练此项舰艇和水上船坞所需要的技术人员。并在海军部长认可的条件下,代为训练其他海军技术人员。

(五)在海军部长所定的条件、规章与条例下,调派美国海军或海军陆战队军官(不得逾一百名)和士兵(不得逾二百名),协助中华民国处理其海军事务。

第二节　本行政命令所授予海军部长的权限,该部长在征得国务卿意的条件下,始得行使;无论何时,如国务卿认为继续移让此项舰艇或物资有违公共利益,则此项移让即应停止。

杜鲁门
1947 年 4 月 25 于白宫

肆　国外物资清理委员会(OFLC)运华的武器和弹药
1948 年 1 月 1 日—1949 年 3 月 11 日总计数字

项目	装运数量	原购价(单位美元)	卖价(单位美元)
空军			
飞机 P47-D	42	3,999,534.00	147,000.00
飞机 P47-N	70 *	5,771,220.00	350,000.00
飞机 C46-F	13 **	3,292,991.00	292,500.00
飞机 P51-D	53	2,781,917.00	397,500.00
飞机引擎	683	8,792,563.50	1,210,077.00
飞机零件 零件及工具	}混合装载	11,729,011.45	2,023,745.32
二十毫米钢炮	200	332,827.36	33,282.74
共计		36,637,064.31	4,454,105.06
其他装备			
化学类	容积吨　273.92	29,992.28	3,749.04
工兵类	容积吨　439.91	77,037.09	9,629.64
医药类	容积吨　77.05	42,500.28	5,312.54
兵工类	容积吨　7,072.63	1,590,699.39	198,837.43
后勤类	容积吨　1,011.14	309,224.55	38,653.07
通讯类	容积吨　182.42	214,443.58	26,805.45
共计	容积吨　9,057.07	263,897.17	282,987.17

续表

项目	装运数量	原购价(单位美元)	卖价(单位美元)
弹药			
三零口径	37,972,793 发	1,865,421.86	24,621.46
五零口径	18,571,550 发	2,540,350.79	41,913.07
四五口径	1,836,600 发	71,878.38	4,259.50
二零毫米	136,696 发	42,977.50	4,708.26
三七毫米	346,874 发	848,689.56	42,989.04
六零毫米	152,411 发	452,660.67	4,526.62
八一毫米	83,475 发	432,546.24	4,325.44
	36,918 发	415,327.50	41,717.34
七五毫米	151,933 发	1,499,335.68	61,070.58
一零五毫米	354,780 发	5,484,691.89	155,800.95
一五五毫米	287,732 发	1,293,128.48	64,805.22
一五五毫米抛射药	8,889 发	63,310.65	3,150.69
掷弹	216,668 发	317,665.76	32,062.24
地雷	52,133 发	208,532.00	20,853.20
炸弹、手榴弹、地雷(混合装载)	5,666 大吨	2,691,336.23	26,913.36
炸弹(撮影弹)	200	6,200.00	620.00
弹药(混合装载)	4,125 大吨	2,989,866.52	29,898.67
金属接连杆	(混合装载)	15,169.01	620.00
传火药照明弹、信管等	696 大吨	330,495.03	3,304.95
Clusters	506 公吨	137,952.35	1,379.52
共计		21,707,536.10	569,071.80
总计		60,608,497.58	5,306,164.03

＊　于1948年11月和12月间在台湾交货,系全副战斗装备。

＊＊　于1948年夏秋间在中国各机场交货,系全副装备。

伍　第四七二号公法——第八十届国会援华法案(摘要)

第四〇四节　(一)为实现本章(译者注:即援华法案)的目的起见,兹特批准拨给总统以不超过三亿三千八百万美元之数,作为援华用途;此款在本法案制定之日起一年以内得予动支。

(二)并准另拨总统以不超过一亿二千五百万美元之数,用赠与方式作为对华额外援助,其应有条件由总统自行决定,不受1948年经济合作法案规定的约束;此款在本法案制定之日起一年以内得予动支。

陆　1948 年 6 月 2 日总统致国务卿信

国务卿先生：

关于 1948 年援华法案第四〇四节第二项所规定的对华额外援助，你在 1948 年 5 月 14 日给我的备忘录中所持论点，我在大体上同意。我认为在上述法案第四〇四节规定之下，所有对华的赠与，应行采取下列程序：

（1）中国政府为支付它所取得的物资或服务，将随时向国务院请求拨款支付，并随附账单或其他证明文件；

（2）国务院对中国政府所提单据特予审核，以确定所请数额并未超出所有账单或其他证明文件的总数，然后授权财政部对中国政府作适当的支付；

（3）国务卿并将请求中国政府按月提出报告，对于根据上述法案第四〇四节第二项所拨给款项，尽详细说明用途。

兹随函附送致财政部长抄函一件，内容告以上述程序，并为实施 1948 年援华法案第四〇四节第二项的规定起见，拨与款项计一千三百五十万美元。

杜鲁门
1948 年 6 月 2 日于华盛顿白宫

柒　1948 年 6 月 2 日总统致财政部长信

部长先生：

根据 1948 年援华法案（即第八十届国会通过的第四七二号公法第四章）第四〇四节第二项和四〇六节的规定，兹从复兴金融公司所垫支款项中，拨与财政部一千三百五十万美元，以资实行上述援华法案的规定。请你采取必要的步骤完成此项拨与。

从此次拨与中，你可凭着国务院的证明支付予中国政府。国务院证明将会说明中国政府已经提出有关账单，而此项单据亦经该院审核，证明所请数额并未超出单据的总数。关于此项支付的统计，请你按月径送国务院。

国务卿并将通知中国政府：按月向国务院提出报告，对于根据1948年援华法案第四〇四节第二项所拨付款项，尽量详细说明用途。

一俟国会为实行援华法案第四〇四节第二项指拨款项后，我将继续转拨，请按此函所列条件予以支付。

杜鲁门
1948年6月2日于华盛顿白宫

捌　1948年6月28日副国务卿致中国大使照会

大使阁下：

美国政府根据1948年援华法案（即1948年援外法案第四章）第四〇四节第二项的授权，并在该法案关于拨款所规定的一切条件下，准备在该法案制度之日起一年以内，用赠与方式给予中华民国政府以数达一亿二千五百万美元的额外援助。为此目的，美国国会在1948年外援拨款法案中已经如数拨给。按照1948年援华法案第四〇四节第二项的规定，此项援助应在美国总统所决定的条件下进行，不受1948年经济合作法案规定的约束。

根据援华法案的授权，美国总统已经决定此项额外援助应在赠与方式之下，依照下列条件进行：

（1）中华民国政府为支付已经取得或将取得的物资或服务，应随时经由其在华盛顿的指定代表，向国务卿以书面方式请求拨款支付，并应随附账单、合同或其他证明文件。

（2）国务卿于收到此项请求以及随附账单、合同或其他证明文件后，应授权财政部长对中华民国政府作适当的支付。

（3）中华民国政府并应按月向国务卿提出报告，对于根据1948年援华法案第四〇四节（二）所拨给款项，尽量详细说明用途。

关于1948年援华法案第四〇四节（二）所规定的额外援助，贵国政府对于上述条件如属同意，即请通知；在接获贵国政府同意照会后，

上述规定可能迅速付诸施行。(下略)

代国务卿　　　罗勃特·A.罗维特①
副国务卿

1948 年 6 月 28 日

玖　1948 年 7 月 1 日中国大使致国务卿照会

国务卿先生:

接准 1948 年 6 月 20 日来照,内称:美国政府根据 1948 年援华法案(即 1948 年援外法案第四章)第四〇四节第二项授权,并在该法案关于拨款所规定的一切条件下,准备在该法案制定之日起一年以内,用赠与方式给予中华民国政府以数达一亿二千五百万美元的额外援助。为此目的,美国国会在 1949 年外援拨款法案中已经如数拨给。我并了解:此项援助应在美国总统所决定的条件下进行,不受 1948 年经济合作法案规定的约束。

中国政府已经授权本人向你通知:关于上述赠与方式的额外援助的实施,美国总统所决定的条件,内容一若来文所称者,中国政府表示同意。

我们了解:中华民国政府为支付已经取得或将取得的物资或服务,应随时经由其在华盛顿的指定代表,向国务卿以书面方式请求拨款支付,并应随附账单、合同或其他证明文件。国务卿于收到此项请求,以及随附单据、合同或其他证明文件后,应授权财政部长对中华民国政府作适当的支付。中华民国政府并应按月向国务卿提出报告,对于根据 1948 年援华法案第四〇四节第二项所拨给款项,尽量详细说明用途。

中国政府对上述谅解表示同意。(下略)

顾维钧(签署)

1948 年 7 月 1 日

---

① 即拉维特——原注。

拾　1948 年 7 月 28 日总统致国务卿函

国务卿先生：

关于 1948 年援华法案第四〇四节第二项所批准的对华额外援助事,本年 6 月 2 日函,应在有关部分修正如次：

我认为在上述法案第四〇四节规定之下,所有对华赠与——此项赠与现已决定付诸实行——应按下列程序支付：

"(1)中国政府为支付它所取得或预定的物资或服务,将随时向国务院请求拨款支付,并随附定单、合同、账单或其他证明文件。

(2)国务院对中国政府所提出单据将予审核,以确定所请数额未超出所有证明文件的总数,然后授权财政部对中国政府作适当的支付。财政部应按照此项的授权予以支付。

(3)中国政府如向美国政府任何部门或机构洽商供应物资或服务,并经国务卿同意在实际供应此种物资或服役前先予支付,上述部门机构得按 1948 年援外法案第四〇三节及第一一三节第一项的规定,向国务院请求支付费用或预先垫支。国务院根据此项请求,得授权财政部对上述部门或机构予以支付或垫支。

(4)国务卿并将请求中国政府按月提出报告,对于根据上述法案第四〇四节第二项所拨给款项,尽量详细说明用途。"

随附致财政部长抄函一件,内容告以同样决定。

杜鲁门

1948 年 7 月 28 日于华盛顿白宫

拾壹　1948 年总统致国防部长函

部长先生：

兹随函抄送致国务卿及财政部长函各一件,内容说明关于 1948 年援华法案所批准的对华额外援助的实施程序。此外,并抄送国务卿给我的备忘录一件,关于协助中国政府取得军用物资事,以及我为了同一问题与参众两院拨款委员会主席勃里奇及泰勒所来往的函件各一份。

关于协助中国政府取得它所请求的军用物资事,或从国防机构现有的库存供给，或代中国政府设法采购，请按实在情形，酌予便利。

杜鲁门

1948 年 7 月 28 日于华盛顿白宫

拾贰　1948 年 7 月 28 日总统致财政部长函

部长先生：

本年 6 月 2 日和 7 月 12 日曾经根据援华法案（即第八十届国会通过的第四七二号公法第四章）第四〇四节第二项的规定，两次专函拨与款项。该函内容须加修正。其修正部分，涉及援华法案下应有的支付程序，详见致国务卿抄函，即希查照。

杜鲁门

1948 年 7 月 28 日于华盛顿白宫

拾叁　1948 年 7 月 30 日副国务卿致中国大使照会

大使阁下：

关于 1948 年援华法案第四〇四节第二项所批准的对于中华民国政府的额外援助事，美国总统为实行此项赠与曾经决定若干条件，本人已于本年 6 月 28 日照达贵大使查照，并准 7 月 1 日照复贵国政府对于上述条件同意接受。

本人兹经授权向你通知：美国总统又已决定下列程序，俾使美国政府各部门或机构协助中国政府根据该法案第四〇四节第二项取得物资或服务。

中国政府如向美国政府任何部门或机构洽商供应物资或服务，并经国务卿同意在实际供应此种物资或服务前先予支付，上述部门或机构得按 1948 年援外法案第四〇三节第一项的规定，向国务院请求支付费用或预先垫支。国务院根据此项请求得授权财政部，对上述部门或机构予以支付或垫支。（下略）

代国务卿　　罗勃特·A. 罗维特

副国务卿

1948 年 7 月 30 日

　　拾肆　1948年8月6日中国大使致国务卿照会

国务卿先生：

　　接准本年7月30日来照，内称："根据美国总统所决定的下列程序，美国政府各部门或机构得协助中国政府依照1948年援华法案第四〇四节第二项的规定，取得各种物资或服务：中国政府如向美国政府任何部门或机构洽商供应物资或服务，并经国务卿同意在实际供应此种物资或服务前先予支付，上述部门或机构得按1948年援外法案第四〇三节及第一一三节第一项的规定，向国务院请求支付费用或预先垫支。国务院根据此项请求，得授权财政部对上述部门或机构予以支付或垫支。"

　　本人兹经授权答复：中国政府同意接受上述程序。此项程序，和本年6月28日来照所开各项条件，亦即本人于7月1日代表中国政府照复接受者，对于中国政府的采购方案，无疑将予以重大的便利。（下略）

顾维钧

1948年8月6日

　　拾伍　中国大使馆关于一亿二千五百万美元赠予用途之报告

所得款项用途简表——总数

类　目	数量（单位美元）
一、中国空军	
(1)飞机	2,867,700.00
(2)飞机零件	8,088,203.38
(3)飞机引擎	2,690,895.78
(4)飞机各项零件	520,796.71
(5)机器匣子、橡皮管子、轮胎、橡皮制器材	310,267.87
(6)燃料和滑油	7,528,903.83
(7)电汽器材	8,247.16
(8)枪炮装备器材	21,947.50
(9)飞行靴	112,500.00

（10）无线电装备 28,901.00

（11）工具及装备 223,882.72

（12）机场和机车装备 459,473.64

（13）武器和弹药 90,282.25

（14）原料与五金器材 4,034.60

（15）摄影器材 6,831.28

（16）化学制品、汽体和油类 4,604.38

（17）橡皮及软管 273,570.24

（18）医药品 42,566.96

（19）紧急需要的物资 129,868.08

（20）运费 534,253.07

（21）保险及各项手续费 58,986.50

（22）各项服务 3,984,283.05

小计 28,000,000.00

二、中国陆军

（1）兵工、武器和弹药 42,604,465.47

（2）兵工、兵工厂材料 12,512,779.61

（3）运输用卡车 359,987.64

（4）运输用车辆零件 9,706,094.39

（5）运输用工具及装备 375,646.33

（6）运输用材料 124,020.57

（7）通讯用战地电信装备 4,133,465.87

（8）通讯用装备和其他物资 332,768.76

（9）通讯用的各种物资 1,038.00

（10）工兵—装备和其他物资 397,114.51

（11）机械化部队、装备物资 1,000,033.43

（12）情报工作应用装备 90,000.00

（13）情报工作应用的各种物资 702.09

（14）医药品 7,000,000.00

（15）石油类制成品 8,375,000.00

（16）运费 483,274.85

(17)保险费　　　　　　　　　　　　　　3,373.88

(18)各项用费　　　　　　　　　　　　　239.60

小计　　　　　　　　　　　　　87,500,000.00

三、中国海军

(1)船只、枪炮、弹药和供应器材　　6,557,020.00

(2)石油类制成品　　　　　　　　　2,942,980.00

小计　　　　　　　　　　　　　　9,500.000.00

总计　　　　　　　　　　　　　125,000,000.00

拾陆　根据1948年援华法案第四〇四节所批准的援华
方案逐月运华的物资(1948年6月—12月)

6月——从美国厂商所购各种飞机零件　　　19,197.74

7月——步兵枪弹和炮弹约一千吨(原购价八百万美元)和各种飞机零件

344,869.09

8月——航空用汽油、飞机零件及电信装备　1,043,026.74

9月——P47战斗机(原购价四百万美元)、航空汽油及其他石油制成品、飞机
零件、电信装备和海军船只修理费　　　1,913,942.17

10月——弹药、飞机零件、兵工物资、海军物资和服务,航空汽油和其他石油
制成品　　　　　　　　　　　7,006,893.91

11月——步兵轻火器和弹药、海军物资及服务、飞机零件、航空汽油和其他石
油制成品　　　　　　　　　20,644.970.71

12月——步兵轻火器和弹药、战斗机、坦克、医药物资、海军物资和服务、航空
汽油和其他石油制成品　　　28,219,461.65

装运日期未详①　　　　　　　　　1,766,429.37

截至1948年12月31日为止共计　60,958,791.38

① 装运确期暂时无从稽考,但此数包括从1948年8月间开始陆续装运的各种航空物
资,以及同月移让中国政府的石油产品。其中,主要部分早经运抵中国,暂存中国保税仓库
中,于1948年8月间移让中国政府——原注。

拾柒　根据 1948 年援华法案第四〇四节（二）所批准的
援华方案，自中美两国政府机构分别采购的物资（截至
1948 年 12 月 31 日为止）

一、美国政府机构代购的物资

（1）陆军部

（甲）经美国军舰阿尔戈尔号装运——1948 年 11 月 9 日离美，11 月 29 日抵达
上海步兵轻火器和弹药　　　　　　　16,127,081.91（美元）

（乙）经美国军舰华斯明思号装运——1948 年 12 月 1 日离美，1949 年 1 月 4
日抵达台湾

三零步枪	4,491,621.00
自动步枪及轻机枪	360,970.00
约翰逊式步枪及机枪	315,151.06
刺刀	423,034.80
掷弹和火箭	408,471.50
步兵枪弹	5,457,394.83
	11,456,643.19

（丙）经美国军舰"洋茜号"装运——1948 年 12 月 16 日离美，1949 年 1 月 4
日抵达台湾

三零步枪	1,632,000.00
自动枪及轻机枪	657,806.00
"4.2"化学迫击炮	199,500.00
七五毫米榴弹炮和射击装备	1,400,416.25
火药和抛射药	558,816.25
三零口径弹药	388,552.50
活动房屋	48,420.00
毛毯	31,726.12
干电池	22,206.29
医药品	2,353,727.19
各种兵工物资	456,913.82
武器零件和汽车用零件	1,250,000.00
上述物资包装运输和其他费用	918,541.12

（丙项小计）　　　　　　　　　　　　9,918,625.29

（丁）由远东军区运华的武器和弹药——1948 年 11 月 16 日装运完毕

　　　　　　　　　　　　　　　　　　2,225,102.62

（戊）由夏威夷装运的炸药和爆破装备——1948 年 12 月 30 日运抵上海

　　　　　　　　　　　　　　　　　　218,382.75

（己）储藏上海的剩余兵工器材　　　　　72,364.33

陆军部共计　　　　　　　　　　　　　40,018,200.09

（2）海军部

（甲）燃料、滑油和石油制成品　　　　　19,000.00

（乙）军用船只和其他水上交通工具　　　746,000.00

（丙）海军技术装备　　　　　　　　　　315,000.00

（丁）兵器和兵工物资　　　　　　　　2,768,000.00

海军部共计　　　　　　　　　　　　　3,848,000.00

（3）空军部

（甲）弹药和武器　　　　　　　　　　　73,676.00

（乙）航空燃料和滑油——1944 年 10 月装运　1,387,781.14

（丙）各项物资和装备　　　　　　　　　160.50

（丁）采购上述物资各种行政费用　　　　41,633.43

（戊）海洋运费　　　　　　　　　　　　232,388.49

空军部共计　　　　　　　　　　　　　1,735,639.56

（4）财政部、联邦供应局

（甲）汽车用汽油（从水上油站供应）　　526,785.00

（乙）煤油（从水上油站供应）　　　　　5,150.26

（丙）柴油（从水上油站供应）　　　　　115,136.00

（丁）燃料油（从水上油站供应）　　　　134,216.97

联邦供应局共计　　　　　　　　　　　781,216.97

（5）对外物资清理委员会

（甲）弹药一万吨，大部分于 1948 年 7 月 3 日及 16 日装运

　　　　　　　　　　　　　　　　　　336.916.05

（乙）飞机——1948 年 9 月及 12 月交货　582,250.00

（丙）飞机零件和武器零件　　　　　　　296,568.60

对外物资清理委员会共计	1,215,734.65
美国各政府机构共计	47,598,791.27

二、中国政府直接采购的物资

(1)中国空军	
(甲)飞机	260,000.00
(乙)飞机引擎	205,780.00
(丙)航空用汽油和汽车用汽油	4,701,626.31
(丁)轮胎汽管	126,008.52
(戊)飞船	110,880.00
(己)扫雪锄和卡车	112,466.70
(庚)手提放热器	110,776.20
(辛)飞机零件和各种空军装备	1,511,179.55
(壬)运费(包括保险费在内)	361,852.62
(癸)各种服务	25,062.78
中国空军,共计	7,525,632.74
(2)中国军事技术团	
(甲)通讯装备和其他物资	671,027.50
(乙)兵工物资	590,702.09
(丙)运输装备	148,000.00
(丁)装甲部队装备	285,531.17
(戊)汽油、燃料油和其他石油制成品	3,652,457.88
(己)运费	486,648.73
中国军事技术团共计	5,834,367.37
中国政府直接采购共计	13,360,000.11
总计	60,958,791.38

拾捌　中国大使馆关于一亿二千五百万美元赠与项下购运物资的报告

报告期限:1949 年 1 月 1 日—1 月 31 日

第一部　中国空军

品目	价值（＄）	重量	船名	航运日期	装载港口
（1）中国空军所购物资：					
飞机引擎	132,500.00	82,500 磅	贝勒斐尔号	1948 年 12 月 9 日	迈阿密
机械工具	149.44	38.25 磅	满德斐尔号	同	纽约
飞行靴	1,620.00	766	先锋号	1948 年 12 月 29 日	同
手提发热器	191.42	385	同	同	同
飞机信管	111.86	60	大卫山号	1948 年 12 月 31 日	同
吉普车零件	4,765.00	3,509	同	同	同
调整器	2,324.92	806	同	同	同
无线电罗盘	4,037.60	5,739	同	同	同
坐舱风挡伸缩动力器	2,575.59	96	同	同	同
活瓣给油器	3,202.70	1,230	同	同	同
隔板	446.26	183	同	同	同
飞机零件	726.85	187	同	同	同
发电机	330.75	150	同	同	同
蓄电池	2,307.64	311	同	同	同
飞机零件	19,417.24	4,192	同	同	同
P-51 飞机（机枪）（20）	260,000.00	32,700	科罗拉多号	同	霍斯顿
Merlin 飞机引擎	73,280.00	169,700	同	同	同
制动机装置	5,715.00	1,978	科罗拉多号	1948 年 12 月 31 日	霍斯顿
起落支柱装置	420.20	100	同	同	同
飞机零件、轰炸瞄准具和异丙醇	896,767.35	150,834	同	同	同
唧筒和加油器	17,170.06	16,600	海洋号	1949 年 1 月 7 日	奥克兰
16P-51D 飞机	208,000.00	251,600	斐达尔号	1949 年 1 月 15 日	霍斯顿
共计	1,636,059.62	1,011,667.25 磅			

第二部　中国陆军与海军

品目	价值（$）	重量	船名	航运日期	装载港口
（1）中国军事技术团所购物资：					
装甲部队					
潜望镜、首部装置和坦克履带四六九件	18,843.17	73,301 磅	吉塞尔号	1948 年 12 月 1 日	火奴鲁鲁
兵工					
计算机乙件	702.09	94	中国航空公司	1948 年 12 月 16 日	旧金山
望远镜三五〇件	3,535.34	814	曼斯斐德山号	1949 年 1 月 22 日	纽约
通讯					
计算机乙件	702.09	94	中国航空公司	1948 年 12 月 16 日	旧金山
打字机两件	335.91	252	菲律宾熊号	1949 年 1 月 18 日	同
石腊九八箱	2,184.16	20,249	菲律宾号	1948 年 12 月 28 日	同
氯化锌八二桶	6,515.84	52,172	格马斯克号	1949 年 1 月 18 日	纽约
黑铅粉六六、〇〇〇	4,290.00	67,652	大卫山号	1948 年 12 月 31 日	同
电话总机 BD–72 六二〇件	7.440.00	87,200	同	同	同
战地电话机 EE8 四〇〇〇件	30,004.92	54,910	同	同	同
战地电话机 EE8 一五三〇件	13,064.90	21,349	斐尔摩总统号	1949 年 1 月 7 日	同
战地电话机 EE8 九〇〇件	8,569.92	12,412	曼斯斐德山号	1949 年 1 月 22 日	同
电话总机 BD–72 一八〇件	3,083.92	20,250 磅	同	同	同
电话总机 BD–72 二五〇件	4,060.31	27,982	同	同	同
无线电真空管二〇箱	20,179.82	6,681	同	同	同
锌板一〇〇箱	15,015.21	61,605	同	同	同
氯化氨五八二桶	12,819.26	174,600	同	同	同

续表

品目	价值($)	重量	船名	航运日期	装载港口
运输					
翻新轮胎材料 T2	38,253.06	167,610	菲律宾熊号	1949年1月18日	旧金山
同	38,938.55	166,352	湖地胜利号	1949年1月29日	洛杉矶
汽车 T3 零件	531,964.81	631,026	菲律宾熊号	1949年1月18日	旧金山
同	16,314.86	7,496	湖地胜利号	1949年1月29日	洛杉矶
GMC2.5 吨 6×6 军用卡车三八辆	134,099.06	394,900	菲律宾熊号	1949年1月18日	旧金山
火花塞头四六箱	22,562.78	12,532	曼斯斐德山号	1949年1月22日	纽约
橡皮轮带补缀物五六箱	25,650.63	27,526	同	1949年2月5日	洛杉矶
电器试验器具四六箱	46,018.32	15,565	同	1949年2月10日	旧金山
小计(一项物资)	1,005,148.93	2,104,624磅			
(2)美国陆军与海军所供给的物资:					
SCR522 无线电收音机一五八件	43,534.16	150,867 磅	华斯明号	1948年12月16日	班哥
通信装备零件二四六箱	78,285.20	42,000	菲律宾运输号	1948年12月28日	旧金山
海军服装一五〇〇件	18,250.00	8,800	太和号	1949年1月11日	诺尔福克
小计(二项物资)	14,069.36	201,667磅			
(3)美联邦供应局所供给的物资:					
海军用滑油 587×55 加伦	16,759.59	257,400 磅	贝勒斐尔	1949年1月12日	新奥尔良
海军用滑油 3857×55 加伦	61,959.59	1,697,520	亚拉巴马城号	1949年1月25日	同
汽油 10,000×53 加伦	217,300.00	3,800,000	菲律宾熊号	1949年1月18日	旧金山
汽油 9,943×53 加伦	216,061.39	3,778,340	湖地胜利号	1949年1月29日	洛杉矶
小计	512,080.57	9,533,260磅			
共计(陆海军)	1,657,298.86	11,839,551磅 (5,381.6大吨)			

第三部　简表

	总值约计(美元)	总重量约计(大吨)
中国空军	1,636,059.62	459.9
中国陆军与海军	1,657,298.86	5,381.6
总计	3,293,358.48	5,841.5

拾玖　中国大使馆关于一亿二千五百万美元赠与项下购运物资的报告

报告期限:1949年2月1日—2月28日

第一部　中国空军

品目	价值(美元)	重量	船名	航运日期	装载港口
(1)中国空军所购物资:					
飞机零件	7,542.18	5,860磅	卢森堡第五号	1949年1月19日	洛杉矶
静电放电器	414.00	50	同	同	同
飞机零件	1,935.00	426	同	同	同
同	5,546.852	2,578	同	同	同
同	1,513.75	508	同	同	同
同	8,950.00	4,600	同	同	同
运输机轮带和内胎	79,204.10	159,057	同	同	同
AT-6飞机	330,000.00	179,520	同	同	同
卡车轮带和内胎	34,408.29	62,598	同	同	同
止动螺钉	154.00	54	同	同	同
R-100软管	806.74	869	同	同	同
涨管	2,278.19	744	同	同	同
飞机轮带	1,527.90	972	同	同	同
软管	1,214.51	1,195	同	同	同
飞机内胎	750.00	1,802	同	同	同
飞机引擎	64,000.00	103,800	芬维德号	同	纽约

品目	价值(美元)	重量	船名	航运日期	装载港口
同	78,200.00	47,650	同	同	同
发电机	1,560.00	340	同	同	同
飞机零件	6,103.65	395	同	同	同
无线电真空管	1,236.00	636	同	同	同
轮带盘	1,825.40	113	同	同	同
P-47轮带和内胎	11,169.88	6,899	同	同	同
无线电罗盘	4,851.00	2,233	同	同	同
线圈装置	2,544.00	154	同	同	同
防止器	31.75	7	同	同	同
继电器	1,295.94	761	同	同	同
飞机零件	68,531.00	59,634	芬维德号	1949年1月19日	洛杉矶
飞机零件	349.35	140	湖地胜利号	1949年1月29日	长岸
AT-6飞机	20,185.00	89,760	同	同	同
C-46推进器装置	5,455.00	12,100	同	同	同
同	1,485.00	3,300	同	同	同
AT-6型飞机	20,185.00	87,760	曼斯斐德山号	1949年2月6日	洛杉矶
飞机零件	1,500.00	230	同	同	同
同	4,025.00	6,752	同	同	同
卡车轮带及内胎	11,528.72	24,952	同	同	同
P-47轮带和内胎	692.12	631	同	同	同
P-47型战斗机(附机枪)	35,000.00	118,525	同	1949年2月14日	霍斯顿
MerlinV-1650-7新式飞机引擎	18,320.00	41,600	同	同	同
内燃机引擎	31,900.00	85,550	同	同	同
P-51战斗机(连机枪)	127,500.00	268,744	同	同	同
飞机引擎	212,000.00	13,200	同	同	同

续表

品目	价值(美元)	重量	船名	航运日期	装载港口
24 c. c. 疫苗	13,527.00	1,475	空运	1949 年 2 月 16 日	华盛顿
盘尼西林	9,020.00	466	同	同	同
飞机用钟 A-11	195.00	20	提坦尼亚号	1949 年 2 月 18 日	纽约
飞机引擎零件	125.50	56	同	同	同
飞机引擎	115,920.00	140,700	同	同	同
扫雪锄零件、汽车和飞机引擎零件	17,039.52	11,690	同	同	同
飞机引擎零件	1,676.40	405	同	同	同
唧筒和加油器	1,875.00	1,900	同	同	同
飞机引擎继电装置	4,721.76	1,983	同	同	同
R37S-1 火花塞头	67,103.20	66	同	同	同
点火电线	4,832.40	486	同	同	同
六角螺丝	79.85	225	同	同	同
飞机磁石发电机	437.75	35	同	同	同
皮质包装	1,566.72	69	同	同	同
接触弹簧和点火电线	5,207.26	563	同	同	同
飞机材料	1,125.60	348	同	同	同
化油器空气过滤器	8,401.00	4,733	同	同	同
20 毫米自动枪 M2 及零件	33,134.00	48,664	同	同	同
铅板	1,498.00	3,373	同	同	同
飞机用电池	1,473.00	1,432	阿克塞号	同	同
火花塞头	1,152.00	282	同	同	同
引擎散热器	9,970.64	3,708	同	同	同
发电机装置	370.80	128	同	同	同
飞机零件	2,278.85	770	同	同	同

续表

品目	价值（美元）	重量	船名	航运日期	装载港口
轮带盘装置	582.12	1,280	同	同	同
各种引擎零件	8,116.63	2,326	同	同	同
100/130 辛烷素航空汽油	970,127.54	15,819,174	盖山将军号	1949 年 2 月 19 日	圣玫瑰
AT-6 飞机	20,185.00	89,760	坦德号	1949 年 2 月 21 日	长岸
化油器	2,700.00	1,245	坦塔拉号	同	洛杉矶
飞机零件	7,977.60	1,625	同	同	同
同	2,150.00	1,140	同	同	同
汽车轮带和内胎	51,586.40	101,672	同	同	同
飞机零件	84.00	38	同	同	同
同	980.70	917	同	同	同
推进器装置	12,720.00	16,080	同	同	同
飞机零件	3,031.00	897	坦塔拉号	1949 年 2 月 21 日	洛杉矶
洗涤汽车器材	18,259.30	12,810	同	同	同
飞机	20,185.00	89,760	同	同	同
推进器装置	2,176.02	3,025	立克斯号	1949 年 2 月 23 日	霍斯顿
R-2660-29 莱特式飞机引擎	46,440.00	53,100	同	同	同
(9) R-2600-29 莱特式飞机引擎	17,550.00	26,550	同	同	同
(13) P47 飞机	136,500.00	308,165	同	同	同
连结镶	19,644.11	76,300	坦德号	1949 年 2 月 27 日	旧金山
共计	2,851,452.89	18,228,140			

第二部　中国陆军与海军

品目	价值（美元）	重量	船名	航运日期	装载港口
(1) 中国军事技术代表团所购物资： 陆军					
卡车零件 176 件	217,701.68	84,915 磅	曼斯斐尔德山号	1949 年 2 月 11 日	旧金山

续表

品目	价值(美元)	重量	船名	航运日期	装载港口
坦克引擎和零件876箱	170,184.18	405,718	同	1949年2月18日	火奴鲁鲁
坦克履带589件	9,358.84	562,500	布卡南总统号	1949年2月19日	纽约
修理汽车机械工具100箱	29,087.20	25,142	同	同	同
登陆艇枪挡板等400件	26,475.07	155,930	梅斯将军号	1949年2月2日	火奴鲁鲁
兵工					
弹药2800箱ORD-6	262,005.65	177,200	布卡南总统号	1949年2月19日	纽约
通讯					
战地电话机EE-8 1550包	14,015.15	21,037	同	同	同
运输					
GMC2.5吨军用卡车22辆Trars-1.	77,628.49	250,800	中国胜利号	1949年2月18日	洛杉矶
干电池185箱T-10	9,845.83	36,515	同	同	旧金山
机器及零件T-4	82,131.03	130,164	布卡南总统号	1949年2月19日	纽约
修理轮带装备45箱T-5	11,692.53	15,060	同	同	同
汽车代油器和零件13箱T-8	24,965.77	11,926	同	同	同
汽车蓄电池821箱T-9	36,953.21	93,378	同	同	同
小计(第一项物资)	972,044.63	1,960,285磅			
(2)美国陆军与海军所供给的物资:					
海军船零备件及交通器材	607,000.00	330,000磅	军舰瓦立克号	1949年2月2日	旧金山
陆军用轮胎汽管及医药品		725,139磅	曼斯斐尔德山号	1949年1月23日	新泽西

续表

品目	价值(美元)	重量	船名	航运日期	装载港口
兵工、运输、医药及通讯各类物资		5,594,398	舍民罗号	1949 年 2 月 19 日	班哥
运输、通讯、兵工各种物资 661-MT		336,600	布卡南总统号	同	纽约
运输器材 655T		552,200	太平洋运输	1949 年 2 月 24 日	旧金山
小计(海军)	607,000.00	7,538,337 磅			
(陆军)	3,000,000.00 3,607,000.00				
(3)美国联邦供应局所供给的物资: 中国陆军					
水制动液体105×54 加伦	15,309.00	52,290 磅	中国胜利号	1949 年 2 月 11 日	洛杉矶
汽车用汽油4,636,000加伦	1,344,400.00	12,980 吨	德士古油公司存上海物资		
燃料油 A-3	435,150.00	15,000 吨	同		
滑油 59,000 加伦	22,597.00	195 吨	德士古油公司存上海物资		
黄油	4,719.00	33,000 磅	同		
汽车用汽油2,452,500加伦	846,855.00	6,867 吨	德士古油公司存广州物资		
中国海军					
水制动液体43×54 加伦	6,153.30	18,700 磅	中国胜利号	1949 年 2 月 11 日	洛杉矶
水制动机液45×54 加伦	5,346.00	19,800 磅	同	1949 年 2 月 4 日	纽约
汽车用汽油527,000加伦	160,490.00	1,478 吨	德士古油公司上海存货		
煤油 26,593 加伦	7,646.26	80 吨	同		
柴油	705,856.00	15,470 吨	同		
燃料油	560,190.00	19,000 吨	同		

续表

品目	价值(美元)	重量	船名	航运日期	装载港口
滑油 177,822 加伦	71,466.79	586	同		
汽车用汽油 66,000 加伦	20,460.00	185	德士古油公司广州存货		
煤油 5,000 加伦	1,635.00	15	同		
柴油	140,400.00	3,000	同		
小计(陆军)	2,669,030.00	85,290 磅			
		35,046 大吨			
（海军)	1,679,643.35	38,500 磅			
		39,814 大吨			
	4,348,673.35	123,790 磅			
		74,856 大吨			
共计(陆海军)	8,927,717.98	79,230 大吨 照上月所采用的重量基准			

第三部　简表

总值约计(美元)	总重量约计(大吨)	
中国空军	2,851,452.89	8,285.5
中国陆军与海军	8,927,717.98	79,230.0
总计	11,779,170.87	87,515.5

贰拾　中国大使馆关于一亿二千五百万美元

赠与项下购运物资的报告

报告期限:1949 年 3 月 1 日—3 月 31 日

第一部　中国空军

品目	价值(美元)	重量	船名	航运日期	装载港口
(1)中国空军所购物资:					
C-46 轮胎	4,750.75	5,980 磅	坦德号	1949 年 2 月 26 日	旧金山
卡车轮带和内胎	14,349.55	28,391	同	同	同
卡车轮带	12,986.96	23,986	同	同	同

续表

品目	价值(美元)	重量	船名	航运日期	装载港口
AT-11 轮带和内胎	485.75	323	同	同	同
燃料软管	3,358.09	3,588	同	同	同
轮带盘和填隙物	408.23	150	同	同	同
十一架 AT-6 飞机	165,000.00	89,760	菲律宾运输号	1949 年 2 月 25 日	洛杉矶
卡车轮带和内胎	19,317.50	36,928	同	1949 年 2 月 28 日	旧金山
C-[4]6 器材和零件	6,783.77	1,611	阿克塞沙冷号	1949 年 3 月 2 日	洛杉矶
P-47 战斗机(3)	27,000.00	72,000	立克斯号	同	霍斯顿
内燃机引擎	21,000.00	15,600	同	同	同
飞机零件	670.00	989	蒙加巴拉号	1949 年 3 月 10 日	洛杉矶
同	125.00	105	同	同	同
同	900.00	172	同	同	同
同	2,079.00	164	同	同	同
同	4,210.60	1,211	同	同	同
同	391.50	114	同	同	同
飞机装备	6,463.19	500	同	同	同
C-46 飞机零件	25,681.80	16,532	同	同	同
飞机零件	4,422.00	4,604	同	同	同
13AT-6 飞机	195,000.00	106,080 磅	同	同	同
飞机零件	3,632.90	708	同	同	同
调漆水	1.00	38	同	同	同
35R - 1340 飞机引擎	80,500.00	57,950	同	同	同
17R-2800-75 改装成的 R-2800-59 的飞机引擎	21,436.01	55,250	同	同	同
1 Pratt & Whitney 引擎	1,000.00	3,100	同	同	同

品目	价值（美元）	重量	船名	航运日期	装载港口
T11BK 五零口径弹药 M2	3,805.53	8,176	同	1949 年 3 月 13 日	旧金山
T11CN 五零口径弹药	716.89	1,638	同	同	同
飞机零件	502.50	252	同	同	同
AT-6 飞机（11）	165,000.00	89,760	印度熊号	同	长岸
风闸装置	3,750.00	1,390	同	同	同
卡车轮带和内胎	29,980.50	61,782	同	1949 年 3 月 18 日	旧金山
C-46 轮带和内胎	15,048.90	17,314	同	同	同
C-46 防冰器零件	295.96	14	同	同	同
铝铆钉螺丝帽	17.70	11	同	同	同
飞机零件	20,961.31	21,250	霍威立克斯号	1949 年 3 月 15 日	霍斯顿
P-51 战斗机零件	3,118.20				
同	4,367.80				
同	318.97	2,367	同	同	同
燃料测量水准器	112.50	65	同	同	同
P-47 战斗机带机枪	180,000.00	480,000	同	同	同
P-51 坐舱风舱玻璃罩组成	1,754.53	8,111	同	同	同
B-24 零件	1,754.53	8,111	同	同	同
飞机零件	2,152.50	898	伊凡拉号	1949 年 3 月 18 日	纽约
铝板	1,619.50	5,740	同	同	同
同	654.25	1,629	同	同	同
飞机推进器组成	8,095.80	10,275	同	同	同
飞机材料	1,152.27	675	同	同	同
人造橡皮垫	618.62	45	同	同	同

续表

品目	价值（美元）	重量	船名	航运日期	装载港口
化油器和零件	1,786.50	869	同	同	同
飞机附属品	853.98	260	同	同	同
喷漆器	872.50	1,688	同	同	同
油压表	290.00	85	同	同	同
点火电线环组成	1,200.00	2,215	同	同	同
军用绞盘	867.00	1,167	同	同	同
LE45 火花塞	11,256.00	2,061	同	同	同
零件	6,250.00	7,000	同	同	同
羚羊皮	4,809.26	214	伊凡拉号	1949 年 3 月 18 日	纽约
圆筒及活瓣组成	690.00	108	同	同	同
P-47N 飞机零件	2,292.87	1,168	同	同	同
飞机零件	11,496.32	8,335	同	同	同
飞机零件	842.44	831	同	同	同
W-670-24 飞机引擎	53,900.00	39,600	同	同	同
飞机引擎	21,887.37	140,700	同	同	同
0-435-11 飞机引擎	60,000.00	27,400	同	同	同
电燃料	1,329.50	188	同	同	同
塞瓣	280.28	14	同	同	同
飞机工具	11,001.64	1,890	同	同	同
11AT-6 飞机	165,000.00	89,760	湖地胜利号	1949 年 3 月 26 日	长岸
T11BK 穿甲弹药五零口径 M_2 Grade MG	4,724.95	100,000	亚利桑那号	1949 年 3 月 27 日	旧金山
同	4,174.57	88,440	同	同	同
同	4,049.96	85,890	同	同	同
同	2,513.05	53,240	同	同	同
共计	1,438,623.02	1,890,674 磅			

第二部 中国陆军与海军

品目	价值(美元)	重量	船名	航运日期	装载港口
(1)中国军事代表团所购物资:					
装甲部队					
卡车零件 2.5 吨,150 箱 A-3	1,355.86	88,530 磅	布卡南总统号	1949 年 3 月 8 日	旧金山
坦克零件 1363 箱 A-5	4,000.00	315,728	邮船先锋号	1949 年 3 月 21 日	火奴鲁鲁
陆军工兵					
铁丝网装置机 4 件 E-11	16,798.66	23,680	芬标兰总统号	同	纽约
试验器具及磁石 5 箱 E-5,14	1,580.33	546	同	同	同
筑路机零件等 E-9	4,844.73	10,756	同	同	同
气力叠锯 5 箱 E-21	3,000.34	825	同	同	同
镗钻杆及零件 10 箱 E-15	4,692.00	2,050	同	同	同
兵工					
铜板 652 箱 0-9.10	81,474.28	285,665	同	同	同
弹药 3750 箱 0-6	357,722.22	239,250	同	1949 年 3 月 19 日	同
运输					
机器和零件 T-4	54,754.02	86,776	同	同	同
汽车零件 59 箱 T11	8,931.71	15,403	同	同	同
机器及零件 4 组 T13	33,409.20	48,992	同	同	同
小计(一项物资)	572,563.85	128,201 磅 或 50,000 大吨			
(2)美国供给物资:					
军用轮胎及汽管	60,000.00	96,687 磅	邮航先锋号	1949 年 3 月 4 日	纽约

续表

品目	价值(美元)	重量	船名	航运日期	装载港口
兵工物资	10,000.00	285,409	同	同	同
小计(二项物资)	70,000.00	382,096 磅 或 17,050 大吨			同
(3)美国联邦供应局所供给的物资:					
中国陆军					
70 辛烷素汽车汽油 899,993 加伦	332,997.41	2,520.00	美孚油公司存华物资		
美孚商用燃料油 A-3	184,453.12	5,902.50	同		
美孚工业用柴油 A-4	69,012.50	1,290.00	同		
SAE30&40 汽车油 174,996 加伦	72,338.40	532.00	同		
中国海军					
滑油 N-8.9 1,089.557 加伦	37,412.29	271.00	同		
红色引擎油 N-16 17,606 加伦	6,778.31	53.50	同		
小计(三项陆军)	658,801.43	10,244.50 大吨			
(三项海军)	44,190.60	324.50 大吨			
共计(陆海军)	702,992.03	10,569.00 大吨			
总计(陆海军)	1,345,555.77	11,239.50 大吨			
		照上月所采用的标准			

第三部　简表

	总值约计(＄)	总重量约计(大吨)
中国空军	1,438,623.02	859.4
中国陆军与海军	1,345,555.88	11,239.5
共计	2,784,178.90	12,098.9

贰拾壹　中国大使馆关于一亿二千五百万美元
赠与项下购运物资的报告

报告期限:1949 年 4 月 1 日—4 月 30 日

第一部　中国空军

品目	价值(美元)	重量	船名	航运日期	装载港口
(1)中国空军所购物资:					
飞机引擎零件	27,596.88	8,670 磅	塔里发号	1949 年 3 月 31 日	纽约
钟	97.50	9	同	同	同
油毛毡圈	670.65	16	同	同	同
飞机零件	457.69	95	同	同	同
磁石发电机修理零件	873.00	70	同	同	同
轴和套管	326.16	63	同	同	同
Stromberg 化油器工具	11,473.82	2,660	同	同	同
飞机引擎	29,900.00	20,500	同	同	同
断路器、滑环	1,083.00	94	同	同	同
飞机零件	657.11	193	同	同	同
飞机引擎	18,023.10	117,250	同	同	同
飞机零件	2,284.00	271	同	同	同
飞机引擎零件	53,900.00	39,600	同	同	同
飞机引擎	16,616.77	46,800	同	同	同
推进器装置	3,000.00	5,400	麦金莱总统号	1949 年 4 月 4 日	洛杉矶
11AT-6 飞机	163,000.00	89,760	同	同	同
同	165,000.00	89,760	菲律宾熊号	1949 年 4 月 8 日	长岸
AT-6 工具和零件	174.30	85	同	1949 年 4 月 8 日	同
AT-11 飞机(5)	437,500.00	90,400	中国胜利号	1949 年 4 月 22 日	同
C-46 轮带和内胎	5,199.73	7,020	菲律宾熊号	1949 年 4 月 27 日	旧金山

续表

品目	价值(美元)	重量	船名	航运日期	装载港口
飞机软管	321.18	316	同	同	同
防冰器零件	1,057.50	340	同	同	同
飞机零件	31.50	12	凡勒斯号	1949年4月21日	洛杉矶
同	6,589.00	1,757	同	同	同
11AT-6飞机	165,000.00	89,760	同	同	同
飞机零件	11,202.67	18,643	同	同	同
同	1,168.02	1,893	同	同	同
同	2,303.50	2,504	同	同	同
同	13,182.30	10,424	同	1949年4月25日	旧金山
5AT-11飞机	437,500.00	90,400	太平洋运输	1949年4月27日	洛杉矶
飞机零件	537.60	35	同	同	同
同	4,391.70	1,408	同	同	同
同	23,376.00	3,008	立素特号	1949年4月25日	纽约
皮包	1,684.23	67	同	同	同
飞机引擎	22,050.00	16,200	同	同	同
电刷组滑环	3,900.00	50	同	同	同
汽油衬圈	43.35	6	同	同	同
汽车化油器和零件	1,089.00	658	同	同	同
58289隔板	248.75	90	泛美号	1949年4月27日	旧金山
氧气调整器	550.00	1,122	弗恩贝号	1949年4月16日	纽约
飞机零件	222.20	68	同	同	同
同	1,236.75	17	同	同	同
化油器工具	3,853.05	304	同	同	同
飞机零件	298.60	25磅	同	同	同
飞机零件	336.00	86	弗恩贝号	1949年4月16日	纽约
V字革	372.06	22	同	同	同

品目	价值(美元)	重量	船名	航运日期	装载港口
化油器检查工具	1,376.67	263	同	同	同
飞机引擎	53,900.00	39,600	同	同	同
换替零件	11,292.01	7,827	同	同	同
汽车零件	74,004.27	137,493	同	同	同
R-2880飞机引擎	15,750.00	20,100	同	同	同
黄油	2,482.88	10,440	同	同	同
共计	1,830,159.35	964,452磅			
		(438.46吨)			

第二部 中国陆军与海军

品目	价值(美元)	重量	船名	航运日期	装载港口
(1)中国军事技术采购团所购物资:					
陆军工程					
H. Machine 零件及工具 E13. E27	16,935.00	6,982磅	杰弗逊总统号	1949年4月2日	纽约
H. Machine 零件 E-2,E-10	6,260.00	2,727	海盗号	1949年4月13日	同
各种工具 E-22,E-26,E-28	8,295.00	3,853	同	同	同
爆破机测电表 E-12	10,282.00	1,804	中国胜利号	1949年4月29日	旧金山
修理汽缸设备 E-17	1,956.50	1,153	同	同	同
兵工					
弹药1750箱	156,596.69	109,250	杰弗逊总统号	1949年4月2日	纽约
弹药2000箱	173,946.66	124,000	海盗号	1949年4月13日	纽约
铜板 68 箱 Ord-10	8,171.35	27,242	同	同	同
通讯					
无线电真空管 7820件	4,445.70	723	同	同	同

续表

品目	价值(美元)	重量	船名	航运日期	装载港口
运输					
蓄电池 T10 412 箱	21,546.80	79,298	芬标兰总统号	1949 年 4 月 7 日	旧金山
汽车配件 T11 8 箱	714.98	1,040	杰弗逊总统号	1949 年 4 月 2 日	纽约
汽车配件 T11 85 箱	20,694.56	19,223	海盗号	1949 年 4 月 13 日	同
滑油装备 F7 307 箱	56,618.86	99,539	同	同	同
卡车零件 T3 196 箱	85,699.90	82,100	中国胜利号	1949 年 4 月 29 日	旧金山
小计(一项物资)	572,164.00	558,934 磅 或 250 大吨			
(2) 美国陆军所 供给的物资:					
各种兵工剩余物 资	122,033.00	526 大吨	799 号登陆 艇	1949 年 4 月 4 日	马尼拉
医药各种工具和 零件	10,000.00	4 容积吨	杰弗逊总统 号	1949 年 4 月 2 日	纽约
兵工保养器材	10,000.00	83 容积吨	同	同	同
通讯无线电收音 机	230,000.00	112 容积吨	同	同	同
通讯情报用品		0.2 磅	同	同	
运输——轮带和 零件	869,097.00	4,160 容积吨	同	同	同
小计(杰弗逊号 装运)	1,119,097.00	4,359.2 容 积吨或约为 1,000 大吨			
AFC 枪	1,540.00	8 容积吨	托尔号	1949 年 4 月 24 日	旧金山
各种医药	300,000.00	108 容积吨	同	同	同
兵工保养器材	30,000.00	471 容积吨	同	同	同
通讯——电池	48,000.00	67 容积吨	同	同	同
运输——轮带和 零件	1,354,325.00	1,396 容积吨	同	同	同
小计(托尔号装 运)	733,865.00	2050 容积吨 或约为 800 大吨			

续表

品目	价值(美元)	重量	船名	航运日期	装载港口
医药、器材及药品	30,000.00	31 容积吨	中国胜利号	1949 年 4 月 29 日	同
兵工保养器材	2,000.00	5 容积吨	同	同	同
运输——轮带和内胎	136,400.00	551 容积吨	同	同	同
小计(中国胜利号装运)	168,400.00	587 容积吨或 160 大吨			
医疗各类药品	500,000.00	295 容积吨	探险者号	同	纽约
兵工保养器材	200,000.00	203 容积吨	同	同	同
通讯——无线电收音机	380,000.00	180 容积吨	同	同	同
通讯、情报用品		0.4 容积吨	同	同	同
运输——轮带和零件	604,261.00	2,640 容积吨	同	同	同
小计(探险者号装运)	1,684,261.00	3,318.4 容积吨或约为 1,000 大吨			
兵工——铅	1,343,865.00	2,525 大吨	棉花州号	1949 年 4 月 30 日	墨西哥坦比哥
小计(二项物资)	5,171,527.00	6,011 大吨			
共计(一、二项物资)	5,743,691.00	6,261 大吨照上月采用的重量标准			

第三部　简表

	总值约计($)	总重量约计(大吨)
中国空军	1,810,159.35	438.4
中国陆军与海军	5,734,691.00	6,261.0
总计	7,553,850.35	6,699.4

《中美关系资料汇编》第 1 辑,第 954—992 页

对日战争胜利以后美国对华军事援助的分类

以下简表列举对日战争胜利以后美国军事援助的类目和总值(单位百万美元)

军事援助	售卖美国政府剩余物资				
	赠与	信贷	原购价	美国收回款额	
				初次付款	最终付款
（1）租借（六亿九千四百五十万美元）	513.7	181			
（2）根据中美合作所协定的军事援助	17.7				
（3）售卖华西美军剩余物资		20	①	②	
（4）华北美海军陆战队放弃及移让的军火（六千五百余吨）	③				
（5）移让美海军船只（根据第五一二号公法）	141.3	④			
（6）售卖剩余军事装备（装运总数）	125		102	6.7	6.7
（7）1948 年援华法案的一亿二千五百万美元赠与军事援助总值	797.7	201	102	6.7	26.7

租借

租借法案对大多数国家而言，系于 1946 年 6 月 30 日满期，但为继续援助国民政府起见，对于中国的租借，又经 1946 年 6 月 28 日的军事援助协定在偿还基础上予以延长。

截至 1948 年 6 月 30 日为止，据美国政府各有关机构向财政部报告，自对日战争胜利以来，根据租借法案移让的物资总值计达七亿八千一百万美元。其中，根据租借"油管"协定第三节第三项信贷条件运华的物资，计五千零三十万元，原先租借中国嗣后根据第五一二号公法移让该国的美国海军船只，约值三千六百万元（另见下文）。上述七亿八千一百万元总数，除此两项外，尚有六亿九千四百七十万元，其中一亿八千一百万元需要偿还，关于此款的清理，双方仍在商谈中。

对日战争胜利以后对华租借援助的主要类目如下：

兵器和工兵物资　　　　　　　117,869,076.94 元

飞机及航空物资　　　　　　　43,683,604.63 元

坦克及其他车辆　　　　　　　96,009,610.08 元

---

① 原购价无从稽考——原注。

② 首次付款并入 1946 年 8 月 30 日整卖协定中计算——原注。

③ 价值未曾估计——原注。

④ 按原购价计算——原注。

船只和其他水上交通工具	49,940,642.57 元
多种军用装备	99,762,611.71 元
各种便利和装备	36,198.74 元
农业、工业和其他商品	37,918,928.21 元
国防用具检验修理费	2,338.88 元
各种服务和垫支费用	335,817,910.56 元
总计	781,040,922.32 元

上述物资就吨数而言,足以完成装备中国三十九个师的战时方案——在对日作战胜利时约已完成 50%——并且包括为装备中国空军八又三分之一大队所需飞机九百三十六架,及其他装备的绝大部分。

此外,根据租借法案移让的物资中,尚有数以千计的军用汽车,这批车辆对于政府军队的机动性具有重大的作用。在对日战争胜利时,国民政府在拥有作战装备的军队数量上,对共产党已占压倒的优势,据保守的估计,双方在这方面的力量约为五与一之比。而且,中国境内一切的重武器,实际上都在政府军队的掌握中。国民政府当时在人数和武器上所占的优势,足以说明美国援助输送军队到华北地区并供给运输器材的重要性。这种援助如加适当利用,足使国民政府发挥其优势兵力。

中美合作所协定

依照中美合作所协定(简称 SACO)移让的军用物资,主要是美国海军从 1945 年 9 月 2 日起至 1946 年 3 月 2 日止所给中国的军火。这种移让系根据战时的协定,即美军以装备交换中国政府所供给的某些服务。移让物资的详细分类见附件一第一部分。

售卖华西美军物资

美军撤离华西时,曾将种类繁多的军事物资售予中国政府,作价美金二千五百万元,另加华币五十一亿六千万元。首次付款华币五十一亿六千万元及美金五百万元,以美国所欠中国的债务抵销。(首次付款中的美金五百万元并入美国依照 1946 年 8 月 30 日售卖剩余物资协定所收回的价款合计)尚余美金二千万元,双方同意在一定时期内分还,偿还条件仍待商定。

美国海军陆战队放弃的军火

1947年4月至9月间,美国海军陆战队撤离华北时,放弃或移让中国政府的弹药,共约六千五百吨。其中,包括各种步兵枪弹、炮弹、掷弹、地雷、炸弹和其他爆发物。附件一第二部分对于此次移让物资的总值未作估计,只有关于同时移让而归入"租借"账的若干海军军火的数字。

美国海军船只的移让

第七十九届国会通过的第五一二号公法,授权总统按他决定的条件,将二百七十一艘海军船只移让中国政府。关于这一法案的实施,中美两国政府曾经于1947年12月8日签订协定,全文已由国务院公布(见条约及其他国际法规汇编第一六九一号)。截止1948年12月3日为止,根据第五一二号公法,在赠与基础上移让中国海军的船只,共一百三十一艘,其原购价计一亿四千一百三十万美元。其中,约三千万美元代表在根据上述公法移让以前原已租借中国的船只之价值。

移让的海军船只包括护航驱逐舰、巡逻舰、登陆艇及其他许多类型的舰艇,事前经过中美海军人员开会选择,以求适合中国海军的需要。根据第五一二号公法移让的一百三十一艘船只中,九十一艘原经租借各国,均有完整的战斗装备。其余若干船只亦有战斗装备。这些船只所需弹药,从美军1947年夏间在华北移让的六千五百吨弹药中已获接济,又于1948年秋间,在一亿二千五百万美元赠与项下,继续供给。移让船只清册和第五一二号公法以及施行该公法的行政命令全文,均见附件一第三部分。

售卖剩余军事装备

租借法案满期后,美国仍用移让剩余物资方式,继续以军事装备接济中国政府,所索价款仅及原价的一小部分。以下为装运中国剩余军事物资的简表。

物资及物资来源	原购价	售卖价
(1)7.92 弹药一亿三千万发(依照 1947 年 6 月 25 日订立合同由国外物资清理委员会经售)	6,564,992.58 元	656,499.27 元
(2)C-46 飞机一五〇架(依照 1947 年 12 月 22 日订立合同由战时资产管理总署经售)	34,800,000.00 元	750,000.00 元
(3)国外物资清理委员会继续经售:30—155 口径榴弹炮炮弹	21,707,536.10 元	569,701.80 元
空军物资及装备,包括飞机一七八架和引擎六八三具	36,637,064.31 元	4,454,105.06 元
兵工、通讯及其他军事装备(九千余吨)	2,263,897.17 元	282,987.17 元
总计	101,973,490.16 元	6,712,663.30 元

装运中国的军用剩余物资中,一部分代价已经中国政府在 1948 年援华法案批准的一亿二千五百万元赠与项下拨还。国外物资清理委员会自 1948 年 1 月 1 日起至 1949 年 3 月 31 日止所经售物资的详细分类,见附件一第四部分。

一亿二千五百万美元赠与

1948 年援华法案第四〇四节第二项(即援外法案第四章)授权拨给总统以不超过一亿二千五百万美元之数,用赠与方式作为对华额外援助,其赠与条件由总统决定。

从国会关于上述援华法案第四〇四节第二项的辩论纪录中,我们可明白看出此项赠与应由中国政府自己决定用途,虽然当时亦能料想中国政府将以之购买军用装备。同样明显,此款既由中国政府选择用途,其责任亦应由中国政府自己担负。依照总统决定的条件,中国政府于购买物品或取得服务时,须向国务院申请拨款支付,并随附证明文件。此项条件并且规定"国务院对于中国政府所提出单据将予审核,以确定所请数额并未超过账单或其他证明文件的总数,然后授权财政部对中国政府作适当的支付"。关于此款用途,其主动完全操诸中国政府,除了根据中国政府的请求外,美国政府不作任何支付。

国务院虽于 1948 年 6 月 29 日将总统决定的条件转知中国大使(照会日期系 6 月 28 日),并准该大使 7 月 1 日复称中国方面同意接受,但直到 1948 年 7 月 23 日,中国政府才提出第一次拨款请求。在此之前,中国政府曾从此项赠与中动用约一千万元,支付同年春末夏初所购买的军用物资。

　　为协助中国政府购买所需物资起见,国务院并采取主动,拟定一种程序,授权美国政府各部门或机关,从其库存物资中供给中国各种装备,或代中国政府采购,在对华赠与项下支付。此项程序,在关于对华赠与的法案中,并无明文规定,系经总统于1948年7月28日颁发指示,付诸实行。

　　对华赠与大部分已经华方用为购买军用性质的物资。截至1949年4月1日为止一亿二千五百万美元拨款已经财政部全部支出,或直接支付中国政府,或支付该国政府所委托采购的下列美国政府机构。

采购机关	项目	支付款额(美元)
陆军部	兵器、弹药、医药用品、汽车零件等	64,595,178.25
海军部	海军船只、装修船只、弹药	6,892,020.00
空军部	各种空军装备和航空汽油	7,750,000.00
联邦供应局	石油产品、兵工原料	13,765,522.12
国外物资清理委员会	剩余飞机、飞机零件、弹药等	2,690,910.88①
中华民国政府	直接自厂商采购的各种器材	29,306,368.75
合计		125,000,000.00

　　由一亿二千五百万美元赠与项下支付的首批运华重要军用物资,系重约一万吨的步兵枪弹和炮弹,分装两船,于1948年7月3日和16日由檀香山分别起运。经售机关系国外物资清理委员会,只按原购价的一小部分售予中国政府。另有五十一架全副作战装备的战斗机,亦由同一机构售予中国政府,并在上述赠与项下支付,于1948年9月间完成交货。此外,尚有航空汽油、飞机零件及通讯器材等,亦于上述时期运往中国。

　　在上述赠与之下,华方最重要的购置,系委托陆军部办理,所购物

　　①　在此数额以外,中国政府曾经直接付给国外物资清理委员会一,〇四五,六九三·八〇美元。此款系从财政部支付中国政府的二九,三〇六,三六八·七五美元中拨付——原注。

资足供七个军和三个师的装备。国务院于 1948 年 9 月 27 日收到华方拨款请求，并于同年 10 月 1 日授权财政部支付。在步兵轻火器和步兵枪弹供应方面，中国政府的请求，曾被列在美国陆军本身需要之先。中国此次购运的第一批军用物资已于 1948 年 11 月 11 日抵达中国。嗣后继续装运的大批物资，亦于同年 11 月 29 日和 1949 年 1 月 4 日（在这一天中共有两批）先后抵达中国口岸。此外，另有这次征购的和随后补充的物资，亦由陆军部供给，于 1949 年 3 月中旬，运抵中国。先后计有海军船只四艘，满载物资免费运华。以下为中国请求物资数量，以及按照最近统计的交货实数。

项目	请求数量	交货实数
三〇口径美式步枪	124,383 枝	132,851 枝
三〇口径卜郎宁自动步枪	8,104 枝	8,793 枝
三〇口径重机枪	1,566 枝	1,707 枝
四五口径轻机枪	8,920 枝	12,975 枝
火箭发射器	1,134 个	1,196 个
掷弹筒	5,592 个	5,758 个
三〇口径弹药	291,104,500 发	231,221,082 发
四五口径弹药	26,760,000 发	26,577,498 发
火箭弹药	90,720 发	66,380 发
掷弹	559,200 个	280,560 个

如上所载，某些项目的供给实数，超过原先请求的数量，这是因为在中美军事人员的会商中，中国代表又将数量增加。中国政府请求供给迫击炮、迫击炮弹和其他炮弹，大部分均未获实现，因拨给陆军部的款项不足购买此项军火。关于使用赠款的决定权，完全操诸中国政府。假使中国政府认为必要，尽可暂停购买其他较少直接军用价值的物资，如兵工厂所需原料等，将款项转拨陆军部，为装备七军三师计划而继续购置。此外，并须说明，1948 年从太平洋各处运华的剩余弹药中，已有大量的迫击炮炮弹和其他炮弹。

美国政府在 1947 年实施援助希腊和土耳其方案时，所采用的作价方式，亦同样适用于中国在一亿二千五百万元赠与项下的一切购置。

但中国请求的大多数物资,并非剩余物资,而于供给中国后陆军部仍须补充。因此,系按补充价格售予中国。

上述第一批军火运抵中国之际,驻在上海美军并将价值约五千万美元的步兵轻火器及弹药放弃由中国政府无代价接收。

附件第一七一号第十五节载有下列各项简表:

(1)拨款用途简表(中国大使馆向国务院提出的报告);

(2)对华赠与项下逐月购运报告(1949 年的月报系由中国大使馆编制);

(3)美国政府机关及中国采购机关关于装运大批物资的报告;

(4)陆军部关于援华方案的报告。

由于华北华中军事情况的急剧恶化,装运中国本部的物资有落入共产党手中之虞。因此,中国政府在 1948 年 12 月底请求将对华赠与项下所购物资改运台湾。根据这一请求,是后所有运华物资一概改运台湾。1949 年 2 月底,中国代理总统请求在行政院改组以前暂停运输。嗣后,又照中国代理总统的请求,于 3 月下旬恢复装运。

《中美关系资料汇编》第 1 辑,第 992—997 页

1947 年—1948 年移让和售予中国的弹药与物资
华盛顿,1948 年

同日(1947 年 5 月 20 日)国务院通知中国代表,同意从剩余物资中,售给中国七·九二步枪子弹一亿三千万发,并同意批准出口申请书,准许若干运输机和一切装备零件运往中国。这些装备零件的种类包括以前为了八又三分之一空军大队方案所移让的作战装备在内。

随后,中国于 1947 年 6 月 25 日以美金六十五万六千四百九十九元二角七分之代价,即原购价十分之一,购得上述步枪子弹一亿三千万发,于同年 7 月 14 日和 8 月 11 日,先后由西雅图装运出口。

1947 年 7 月间,中国方面表示希望购买 C-47 飞机四十三架,并欲将此项购买作为八又三分之一空军大队方案的一部分。但因这一方案

中的 C-47 飞机的定额,美国已经全部供给,所以答复中国方面,关于运输机的供给可按通常购买剩余物资途径办理。中国政府于 1947 年 12 月 22 日与战时资产管理总署签订合同,购买 C-47 飞机一百五十架,每架五千美元,原购价则系二十三万二千美元。

中美两方于 1947 年 11 月 6 日签订合同,将太平洋区域内的民用性质的剩余物资售让中国,以应八又三分之一大队方案的需要。每值一元的物资仅作一角二分半计算。

1947 年 12 月 9 日,中国政府又与厂商签订合同订购五零口径弹药六百五十万发。

同年 12 月 16 日,美方通知中国政府尚有剩余弹药、爆发物及战斗物资等(包括八又三分之一空军大队方案所需的战斗机)可供售让。1948 年 3、4 两月间陆军部曾将夏威夷和太平洋区域内的剩余弹药数量及种类通知国务院,转告中国政府。在此之前,中国政府曾与国外物资清理委员会进行商谈,并于 1948 年 1 月 7 日签订合同,以名义上的代价购买马利亚纳群岛上一切剩余弹药,每值一元仅作一分计算。随后,中国政府又经过商谈,于 1948 年 1 月 30 日,另订合同购买美国境内(包括夏威夷在内)一切适合于八又三分之一空军大队方案的剩余物资(战斗机除外),每值一元作价一角七分半。关于战斗机的售让另案办理(上述合同曾于 1948 年 3 月 16 日加以修正)。

关于上述 1947 年 11 月 6 日合同,双方又于 1948 年 1 月 31 日增订合同,将太平洋区域内适合于八又三分之一空军大队方案的剩余战斗装备售给中国。弹药部分以名义上的代价出售,每值一元,只作一分计算。

中美两方又于 1948 年 4 月 29 日及 6 月 11 日,先后签订合同,将夏威夷岛上的剩余弹药售给中国。

1948 年 5 月 22 日,双方续订合同,又将太平洋各处的剩余弹药而未经包括在以前所签订的合同范围内者,售予中国。此次合同所涉及的剩余弹药大部分储藏在大琉球岛上。

《中美关系资料汇编》第 1 辑,第 998—999 页

汀柏曼向众议院外交委员会提出的声明

华盛顿,1949 年 6 月 21 日

援华方案的历史

1948 年 4 月 3 日第四七二号公法和同年 6 月 28 日第七九三号公法,批准援华方案,规定以一亿二千五百万美元为对华赠与的用途。

第四七二号和七九三号公法并无明文规定美国军事机关应参与此项方案,亦未规定对海陆空各部拨与款项,俾使它们将库存物资供给中国以应该国军事方案的需求之后,即可进行必要的补充。

1948 年 7 月 28 日总统分函国务卿、国防部长及财政部长,此函不仅准许国家军事机构对中国政府得予协助,并准在援华方案项下指拨款项与各有关机关,为供应中国物资之用。国防部长于 1948 年 7 月 29 日,以节略抄送上述总统函件转达海陆空各部,请求海陆空军协助实施援华方案。

陆军部于 1948 年 8 月 2 日确定了关于供应中国陆军所需物资的程序。

第二次世界大战后的一切剩余物资,尤其是中国方面认为迫切需要的物资,陆军部在 1948 年 8 月以前大部已经售尽。但是,陆军部根据中国的需要,于 8 月 3 日即行开始研究可能供应的数量,对于将库存物资供给中国后而须补充的部分,亦同时开始计算补充价格。驻华盛顿中国代表因欲以最低可能的价格采购所需物资,正向一切可能供应的厂商进行调查。中国代表在这种调查以及陆军部的计价工作未经完成以前,不愿向陆军部定货。他们要在确定订购之前,先将各方面价格作一比较。

关于三零步枪及弹药供应方面的研究和价格的计算,陆军部曾经把它作为最紧要事项提前办理。陆军部于 8 月 19 日通知中国代表,假使他们认为需要,陆军部对于中国政府所需的三零步枪及弹药可以全部供应。陆军部又于 8 月 31 日通知中国代表三零卡宾枪和四五口径子弹亦可供给。中国代表迟至约一个月以后,始向陆军部提出订购步兵轻火器以及配件的定单。

关于通讯、后勤、医药各部门物资的可供数量和作价方式,陆军部曾经于 9 月 7 日至 9 日间将有关资料整理齐全送达中国代表。关于工兵器材和中国所需的其他军火补给的同样参考资料,亦于 9 月 19 日递交中国代表。

9 月 10 日财政部经中国方面的请求拨交陆军部美金二千五百一十三万零四百三十一元五角五分,预付当时中国方面准备提出若干确定的订购。中国方面拟将此款购买的项目,包括各种原料,如制造军火所需的五金和盐基、无线电通讯器材、轮带和内胎、汽车零件和炸药等。炸药一项可从储藏夏威夷的剩余物资中即予供给。陆军部当经命令迅速装运,并代洽商运输工具。约有一百万磅黄色炸药照剩余物资价格售与中国,于 9 月间装载商船由夏威夷起运。中国请求的汽车零件,陆军部从库存可以供给约 65%,亦经立即运向出口口岸集中。中国方面所需其他物资,陆军部因无存货,必须代为订购。乃照法定手续和厂商订合同。若干物资在 1949 年秋季以前不能交货。此事中国代表于提出请求时,已经完全明了。

中国大使顾维钧博士于 1948 年 9 月 20 日向国防部长提出军事援助方案所需物资的修正清单。所列项目主要是武器和弹药。这将中国方面以前所提出的一切请求,以及陆军部为此所采取的行动,全部推翻。陆军部又重新开始研究供应的可能,并重新计算价格,暂以 1945 年物价作为标准,并且假定可能免费代运。陆军部当时发现修正清单所列各种兵器及弹药的需要,即使按照陆军部可能得到的最低价格计算,全部亦须五千万元以上。陆军部从和中国代表某次商谈中,获知在对华赠与项下余额只有约四千万元,可供购买新单所列军火之用,于是向中国代表建议,将定单项目分别缓急,说明其最迫切需要的物资。中国代表于 9 月 24 日向陆军部提出这种说 明,并于 10 月 4 日指定运华物资的卸货地点。指定的目的地和各地卸货的百分比如下:

上海	60%
青岛	10%
经青岛转往天津	30%

1948 年 10 月 4 日,财政部经华盛顿中国代表的请求,在对华赠与项下拨交陆军部美金三千七百七十八万三千三百八十六元六角八分,支付修正订单所列各种武器及弹药。陆军部收到拨款时,关于研究供应和计算价格等工作虽未全部完成,但对修正订单列为最急需的武器和弹药立即命令准备装运。据海军部 10 月 9 日非正式通知,该部已经选定装运此项物资出口的口岸,并拟利用海军船只,替中国政府免费运输。此项消息嗣后并经海军部长函向陆军部长证实。为了尽可能地在最短期间内运输最大数量的急需物资,凡属上述最急需的弹药,陆军部特令从全国各仓库同时运向指定的西岸港口集中。(经过检查、包装和标注装运途中应行注意事项等准备工作后,这批军火在 10 月最后的一周中,已经开始向指定口岸输送。)海军部派遣的第一艘船只容量五千吨,于 11 月 1 日开抵口岸,立即开始装货,并于同月 9 日驶往上海。第二艘海军船只容量亦五千吨,于 11 月 21 日左右抵港,将第一只船所剩下的二千五百吨弹药,以及随后运到港口的武器装载之后,于 12 月 1 日开往上海。第三只船装载了其余的武器和各种物资,于 12 月 16 日离港。为了及时完成此项任务起见,陆军部不得不将援华方案所需要的步枪的检查、修理和准备装运等工作,置于为了扩充美国军队所需要的同样工作之先。这一点需要说明。

为了进一步地努力将武器弹药尽可能地在最短期间以内运往中国,陆军部于 10 月 5 日将中国所需物资的全部清单输送麦克阿瑟将军,请在其辖区全境以内进行调查,并将所能立即供给的物资报部。陆军部提出此项请求时,应允麦克阿瑟将军对他所供给中国的一切物资另予补充。在运输方面,随后并经决定由西太平洋海军司令调动船只免费代运。陆军部参照麦克阿瑟将军的报告,调整了国内正在进行的步骤,并于 10 月 27 日,命令麦克阿瑟将军将他所能供给的物资,准备运输到横滨转运中国。此项物资,计有步兵轻火器和弹药,重约一千二百吨,已于 11 月中旬运抵中国。

装载陆军部所供给物资的第一艘海军船只,于 11 月 9 日离开美国西岸。同月 29 日到达上海,卸货 60%。又因在上海卸下物品转载小船较为便利,故原拟运往天津的 30% 物资,亦在上海卸货。该舰然后驶往青岛,于 12 月 7 日将所余 10% 的货物完全卸清。12 月 6 日陆军部接到通知,中国政府请求将已在途中或将运往上海的军用物资,一律改运台湾基隆。依照此项请求,随后所有经美国海军船只和商船运华的物资,一概运往台湾。先后共有四艘海军船只,满载陆军部供给物资,免费运华。最后一批系于 2 月 19 日离开美国西岸。

上述四艘海军船只所载运的物资,主要是由陆军部库存直接供给的,虽然有若干特为援华方案向厂商采购的物资,亦于同时免费装运。陆军部所能立即供给的物资,在实际上既经全部耗尽,今后的接济将随承办厂商的交货速率而定。此外,中国方面,于大批购置结算清楚后,仍有余款作小数量的购置。此类物资陆续交货,一次运抵口岸者,都不足载满一船。若待积累,又将耽误供应。所以陆军部决与商航公司订立合同,将运抵口岸的援华物资,随到随运。今后仍将采用这种办法。又据估计,依靠这种小规模的陆续装运,援华方案须到 1949 年秋季始获全部履行完毕。

根据 1948 年援华法案陆军部售卖军用物资的经过

陆军部遵照 1948 年 4 月 3 日援华法案,以及同年 7 月 28 日总统颁发的实施指示,已经供给并且正在继续供给中国政府以其所请求的军用物资。此项物资陆军部如有存货,则从库存直接供应,否则代向经常往来的厂商采购。

陆军部供应中国的物资,其定价标准,和 1947 年夏季美国开始实施援助希腊和土耳其方案时所采用的作价方式相同,亦即第八十届国会在第七十五号公法中所批准的作价方式。其内容简述如次:

(1)美国军队完全不需要的物资,照剩余物资价格出售,平均为

1945 年原购价 10% 。

(2)作为战时储备的物资,即设使国家实行动员需要用来装备部队的物资,照 1945 年原购价出售。

(3)美国军队经常需要的物资,即经移让后需要立即补充的物资,照移让时的补充价格出售。

凡是库存所无物资自须代为购置,然后按承办厂商的索价,向外国政府计算,另加一切必需的费用和运费。

在援华法案实施之前,所有大批剩余物资都已售尽。此类物资已经用在各种援外方案上(包括援助希腊和土耳其方案在内),而且,太平洋和远东区域(菲律宾除外)所有的剩余物资亦已按照宋子文——马开白中美剩余战时财产出售协定几乎全部售给中国。一方面,剩余物资已经售卖殆尽,另一方面,在 1948 年 6 月 30 日以后,剩余财产法案在美国大陆范围内已经不能作为处理剩余物资的法律根据,所以即使大陆上仍有剩余物资,亦不能援引剩余财产法案作为实施援华法案的有效工具。至于海外所有剩余物资,都已经有了买主,而且最大部分系照整卖办法售予中国。

关于 1948 年援华法案的实施,军事机关以物资和服务供给中国政府,最初系依总统 7 月 28 日指示的授权。具体的方案,于 8 月 3 日开始付诸实行。如上所述,是时实际上已无剩余物资,因此,中国所请求的物资很少能照剩余物资价格供应。不管援华方案在优先权上所占地位如何,陆军部立即采取行动付诸实施。事实上,关于某些物资的供应,特别是步兵、轻火器和步兵枪弹援华法案的需要,曾被置在美国陆军本身需要之上。由于这样的优先待遇,陆军部所供给中国的第一批物资,才获于 11 月 9 日由西岸起运,距中国方面提出其确定性的请求后仅三十余天。

我们应该说明:在一亿二千五百万美元的对华赠与中,中国政府向陆军部订购的物资,总数仅达六千四百五十万美元左右,所余部分则经用以支付美国海空军出售的物资,以及中国政府直接向厂商采购的物资。陆军部供给中国的物资系照各种不同价格计算——一小部分照剩余物资价格出售，较大部分照 1945 年原购价出售，但最大部分则系按照补充价格或照承办厂商实际的索价计算。经过陆军部代为购置，凡是厂商给予美国政府的优待，中国政府亦可同样享受。

中国政府向陆军部购买，或经陆军部代为采购的价值六千四百五十万美元的物资，已由西岸运出者，截至目前为止，计有四千七百零八万一千五百美元。除了新近收到的若干请求外，凡是能从陆军部库存供给中国的物资，都已完成交货的任务。至于陆军部库存所无的物资，目前仍依厂商通常的交货速率继续装运。只有原有夏威夷出小数量弹药，因海员罢工未获起运，陆军部已经设法另由美国西岸加运同样弹药，以免耽误供应。上一周中，又从中国方面收到两项新的请求，其项目为第五级修理坦克工具，和 M5 坦克双引擎柴油机。此类引擎可照剩余物资价格供给，M5 坦克过去亦照剩余物资价格售予中国。

若将援华方案跟援助希腊和土耳其方案联系起来，我们必须记住：援助希、土方案是根据 1947 年 5 月 22 日通过的第七十五号公法而开始实施的。故在援华方案实施时，美国以物资供给希土两国，已有整整一年的历史。希腊和土耳其所请求的物资，大体上都是从军事剩余物资供给的。一切剩余物资均照剩余物资价格出售。在同一期间内，美国并将剩余物资售予其他外国政府，尤其是中国政府。售予中国的剩余物资同样是按照剩余物资价格作价。经过这一切售卖，到了援华方案开始时，陆军部的剩余物资已经大部售尽。我们并应该说明：援助希土方案曾经第四七二号公法予以延长，同一公法也批准了援华方案。但关于延长援助希土方案的条款，却与援华方案不同，这些条款授权军事机关在实施方面继续采取行动。因此，只要库存中仍有剩余物资，当时即可供给希土两国。由于这种种因素，包括大批剩余物资以前都已经卖给了中希土三国这一个事实在内，到了对华方案开始实施时，简直已经没有多少剩余物资。在实施各种对外援助方案中，我们同样地应用上述作价方式。故在剩余物资售尽后,供给希土的物资亦按作价方式的分类,以较高价格出售。

陆军部对于中国政府的请求,和对希土两国的请求,在处理上并无不同。只是,当援华方案开始时,援助希土方案经过一年的实施经验,已经是在顺利推行中。这一切经验,凡是可以适用的,陆军部都立即应用于援华方案,因而,在解决新问题上能够节省不少的时间。

《中美关系资料汇编》第1辑,第999—1003页

(三)社会文化

说明:中美之间的文化合作由来已久。1946年,富布赖特国际教育交流法案规定,美国政府将二战时在海外的剩余物资就地变卖兑换为当地货币,并用来资助美国与当地教育交流活动。1947年,美国驻华大使司徒雷登与中国外交部长王世杰签订了富布赖特协定,该协定自1949年之后终止。

抗战胜利后,由于国共冲突愈演愈烈,国民党对舆论的控制力也减弱了。相反,中国共产党的舆论攻势却获得了极大的成功。由于美援自1946年夏起基本暂停,国民党不得不加大在美活动的力度,影响国会院外援华集团,从而迫使美国政府在1948年重新大举援华,但却为时已晚。

这一时期,驻华大使司徒雷登在发回国务院的报告中,曾细致分析了中美两国舆论文化的不同以及中国人的民族性格,强调了增加中美文化交流和针对中国的宣传攻势的重要性。但在残酷内战的背景中,这些建议最终难逃夭折的命运。

1. 教育合作

艾奇逊致顾维钧函①

华盛顿,1947 年 4 月 5 日

阁下:

我有幸通知您,美利坚合众国政府愿意就 1946 年 8 月 30 日《剩余战时财产出售协定》第六案乙节第一项所规定之资金使用,同中华民国政府进行协商。

正如阁下所悉,美利坚合众国第 584 号公法规定,剩余战时财产的一部分资金可以被用来开展教育项目。

鉴于贵我两国之间的传统友谊,尤其是两国人民间学术交往的悠久历史,我国政府业已表示愿意首先同中国达成此项目的执行协议。

为了依法开展教育项目,我乐于将下列文件随函附至:五份美国第 584 号公法文本复印件,该法案修正了 1944 年《剩余财产法》并授权国务院为美国大陆及其领土主权范围以外剩余财产的处置机构,并五份美利坚合众国政府与中华民国政府协定草案复印件。

余深信此项协定必会进一步鼓舞贵我两国之间的学术交流,并提供便利,有助于建立彼此关系更为巩固之纽带。阁下亦必有此信念。

我国政府代表将俟阁下拨冗研读所附文件之后,与您或其代表协商具体细节和条款,并为达成贵我两国间的最后协议奠定基础。

迪安·艾奇逊

FRUS,1947,Vol. 7,pp. 1263–1264

---

① 艾奇逊时任代理国务卿——原注。

艾奇逊致司徒雷登电

华盛顿,1947 年 4 月 7 日

4 月(7 日)〔5 日〕本院致函中国大使,言及可就实施富布赖特①项目与华盛顿进行协商,并附协议草案以供会前参考。3 月 26 日院字 293 号函送协定草案。与中方在此会谈之前,院部欢迎使馆提出意见。项目计划电达从速。

艾奇逊

FRUS,1947,Vol.7,p.1264

艾奇逊致司徒雷登电

华盛顿,1947 年 4 月 16 日

续国务院 4 月 7 日第 410 号电,依照指示利用计划基金,大使由主要公共事务官员及两国联合董事会协助完成任务。建议设立 25 万美元启动基金,并以协议规定之类似后续款项按季付方式支取,以便在防止通货膨胀的同时,最有效地保证充足的运转资金。建议使馆立即斟酌委员会人选,并起草包括行政开支在内的首年度预算。院部建议任命当地美国人作为执行主任。薪金可控制在 1 万美元。要求使馆按照下列几点制定初步的第一年项目计划:

美方受益人。鉴于缺乏英文指南之事实,美国赴中国留学生将以其语言知识以及继续从事语言学习的意愿为标准来选拔。本院正在请美国从事中文及地区研究的各个中心提交感兴趣的候选人名单。要求各使馆就适宜安置的本科生并研究生数量、推荐机构及所需资金数量提出建议。同时需要告知还包括赴中国机构教课的美国教授名单及推荐科目,明确重点应放在人文及科学领域,在使馆认为合适的情况下也可包含一些技术和农业推广方面。

---

① 杰·威廉·富布赖特,阿肯色州参议员,国会教育交流项目立法作者——原注。

中方受益人。相关法案旨在给予相应外国学生以感受美国学术氛围及自由的机会。中国的绝大多数机构则侧重国民党及儒家思想的教育,现在并不适宜成为受益对象。因此资助中国学生在中国学习的情况目前也必须严格控制。然而在以中国货币可支付的条件下,可以为获选的中国教授、学生等支付旅美的往返路费。

院部一致认为各使馆推荐的中国受资助者必须按照较高的语言能力和学术成就为标准进行选拔,从而使得双方的交流能够彼此获益。使馆可能希望提出的其他项目还可包括接待美国教授的中方受资助大学情况与在华举办音乐会、展览及兴建图书馆、从事翻译等特别资金。

依法制定的基金方案正在草拟。送达在即。

又告:院部知悉中国大使馆业已就富布赖特基金协定草案咨询南京方面。本院希望获取中国官员表达之非正式观点的信息,从而有助于这里的协商进程。

艾奇逊

FRUS,1947,Vol. 7,pp. 1264-1265

司徒雷登致马歇尔电①

南京,1947 年 5 月 27 日

回复国务院 3 月 26 日空邮第 293 号严格指令,及其为实施富布赖特决议案所草拟的协定附件。

使馆对所拟协定基本上表示同意,尤其是赞同其建立一项基金的基本原则以及可以随着不断变动的环境对其进行修改的充分空间。使馆强调建议确保在政策建立或者项目执行的过程中中国方面仅可提供有关意见。否则我们就极有可能会面临来自中方旨在推行不适用于我之方案的强大压力。以往关于此类基金的经验充分说明共同控制的收效即便有也是甚微的,在目前中国的情况下就更加渺茫。使馆建议董

---

① 马歇尔为国务卿——原注。

事会中不设中国董事,但可附属数名中方顾问人员,并在适当的时候征询他们的意见和建议。

目前使馆正在等待中方的反馈,无法提出关于协定草案的详细批评意见。中国政府在刚刚收到草案的情况下,也尚未表达任何观点。外交总长①曾于四个月前约请教育总长②汇总中方意见。未见完成。然而,就之前会谈结果来看,中方观点明显在很多方面异于美方观点。教育次长③曾宽泛言及所有基金将在中国的完全控制下被用于大规模的研究项目中,可能用类似于庚子赔款的方式予以管理。中国政府或建议美国为富布赖特基金在美补充大量美元存款从而使得中国政府在不动用自己美元储备的情况下派遣学者赴美,这并非完全不可能。

使馆获得的一般感觉为中国此刻并不急于达成此项协定。毫无疑问,各派之间在基金的控制问题上存在着严重的争执,但从中国金融立场来看,在目前通货膨胀的情况下,对于任何需要印制大量额外钞票的项目都有着明显的抵触情绪。

使馆将继续催促教育部的意见,一俟接受必将汇报。

司徒

FRUS,1947,Vol.7,pp.1269–1270

马歇尔致司徒雷登电

华盛顿,1947 年 6 月 13 日

本院通过非正式渠道收悉早先会谈中使馆有关董事会中美方董事占优势数量的类似反应(使馆 5 月 27 日 1155 号电、6 月 6 日 1227 号电)。院部倾向于同意使馆关于中方仅限于咨询的建议,要求使馆相应搜集中方修改协议草案的反馈意见。本院坚信使馆向中方强调该笔

---

① 王世杰。
② 朱家骅。
③ 杭立武。

基金完全不同于庚子赔款的重要性。这是美国政府动用美方资产来帮助在华美国公民,并间接资助一些中国机构和一些中国公民在华之美国机构或者赴美学习。国务院同这里的中国官员对此进行过非正式的讨论。希望使馆提出意见。

马歇尔

FRUS,1947,Vol.7,pp.1270-1271

司徒雷登致马歇尔电

南京,1947 年 6 月 20 日

回复国务院 6 月 13 日上午十一时第 710 号电。教育部业已同意对协定草案第五条进行如下修改,旨在符合剩余战时财产出售协定第六案乙节第一项对资金使用之规定:第二段第四款应删去,从而第三段第二个词修改为"二",将"又(四)"字样删去,同样删去的还有短语"中方董事由使馆主官从中华民国政府提交的名单中"字样。因此,第五条增补下列段落:

"旨在令中国教育文化领域的杰出人物得以最有效地发挥其知识与经验,董事会在咨询中华民国政府意见后,应任命一定数量之董事会顾问,其具体数额由双方商讨决定。顾问之任期应与董事会董事之任期一致,并由第五条规定之。"

教育部批准了草案的其余各条。

使馆希望就修改第十一条提出建议。鉴于外汇汇率飞速变化的现状及其不确定性,使馆认为让中国政府应当在特定日期存储特定金额货币的规定是不明智的。建议该条款以"中国政府应当在一定时期依据董事会或有之规定并按照该规定生效时之通行外汇牌价,或者依据商讨结果以总额不超过任一给定财政年度一百万美元之一定数目货币交存"替换之。

使馆希望就今后国务院在与中国驻华盛顿大使馆的任何谈判中应保持明智提出建议,任何形式上的妥协要求应被批准,从而我们可以确保所期望之最主体部分无虞。例如教育部提出的建议：由国务院考虑添加除美国在华教育基金会之外的机构以示有效之文化关系应为互惠合作，而与由何方出资或实质上由何方主导任一项目并无关系。该部提出的试探性建议为改称美国—中国教育基金。

司徒

FRUS, 1947, Vol. 7, pp. 1277-1278

司徒雷登致马歇尔电

南京,1947年7月8日

外交部业已否决了使馆6月20日第1350号电所陈教育部之同意,另提数条修改意见如下:

第一条——基金名称由"美国在华教育基金"改为"中美在华教育基金"。

第二条——第五点删除,确保全部二千万美元资金在二十年内用讫。外交部长所虑者,乃基金保有资产或可造成中国政府认为不适宜之剩余财产。该部长并称彼未见在任何情况下基金应持有不动产之理由。

第四条——在第四条首插入下列段落:"基金应厘订其常年计划,俾其每一年度所得之资金尽量充分利用。如任一年度资金或有剩余,则沿用于次年之计划。"又,鉴于第二条第五点删去,则第四条中同理删去"也不可取得、保有或处置财产,除非本议定所准许之目的"。

外交部长进而提议使馆主官应任董事会主席,而非任命其他名誉主席,从而俾基金以应然之声誉。彼担心如果由使馆公共事务官员任主席,则基金不会获得中国公众舆论之充分重视。该部长更提议董事会应由下列人员组成:"董事会之其他董事六人如下:甲、大使馆职员二人,其中一人应充会计;乙、美利坚合众国公民一人;丙、中华民国公民三人,其中二人为中国教育界代表"。

部长又对第五条第二段提出下列修改意见,在"美方董事应由使馆主官任命"字样后添加"彼应有权随意任免之";将"中方董事由使馆主官从中华民国政府提交的名单中"改为"中方董事应由使馆主官从中华民国教育部推荐的名单中任命,彼可仅在咨询该部后罢免之。"

第十一条——此处最后一句修改为"其等于二十五万元(美国货币)之中国货币兑换率应照收存时通行之官方外汇牌价"。该部长称中国法律不允许在书面协定中引用任何除官方外汇牌价以外之兑换率。

第十二、十三条删去,因为中国政府不同意除外交官外其他人员或财产的税收豁免。

从提议的各项修改中可以看出,唯一真正严格意义上的差异明显在于董事会的人员构成上。外交部长称彼于该点上意见强烈,并在任何条件下不会接受教育部所作之同意。彼又言及理解基金不同于庚款退款,其使用应属美国政府资产,中国政府并无直接责任,然而却难以向中国舆论解释此间差异,民众将会认为既然资产由中国政府支配则中国政府事实上承担直接责任,并继而将董事会没有中国一票解释为利益缺失。彼因此坚持应设中国董事三名,并称其不接受中方仅处于咨询地位。

本使馆认为在其想法中有两点考虑:首先是面子问题,其次是来自中国各种机构之极其沉重的压力,它们都想对这笔资金的使用插上一手。如果中国的参与纯粹是咨询角度,则中国人影响资金使用的能力将被严重削弱,然而如果在董事会的七名董事中占有三票——第七票掌握在使馆主官手里——那么他们将以各种可能向其同胞展示一个中国人对抗美国人的阵营。

正是此等观点更加强化了使馆认为董事会中的中方参与仅会制造纷争和尴尬的信念。然则本使馆此刻的立场毋宁说是脆弱而艰难的,因为正如该部长将要指出的那样,彼所持之观点仅是对国务院致驻华盛顿中国大使馆最初提案的轻微修改,而该提案并未咨询本使馆意见,并且现在已被吾等和院部同时摒弃。更为明显的是,本使馆的立场因院部业已就此问题与中国大使馆在华盛顿进行协商这一事实而变得难以确定,本使馆并不知悉这些协商的内容,而且中国人正在试图通过这些协商来达到他们的目的。因此,使馆认为目前之困境唯有华盛顿之院部可以解决,否则本使馆就应被授予全权在南京进行会谈,并进而排除华盛顿的中国官员参与协商之权力。

请国务院指示。

司徒

FRUS,1947,Vol.7,pp.1279-1281

马歇尔致司徒雷登电

华盛顿,1947年7月30日

本院授权使馆商讨在华教育基金协定(7月8日使电1483),关闭此处的进一步会谈。然而本院已将截至目前在华盛顿进行之所有协商内容告知使馆,除了6月20日使电1350所提问题之外并未与中方进行任何讨论。

院部再次强调该项目由美国提供资金,原本中国须用美元偿付,美国现已同意接受其用本币偿付,如此美国必须控制这笔资金的使用。同意使馆所提最有效之设置应为由美国董事主导项目,由中国顾问提供协助之意见,本院乐于让教育部任命和罢免这些顾问。并不反对任命使馆主官为主席而非任命一般名誉主席之意见,然而本院坚决反对任命两名以上中国董事会成员,即便吸纳也仅限于可接受的中国人选。

因为由美国出资,认为中美教育基金的名称并不适宜,而且容易产生误解。可接受美国在华教育基金或美国中华教育基金的提法。

对于使馆即将开展之协商过程,本院考虑参考电文如下:建议我们寻求取得不动产的权力,并表达日后将其捐给中国的意愿,但对删除第二条第五点不要强烈反对。

可接受每年尽可能充分使用一百万美元经费,并采用任何适宜的措施在二十年内用掉二千万美元。然而,法案条文禁止任一年度花销超过一百万美元。有可能以后会修改法案，从而在环境需要的条件下准许增超。

不反对修改第十一条，如果其与中国法律相抵触。建议以下选项："中华民国政府货币与美国货币间之兑换率用以决定今后随时应予交存之中华民国政府货币之数目者，应依照国际货币基金之程序而成立之华币与美币之平价，或者应以中国政府与美国政府间共同认可之相当汇率"。

院部建议在第十一条后增加以下段落："中国政府应保证美利坚合众国免受因今后中国政府交存之任何货币所采用之上述任何一种汇率而遭受损失，中国政府得将此货币交与美国会计收存，或由基金收存，并在由美国会计或基金收存期间为保持该中国政府货币的面值得以偿付美国政府。本条款之目的在于确保基金之运作不被中断或免于因采用上述一种兑换率而造成任何赤字之限制。"

关于中国政府对第十二条之反对，院部认为应采取重大举措确保此类项目的关税豁免；并且在任何情况下第十三条规定之美方特权，中国之旅美公民亦可对等享有。

尽管基金并不会实行任何招致中国人反感之项目，院部重申美国对这笔美国资金和项目计划完全控制之必要。同意使馆意见，董事会由美利坚合众国公民组成，尽快妥善解决。

马歇尔

FRUS,1947,Vol.7,pp.1281-1282

司徒雷登致马歇尔电

南京,1947年8月19日

回复7月30日下午六时院字第939号电。在就实施富布赖特法案协定草案与外交部政务次长①商讨并未取得太大进展的情况下，本

---

① 刘师舜。

使馆的一位官员进而与外交部长讨论了该事宜。彼立即毫无争辩地将外交部在主要问题上之立场完全推翻。他个人表示同意基金命名为美国在华教育基金。又对美国在董事会席位组成上的意见表示完全赞成,联同财政部同意美国关于即将使用汇率之提议,外交部强烈予以支持。彼提出的唯一要求为美国对于纳税及其它相似豁免条款做出让步。并解释说该要求所基于之理由为立法院很可能会拒绝承认任何在此等问题上限制其立法自由的协定。

本使馆强烈认为既然外交部业已对吾方所持之所有主要观点表示赞同,美国必须在诸如上述那些相对次要问题上予以让步。

该部长继而总结说,彼将指示外交次长偕美洲司司长①于一周内同本使馆解决所有次要问题。然而,使馆倾向于认为由于汇率问题涉及中国政府其它部门,有可能会产生些许麻烦并推迟协定的最终达成,因此可能多少超出部长所预想的一周之限。

司徒

FRUS,1947,Vol.7,pp.1282–1283

马歇尔致司徒雷登电

华盛顿,1947年9月12日

本院获悉外交部长基本同意6月16日富布赖特协定草案(使馆8月18日1743号电),甚感欣慰。同喜于使馆随后简述与外交部进行协商之结果(使馆8月26日1806号电)。院部反馈意见如下:

第一条　本院同意保留"在中国首都"字样。关于"除本协定第三条另有规定外"一句,院部认为必须提及美利坚合众国国内法,因为有关控制国内开支的立法将为基金运作之适用设置障碍。鉴于删除这句话可能会存在执行困难,本院希望使馆能够将该条款之意图通晓中方,以使之满意。同样,因为对等的原则以及为了确保基金免受地方有关

---

① 董霖。

货币、信用之法律可能对其行动造成之限制，需要规定中国法律的豁免权。美国与南美洲国家签订教育基金协定时包含有类似的豁免条款，执行多年，甚为成功。

第二条　第（四）项，本院仅谋求获取旨在维持基金正常运作所必需之长期办公地点及设施之权力。在使馆觉得租住适宜的条件下，院部愿意准许放弃不动产之取得权。然而，须指出的是，基金可能因为在协定中未能明确授权的情况下，而丧失购置不动产的权利。第（九）项，本院建议在"核定"一词之后增加"并支付"三个字。

第四条　在使馆不觉得第二句会将运作良好之长期合作可能性排除的前提下，本院同意外交部所提议之措辞，即在第一句"所得"之前增加"其"字样。① 进而，使馆需要了解，本院认为因为项目创始阶段常有之困难，基金不太可能在首年内充分利用一百万资金。

第五条　本院同意外交部对措辞的两个小修改：以"中国政府应任命"起始一句，应改为"中国政府应任命不得超过五人名额之董事会顾问，此项顾问得出席董事会之一切会议，并参加讨论"。从而增加了"不得超过五人名额之"字样，并换后半句之"将"字为"得"。

第十一条　本院接受外交部有关第一句之措辞。院部现在认为第二句中规定交存的具体日期因为存在货币波动的可能而并不适宜。本院打算接受使馆之建议（使馆6月20日1350号电），嗣自一九四八年一月一日起，董事会可决定每一年度交存之数目及日期，总数不超过一百万元。本院并指出第三句起首"美利坚合众国政府应收存"字样已在6月16日稿中剔除，不应纳入协定之中。院部建议以"其兑换率"起首的最后一句，修改为"倘无此种平价，其兑换率应由中华民国政府与美利坚合众国政府平等商讨共同决定之"。

关于避免汇率损失之担保，因第四条现在规定基金在获得任何保

---

① 原文倾斜。本条第一句措辞在使馆8月26日1806号电中首次出现，翻译时对电文中之英文表述做了符合本协定中文文本之适当修改。下同——原注。

证之前就预备出一年的必要经费,并且删掉了准许获取资金的语句,本院觉得该担保尤为重要。如此基金或者受资者在每 12 个月的期限中都必须受制于外汇市场,听天由命。

使馆需要了解,汇率担保条款在所有的富布赖特各项协定中都予协商。其标准条款经由使馆 6 月 16 日协定草案业已修改如下:第二段第一句在"损失"前删去"兑换"一词,在同句"兑换率"后添加"或防止任何货币贬值"字样。"或防止货币贬值"字样还需增补在该段最后一句末尾。

第十二、十三条　本院同意使馆建议删除。然而,考虑到第十三条对等方面及重税限制项目发展的可能性,建议使馆在大使与外交部的非正式换文中寻求针对上述观点之担保。

马歇尔

FRUS,1947,Vol. 7,pp. 1286–1287

外交部事呈①

南京,1947 年 11 月

关于美政府拟在剩余物资售款项下拨出美金二千万元从事中美教育合作一案,本部前据驻美大使馆代电,抄同美国国务院送交之中美协定草案等件到部。除经于本年五月廿七日以美(36)字第一一零九九号呈,抄同原附件请鉴核,并函请教育部派员会同研讨外,嗣以基金之拨付与外汇汇率有关,经另函请财政部核办见复在案。兹以该案经由本部商得教育、财政两部同意,提出对案,并与美国驻华大使馆数度商谈后,双方业已议定一修正协定草案,美大使馆并经呈奉美国国务院核准。理合检同该项修正协定草案中英文本各乙份,呈请鉴核示遵,以便办理。谨呈

行政院

---

①　关于美国拟拨剩余物资售款从事中美教育合作的事呈——原注。

中华民国卅六年十一月　　日

　　中华民国政府与美利坚合众国政府为使用一九四六年八月三十日《剩余战时财产出售协定》第六案乙节第一项所规定资金之协定（一九四七年六月十六日修正草案）

　　中华民国政府与美利坚合众国政府

　　因欲借教育方面之接触作知识上技能之更大交换，以促进中华民国与美利坚合众国人民间更深之相互了解；

　　鉴于一九四四年美国剩余财产修正法案第三十二节乙款（美国第七十九届国会第五八四号法案，美国法令汇编第六十册第七五四页）规定美利坚合众国国务卿得与任何外国政府缔结协定，以处理剩余财产之结果，所得该外国政府之货币或货币信用，使用于某种教育活动；

　　又鉴于依照中华民国政府与美利坚合众国政府于一九四六年八月三十日在上海签订若干剩余战时财产出售协定之条款，曾规定中华民国政府应以等于一千万元（美国货币）之款项交付美国政府，俾依一九四四年剩余财产修正法案第三十二节乙款之条件，以作研究、教授及他种教育活动之用。

　　爰经议定条款如左：

　　第一条　在中国首都应设立一基金，名“美国在华教育基金”（以下简称基金），应由中华民国政府与美利坚合众国政府承认为便利教育计划之施行而创设之组织，由中华民国政府依照一九四六年八月三十日在上海签订之若干剩余战时财产出售第六条乙款第一项出资供应之，除本协定第三条另有规定外，基金为本协定所规定之目的而使用，并开支货币或货币信用，应不受美利坚合众国国内法及地方法之限制。

　　中华民国政府所付之资金应由基金依照一九四四年美国剩余财产修正法案第三十二节乙款所规定之目的而用于：

　　一、资助美国公民或为美国公民在中国境内之学校及高等学院内学习、研究、教授及其他种教育活动，或中国公民在美国本土、夏威夷、阿拉斯加(包括阿留申群岛)、布托里可及卯金群岛以外之美国学校及高级学术机构学习、研究、教授及其他种教育活动,包括旅费、学费、生活费及因学业而引起之其他用费之支付,或二、供给欲赴美国本土、夏威夷、阿拉斯加(包括阿留申群岛)、布托里可及卯金群岛之美国学校及高等学术机构入学之中国公民之旅费,此等公民之入学并不剥夺美国公民进入此等学校及高等学术机构之机会。

第二条　为促进上述目的计,基金除受本协定第十条规定之限制外,得行使为实现本协定目的所必须之一切权力,包括下列各项:

(一)收受资金;

(二)在美利坚合众国国务卿所指定之一存款处所以基金名义开立银行帐户,并运用之;

(三)为基金所准许之目的而动用基金,并发给经费或垫款;

(四)于基金董事会认为必要或适宜时,以基金名义取得保有并处分财产,但任何不动产之取得应先经美利坚合众国国务卿之许可,并受财产所在地所施行之法律规章现在或将来所规定之条件及手续之限制;

(五)依照一九四四年美国剩余财产修正法案第三十二节乙款及本协定之目的,设计、采用并实施各种计划;

(六)向依照一九四四年美国剩余财产修正法案之规定而设立之外国奖学金委员会推荐,依照上述法案有资格参加此项计划之居住中国之学生、教授、研究员及中国学术机构;

(七)向上述外国奖学金委员会建议对于参加此项计划者之选择,为达到基金宗旨与目的而认为必要之资格;

(八)依照美利坚合众国国务卿所选派稽核员之指示,对基金帐目作定期之稽核;

(九)雇用行政及书记人员核定并支付其薪金及工资。

第三条　基金一切开支应遵循美利坚合众国国务卿依照其所制订规则而核准之常年预算案支用。

第四条　基金应厘订其常年计划,俾其每一年度所得之资金尽量充分利用,基金不应接受任何约束或设定任何负担,致使基金所受之拘束超过任何一年度所收之资金。

第五条　基金事务之管理与指导应由董事五人组织之董事会办理之(以下简称董事会)。

美利坚合众国派驻中华民国使馆之主官(以下简称馆长)应为董事会主席,彼应有权随意任免董事会董事,董事会之其他董事四人如下:

甲、大使馆职员二人,其中一人应充会计;

乙、美利坚合众国公民二人,一人为美国在华之商界代表,一人为美国在华之教育界代表。

上款乙项所述之董事二人,应为在中国居住之美侨,自其任命之日起服务,至同年十二月三十一日为止,彼等得有资格连任,所有董事四人均应由馆长指派,其因辞职迁居中国境外,任期届满或其他理由而遗缺额,应依照此项手续补充之。

中国政府应任命不得超过五人名额之董事会顾问,此项顾问得出席董事会之一切会议,并参加讨论,顾问无表决权,但其意见应被董事会于一切商讨时予以适当之考虑。

董事与顾问均系无给职,但董事与顾问出席董事会会议之必需费用,基金有权付之。

第六条　董事会得因办理基金事务之必要,制订规章,并指派委员会。

第七条　基金之工作应照美利坚合众国国务卿之指示,每年制具报告送交中华民国政府及美利坚合众国国务卿。

第八条　基金之总务办公处应设于中国首都,但董事会及其任何委员会之会议得在董事会随时决定之其他地方举行,基金会任何职员或雇员之工作,得在董事会核准之地方办理。

第九条　董事会得任命一总干事,并决其薪俸及任期,但若董事会不能罗致一人为主席所能接受者,美利坚合众国政府为保证此项计划之有效施行得派一总干事为必需之助理,总干事应遵照董事会之决议及指示,负责指导监督董事会所定之计划与工作,总干事离职或不能视事时,董事会得与其认为必要或适宜时期派人代理。

第十条　董事会对一切事项之决议得依美利坚合众国国务卿之酌裁,受其审查。

第十一条　中华民国政府应于本协定签字三十日内以等于二十五万元(美国货币)之中国货币交与美利坚合众国财政部部长收存,嗣自一九四八年一月一日起,中华民国政府应于每一年度依美国政府之要求,以任何一年以内以不超过等于一百万元(美国货币)之中国货币交与美利坚合众国财政部部长收存,其总数等于二千万元(美国货币),第一次交存之等于二十五万元(美国货币)之中国货币应作为一九四八年年度内交存款项之一部。中华民国政府货币与美国货币间之兑换率用以决定今后随时应予交存之中华民国政府货币之数目者,应依照国际货币基金之程序而成立之华币与美币之平价,倘无此种平价,由其兑换率应照中国中央银行之所定外汇牌价,倘因任何理由,后项兑换率发现有不公平或被废止时,则此项兑换率得成为中华民国政府与美利坚合众国政府间商讨之问题。

美利坚合众国国务卿将供基金所必需之中国货币,但无论如何不得超过根据本协定第三条预算限定之数额。

第十二条　本协定内所称"美利坚合众国国务卿"应指美利坚合众国国务卿或其指派代行职权之美利坚合众国政府之任何官员或职员。

第十三条　本协定得由中华民国政府与美利坚合众国政府交换外交文件修改之。

第十四条　本协定自签字之日起生效。

为此下列签字人各本其政府之合法授权签字于本协定。

本协定以中文、英文各缮两份。

中华民国三十六年十一月　　日即一九四七年　　月　　日订于……

中华民国政府代表

美利坚合众国政府代表

《中华民国史档案资料汇编》第五辑第三编《外交》，第581—586页

2. 宣传舆论

外交部致宋子文函[①]

重庆,1946 年 4 月 17 日

国民政府外交部快邮代电　　美(35)第〇五四二二号

行政院院长宋钧鉴:关于美国进出口银行五万万元美金贷款事,前据驻美魏大使本年四月四日第六六八号及第六七零号两电,业经于同月六日及十二日译呈在卷。顷复据魏大使本年四月四日、五日、六日第六六九、六七一、六七五号三电:以美方对于该项贷款拟对报界发表声明,征求我方同意等情。除将原电抄送财政部并已电复魏大使表示同意外,理合检呈各该电原文暨译文各一份电请鉴察。外交部。

附件

中华民国三十五年四月十七日

第六六九号电

(特别加急)重庆。外交部:第六六八号电计达。兹将美副国务卿艾其逊之声明逐句报告如下:

一、马歇尔将军报告中国对于和平统一及经济上之复兴已有具体之进展,并建议美国现在即采取特定措施,予中国之建设与发展以财政援助。

---

① 宋子文时任行政院院长,该函关于美国对华贷款五亿美元拟向报界发表声明事,附驻美大使魏道明三电——原注。

二、进出口银行董事会决定,准备一九四七年六月三十日以前,贷给中国政府机关及私人企业信用贷款总数五亿美元,作为在美购买物资、装备及雇用服务人员之用,俾协助中国经济之复兴与发展。

三、双方谅解此项借款应作为支付经该银行核准之特定计划之用。以往我方洽借款项尚余一亿二千七百万美元(此处原电有误,参看六七五号电)。魏。

六七一号电

第六六八号电计达。进出口银行董事长马丁告称:如我方接受美方贷款,即应以包含下列谅解之文件致送马氏:

一、此项借款须用以支持执行该银行所核准之特别计划。

二、各项计划应由该银行分析研究,以确定各该计划在经济上是否健全,是否能改善中国国际收支平衡之地位,以及是否可以获得适当人员以监督各该计划之创立及运用。

三、各项计划之贷款,应依其期限先后各有不同(此段系根据六七三号更正),并附有适合各该计划性质及目的之其他条件。

四、私人企业亦如政府计划,应包括于经该银行所规定之最大限度内。

五、私人企业所进行之计划,必须具有适当之国内财政联系,由负责个人举办,且有相当之保证。

六、美国政府认为该项贷款基本目的之一在于协助中国进一步之努力,藉以得到安定并有效参加国际经济事务。双方同意,中国对于上项计划之进展,应与各种特定计划之核准一并考虑(此段系根据六七三号电更正)。

第六七五号电

重庆。外交部:第六六八号电计达。兹谨报告美政府拟于签订第六七一及六七四两电所述之文件后,向报界发布声明。拟定声明全文如下：

马歇尔将军以总统特使之资格报告中国对于和平与统一及经济上之复兴已有具体之进展，并建议美国现在即采特定措施，予中国之建设与发展以财政援助。进出口银行遂于今日宣布，准备于一九四七年六月三十日以前贷给中国政府机关及私人企业信用贷款总数五亿美元，作为在美购买物资、装备及雇用服务人员之用，以协助中国经济之复兴及发展。

双方谅解，此项借款应作为支付经该银行核准之特定计划之用，供给此等新计划之借款，并有业经该银行核准尚未支用之对华贷款共计一亿二千七百万美元。敬祈电示。魏道明。

《中华民国史档案资料汇编》第五辑第三编《外交》，第 610—612 页

司徒雷登致马歇尔函

南京，1947 年 4 月 22 日

阁下：

我有幸进一步评论这个国家反美情绪增长的一些原因和可能的后果。该问题可参见本人 1946 年 10 月 17 日第 206 号报告及佩弗博士的备忘录。正如我当时所说，这种情绪在我看来一直潜伏，但却普遍而且极易爆发。形势发展现在更为明显。

鉴于我国政府和个人对中国福利的长期贡献，尤其是我们为赢得战争而给予的大量援助，我们很可以对这种明显的忘恩负义感到震惊和痛苦。然而，我的看法是，中国人充分意识到这一切，并非常感激。解释必须从各方面寻找，除了我们过去已经为中国所做的一切之外，我们反复宣布切实可行的良好愿望，导致他们在目前的贫困中产生了虚幻的希望。而幻想一旦破灭，自然激发起憎恨和抱怨。中国人还生来就依赖别人，甚至宣布这是他们的权利。缺乏自信可能部分产生于家族制度和古老社会的模式。无论如何，我们是他们所认识到的依赖对象，如果我们不能满足他们的需求欲，必然对我们产生不利的

反应。

　　除此之外,最明显的因素是共产党不断宣传,说我们一直通过援助一个腐败和反动的一党政府来助长内战。他们的宣传、而且他们也无疑相信这种宣传,大大地夸大了这种援助的范围,误解了援助的目的。这等于蓄意锻造武器,迫使我们撤出,以削弱他们的仇敌。由于共产党反复宣传,加上人们缺乏对真实情况的了解,许多人上当受骗,特别是那些已经对政府感到不满的人。

　　这种异常的基调是由于对长期内战不满和对我们调处的怀疑。共产党人和他们激进的同情者责备我们,这当然是因为我们使政府可以维持下去,反之,国民党激烈地争论说,只要我们能放松约束,任他们大干一番,他们早就获得军事解决了。在这两个极端之间,还有那样一些人,他们或者不同程度地敌视我们介入中国事务,或者惊奇为什么我们不能完成我们试图要做的事,或者怀疑我们出于私利,利用他们的国家作为反对俄国人计划的一个组成部分,或者更多地是依稀地感到不可思议:在他们对经济和其他方面病态增长绝望时,为什么具有财富,力量和友情的美国却作壁上观,坐视他们的苦难。中国人怨天尤人的特性或许加重了这种态度。这种性格并不限于中国人,而作为"面子"情结的一部分,在他们中间高度发展了,并且无疑使其对美国对华政策变得敏感。

　　个别美国人对中国人的劣行有时会激起义愤或怒愕。但就其本身来说,本该理解为仅系个人的行为或道德不检点而不应构成普遍不满的基础。例如,北平强奸案①引起的全国性的示威活动即是这种不满寻求爆发的征兆。这些零星发生的事件,尽管令人遗憾,但却不该激起如此广泛的反美情绪。这种情绪主要是由于前面提到的原因。

　　反美情绪的增长对影响美国的政策具有实际的重要性。即使中国的内部条件可以证明,向改组后的政府和私人企业提供实质性的援助

---

　　① 指沈崇事件——原注。

是正确的,但这种情绪会不会成为一个障碍因素? 可以预想的是,共产党会毫不吝惜地咒骂,肆意指责我们是经济上的帝国主义,诸如此类。首先会由左翼组织,或许是有组织煽动起来的学生实施。我们在这方面的任何大错误和个人的不端行为,都可以导致激烈的示威行动。但在我看来,我相信负责任的领袖不仅欢迎物质上的好处,而且也欢迎最彻底的监督。我相信他们大体上会得到热心公益的市民的支持。我仍然认为,只要我们的援华计划开始显出其成效,中国人性格中的社会怯懦将会消弭。因此,这更多地取决于我们的步骤。在中国做什么同采取什么方式一样重要。就我们的打算和参与的程度作一个充分和坦率的声明很有必要。更可取的是由我们选出并保留所有顾问,选择他们不仅仅是因为他们的专业能力,而且要看他们个人的性格、对中国的态度等等。

由于我们目的的纯洁性,我们对中国人民掌握现代技术的能力和真正达到公共道德方面的民主水平所持的带有冒险性的诚意,使我相信,我们给予政府和开明的领导人全心全意的合作,会随着包括学生在内的广大民众的赞同而增长,使反美情绪趋于缓和,而那些其政治目的及私利因为我们对华政策而受到损害的人,他们的反美情绪则不会平息。

然而,使馆的乐观是有保留的,我们的感觉是,对美国以对华实质性援助作为驱散中国反美情绪的办法,不应期望太高。当我们的援助用于控制和缓和不利的经济形势时,不可能通过这种援助本身消除产生这种形势的根源。只要这种不利的形势继续下去,美国将成为最方便的、到处通用的替罪羊。我们会被同时指责援助得太多或太少,介入的太多或太少,加强了稳健派或保守派,以及没有让中国人用他们自己的方式解决问题。共产党当然会攻击我们所做的一切。国民党中颇具影响、畅言无阻的阶层基本上是排外的。他们认为我们的援助——实质性的援助——在任何情况下都唾手可得。这个阶层倾向极端排外,并利用外国人充当中国无数的弊端的替罪羊。没有理由相信他们的观念会由于美国的援助而发生任何变化。

司徒雷登　敬上

FRUS,1947,Vol.7,pp.105-107

张群:《中国自助计划》①

南京,1948 年 1 月 28 日

据行政院新闻局昨(二十八)日公布:行政院院长张群发表中国政府关于美国援华问题之声明:

中国经历八年有余之长期抗战,益以共党之叛变,故今日遭遇空前之经济困难。中国政府为克服此种困难起见,鉴于中美两国之悠久友谊,已提请美国政府予我以经济的及技术的援助。美国国会所通过之临时援助法案经将中国列入,美国政府并已声明将于美国国会本届会议中提出对华切实援助办法,中国政府对此表示欣慰。

中国政府自知其必须有完备切实的自助计划,而使一般行政改革与军事改革继之实施或相辅而行。

中国政府所准备实施之主要财政经济改革约如下述:

一、尽可能范围节减政府一切开支——法币支出与外币支出。

二、改善国税、省税、地方税制及其管理,俾达增加收支与平均负担之双重目标。

三、为增进公务员及军官士兵之工作效率,其待遇将逐渐予以提高,一面并实施员额之逐渐缩减计划。

四、日用品供给之控制必须加强,并扩大范围,藉以防止投机与物价之暴涨。

五、尽力建立一种使币制问题趋于稳定之基础,俾外援得收最大功效。

六、改善银行与信用制度,加强中央银行之管制责任,继续推行遏

---

① 张群时任行政院院长,发表中国政府关于美国援华问题之声明——原注。

止通货膨胀之政策。

七、鼓励货物出口,尽力排除出口之障碍。

八、改进进口货之管制,俟环境许可时,管制办法之含有紧急措施性者,当酌予变更。

九、发展农业生产,改善农村经济,并实施土地改革,中美农业技术合作团之建议,其可提前实施者即予采行。

十、尽可能范围恢复交通及重要工矿业,以期增加生产,减少过分依赖舶来品之输入。

《中央日报》,1948 年 1 月 29 日

司徒雷登致马歇尔函

南京,1948 年 3 月 1 日

阁下:

我有幸参阅国务院 1947 年 12 月 24 日秘密指示(使馆直至 1948 年 1 月 21 日才收到)及国务院 1947 年 12 月 8 日上午十时四十五分发出的有关美国信息政策的绝密电文。大使馆完全同意国务院所说的迫切需要重新考虑我们的宣传政策,美国正遭受苏联及其遍布全球的共产党盟友组织持续增长的辱骂和不实指控。正如使馆以前指出的那样,这一反美运动在中国正取得显著成效。这种成效部分是由于中国形势中固有的内部条件以及中国政府未能以一种令人满意的方式来应付这一局势。部分也是因为我们不能以令人信服的方式来对待这些指控。使馆基本上同意国务院提出的原则和程序,但大使馆要提出一些意见供国务院考虑。

根据目前可得到的情报,大使馆很难提出任何行动路线。但为了使我们的努力富有成效,我们认为应该让一些权威人士非常详细地研究中国的舆论,诸如哈罗德·D.拉斯韦尔①。与世界其他地方不同,在

---

① 法学教授、《舆论季刊》的副主编——原注。

中国,公众舆论相对来说很少被触及。在欧洲和美洲的其他共和国,舆论的模式和传播与我们自己的非常相似,因此我们可以为成功预测下一步行动,并对设想的结果预先获得一些看法。此外,他们媒体的表达方式和传播信息的途径也与我们类似。而在中国,思考方式和表达方法完全不同。目前的情况下,我们达成目的的宣传运动仅仅是运气。甚至那些已经相当精通英语的中国人也不讲英语,即便是相同的字,他们的理解就与我们的理解不大一样,更不用说当语言是中文的时候会有什么反应。甚至一些在外留学和长期在国外居住的中国人士,由于习惯了西方的表达方式和心理,也很难被其同胞同情理解。不夸张地说,处于西化的上海人比外族更受中国民众的敌视。另一方面,有一部分外国人,甚至不会说中国话,无缘无故地被传统中国人的社区所完全接纳。再举另外一例,我们所知的任何中国习惯性表达、礼貌教养和顾全面子,都告诫我们不要直截了当。但是,目前可能没有任何其他比中共对国民政府和美国的宣传方针,更尽谩骂、侮辱或下流之能事。显然这一方针没有失败。重要的是我们应知道其成功的原因。公布的材料至少在我们看来表面上是中国人可接受的那种模式,有时却伤害了他们的感情。目前尚无有关对策的明确解释。

同样,我们往往发现,事实是国民政府的宣传很少能被大部分民众舆论所相信,而由中共散布的宣传通常毫不置疑地便被接受,对美国无休止地反复指责事实上被大部分人接受,甚至包括那些知情人士。

目前我们无法估价苏联宣传的力量与中共宣传的区别。但有理由认为,这些宣传都产生了效果。

以上的因素使我们得出结论,除非美国的宣传计划牢固地基于对中国舆论的准确认识,否则它不可能达到预期目标,甚至反而损害美国的利益。因此,我们觉得有必要提出,执行任何计划都应深入细致地和充分地研究中国舆论。进行这种研究可由大使馆主办,或者如果需要的话,可以以美国在中国的教育基金会的一项专门计划为掩护进行此种研究。

从我们的角度看来,一项有效的宣传确系紧迫,使馆现正为专门和有限的目标制定一两项详细的计划,并将在短期内送呈国务院考虑。

使馆期待国务院的意见和行动。敬白。

公使级参赞

刘易斯·克拉克代拟

FRUS,1948,Vol.7,pp.123-125

司徒雷登致马歇尔电

南京,1948 年 3 月 31 日

3 月 29 日,我用英文手书了致委员长的贺信,为国民大会的召开在他职业生涯中的重要意义向他表示祝贺,并告诉他,既然现在美国完全有可能以某种方式援助中国,希望以此来达成目标,我会尽一切可能来帮助他。我再次表示,我盼望看到他以能在中国建设真正的民主来实现其政治上的落幕,我相信实现这一点的时机来到了。作为对此信答复的一部分,他要求我毫不犹豫地在任何事情中将我的想法告诉他。我的信由傅泾波①于第二天送给蒋夫人,她似乎高兴有机会能够畅所欲言。

以下是要点概况:影响委员长倾向更民主进程的根本,在于我们必须明了他周围的阻碍力量。

蒋夫人描述了她新近获得的对美关系三个阶段的经验。

(1)在马歇尔逗留期间,她除了担任翻译外,试图避免参与任何政治活动。这是因为她完全理解美国人的心理,知道那样做会被怀疑是试图靠女性的诱惑或向马歇尔施以社交的压力,为委员长的利益服务。同时她还意识到,委员长本人不想让她干预美国人,尽管在她看来他并不了解美国人的观点。到这一时期结束,她担心事情不尽人意的进程和马歇尔使命的可能失败在中国引起后果。因此,她试图帮助委员长

---

① 驻华使馆的秘书——原注。

意识到问题的严重性,但她的一切努力被证明是失败的,主要是因为他周围的组织,特别是陈诚①和胡宗南②。她补充说,他的军事助手比行政官员更有影响得多。

(2)从马歇尔离华到魏德迈使华:军队的同志感到兴高采烈,因为这一时期美国的影响缩小了,被人们认为是强烈亲美的宋氏家族的影响也缩小了。这些军队同志除了上面提到的陈诚和胡宗南外,还包括俞济时③和顾祝同④,以及其他一些在德国受过教育的人。宋子文⑤很快被他们赶走。他们在 CC 系和政学系帮助下,促成张群取得行政院院长的职务,而张群是一个容易被别人左右的人。他们宣布很快就会打败共产党,但当事情发展到另一条路上时,他们互相指责。陈诚夸口说,长城以内的战争会在 3 个月内结束。当这些失败时,委员长派他去东北,以证明他能指挥新战区。然而,那里的形势仍在变坏,政府蒙受了可怕的损失,包括 16 个大部分是美式装备的师。而魏德迈将军的批评态度反面更助长了这伙人的威风。她几次考虑要求我来商讨问题,但担心被指责或怀疑试图影响美国政策,终于没有那样做。美国的政策仍是犹豫不决。她又说,去年夏天,她曾决定接受马歇尔夫人的邀请访美,但委员长不同意。

(3)魏德迈使华后:军事形势继续恶化。委员长周围的人继续互相指责,他本人也受到魏德迈批评的压力。她劝宋子文去广东,在那里做他能做的事。在张发奎⑥和罗卓英⑦的管辖下的广东,走私猖獗,这是他帮助国家的机会,让她留在这里同反对派斗争。她由衷认为,美援迟早会到来,她想使中国受美国的政治观念影响。现在党内保守反动

---

① 总参谋长——原注。
② 陕西绥靖主任——原注。
③ 中华民国政府军事事务局局长——原注。
④ 中国陆军司令长官——原注。
⑤ 时任行政院长——原注。
⑥ 蒋介石广东行营的指挥官,1946—1947——原注。
⑦ 广东省主席,1945—1947——原注。

分子正失去立足点,美国的影响正在增加,她应该待在这里,提供她能做到的帮助,这使她再次谢绝了马歇尔夫人的邀请。国民党内的反动分子一直用"自我革新"的口号作为独立于美国的真实含义。这种感情由于魏德迈的一部分声明中的令人不快的言词而加重了。她认为我们现在可以一起来改变委员长的情绪。

司徒

FRUS,1948,Vol.7,pp.174-176

蒋介石致翁文灏电①

南京,1948 年 10 月

枢明六〇六三二号代电

行政院翁院长密鉴:兹抄发顾大使哿电一件。查本案关系我国未来统一局势甚大。据本月廿日中央通讯社参考消息,斯克里浦斯霍华德系诸报亦谓:"以美援用之于危害中华民国而裨益各省军阀犹远不如全付阙如,若再将蒋总统出卖诸军阀,定将为吾人失策之顶点"等语。吾政府虽不便对赖氏②计划立加反对,似可即以上述美方评语为中心,由新闻局发动全国舆论,维系我国决定之立场,俾美方知难而退。除复顾大使准照所拟办理外,希知照。并与宣传部新闻局研究预防之策,望特别注意,并将办理情形具报为要。蒋中正。酉成枢明。附件如文。

顾维钧致外交部电(10 月 20 日)

(衔略)极密。赖朴汉晋谒杜总统后对记者谈话,主张长期援华并增加数额,但闻美经援总署方面有以援华物资分配未尽平衡,尤注意华北,拟于将来可由该署径与我各省政府洽商贷款或援助之说。美政府中亦以我对美所供军用器材,未能全凭前方各处战事需要,秉公分配,

---

① 翁文灏时任行政院院长,该电关于顾维钧报告美国舆论评价军事援华运用问题事——原注。

② 赖朴汉,美国经援总署中国分署署长——原注。

一视同仁。将主张今后续拟军援,应规定由美方自行酌为分配,以收讨共之效。窃以此种主张与我国统一与中央威信均不无妨碍,且于美向来对华希望助成统一强大中国之政见相背。除由此间托人设法分期解释阻止外,请赐注意。对驻华美军高级长官,并于赖氏返后,由我方遇机释明。一面并与经援军援物资分配由我方主动,力示公允,但求功效,不分畛域,俾释美方误会。当否谨乞察夺。并请转知蒋院长为祷。顾维钧叩。酉哿。印。

行政院新闻局拟稿①(1948 年 10 月南京)

代拟院稿

查顾大使此次报告美经援总署中若干官吏主张向我省政府谈判贷款消息,首载于十月十九日《纽约时报》,该记者首述赖朴翰②招待记者,主张长期援华,继复综编经援总署若干官吏之各种援华主张,此中所提一项即为与我省政府径商贷款。此讯发布之后,《华盛顿邮报》转载,误以此为赖朴翰之主张,当即有斯克利浦斯霍华德驻华记者持以扣询新闻局董局长显光我政府方面之反响。经董局长答以不信此为赖朴翰之表示,深信以明了我政府政策如赖氏者,决不作此违反我政府一贯政策之发言也。继于十月廿五日中央社驻美记者往访经援总署高级负责者,当经坚决否认此项报导,并称赖朴翰于十月十八日招待记者会议席上明白声言,中国中央政府为彼惟一可以合作之政府。窃按此项报导,《纽约时报》所载既明白说明此并非赖朴翰之主张,而经援总署复坚决否认此为该署之政策,似无再行发动舆论作公开纠正之必要,深恐此项消息一经公布,各方增加猜测,易资谣诼之丛生。惟如顾大使来电所述,美经援总署内部或仍有人暗中发动此项运动,不可不预为防范,拟仍按照顾大使所拟办法,国内国外同时配合,向美方当局多加解释,而分配物资时,力求公允以杜流言之滋漫。所拟是否有当,敬祈

---

① 关于顾维钧报告美国舆论评价军事援华运用问题事对策稿——原注。
② 即赖朴汉——原注。

察夺。

《中华民国史档案资料汇编》第五辑第三编《外交》,第 682—683 页

司徒雷登致马歇尔电

南京,1948 年 10 月 26 日

我想就中国局势谈谈个人看法,以为本人 10 月 22 日第 1971 号电之补充:

如果我们并非是要彻底脱离中国,而仅仅限于纯粹的外交活动,又如果直接的军事援助似乎不切实际或并不可取,那么我们就应该准备进行任何基于美国立场上的合作。因为我们在当今世界的地位,特别是在中国所承担的责任,可以使我们的态度对这个国家事态的发展产生相当大影响。

即便从理论上来说美国在全球与共产主义作战,但是在我看来,对任何反共组织的直接军援皆非明智之举。这只能延缓他们的最终灭亡,而且同时还将激起不断高涨的反美情绪,并将祸及当地的美国侨民。军援的运输、送达反共领袖并且保证它们得到合理运用的困难是巨大的。然而主要缺陷可能在于认为这是我们应不惜一切代价避免的负面或令人犹豫的事态。

在我看来,过早宣布我们对于共产主义的计划和一般观点,仍旧是不可取的,这将有损我们当前在华的国家利益,抑或会使我们在将来处于尴尬的境地。假如我们对新政权采取模棱两可的灵活方针,那么我们所要发挥的任何影响都会增加。要知道,由现国务卿起草的杜鲁门总统于 1945 年 12 月 15 日发表的对华声明中有很大一部分成为政协决议,并可能还将是新联合政府的基础。我们政策的转向是基于中国之外的情势变化,而非中国本身。我们应尽可能避免政策前后不一。

为了把握问题的症结,我们不仅要祛除自身对"共产主义"一词所具有的偏见与恐惧,而且应该以充满希望、积极地、富有建设性的方法来独立思考。国民党存在着许多令我们痛惜谴责的弊病,然而中国共

产主义运动在其国民看来也有很多可许和获益之处。假如国共双方的优良品质能互补，化干戈为玉帛，这将是一个极妙的联合。从我与国民党长期打交道的经验看，若没有这种强有力的新鲜血液的灌输，要取得政绩是很值得怀疑的。因为，无党派自由人士尚未表明他们具有这种改进的能力。

　　……

　　在中国，军事优势很大部分是历史的偶然。即使我们能以军事手段帮助蒋政府将好战的共产主义赶出某一地区——这是我们充其量能做到的一切，我们仍然必须在教育及其他进程上帮助蒋政府，这样才能使非共产党地区显示出名副其实的民主优势。否则，军事上的胜利仍将难以维持。

　　这种机会在未来的联合政府中存在的可能性很大。一般地说，我们有两种有力的优势。一是中国人民的本性。大部分中国人民并不希望中国共产化。甚至那些较激进的学生，他们加入中共更多的是出于对国民党的失望而被吸引向马克思主义意识形态。中国人是个人主义者，他们主要虔诚于传统的社会模式和文化依附，而不是抽象的事业或意识形态。他们对美国有一种本能的善意和信任，而对俄国则有一种本能的恐惧和憎恶。另一优势是，中国需要技术援助和经济援助，而这只有我们能够提供。任何共产党控制的政府都必须解决这一难题以免像现政府这样不满于民众。我们就能以此为条件从根本上影响集权程序的执行。各种基本自由、有系统的公开性、生产性的事业等等，都将在那些本质上与我们信仰相同的人们中间产生令人鼓舞的道义影响。这就有可能导致各政党的重组，而他们的纷争无论怎样混乱都将不会引至军事冲突的破坏性后果。此外，还将出现一种新的政治结构和普遍情绪，这至少可以指望极可能如我们所愿望的那样从其他程序上加以发展，以此来传递美国对中国人民的友善。

司徒

FRUS,1948,Vol.7,pp.518-520

司徒雷登致马歇尔电

南京,1948 年 11 月 29 日

蒋夫人在华府露面,以及共军威胁南京的紧迫局势,将会引起美国对中国的关注。如您所知,她赴华盛顿,意在为丈夫的事业游说,以谋取对现在的国民政府以军事和道义上的支持。她无疑会在国会及其委员会中造成一个有效的印象。她无疑也会赢得美国人民的同情。

目前国民政府机构及民事机构中大多数领导的态度是,既不愿委员长操纵国事也不愿共产党控制政权。人们之所以还或多或少地承认蒋的统治,只是两害相权取其轻罢了。美国政策将左右中国形势。我们现在面临这样的选择:或者支持这样一位领袖,他已民心丧失,军事处境日益恶化,即便有美国的军事指导和物质援助也无济于事;或者坐视共产党统治下的联合政府的建立。如果我们拒绝蒋夫人的增加援助的请求,蒋总统将会在国民党内的压力下交出权力。但是,其继任者将同样会被迫向节节取胜的共产党让步。另一方面,如果蒋夫人得到美国增加军事援助的许诺,我们可以预料委员长将继续执政,但他的行事方式依旧无法解决问题,长期的战事必将激起民众反美的浪潮。

司徒

FRUS,1948,Vol.7,pp.609–610

司徒雷登致艾奇逊电

南京,1949 年 2 月 19 日

今天上午,我的桌上摆着两份截然相反的材料。一份是来自华盛顿的美国新闻局的报告,其要旨由以下摘录清晰可见:

"众议院51名共和党议员要求一个由军事、经济、政治高级顾问组成的委员会就中国局势提交报告。他们声称,共产党在中国的胜利将是美国的'巨大的、历史性的'失败,并对国家安全构成严重威胁。

"在今晚公布的致杜鲁门总统函中,他们建议组成该委员会,并提出七个具体问题,旨在澄清美国的对华政策。

......

"信函尖锐批评了战后美国对华政策,称其试图促成国共之间的联合,现今已经'证实是灾难性的'。它指出这一政策的危险性如同捷克斯洛伐克那样'戏剧般地呈现',经由联合政府而处于铁幕的笼罩下。

"信函进而声称,中国共产党的胜利指日可待,这将不仅构成对美国的巨大威胁,也是'自由力量的失败'。"

另一份材料是致罗杰·D.拉帕姆先生①的信,摘要如下:

"吾等,身为信奉基督的上海市民,完全不谙政治,毫无私欲,怀着唯有对亿万苦难同胞的基督之爱,业已并将继续为他们的福祉而竭尽心力,因此密切关注当前事态,并深表忧虑和不安。吾等深明当前形势紧急,今日的一举一动必为将来产生深远之影响。深感有迫切必要提请您关注以下要点,并望三思。

"1. 中美两国人民友好关系的亲善程度仍一如既往。我们希望美国政府采取恰当的行动增进和睦。

"2. 吾等强烈反对向任何中国军队提供军援,尤其是提议复兴飞虎队的计划。整个中国饱受战火摧残,濒临崩溃。任何外部势力延长和加剧这种流血、困苦局面的企图,都必然使中国人民疏远对这其之感情。

"3. 吾等希望美国政府对目前的中国局势不要持任何先入之见,而是保持一种坦率开明的态度,多多联络中国人民中的建设性势力,并根据时局的变化,修改对华政策。

"4. 吾等促请经济合作署不论政治环境如何,继续援助中国各地之人民,协助复兴经济和恢复农业。我们希望这些援助尽可能而且有必要由私人机构经办,他们不乏诚实能干的领导人。"

共和党国会议员的观点也许部分是出于政治考虑,而中国的基督

---

① 美国战后经济合作署中国主任——原注。

教徒则有自己的立论根据。但这却说明了一个问题:同样反共,方案不同。类似的各种论点数不胜数,这使我们极为棘手,很难做到既实行一项明智有效的对华政策,又不违背美国的基本原则和全球计划。无论我们如何纠缠以往的实际利益,一切问题在于我们如何应付目前的局势。

设想国会议员批评的意图是共产党在中国的胜利将构成对美国安全的威胁。这一点无疑恰如其分,我们有必要毫无差错地阻止这一威胁。国会议员的不言而喻的结论是,美国应向现政府提供足够的财政援助和军事援助。这显然大错特错。最基本的错误是,我们为了国家利益而向中国提供这种援助必然违背了中国人民的明确的意愿。战后初期中国政府所赢得的民心已被蒋政府丧失殆尽,即便有美国可观的援助,仍无济于事。倘若我们向现政府提供更多的援助而不采取其他行动,则无疑点燃一场反对美帝国主义的烈火,就像中共所做的那样。

幸运的是,仍有许多其他因素可以防止我们所担心的灾难。主要有两方面。其一,政治宣传正揭露着共产主义的罪恶,告诫中国正在思索的民众这一对国家独立和人权构成的威胁保持清醒。其二,由我们建议通过中央和地方政府的改革,继续建设性地援助中国人民,继续经济合作署至少是农村复兴联合委员会的援助,特别关注福摩萨,努力改善民生,并广泛宣传。这些当有助于激励中国人民的反对共产威胁,在一个崭新的领导下,我们可以大力支持并提供全面的物质和军事援助。

司徒

FRUS,1949,Vol.8,pp.136-139